全媒体不断发展，出现了全程媒体、全息媒体、全员媒体、全效媒体，信息无处不在、无所不及、无人不用，导致舆论生态、媒体格局、传播方式发生深刻变化，新闻舆论工作面临新的挑战。我们要因势而谋、应势而动、顺势而为，加快推动媒体融合发展，使主流媒体具有强大传播力、引导力、影响力、公信力，形成网上网下同心圆，使全体人民在理想信念、价值理念、道德观念上紧紧团结在一起，让正能量更强劲、主旋律更高昂。

——习近平在中共中央政治局第十二次集体学习时的讲话（2019年1月25日）

解析报业痛点 决胜智媒时代

王者融归

媒体深度融合 56 个实战案例

主 编 胡怀福 ｜ 副主编 周 劲

人民日报出版社

图书在版编目（CIP）数据

王者融归：媒体深度融合 56 个实战案例 / 胡怀福，周劲编 .—北京：人民日报出版社，2019.5
ISBN 978-7-5115-5982-1

Ⅰ.①王… Ⅱ.①胡… ②周… Ⅲ.①传播媒介－发展－研究报告－中国 Ⅳ.① G219.2

中国版本图书馆 CIP 数据核字（2019）第 068589 号

书　　　名：	王者融归——媒体深度融合 56 个实战案例
编　　　者：	胡怀福　周　劲
出 版 人：	董　伟
责任编辑：	林　薇　梁雪云
封面设计：	观止堂_未氓
出版发行：	人民日报出版社
社　　　址：	北京金台西路 2 号
邮政编码：	100733
发行热线：	（010）65369509　65369527　65369846　65363528
邮购热线：	（010）65369530　65363527
编辑热线：	（010）65369526
网　　　址：	www.peopledailypress.com
经　　　销：	新华书店
印　　　刷：	河北大厂回族自治县彩虹印刷有限公司
开　　　本：	710mm×1000mm　1/16
字　　　数：	511 千字
印　　　张：	30.75
版　　　次：	2019 年 5 月第 1 版　2019 年 8 月第 2 次印刷
书　　　号：	ISBN 978-7-5115-5982-1
定　　　价：	58.00 元

全国报业大调研成果集编委会

主　　　任：胡怀福

副　主　任：邓效锋　胡线勤　周　劲

编委会委员：胡怀福　邓效锋　胡线勤　高　波
　　　　　　周　劲　范海波　赵雪涛

主　　　编：胡怀福

副　主　编：周　劲

特约编辑：张　玥　徐向林

编　　　辑：王先圣　石巧艳　王筱棠　张　洁

序言

翠叠春山万千重

张建星

一

一个时代的画卷，底色是不变的初心；一个民族的复兴，关键在承载的信仰。

岁月不居，时节如流。当我捧读起这部饱含浓浓情怀、闪耀智慧火花、呈现奋发姿态的《王者融归：媒体深度融合56个实战案例》厚重书稿时，正值2019年年初，中共中央政治局召开第十二次集体学习，"课堂"设在媒体融合发展的第一线。习近平总书记强调，推动媒体融合发展、建设全媒体成为我们面临的一项紧迫课题。

"改革再出发、奋进新时代"的战鼓再一次擂响，恰似滚滚春潮澎湃于大江南北、长城内外。此刻，习近平总书记在2019年新年献词中提出的"我们都是追梦人"，铿锵有力的话语，仍在我们心间久久回荡。

今年是新中国成立70周年，也是全面建成小康社会关键之年。时光，拉开记忆的窗帘。回望70年，这既是一场波澜壮阔的历史变革，也是一场攀越千山万水的跋涉之旅。70年栉风沐雨，70年砥砺前行，神州大地发生了改天换地的变化，改革开放的浩荡春潮，也为中国报业的繁荣发展打开了宽阔的空间，提供了强劲的发展动力。

从"站起来"到"富起来"，再到"强起来"，在三个伟大飞跃的实践中，我可以自豪地说，中国报业没有缺席这场伟大的历史变革，作为时代的参与者、见证者、记录者、传播者，我们始终在场，我们一直在场，我们仍将在场。

党的十八大以来，习近平总书记就新闻舆论工作发表了一系列重要讲话，提出了一系列新理念新论断新方略，形成了重要的新闻舆论思想体系，成为习近平新时代中国特色社会主义思想的重要组成部分，深刻地回答了一系列方向性、根本性、全局性、战略性的重大问题，给中国报业的融合转型发展提供了根本的遵循和清晰的路线图、有力的方法论。

旗帜引领方向，方向更新气象。在习近平新闻舆论思想的激励下，广大报业工作者以坚定的政治立场和强烈的使命担当，深刻地领会精神，吃透理论，借鉴经验，身在事中，心在事上，把握大局，多谋善断，积极回应党和人民群众的关切，吹响从"正本清源"到"守正创新"的冲锋号，在融合发展的征程中，不断开辟新的疆域，传播党的声音、讲好中国故事，源源不断地贡献报业力量。

生逢盛世，是时代之幸，是报业之幸，是每一个报人之幸。

二

越千山，壮志凌云；涉万水，信念弥坚。

走进新时代，踏上新征程，在稳中有进的总基调下，我们的前方，既有风平浪静的平坦大道，也不时发生着稳中有变的插曲。我们不容忽视，移动互联网带来的传媒形态的变革和传播环境的深刻变化，当下报业的前面，横亘着三座大山——融合高山、市场冰山、转型火山。

我注意到，2018年又有近30家报纸被"休眠"了，这似乎让那些唱衰报业的人有了新的口实。但是，身为报业中人，我有一个无比坚定的信念：无论是过去的纸媒时代，当下的融媒时代，还是未来将至的智媒时代，内容不死，报业永存。报业不会"消亡"，只会"消融"，它的存在形式发生了深刻的变化，它不是"寄生"，而是在新时代涅槃"重生"，在智媒时代走向"永生"。

同心山成玉，协力土变金。我们必须清醒地认识到，我们赶上的是一个大有可为、大有作为的好时代，以习近平同志为核心的党中央从顶层设计发力，思想红利、政策红利、战略红利不断释放，党管媒体的"顶梁柱"在强有力地支撑着报业大厦，报业所处时代坐标轴中的基本盘未变，任何狂风巨浪都不可能撼动报业存在的大盘。

"海到无边天作岸，山登绝顶我为峰。"越过"三座大山"，我们的前方，必是翠叠春山万千重。

随着媒体融合发展的深入推进，一大批报纸腾"云"而起，澎湃新闻、封面新闻、上游新闻……一家又一家报社脱"纸"重生，融合传播指数、综合传播指数、移动端直接用户数等报业度量新尺度，取代了版面数、发行数的"老卷尺"，一大批千万+、百万+现象级作品的涌现，报业的传播力、引导力、影响力、公信力正渐进式增强，在从"纸"到"屏"的转场中，爆发出巨大的新能量。

报业的融合发展、转型发展、创新发展，是一场接着一场的攻坚战。不可否认会面临形势变化之"难"，但更面临变中之机、倒逼之力。望前程，征尘漫漫，报业的振兴之路，不会"条条大路通罗马"，我们面前只有一条路径——改革创新之路，这是唯一之路、必由之路，我们必须旗帜鲜明地以习近平新时代中国特色社会主义思想为统领，坚定"四个意识"，增强"四个自信"，用政治定力认准新方向、找准新坐标，抓住历史机遇，应对风险挑战，回应社会关切，弘扬社会主义核心价值观，为奋进新时代凝心聚力。

时代潮流，浩浩荡荡。识势辨向、创新求变，绝不能在书斋里指点江山、激扬文字，改革不是一句空话，要靠实事求是，一步一个脚印地走下去。习近平总书记谆谆告诫我们："调查研究是谋事之基，成事之道。要通过调查研究，不断掌握新知识、熟悉新领域、开拓新视野，增强本领能力。"

正是在这样的背景下，2018年5月，中国报业协会按照中央宣传部部署的大调研工作，在全行业开展"抓痛点，谋实策"的全国报业大调研，各省报业协会、各有关报社积极响应,迅速行动,用脚力丈量报业新征程、用眼力前瞻报业新空间、用脑力思谋报业新发展、用笔力记录报业新成长,相关调研文章,中宣部领导同志给予了充分肯定。

2018年8月,我也带着课题去了吉林日报社调研。这次调研,让我收获满满:这家报社在知识产权保护、媒体融合、新媒体发展中也遇到了一些问题和困境。这些问题和困境,有个性化的特点,也有共性的特征。难能可贵的是,他们不惧困难,坚持"全媒体发展事业、跨行业发展产业"战略,引入社外技术和资金,面向东北亚国际区域打造全媒体平台和省级移动客户端,打造新型户内阅报屏和户外新媒体智能报刊亭,还与吉林工程技术师范学院共建股份制二级学院,并运行"快搜东北亚"网等一批重点项目,使得该报冲出困境、破茧蝶变。

通过调研,我充分认识到:无论面临什么样的困境,只要守住初心、牢记使命,就没有比脚更长的路,没有比人更高的山峰。

三

"近看点缀八九山,山外远山三万里。"

为期10个月的全国报业大调研已经圆满结束,中国报业融媒研究中心具体承担较为繁杂的组稿、编辑和推送任务,大半年来,共精心编辑刊发大调研报告56篇,其中既有出自人民日报、解放日报等中央媒体的调研报告,也有浙江报业、南方报业、新华报业、江西报业、大众报业等省级党报的调研报告,还有广安日报、盐阜大众报、柳州日报等30多家地市党报、县级报社(融媒体中心)的调研报告,组稿层面突出了"大";这些调研报告,强化问题导向、目标导向、效果导向,直击报业发行下滑、经营寒冬、人才流失等23个痛点问题,不回避矛盾,不绕开难题,不避重就轻,在深入基层、深入一线中突出"调";这些调研报告,既有围绕中心、服务大局之责,也有媒体融合、报业转型之道,还有党报发行、报业经营之术,且有多极生长、智媒布局之径,组稿思路突出了"研"。

谋事之要，重在落实。2018年9月，中国报业协会在柳州举办了全国报业大调研论坛，在总结、推广前期调研成果的基础上，对全国报业大调研活动进行了再发动、再部署，使调研"四季风"常吹。

从大调研的总体情况来看，全国报业对把握时代大势、对当下面临的困境、对未来的预判都看得很清楚，想得很明白，如何化"痛"为"通"的战略思维也很明晰，知其然才知其所以然，这一点，特别让人欣慰。

细读这56篇大调研报告，我看到了报人心中的光亮，看到了报人不灭的情怀，也看到了报人的睿智和责任担当。这些调研报告，可用三个关键词来加以概括，即筋骨、谋略、质感。

有筋骨——围绕党委政府中心工作、重要决策部署和时代发展主题做好重大主题报道，是各级党报的"必答题"，更是自觉担当党报责任的筋骨。如贵州日报聚焦重大主题，让报道贴近民心，散发泥土芳香；广安日报发动党员读党报，让党报成为党员的必备精神食粮；嘉兴日报以传承红船精神做大主题报道，奏响红船精神新乐章；温州日报、金华日报通过精心策划和创新，推出一批有深度、有影响的重大主题报道，使之成为提升媒体价值和舆论引导力的重要路径；阿坝日报针对牧民习惯因地制宜，使党的声音传递到每一个牧民心间；清远日报创新报道方式，为决策提供智囊服务；宁波日报为党委政府提供"智库服务"等，党报担当的筋骨刚劲有力。

有谋略——辩证唯物主义的方法论告诉我们，无论事物如何复杂、如何变化，其背后都有着必然的内在联系和发展规律。实践表明，善于把握规律，才能认识事物的发展轨迹和趋势，形成分析问题、解决问题的新思路、新谋略、新举措。如人民日报的深度融合、解放日报的转型深进、大众日报资本运营的调研报告，在全国报业的面上极具指导意义；郑州报业的"四全"媒体探索、"朝阳融媒"讲述"朝阳群众"新故事、羊城晚报的"融立方"工程、重庆报业协会通过"重庆路径"破解难题、长春晚报积极脱困的信心和方法、台州日报以人为本的强报工程、萧山日报的分众化配餐式服务等，都彰显出报业工作者的智慧与谋略。

有质感——效果的质感，决定着行动的水准。如浙江日报通过资本运作，连续两年入选"全国文化企业30强"；江西日报以新媒体驱动报纸融合；柳州日报构建媒体融合内＋外双循环；盐阜大众报建成"1+4"融媒体平台，依托"双＋模式"跨界文化产业、智慧产业；华西都市报面向未来提前推进智媒体建设；荆州日报打造新闻梦工厂；宝安日报经营工作7000万元到突破亿元；瑞安日报在TOG端进行布局等。全国报业通过融合发展，着力构建上下贯通、左右衔接、内外一体的立体交叉运行体系，显示出报业创新发展的质感。

四

"雄关漫道真如铁，而今迈步从头越。"

新时代为中国报业敞开了广阔天地，也提出了一系列新要求。放眼当下，云计算、大数据等技术快速迭代，移动应用、社交媒体、问答社区、自媒体公号等新业态层出不穷，信息传播的碎片化、社群化、娱乐化、互动化特点日益明显。

报业面临的变化，远远溢出了我们过往经验的边界，大量几乎从来没有被命名和表现过的生活和经验，在短时间内涌进我们的视野。它们体量巨大，覆盖到社会的方方面面，同时，也深入人们的意识甚至无意识的精神层面。

在这样的时代背景下，要破解报业困境，必须以习近平新时代中国特色社会主义思想为指导，锚定新型主流媒体建设的共同愿景，坚持政治首位度、技术优先度、布局引领度，依托顶层设计，深层次激活报业长期积淀形成的品牌信誉、人才队伍、人脉资源、本土化等优势，聚合资源能量，对融合转型进行整体谋划。在"三个度"上做足文章。

一是坚持政治首位度。

媒体融合发展带来媒体形态的变化，但方向不能改变、阵地不能丢，要毫不动摇地坚持党管媒体，坚持党性与人民性相统一。坚持管建同步、管建并举，筑牢社会舆情"防护林"。同时，要继续弘扬逢山开路、敢闯敢干的改革开放精神，把握媒体格局和传播环境的深刻变化，下决心打破深层的壁垒和藩篱。融合不是简单的物理整合拼接，而是推动运作模式、运行机制、生产流程的重构与再造，在理念、内容、渠道、平台、经营、管理等方面实现深度融合，产生化学反应。报业治理体系、现代传播体系要以当前事业单位改革为契机，在组织生态、商业模式、资本运营、产业布局上进行战术配套，合纵连横攻防，通过制度安排和产业转型，重构对党媒宣传、经营、管理、绩效的监督和控制。

二是坚持技术优先度。

报纸标配新媒体是基本打法，善用大数据、人工智能、移动互联三大技术是创新打法，要两种打法结合，不断增强用户连接。根据"读报"转向"读屏"转场阅读的特点，但凡出击新闻，必须是全媒体采集、全流程把控、全平台分发，进而做到全覆盖，真覆盖。融合传播要进行全案供给，即给用户提供的服务，不是一篇稿件或一个版面，而是针对用户需求，提供从创意策划、全媒体传播、网络引爆、效果评估到线下场景活动相结合的完整解决方案。要以技术的优先度，抢占报纸和网络两个舆论场，使互联网这个最大的变量成为发展的最大增量。

三是坚持布局引领度。

IPV6 建设提速，5G 在 2020 年商用，大数据、人工智能、云计算、区块链、算法、VR、人机交互等新技术呼啸而至，面向未来，融媒体渗透率、流量红利都已见顶。未来必须面向智媒体布局，智媒体是以新技术为基础，万物智联、万物皆媒，机器能够实现自我学习，自我完成内容生产、分发、交互、消费，并实现人机合一的媒体形态。在这个时代，AI 是大脑，移动互联网是骨骼，大数据是血液，构成了未来传媒智能化、移动化、数据化的新生态。报纸只有向智媒体转型，才有生路。推进智媒战略，在媒体融合、平台打造、技术赋能等方面，完成媒体生态蜕变，取势、明道、优术。在这个新生态中，要设计强大的议程设置能力和内容生产能力,打造自主可控、有较强影响力、具备较强技术创新能力的媒体矩阵和媒体平台。

"会当凌绝顶,一览众山小。"这是唐代伟大诗人杜甫壮游齐鲁大地写下的诗句,他以宽阔丰富的心灵,谛听和表达着这个民族最深沉、最美好的声音。

"江山留胜迹,我辈复登临",只要我们不忘初心,牢记使命,胸中鼓荡雄心壮志,就一定能够跻臻高峰,闪耀中国报业精神光彩、奋发作为的史诗宏构。

我们站在新时代,崇峻的山峰等待着我们,让我们奋力向前。

(作者系中国报业协会理事长)

CONTENTS 目录

序言

翠叠春山万千重 …………………………………………… 001
张建星

上篇 守正创新

人民日报社：媒体深度融合发展的新时代 ………………… 003
卢新宁

中国青年报社：融媒小厨的"私房菜"与"大制作" ……… 018
张 坤

解放日报报业集团：以改革深化推动媒体深融转型深进 … 022
解放日报调研组

浙江日报报业集团：开创报业资本运营的新境界 ………… 029
金 晶

新华报业传媒集团：技术驱动转型的新华工程 …………… 037
孙 巡 丁和根

南方日报报业集团：省级党报融合转型的"南方探索" … 044
洪奕宜

吉林日报报业集团：全媒体发展事业　跨行业发展产业 … 051
　　张育新　张　苗　王奎龙

山东大众报业集团：报业资本运营的"大众路径"………… 062
　　大众报业调研组

四川日报报业集团：传媒治理体系的建构与实践………… 068
　　余长久　胡怀福

湖北日报传媒集团：读屏时代的"刷屏"攻略…………… 074
　　陈红彬　陈力峰　王丙全

宁夏日报报业集团：省级党报自办发行的模式创新……… 083
　　王　强

贵州日报报业集团：追求"思想光芒"　绽放"泥土芳香" 089
　　冉　斌

羊城晚报报业集团：打造赋能羊晚转型发展的"融立方" · 093
　　羊城晚报调研组

证券时报社：从"纸媒"到"数媒"的四年攻坚战………… 102
　　何　伟

华西都市报社：智媒体建设的封面路径…………………… 108
　　李　鹏

信息日报社：新媒体主导纸媒融合的有益探索…………… 115
　　练蒙蒙　邵　平

中国电力传媒集团：焕发行业媒体活力的"光与电"…… 123
　　中电传媒总编室

中国冶金报社：从读者思维到用户思维的"浴火冶金"… 130
　　陆闻言

重庆市报业协会：区县融媒体的"重庆路径"…………… 137
　　康仁明　陈　菲　蔡朝晖

中篇　知常明变

朝阳区融媒体中心：讲述"朝阳群众"新故事 ………… 147
　潘　竞

郑州报业集团：以深融之力打造"四全"郑报 ………… 155
　石大东

长沙晚报报业集团：长沙晚报媒体深融的"四轮驱动"…… 162
　李鹏飞　刘先根

贵阳日报传媒集团：城市党报媒体融合发展的贵阳路径… 169
　戴建伟　罗建三　谢江林

长春日报社：党报脱困的长春突围 ………………………… 175
　孙成军

昆明报业传媒集团：破解报业痛点的八个"处方"………… 183
　姚　宏　母昌买　宗　卫

济南时报：逆势突围战的五种打法 ………………………… 188
　赵治国

现代快报：融合转型的"现代快报+"……………………… 197
　赵　磊　梁　波

春城晚报传媒公司：报业顶层设计的创新实践 …………… 206
　春晚传媒课题组

广安日报社：巩固党报主流舆论阵地　提升党报影响力… 213
　邱　夏

柳州日报社："双循环""三驱动"激发新动能 …………… 219
　阳　天　吴怀辉

荆州日报传媒集团：从"新闻工厂"到"新闻梦工厂"的
　嬗变 ……………………………………………………… 228
　杨章池

金华日报报业传媒集团：做好重大主题报道的"金华日报现象"……………………………………………………… 237
　　陈　东

温州日报报业集团：做好重大主题报道的温报答案……… 246
　　方立明

嘉兴日报报业集团：红船精神奏响转型发展乐章………… 253
　　叶志强　郭蚕根　丁越亚

舟山报业传媒集团：跨界文化产业　建设精神家园……… 264
　　石焕斌　徐宏杰　金春玲

雅安日报传媒集团："1+4"传播集群的雅安行动………… 269
　　杨建光

遂宁日报报业集团：地市党报融合转型的进行时………… 276
　　骆常非

泰安传媒集团：人才强报的泰安战略……………………… 282
　　戴　冰

台州日报传媒集团：遏制人才流失潮的台州方案………… 287
　　黄保才　何亨元

日照报业集团：推进"三化改革"　报业扭亏为盈……… 296
　　窦更勤　李叶青　丁　波

清远日报社：地市党报融合转型的清远之路……………… 300
　　樊沃夫

衡阳日报社：问题导向创新实干，驱动报业稳健发展…… 308
　　周仲辉

下篇　同心筑梦

宝安日报社：基层党报创新的宝安经验…………………… 317
　　梁修明

瑞安日报社：报业布局"TOG"端产业 ················ 327
薛琳核

萧山日报社：分众化、配餐式办报的探索 ················ 334
张剑秋

东南商报：转型媒体智库建设的宁波思考 ················ 341
唐慧卿　陈旭钦　王　籍

盐阜大众报报业集团：互联网下半场的势道术与超限战 ··· 350
姜　琰　徐向林

黔东南日报社：发力"六抓六放"的内容生产 ············ 364
高俊华

南充日报社：融合服务驱动党报转型发展 ················ 370
杨雨龙

余姚日报社：县级媒体深度融合的余姚动车 ············ 377
黄桂树

曲靖日报社：基于平台战略的曲靖实践 ·················· 383
毛克宽

阿坝日报社：强化舆论引导的阿坝法则 ·················· 388
何　君

新余日报社：提升新闻舆论四力　释放主流媒体动能 ····· 397
胡春俊

报纸版权保护调研：打赢榆林保护战 ···················· 403
呼东荣　王振荣　王　婷　马孟欣

党报发行扩量调研：31家省级党报发行痛点及对策 ······· 414
郭利民

报人生存情况调研：以春晚传媒为例 ···················· 422
张光旭　于树恩　申国莉

县级融媒体中心调研：打造县域治理的现代化平台……… 437

郭乐天

发展趋势的9个研判：跨越3道分水岭，报业能否"王者融归"…………………………………………………… 445

周　劲

后记

走进全媒新时代 …………………………………… 464

胡怀福

上篇

守正创新

这是一场由技术飞跃带来的历史变革，这是一场由思想解放带来的深刻变化，这更是一场在党中央战略谋划下实现的创新发展。

党的新闻舆论工作，贵在守正创新。党的十八大以来，以习近平同志为核心的党中央做出推动传统媒体和新兴媒体融合发展的战略部署。2014年，中央深化改革领导小组审议通过了《关于推动传统媒体和新兴媒体融合发展的指导意见》。在一次次重要会议上、在考察新闻单位时，习近平总书记反复就推动媒体融合发展做出深刻阐述，提出明确要求。2019年1月25日，中共中央政治局第十二次集体学习把"课堂"设在媒体融合发展的第一线。习近平总书记强调，推动媒体融合发展、建设全媒体成为我们面临的一项紧迫课题。

守正创新，守正是基础、是根本、是方向，任何时候都要坚持高扬新时代的思想旗帜，抓好思想政治建设，注重理论学习与实践相结合，继承和弘扬红色精神。创新是保持先进性、生机与活力的动力引擎。时代潮流，浩浩荡荡。唯创新者进，唯创新者强，唯创新者胜。

全国报业系统在守正创新的实践中，"移动优先"成为共识，"用户意识"深入人心，"爆款产品"屡屡刷屏，从"相加"到"相融"正向着"融为一体、合而为一"阔步迈进。一个个传播力、引导力、影响力、公信力不断增强的新型主流媒体正在涌现，在全媒体的时代浪潮中成长壮大，奋笔写下融合发展的"报业篇章"。

人民日报社：

媒体深度融合发展的新时代

卢新宁

推动媒体融合发展，是巩固宣传思想文化阵地、壮大主流思想舆论的战略举措。习近平总书记在党的新闻舆论工作座谈会上强调，推动媒体融合发展关键在"融为一体、合而为一"，这一重要论断为推动媒体融合发展指明了方向、提供了遵循。

为更好地促进媒体深度融合发展，本课题组在对部分主流媒体进行深度调研的基础上，分析总结当前我国媒体融合发展现状、面临的困难和机遇，并充分借鉴国外媒体融合发展经验，提出了对我国媒体深度融合发展的对策建议。

一、当前国内外媒体融合发展现状

1. 我国媒体融合发展现状

随着技术进步，信息传播环境和媒体生态发生剧变，我国媒体融合加速推进，传统媒体不断尝试内容创新、渠道拓展、流程再造、机制变革，不断在内容、渠道、平台、经营、管理融合等方面取得进展。当前，我国媒体融合发展已逐渐从相加变成相融，融合发展逐渐走向深入。

内容融合：融媒体产品刷爆朋友圈。主流媒体以内容产品为抓手，内容生产阵地快速转战至移动互联网，并根据各类媒体平台特点，制作发布不同形式产品，为用户提供更有针对性的新闻服务。传统媒体本身强大的内容生产能力，加上对新技术、新设备的应用，打造了一系列有特色的融合型新闻产品。如 2015 年 "9·3" 大阅兵，人民日报、新华社、中央电视台、澎湃新闻等都通过其网站和客户端推出多个融合型内容产品，推出融合全景视频、360 度影像的 H5 产品、"动新闻"等。2017 年 8 月建军 90 周年，人民日报客户端策划出品并主导开发的《快看呐！这是我的军装照》H5 融媒体产品，总浏览次数突破 10 亿。

渠道融合：移动终端独领风骚。随着移动通信技术的发展，手机及平板电脑等移动终端成为最大的互联网接入口，同时，移动终端设备的更新升级大大提升了用户的视听体验，也为移动终端快速抢占传统媒体的渠道提供了更多可能。传统媒体意识到移动传播的重要性，人民日报等传统主流媒体积极拓展移动传播渠道，取得显著成果。截至 2018 年 4 月 10 日，人民日报客户端累计自主下载量超 2.35 亿；人民日报法人微博粉丝总数突破 1 亿，稳居"中国媒体第一微博"；人民日报微信公众号粉丝超 1800 万，在微信平台各类公众号中影响力排名第一。

平台融合：开放聚合模式整合多样化内容。当前媒体融合发展呈现出平台化、移动化、智能化三种趋势，传统媒体树立互联网思维，遵循互联网逻辑，以开放聚合的模式整合多样化内容，为用户提供互动服务，并考虑跨界整合，以社区服务平台（资讯＋社交＋电商＋服务）的形式为用户提供贴身信息服务。2017 年，人民日报中央厨房建设取得阶段性成果，在此基础上推出"全国党媒公共平台"，正式开启向平台化迈进步伐。"全国党媒公共平台"将联结人民日报中央厨房、人民日报客户端、人民网等机制与终端，激活全国党媒优秀团队，汇聚全国党媒优质资源，联通全国党媒各类端口，构建全国党媒内容共享、渠道共享、技术共享、数据共享、盈利模式紧密协作的公共平台，全面提升优质产能和舆论引导合力。

体制机制融合：从理念走向实践。媒体深度融合发展不仅是媒体产品和渠道的革新，更为关键的还在于体制机制的创新与重构。近年来，传统媒体在内容生产模式、服务模式、组织模式、人才结构以及考核机制、管理体制等多个方面，不断改革创新，建立扁平化管理机制，激发创作活力，统一配置优势内容资源，构筑以新媒体为核心的传播生态体系，以适应新的传播格局和传播生态的要求。此外，传统媒体还积极探索营利模式，增强造血功能，充分利用市场机制盘活自身资源，激励自身不断改进服务质量，促进新闻产品的供给侧结构性改革，在更好地承担宣传任务和社会责任的同时增加营利性产业收入，为深度融合积累力量。

2. 国际媒体融合发展态势和经验

随着技术、资本和市场形势不断变化，国外媒体整体运营状况、内容生产方式、信息发布渠道和受众关系都发生巨大变化，媒体融合发展呈现新的特点和趋势。这些变化也对政府媒体管理提出了更高要求，外国政府在充分支持媒体融合发展的同时，也加强了对新兴媒体的规范和使用。

（1）各国主流媒体融合发展的探索

整体来看，国外媒体主要是通过全媒化、精准化、视频化、数据化和社交化五个方面的努力来推进融合发展。

全媒化。"全媒体"是指媒介信息传播采用文字、声音、影像、动画、网页等多种媒体表现手段，利用广播、电视、音像、电影、出版、报纸、杂志、网站等不同媒介形态，通过融合的广电网络、电信网络以及互联网络进行传播，最终实现用户以电视、电脑、手机等多种终端均可完成信息的融合接收，实现任何人、任何时间、任何地点、以任何终端获得任何想要的信息。国外媒体很早就开始实施全媒体传播战略，美国纽约时报集团2000年就形成了全媒体、多平台、多产业布局。目前，纽约时报集团已经基本实现了统一运营、统一采编以及统一管理，实现了多部门之间的优化整合，为数字化转型提供了保障和动力。英国广播公司（BBC）和卫报等媒体，近年也通过建立新媒体编辑部与传统编辑部充分融合的工作平台，有效实现了资源共享和相互借力。

精准化。新闻信息推送的精准化是指媒体以大数据技术为基础，用算法勾勒并解读用户画像，并根据用户画像推荐用户感兴趣的文章，从而提高新闻应用的用户黏度。新闻信息推送精准化是移动互联网时代新闻传播的一个重要特征。国外很多媒体在融合发展过程中，积极利用数据分析用户特点，提高新闻传播效率。例如，美国有线电视新闻网（CNN）长期以来就非常注重分析各种新媒体受众的行为，根据新闻点击量的多少增减报道数量，并根据受众关注的细节调整报道方向。

视频化。视频以其直观、生动的优点，相比文字更具传播力。随着移动智能终端与4G网络的普及，移动用户利用碎片化时间观看视频甚至跨屏连续观看视频的需求得到满足，移动用户使用移动视频应用的有效使用时长大幅提高，视频在新闻信息传播中的地位越来越重要。面对视频化大潮，国外各大媒体也积极探索视频新闻的采编制作。美国有线电视新闻网（CNN）依托内容制作优势，率先开拓了网络视频、手机移动视频等传播新形态，还与社交网站、视频网站等新媒体开展合作，抢占移动视频传播阵地。华尔街日报则成立了专门的视觉团队，制作专业视频新闻，同时，该报还提倡全员动手拍摄，参与视频制作。拥有一亿多网络用户的今日美国，也开始视频化探索，每天制作40至50个视频进行网络传播。2016年，美联社平均每天发布50条视频新闻内容。

数据化。数据化新闻，又叫数据驱动新闻。是指基于数据的抓取、挖掘、统计、分析和可视化呈现的新型报道方式。数据新闻是在大数据技术背景下产生的。除直观、可视外，数据新闻在描述、判断、预测、信息定制等方面有独特优势。2014年以来，美国传统媒体在新闻网站的基础上纷纷设立数据新闻平台。华尔街日报成立专门的数据新闻编辑部，开发数据新闻。美联社也建立了"数据新闻+互动技术"的跨界团队，成员来自不同采编部门，擅长不同领域，其中包括资深记者、统计学专家、公共政策专家、网页设计师、可视化专家等，专门负责数据新闻开发。

社交化。社交媒体的兴起让沟通、社交、阅读、分享等行为成为移动新媒体的主要特征，移动社交平台已逐渐成为用户关注热点资讯、获取新知识、分享信息的新途径。针对社交媒体越来越重要的角色，国外各大媒体也积极拓展利用社交媒体进行线索收集、内容分发。美联社设立了专门的社交媒体团队，积极利用社交媒体平台，尝试用新的方式，更有创造性地发布新闻内容。纽约时报成立了受众拓展团队，主要负责使用社交媒体、搜索引擎等工具推广业务，以及探索如何使报道更加有效地抵达受众。2017年，美国全国广播公司（NBC）和美国有线电视新闻网（CNN）相继在社交网站Snapchat上推出了新闻节目，并且都获得了收视成功，而美国福克斯电视台（FOX）则与Facebook开展合作，提高用户参与度和调查用户满意度。

（2）外国政府对新型媒体的管理

从全球范围来看，大多数国家对新兴媒体的管理主要通过法律规范和行政监管，使其规范运行并积极传播政府声音。

积极推动立法，规范媒体行为。在规范新兴媒体行为方面，国外政府积极通过立法进行前置性引导。美国针对通信行业进行了一系列立法，如《1996年电信法案》《国家安全法》《诽谤法》和《隐私保护法》等；英国2003年出台的《传播法》，2013年通过的《诽谤法》等都对网络不法行为进行了具体规定。近年来，为防止暴力、色情、谣言、恐怖主义等不良信息利用网络媒体尤其是社交媒体进行传播，欧美国家相继出台了一系列规制媒体网络行为的法律。美国国会于2015年12月出台《打击恐怖主义使用社交媒体法》，其中要求相关部门评估激进社交媒体在美国发挥的作用、分析恐怖分子和恐怖组织使用社交媒体的方式和趋势、分类评估恐怖分子和组织使用社交媒体发布内容的价值。2017年4月，欧盟也准备通过立法手段来协调Facebook、Twitter和Google之类的网络平台，遏制网络仇恨和煽动暴力言论等内容。

完善监管机构，加强外部管理。除了完善立法，外国政府还建立、健全相关管理机构，对传统媒体、新兴媒体进行统一管理。美国很早就成立了联邦通信委员会（Federal Communications Commission，FCC），依据法律对广播电视、电信与互联网实施统一监管。2013年10月，英国通过了皇家特许状，结束了传统的媒体"自我约束"体系，并宣布成立官方报业监管机构。俄罗斯政府为了保护国家的网络安全，管理网络行为，以《俄联邦宪法》等法律法规为依据，确立了以联邦安全局为主，以内务部、联邦媒体与文化管理局等为辅的信息监管、审查体系,并在各联邦主体下设相关机构执行中央决策,对本地区进行网络监管。

"管""用"结合,提高治理效率。外国政府除了出台相应法律和建立专门机构对新兴媒体进行管理外,也看到了新兴媒体的传播力和影响力。为更好地推动政策实施,更好地与民众沟通,各国政府也积极利用社交平台等新兴媒体发布信息、发表观点。2009年,美国前总统奥巴马就提出了建立"开放政府"的计划,美国各级政府机构逐步开始使用社交媒体发布信息,2011年年初,以联邦政府机构名义开设的各类Twitter账号已超过500个,至2012年,拥有社交媒体账号的美国政府公共服务部门已高达80%。英国内政部的官方网站在2012年发布了公务员社交媒体使用指南,鼓励并引导公务员积极利用社交网络展开工作,促进与公众沟通。俄罗斯更是将社交媒体看作国家层面的战略资源,积极开发和利用。俄罗斯注重打造社交媒体的"国家托拉斯",通过增加信息供给、实现精准传播、覆盖新媒体受众等方式,呈现俄罗斯声音。如今日俄罗斯国际新闻通讯社就利用"提供独特视角""高度国际化"等传播策略,和西方国家讲不一样的故事,提高信息到达率,塑造俄罗斯国家形象。

二、当前我国媒体深度融合发展面临的挑战与机遇

1. 媒体深度融合发展面临的问题和挑战

继2014年媒体融合上升为国家战略以来,我国媒体融合发展取得了巨大成就。但是,新媒体技术更新迅猛,传播渠道和平台日新月异,市场化媒体企业异军突起,传媒格局和传播业态发展变化对传统媒体融合发展带来极大挑战。

传统模式掣肘,媒体融合转型程度不均衡。传统媒体原有生产运行机制是遵照大众传播时代媒体发展规律设定的。尽管这几年有了很大改变,取得可喜成就,但总体上看,发展还很不平衡。中央媒体在融合发展方面积极探索、走在前列。但一些经济发展较为落后地区的媒体或者一些地市级传统媒体的融合发展工作开展较为缓慢。由于缺乏新媒体基因,加上理

念、资本、技术、机制等方面的制约，这些媒体还只是将传统媒体和新媒体做简单嫁接，仍然是"左手一只鸡，右手一只鸭"，没有实现从"你是你、我是我"变成"你中有我、我中有你"，更谈不上"你就是我、我就是你"。

固守"读者思维"，缺乏"用户"意识。媒体融合从表面上看是互联网技术革新，背后则是用户需求方式的深刻变化。一些传统媒体依然固守一对多的"读者思维"定式和以自身为中心的运作方式。如一些传统媒体机构创办的新闻客户端往往都以内容发布为核心，将传统媒体一对多的传播理念，直接应用到新媒体平台中，导致平台上某些产品并不符合媒体融合的大趋势。媒体融合的核心应该是由传播技术进步所带来的传播理念的变革，关键是彻底颠覆原先一对多的大众传播模式，将"读者"思维转换成"用户"思维，与用户实现平等的互动式传播。

重前端平台建设，轻后台数据运营。传统媒体在用户前端入口的建设上已经取得了一些成绩，但是在数据库建设上几乎仍处于起步阶段。一些传统媒体至今仍缺乏"后台"意识，没有认识到要建立用户数据库的重要性。那些走在行业发展前列的传媒集团，虽然认识到用户数据库的重要性，但多停留在前端入口建设阶段，用户入口所连接的大数据库建设仍处于初级阶段。大多数传统媒体自身的纵深不够，难以形成自己的数据库，自然也无法通过数据采集、挖掘、分析、应用实现信息的精准分发及商业模式的创新。

高技术人才匮乏，难以满足融合转型需要。拥有一支具有互联网思维，适应新的传播业态，信得过、用得上的媒体技术人才队伍，是建成具有强大传播力和影响力的新型媒体集团，实现深度融合发展的关键。但目前来看，缺乏融合发展所需的技术人才，几乎是所有传统主流媒体的短板，成为限制媒体深度融合的瓶颈。造成这一问题的原因主要是，传统媒体管理科层制、垂直化、条块分割、原则性强而灵活性不足，与新媒体管理扁平化、项目制、网络化管理、强调创新与灵活互动等特点相比，很难吸引人才、留住人才。面对日益崛起的网络媒体所带来的竞争压力，传统媒体优秀人才流失越发严重。

结构式变革不足，阻碍体制机制创新。要实现传统业务与新媒体业务彻底相融，需通过各种调节手段来实现资金、人才、技术等要素的合理流动和优化配置，并且按照互联网环境下的传播关系、传播渠道和传播方式，对各种资源进行横向打通和纵向整合，从整体上进行体制机制的重新设计。但是，目前传统主流媒体大多仍是科层式组织结构，不同业务板块的行政级别、用工模式、考核方式都不尽相同，在经营和运作上也多按照媒介形态的分类进行。这种条块分割的科层式结构不利于各部门之间的协作创新，也很难激发新媒体员工的工作积极性，削平旧制、重新编排、条块整合，都面临着很多困难。

2. 我国媒体深度融合发展的机遇

新技术的加速发展和传播业态的快速更新带来了无限的可能性。融合转型成为全球媒体行业不可逆转的发展趋势，国内政策大力支持，"互联网+"行动计划等，都为我国媒体融合转型带来了良好的发展机遇。

全球新媒加速发展，为我国媒体走出去提供有利条件。根据国际电信联盟（ITU）发布的调查报告显示，全球手机用户数超过70亿，手机信号已覆盖全球超过95%的人口。最新发布的《信息通信技术、最不发达国家和可持续发展目标：在最不发达国家实现普遍和可负担的互联网》报告显示，截至2017年年底，最不发达国家移动网络覆盖也已超过80%的人口，完善的通信网络为我国媒体国际化融合发展提供了良好的网络基础。此外，国际大型媒体集团，尤其是Facebook、Snapchat、Instagram等社交媒体的发展，为我国媒体走出去，通过融合手段讲好中国故事提供了国际平台。我们要充分利用"新技术红利"，发展对外传播优势，构筑对外传播矩阵，聚合对外传播效应。

国家出台多项措施法规，政策环境利好。近年来，国家有关部门出台多项利好政策，扶持和支持媒体融合发展。原国家新闻出版广电总局、财政部印发的《关于推动传统出版和新兴出版融合发展的指导意见》，对于新闻出版企业的转型升级提供财政支持。文化部印发的《扶持成长型小微文化企业工作方案》，对小微文化企业有较大的帮助。国务院印发的

《关于大力推进大众创业万众创新若干政策措施的意见》，在财税、融资和平台建设等多个方面提供支持。国务院印发的《促进大数据发展行动纲要》，有力推进大数据行业发展。国务院办公厅印发的《三网融合推广方案》，加快推动信息网络基础设施互联互通和资源共享。

新技术革新和应用，催生新的生产与传播方式。无人机、写稿机器人、虚拟现实技术被认为是有望重塑媒体行业格局的技术。以智能设备为代表的新技术革新了新闻信息采集和发布方式，丰富了新闻生产内容的多样性。传感器、人工智能软件、GPS定位等一系列技术在新闻生产中的应用，使新闻内容更加翔实，通过技术实现的事实呈现也对增强新闻信息传播的有效性起到了推动作用。新传播技术成为媒体融合发展的发动机和加速器。

新闻版权保护加强，建立和维护良性网络传播秩序。近年来，国家版权局、国家互联网信息办公室等部门高度重视版权资源的管理、运营与保护，建立规范，细化规则，着力解决传统媒体原创利益的保护问题，提出进一步扩大版权监管范围，利用新技术手段对互联网作品实行版权监测，实施更为严格的技术管控，采取必要的技术过滤手段，加强重点内容关键时期的跟进保护等。国家版权局联合国家网信办、工信部、公安部继续开展对网络盗版等行为的整治工作，加大对侵权现象的打击力度。这些措施和行动，对于建立良性的新闻传播版权秩序和新闻传播版权生态环境具有重要意义，对于传统媒体与新兴媒体融合发展也是一个重大利好。

"互联网+"行动计划，媒体跨界融合的新机遇。国家政策的引导成为中国媒体融合的新契机，在媒体融合工作的开展中起着重要作用。继2014年媒体融合上升为国家战略以来，在2015年政府工作报告中提出制订"互联网+"行动计划，推动移动互联网等技术与各领域结合。"推动移动互联网、云计算、大数据、物联网等与现代制造业结合，促进电子商务、工业互联网和互联网金融健康发展，引导互联网企业拓展国际市场。""互联网+"行动计划对于传媒业而言，就意味着借助互联网向传统媒体产业输出优势功能,在生产、互动、营销、管理等各个环节充分体现互联网思维,推动产业升级,从组织建构、生产模式、产品流通、产业体系等各方面全方位实现融合发展的创新变革。近年来,在国家"互联网+"行动计划推动下,智慧政务、智慧城市、智慧社区、智慧化生存等各应用领域做了探索性的实践和尝试,对于媒体行业实现跨界融合而言,是一个难得的机遇。

三、推进媒体深度融合发展的意见和建议

当前,尽管融合发展取得了跨越式的成就,"融易合难""融而未合"等问题或多或少地依然存在。媒体融合发展已经进入深水区,这一阶段,媒体融合不仅需要内容融合、体制融合、身份融合,更要思想观念融合和组织文化融合。正如中国记协常务副主席胡孝汉所说,只有贯彻"导向为魂、内容为王、创新为要、关键在人、重在管理"的融合方法论,才能全面推动媒体融合向纵深发展,进而达到"你就是我、我就是你"的境界。

1. 自觉推动融合,巩固和壮大党的舆论阵地

媒体融合是传统主流媒体"自我进化"的过程,本质上是一场自我革命,要有"壮士断腕"的勇气和决心。只有让融合成为每一位从业者的自觉,才能真正激活强大的内生动力。倘若体制已经迈入了"相融"阶段,而人的思想观念却停留在"相加"阶段,再好的点子,恐怕都难以落地生根,再好的制度,仍会存在无法流畅运转的问题。

培养自觉推动融合的意识,巩固和壮大党的舆论阵地,要做到三个"加强":一是加强内容生产创新。在全媒体时代,无论传播手段怎么花哨、传播方式多么酷炫,如果没有优质内容,媒体融合发展就如无源之水、无本之木,守住阵地都成问题,更谈不上巩固和壮大党的舆论阵地。二是加强渠道和平台建设。以往传统主流媒体主导传播渠道和传播平台,而今随着网络媒体,特别是自媒体的兴起,传播渠道不断泛化,主流媒体对传播渠道和平台的主导性弱化。再有价值的内容,如果渠道和平台

建设不能同步，其传播力和影响力也会受到影响。三是加强经营和管理手段变革。经营融合和管理融合要靠新思维，必须树立更加开放的媒体经营理念：把新闻当作信息，把信息作为产品，把产品提升为服务，服务覆盖更多群体；把社会价值、商业价值有机统一起来；把传统管理理念和动态的融合管理理念有机统一起来。

2. 统筹体制与市场两种力量，形成推动深度融合发展合力

从1994年4月20日中国与国际的64KInternet信道接通以来，互联网全功能进入中国已经24年。这20多年，我国市场经济逐渐发展完善，互联网市场也从初创走向成熟，市场对于资源配置的作用越来越大。推动媒体深度融合发展，单靠行政和主流媒体自身力量难以形成真正优势。要充分调动市场力量，尤其是资本力量，参与到媒体融合发展建设中，形成体制与市场的融合发展合力。

统筹体制与市场两种力量，形成融合发展合力，最主要的是创新政策和资金支持方式。一是以"补助＋债权＋股权"的形式，优化政府资金使用效率。如对主流媒体融合发展给予补助，市场化部分则以债权或股权投资方式交给专业机构管理。二是采取"引导＋补偿"的模式，对主流媒体符合未来发展方向的新媒体业务，建立投资风险补偿机制，鼓励其发展。三是不断推出制度创新，通过各种方式支持传统媒体企业上市，通过资本市场进行融资。

3. 升级媒体技术，构建全国党媒公共平台和大数据媒体云

党的十九大报告中指出，高度重视传播手段建设和创新，提高新闻舆论传播力、引导力、影响力、公信力。传播技术作为推动媒体发展的关键因素，受到媒体机构的广泛重视。

推动媒体技术升级，先要实现融合发展背景下策、采、编、发全流程的技术升级。一些实力较强的主流媒体集团，可以通过自建技术团队，实现拥有自主知识产权的技术开发，而实力较弱或资金不够充裕的媒体，则可以通过与互联网企业或者市场上的媒体技术公司合作来实现整体升级。推动媒体技术升级，还要集中力量实现重点领域技术突破。当前，媒体融

合发展平台化趋势明显，传统主流媒体要着重打造两个平台，一是打造信息发布平台。2017年年初，人民日报在中央厨房建设取得阶段性成果的基础上，提出建设中央厨房的升级工程——"全国党媒公共平台"。二是打造大数据媒体云服务平台，加强对网络数据管理，并为全国主流媒体提供数据服务。

4. 巩固"内容优势"，以版权屏障构建"防波堤"

习近平总书记2015年12月25日视察解放军报社时讲话指出，对新闻媒体来说，内容创新、形式创新、手段创新都很重要，但内容创新是根本的。当前，包括传统主流媒体和新兴媒体在内的大部分媒体都构建起自己的内容分发渠道。"媒体融合，融到深处回归内容"。随着渠道和平台的逐步发展完善，渠道资源的重要性将逐渐弱化，内容竞争将进一步成为影响成败的关键因素。

巩固"内容优势"，主流媒体一方面要坚守"内容为王"，发挥得天独厚的内容生产优势，生产权威性、原创性、专业性、差异化的内容产品。要主动拥抱新媒体，生产便于全媒体生态下传播的产品，还要多发挥用户的作用，让更多的人生产"事实"，主流媒体则负责加工与传播。另一方面，主流媒体要增强版权意识，通过版权保护构筑内容的"防波堤"。建议加强版权立法，平衡内容产品的传播力与版权保护之间的关系，在促进新闻报道传播的同时加强新闻版权保护，同时加强版权维权意识，对于被侵权的媒体产品积极采用法律手段进行维权，进而促进全社会的版权意识成长。此外，还要转变内容版权变现方式，将以往直接对第三方媒体转载内容的分享方式，转变为通过转载连接的方式进行分享，从而在保护版权的同时，为自身渠道导入流量。

5. 加强人才培养，形成融合发展人才保障机制

推动媒体深度融合发展核心要素是人。习近平总书记在党的新闻舆论工作座谈会上强调，媒体竞争关键是人才竞争，媒体优势核心是人才优势。因此，如何选拔人才、组织人才、培养人才、使用人才对推动融合发展至关重要。习近平总书记要求新闻舆论工作者"努力成为全媒型、

专家型人才"，这就是媒体人才培养的目标。所谓"全媒型人才"，是指具有全媒型思维和理念，熟悉各种传播载体的传播规律、传播知识、传播技能，善用各种现代传播手段进行创造性传播劳动，并对传播活动做出贡献的人。

培养全媒型、专家型人才可以从四个方面入手：一是坚持以实践为检验标准，以新的媒体运作理念做指导，把人才放到媒体融合发展的项目中去锻炼、锤打，去拥抱实践，去接地气。二是突破各种体制机制障碍，不拘一格发掘人才。原来的体制机制障碍体现在人才的编制身份、激励机制、考核制度等多个方面，自觉推动媒体融合发展，必须真心实意地破除它们，从根本上给人才以宽松的制度空间和环境。三是强调"一专多能"，深度融合发展需要的人才，不仅能在某一方面成为行家里手，而且能在多个方面做到统筹兼顾，样样胜任。四是通过对标全媒体、专家型人才进行全维度培训，实现人才融合升级。

6. 构建指标体系，为媒体深度融合发展提供科学评估标准

传统主流媒体要实现融合发展就要"知己知彼"，尤其是在从"相加"向"相融"过渡的深度融合发展阶段，科学评估自身融合发展状况是做好下一步工作的必要前提。从现状来看，不管是学界还是业界，目前都亟须准确反映融合发展的总体情况、发展成果以及存在问题的媒体融合发展评价指标体系。因此，建立科学、清晰的量化评估指标体系已经成为当前的重要课题。

构建科学的媒体融合发展评价指标体系，要把握好以下几个方面：一是要在科学对比中明确定位。媒体产业作为国民经济的重要组成部分，其评价指标的设置要与整个国民经济及其他产业发展情况相匹配，要既可以与自身的历史数据对比，也可以与其他行业的相关数据进行对比，还可以与国际媒体行业融合发展情况进行对比。二是要兼顾社会效益指标与经济效益指标。媒体融合发展指标设计，既要考虑媒体作为宣传舆论工作者和信息传播者的社会效益，又要考虑媒体经济效益和资金状况，以利于媒体融合的可持续发展。三是要完整反映媒体融合发展的全貌。媒体融合发展

涉及众多生产、业务流程不一的部门，统计内容繁杂，在设计评价指标体系时应充分考虑转型时期媒体内部的复杂性，较为完整地反映媒体融合发展的面貌，不能以偏概全、挂一漏万。四是要具有适度的前瞻性。随着媒体融合发展不断深入，媒体融合发展的重点任务和要解决的主要问题也会逐渐发生变化，因此，在设计评价指标体系时要有一定的前瞻性，确保统计分类和统计分析的结果对未来工作具有指导意义。

7. 规范社会资本，确保融合发展正确导向

当前，随着新兴媒体的不断发展和媒体融合的进一步深入，社会资本在传播领域的参与度越来越高。但是社会资本有着逐利的天性，如果管理不当，极有可能引发社会资本绑架舆论的现象，不但有可能导致民众对国家和社会产生偏颇认识，严重的还会破坏社会和谐。现今，我国正处于全面建成小康社会的决胜期、实现中华民族伟大复兴的关键期，对社会的凝聚力、奋斗精神提出了更高要求。因此规范社会资本，确保融合发展正确导向，是一个必须重视的问题。

规范社会资本，避免其对舆论的绑架，最主要的就是对资本进行有效监管，具体来说可以从三个方面入手：一要严格资本准入。管理部门对于新闻传播的哪些领域可以向社会资本开放、哪些领域不能开放要有基本的原则和底线，对于不能开放的领域，要坚决守住。二要规范资本用途。社会资本进入媒体领域，参与媒体融合发展，是直接管理媒体经营还是仅仅参与投资分红，要有详细和严格的规定，对于融合发展过程中的媒体经营权，要牢牢把握在主流媒体自己手中，不能被社会资本左右。三要加强资本审查。摸透社会资本的来龙去脉，尤其是对通过资本市场募集的资金要有充分了解，对于可疑的社会资本要坚决杜绝使用。

8. 破除孤岛效应，以媒体深度融合促进对外传播

当前，全球范围内通信网络进一步完善，国外媒体融合发展进一步加速，为我们推动对外传播的发展提供了有利条件。现实情况是，我们在国际传播中还存在有理说不出、说了也传不开的情况。我们应顺应媒体发展趋势，利用现有的新兴技术手段和传播平台，在国际舆论场中打

造融通中外的新概念新范畴新表述，让中国故事通过新概念新范畴新表述的"包装"，成为国际舆论关注的话题。

　　媒体融合背景下的国际传播，既要强调媒体技术与传播平台的重要地位，也要强调讲好中国故事的叙事技巧和话语体系的重要意义。建立有影响的外宣旗舰媒体，要进一步加大支持中央主要媒体走出去的力度，优化战略布局，集中优势资源，努力构建对外传播的重要落地平台，参与国际传媒市场竞争，主动进行议题、议程设置，积极引导舆论走势。建立符合海外媒体用户习惯的叙事技巧和话语体系，要研究国外受众的习惯和特点，了解他们的文化传统、价值取向、接受心理，以国外受众易于接受的思维方式和表达方式进行国际报道、国际传播，增强吸引力感染力；要把握国际社会的兴趣点、中国与世界利益的交汇点、国际舆论聚焦点，把我们想讲的和国外受众想听的结合起来，把"陈情"和"说理"结合起来，把"自己讲"和"别人讲"结合起来，多一些具体细节、典型事例，形成一系列新颖、完整、准确的表达和阐述方式，多一些思想交流、情感互动，并在表明立场、提出主张的同时，让海内外受众愿意听、听得懂、能接受，使中国理念更多地为国际社会和海外受众所认同。

中国青年报社：

融媒小厨的"私房菜"与"大制作"

张　坤

当下，媒体格局、舆论生态、受众对象、传播技术发生深刻变化，越来越多的人通过新兴媒体获取信息，青年一代更是将互联网作为获取信息的主要途径，他们活跃在各类新媒体平台。互联网已经成为舆论生成与引导的主战场、广大青年的主要聚集地。中国青年报顺势而为，全力挺进"智慧云端"：

1. 转战移动端为主的互联网主战场

在浦东改革开放系列报道中，中青报放下"新闻纸"，第一时间扛起"移动旗"，策划了一批新媒体融合精品，连续有多个被全网推广。中青报·中青在线八九个部门、四五十位同事全媒体一体化策划、创作、推广，基本实现了"你就是我、我就是你"。

这是中青报初步实现融合、转战新媒体主战场的一个体现。目前，中青报融合传播指数、综合传播力指数、官方微信公众号传播力、移动端直接用户数等，均居中央新闻媒体前列。2018年有多项移动精品浏览量过千万，其中一项移动视频节目MV播放量超过2.5亿。在第28届中国新闻奖中，中青报5件作品获奖，其中有两个新媒体奖。

2. 以经济适用型"融媒小厨"推进网报一体化融合

2014年下半年，中国青年报社开始全媒体融合转型探索，从报网互动到报网融合，从24小时中青报在线到24小时中青报随手看，经过3年多探索，2017年4月27日，中青报特色"融媒小厨"开张。全媒体机制、流程、平台、渠道、产品和服务等一体化融合运行，统一协调内容生产、分发传播、整合运营，大力推行"部门主导，三端融合"，让报纸采编部门转型为全媒体采编部门，紧紧围绕"报上来""分下去""转起来"三个关键环节自我革命，初步实现了内外推广、有效联结。

3. 始终坚持正确舆论导向，以内容创新为重

"融媒小厨"有大情怀，也有特色"私房菜"和精品"大制作"。2018 年，报社重点围绕"强国一代有我在，奋斗青春最幸福"进行主题策划，推出一系列精品图文报道、视频直播、H5、MV、"强国体"表情包、小程序、微视频等线上线下全媒体活动。还通过与清华大学马克思主义学院合作开展"强国一代的担当与使命"论坛等，形成了一批全媒体理论成果。

4. 推动报社全方位更深层次改革

中青报早在 3 年前就成立了全媒体协调中心，制定全媒体报道流程，建立全媒体一体化协调机制。专业部门在"自转"的同时，还要在报社领导负责的全媒体协调机制下"公转"。报社牵头并投入巨大成本的两条传播渠道——高校传媒联盟、KAB 创业教育推广办公室，已经成为直接触达并影响几千万大学生群体的重要渠道和平台。

5. 守正创新，打好精品战

不改革，即淘汰。"融媒小厨"自诞生以来，打造出了一系列有影响力、传播力、引导力和鲜明青年特色的现象级精品：

解放军报曾专题推介："这个盛夏，随着一篇题为《我站立的地方》新闻作品的刷屏，边防营长余刚和战友们的戍边故事，令无数国人感动落泪。有人说新闻是易碎品，一群普通官兵的故事，何以打动那么多素不相识的人？走近驻守西藏雪域高原的官兵，你会深切地感到：故事背后是精神。"《我站立的地方》是中青报深入西藏边防部队打造的全媒体报道，这个报道和短视频《巡逻王舒展》刊播后，1.2 万个公众号转载，200 多家主流网站、移动客户端转载转播；

共青团十八大召开前夕，中青报推出一款《梁家河全景带你走近青

年习近平》H5作品,通过VR全景(720度还原场景)、3D建模、陀螺仪等技术,真实、生动地还原了习近平总书记当时的生活工作状态,并在适当位置加入大数据处理过的文字、音视频等元素,让用户自由选择想要了解的内容,还可以挑选一段总书记对青年的寄语,打印生成定制的明信片,分享给朋友。这些技术应用和交互细节的设计,迅速在朋友圈刷屏,点击量达到1300多万;

报社连续4年承制团中央"清明祭英烈·共铸中华魂"活动的H5产品。作品《今天,请给他们一分钟》上线之后,1398万名网友为英烈默哀,包括世界冠军、知名电竞界人士等大V,共青团系统微信公众号也重点转发。由此引发的微博话题阅读量超过5亿次,成为社交媒体中的"爆款";

2017年11月29日,在"中国梦"理念提出5周年之际,报社与文化企业联合出品的《中国梦》青春版MV正式发布上线,得到新闻媒体和社交媒体的大量传播。仅3天时间,该MV的播放总量就突破两亿,甚至走进了台湾大学的文化研究课堂。

"融媒小厨"有大情怀,也有大制作,不仅社会效益明显,也带动了整体品牌运营效益的提升。截至目前,"融媒小厨"已接待中宣部、原国家新闻出版广电总局等机构的调研,吸引了光明日报、工人日报、人民邮电报、湖南日报等200多家中央媒体、行业媒体和地方媒体前来考察。

6. 创新无止境,改革再出发

中青报在全报社部署了加速融合的"五项举措":

——以移动端为主,彻底实现"部门主导、三端融合"

经过近一年的内部改革,中青报已将过去55个处级机构精简到38个,并以移动端为导向实现绩效考核体系的重要调整。比如,将过去的文化、副刊、专刊、旅游、健康等部门精简合并为文化中心,负责移动端、PC端、报纸端所有相关文化内容等。

——以全媒体项目为主,彻底改革绩效考核体系

以"浦东"主题宣传报道为契机,打破分工、部门、专业等限制,提升全媒体重点项目的议题策划、设置、统筹、执行能力,鼓励、激励

更多新媒体融合人才脱颖而出。还配套制订了一系列学习、培训计划，全面提升员工的全媒体素养。

——以健全科学化指标为主，彻底实现"脱纸化生存"

目前，中青报正在健全以移动为导向的内部"融合传播指标"和"正负向加权奖惩制度"等科学指标体系，及时调整、调节融合过程中出现的偏差和问题，保证从"先网后报"到"移动唯一"的发稿快速、内容高质、传播有效。

——以"融媒小厨"的全面升级为主，彻底实现内外技术、资金、资源、渠道上的有效整合

2018年，"融媒小厨"的移动采编技术系统得到进一步改进。在团中央支持指导下，今后将有更多新媒体资源融入正在做大做强的中青报全媒体融合发展体系中。

——以构建人力资源四条晋升通道为主，彻底实现可持续发展

全媒体绩效考核协同推进，向移动精品倾斜。目前报社正加快全媒体人力资源改革，在原有行政管理与专业技术序列的基础上，新建媒体专务序列和经理人序列岗位，形成人力资源四条晋升通道，此项改革已进入试运行阶段。

中青报67岁生日当天，曾在头版的评论中发声：《中国青年报》的报道方式虽然发生了颠覆性的变化，但依然有着不变的坚守："纸"变了，有公信力的"报"没有变！"形"变了，文化传承的"神"没有变！"场"变了，服务青年的"人"没有变！

诚如斯言。抓住青少年价值观形成和确定的关键时期，引导青少年系好人生第一粒扣子，努力打造新型主流青年媒体融合平台，中国青年报在推进媒体深度融合之路上不断探索。

解放日报报业集团：

以改革深化推动媒体深融转型深进

解放日报调研组

近年来，解放日报牢牢把握提升主流媒体传播力、引导力、影响力、公信力这一根本方向，坚持改革创新不动摇，以深化改革推进深度融合，探索走出了媒体融合从相"加"到相"融"的关键一步。

一、融合之路循序渐进

解放日报的融合发展起步较早，经历了一个从"起步跑"到"加速跑"的渐进式过程。2013年，根据上海市委和市委宣传部的部署，解放日报制订新媒体发展五年规划和三年行动计划。作为三年行动计划的重点项目，2013年12月10日，"上海观察"客户端开始试运行，2014年1月1日正式上线，定位为"精品阅读新闻类APP"。

2014年10月，解放日报全媒体采编平台上线，从技术上打通了报纸和新媒体的内容生产流程，实现了新闻信息一次采集、多种生成、多元传播。

2015年4月，解放网试行频道负责制，内容制作权交给各采编部门，以此牵引带动纸媒、客户端、网站三大平台一体化发展，采编人员收入开始与新媒体发稿量、点击量挂钩。报社鼓励各采编部门积极探索发展新媒体，"伴公汀""微观上海"等一批有影响的微信公众号相继涌现。

根据上海市委决策部署，2015年10月起，解放日报着手制订改革方案，探索一条符合互联网时代新型传播特点的融合转型之路。2016年3月1日,解放日报深度融合、整体转型改革正式实施,报社采编机制进行了数十年来最大规模的一次变革。

二、坚定不移战略转型

1. 明确目标方向

按照市委"脱胎换骨、腾飞发展、深度融合、整体转型"的改革要求,报社提出了"一个目标""一套机制""两大产品"的改革思路。

一个目标:"十三五"期间,解放日报社要成为一家以互联网传播为主要渠道、以报纸传播为重要依托的新型媒体机构。

一套机制:建立适应互联网内容生产规律的新的采编架构、流程,配套建立合理有效的薪酬激励机制。

两大产品:《解放日报》着力成为互联网环境下的精品党报,精准传播中央和上海市委声音,权威解读市委市政府中心工作,强化深度、耐读等纸媒特色;"上海观察"瞄准"更快、更宽、更深"目标,着力成为上海市委在互联网权威发布的第一平台、上海市民及城市利益相关者了解上海的第一选择。

2. 扎实推进改革

2012年起,报社每年举办全员培训,解读媒体融合前沿趋势,学习新媒体专业技能,引导采编人员转变观念,积极主动拥抱互联网,凝聚思想共识。报社制订了改革方案,落实责任,边探索边实践,边总结边深化,各项改革举措扎实推进。

一是改架构,探索"一支队伍,两个平台"。

深度融合、整体转型启动后,《解放日报》和"上海观察"(后改名为"上观新闻")同时改版。报社将所有采访力量全部迁入上观,一支队伍服务报纸和客户端两个平台。

"部门制"改为"频道制"。《解放日报》除保留要闻编辑部、新闻编辑部、专副刊编辑部三个纸媒编辑部门外,其余部门全部迁移至上观,组建了适应互联网传播形态的政情、财经、区情、城事、视觉等九大频道。频道设总监，加强重点策划和导向把关。采编人员通过全员竞聘上岗。

采访力量整体迁移至上观，解决了之前报纸和新闻客户端两个产品采编队伍分离、效率较低等诸多转型中的问题，提升了资源使用效率；扁平化的组织架构，让采编指挥靠前，给予一线采编人员更多更大的自主权，加快了新闻反应速度，提高了新闻传播效率。"三审制"不仅未受影响，而且更加强化，确保了导向正确。

栏目成为最基本的内容生产单元。根据上观定位和内容特色，频道下设栏目，栏目设立主编。栏目既负责向上观供稿，也负责向报纸供稿。栏目均由记者编辑自主申报、竞标产生。报社定期对栏目进行考核，考核不合格的予以淘汰，相关人员或加入其他团队，或重新申报新栏目。目前有栏目60多个。

试点栏目主编负责制。2017年6月，报社通过竞标推出"法治""公共空间""运动+""原点"等7个栏目，进行主编负责制改革试点。栏目主编成为栏目建设的第一责任人，全权负责栏目的策划、采编、人员调配、稿酬分配等。报社以影响力和美誉度为导向，制定栏目考评办法，每季度和每年对栏目进行考核。栏目主编负责制改革，进一步实现采编流程的扁平化，促进内容质量和采编效率提升。

新设多个新媒体采编部门。适应融合发展需要，报社新设立了多个新媒体采编部门：上观编辑中心负责上观首页更新、新闻监控、重要新闻摘编和推送；上观视觉中心在新闻摄影和图片编辑之外，融合组建了设计和视频两支团队；上观数据新闻中心借助柔性组合协作机制，前端技术部分外包，形成融媒体产品的规模化生产；上观运营技术中心负责"上观新闻"内容、品牌运营推广和技术开发。

二是改流程，实现"网络优先"。

建立新闻优先上网制度。顺应互联网传播规律，报社对传统采编流程进行改造。报社要求，新闻必须第一时间首发上观。现在记者抱着电脑跑新闻现场，第一时间写稿传稿发稿已经成为常态。

启用融媒体指挥中心。融媒体指挥中心的主要职能：一是负责每日重大新闻、重要舆情的监控、研判及相应采编决策等；二是负责讨论策划重大选题、重要产品，每天策划并组织实施2~3个重点选题，指挥重点产品的传播推广；三是负责分析评价《解放日报》和"上观新闻"内容的质量控制和传播效果。指挥中心每天召集两次策划会，推出分管老总和值班长轮值制度。

三是改机制，突出"采编为宝"。

围绕采编人员的成长发展，解放日报推动资源向采编人员集中，分配向优秀人才倾斜。采编人员的获得感、成就感越来越强，采编人员的主体作用凸显。

实施采编专业职务序列改革。开展首席岗位和采编专业职务序列岗位评聘，极大地激发了采编人员的积极性。首席岗位在待遇上采取年薪制，并在进修、考察、培训、职称等方面享有优先，特聘首席还享有报道项目立项权、策划权、专栏权。在首席岗位以外，为采编人员设置四档1~10级岗位序列，为一线采编人员建立了一条长期、稳步、可预期的晋升通道。

实施稿酬考核制度改革。围绕传播力、影响力两个核心指标，以鼓励多出各类优质作品为导向，体现强化绩效激励。建立同一考核平台，优化规范考核办法，突出同岗同酬、多劳多得、优劳优得，让一部分率先适应互联网转型的记者编辑脱颖而出。

四是强技术，立足自主开发。

报社加大技术投入，加快新技术应用，加强自主开发为主的技术队伍建设。核心应用立足于自主开发，一些相对独立的非核心应用开发交由专业公司完成。

目前包括技术总监、安卓工程师等技术人才，均采用自主招聘模式引进。两年多来，"上观新闻"APP版本迭代20多个，系统发布400余次。

三、融合转型初显成效

融合转型以来,《解放日报》和"上观新闻"初步实现了"融为一体、合而为一",在主流舆论阵地上的传播力、影响力不断提升。

1. 优质内容不断涌现

在融媒体采编一体化运作机制的推动下,报社着力加强内容建设,报纸、客户端和社交媒体同频联动,探索主流内容的互联网传播,以优质原创内容吸引读者。

创新做好主题宣传,出新出彩凸显亮点。党的十九大前夕推出的"习近平在上海"系列特稿、2017年10月底习近平总书记带领中央政治局常委集体瞻仰中共一大会址的版面处理和"初心"特刊,以及"申言""解放论坛"等品牌言论栏目,都受到各方面的高度关注和肯定。

聚焦上海中心工作,更深更透更加权威。深耕本地新闻,力求做到最好。在改革开放再出发、打响上海"四大品牌"、优化营商环境、推动长三角更高质量一体化发展等事关上海长远发展的重大新闻上及时发声、权威解读、深度挖掘,较好地发挥了主流媒体的舆论引领作用。

创新内容产品形态,更新更活更有传播力。融合转型以来,跨频道、多"兵种"柔性组合的融媒体报道,已经成为重大报道的"标配"。党的十九大、全国两会、上海党代会等重要会议,上观推出丰富的融媒体产品,有的成为网络"爆款"。

打造优质品牌栏目,更有效地提升影响力。上观推出的"李强一周""申言"等栏目,围绕市委中心工作,以适合互联网传播的表达方式,梳理阐述市委主要领导每周工作重点和精彩言论,传递市委重要声音、决策思路,受到广泛关注,栏目传播力、影响力表现优异。

2. 报网联动两翼齐飞

融合转型之后,《解放日报》和"上观新闻"互为依托,一体发展,两翼齐飞。上观实现了24小时发稿,及时捕捉热点,迅速传播信息,着力引导舆论,在新闻竞争中抢得先机。现在,上观每天更新稿件近百篇,其中原创稿件占7成左右;产品形态"融媒体"特色凸显,包括短视频、交互式H5、数据新闻等;表达形式更加生动活泼,更易为年轻读者所接受。

《解放日报》坚持正确导向,对报纸内容板块、版式版样进行优化升级,进一步突出"党"字,努力传播权威声音;突出"新"字,做深做透新闻;突出"学"字,提升思想性知识性。改革后,读者普遍反映"《解放日报》更有看头了"。

3. 传播力影响力不断提升

主力军挺进主战场,主流媒体的传播力、影响力不断提升。以近一年来的数据为例,"上观新闻"APP总浏览量、"上观新闻"公众号总浏览量、稿件"10万+"数量和平均浏览量均大幅提升。

4. 上观品牌崭露头角

加强品牌运营,线上线下联动,覆盖多层次人群,"上观新闻"APP在移动互联网上的品牌效应迅速提升,逐步成为上海的一张"融媒体"城市名片。首届中国国际进口博览会倒计时100天之际,"上观新闻"策划设计了4列"进口博览会地铁专列",通过图示、漫画、留言寄语等形式,全面介绍"进博会"的意义、亮点等;联合上海地铁推出"爱上海的理由"迎接党代会专列,精选340条网友留言,覆盖地铁车厢,在社交媒体上形成"刷屏"现象。"上观新闻"还登陆东航班机,成为全国首个可在飞机上阅读的新闻APP。

5. 采编队伍活力迸发

改革激发了采编队伍的工作干劲和创造活力,采编人员探索互联网传播规律的热情高涨,自信心大大增强。栏目制改革,使采编人员的角色意识从被动转为主动,"我的栏目我负责",工作积极性、创造性大大增强;采编专业职务序列改革,使优秀采编人才的晋升通道进一步畅通,在全报社形成了你追我赶、奋勇争先的业务氛围;首席记者编辑的"球星"作用凸显,好稿数占好稿总量的近30%,一批优秀中层干部不当主任当首席,形成行政序列和业务序列的双向有序流动;新的考核激励机制,使采编人员参与改革的获得感普遍提升，为优秀人才脱颖而出、展示才华创造了发展舞台；更多90后员工加盟，采编人员平均年龄36岁，队伍更加朝气蓬勃。

四、融合转型三点体会

一是改革方向完全正确。中宣部加快推进媒体融合发展，上海市委高屋建瓴，做出深度融合、整体转型决策，完全体现了习近平总书记"融为一体、合而为一"的要求，融合发展方向完全正确。市委、市委宣传部顶层设计、资源扶持、全力推进，报社迈出从相"加"到相"融"的关键一步，成为融合转型先行者。

二是主力军转场很必要。主力军挺进主战场，精气神发生显著变化。大家支持改革共识度高，参与改革积极性高，士气非常高昂。实践证明，党报队伍在政治上可靠、在能力上过硬，值得信任，也能打善拼。通过挺进主战场，采编人员从单一的"纸媒人"变成"全媒人"，主流媒体在互联网主战场的影响力凸显。

三是坚持改革绝不停步。整体转型打了一场攻坚战，深度融合更是一场持久战。在新的传播格局中，进一步提升党报传播力、影响力还需不断努力。我们将按照习近平总书记提出的新时代宣传思想工作使命任务，守正创新，不断提升新闻舆论工作水平。坚持深化改革不停步，按下改革"快进键"，跑出改革"加速度"，奋力把媒体融合改革向纵深推进。

浙江日报报业集团：

开创报业资本运营的新境界

金　晶

浙江日报报业集团（简称浙报集团）依托资本运作打造出报业"航母"：总体经济规模连续三年在全国报业集团中位列第二、连续两年入选"全国文化企业30强""中国500最具价值品牌""亚洲品牌500强""世界媒体500强"；集团自主研发的"媒立方"项目荣获2017年度"王选新闻科学奖技术奖"特等奖；入选国家新闻出版署出版融合发展重点实验室；被列为全国首批"数字出版转型示范单位"。

面对传媒业变局和文化产业发展新机遇，浙报集团紧紧围绕率先建成新型传媒集团这一目标，秉承"传媒控制资本，资本壮大传媒"的发展理念，通过资本手段集聚媒体融合发展要素，完善融合创新机制，为推动集团的深度融合和事业发展奠定了坚实的基础。

一、资本运作的几个路径

当前，互联网对传统媒体商业模式的颠覆，导致传媒格局发生了深刻变化。就发展趋势而言，传媒业已经突破了以前单纯的信息传播功能，正在向更多的领域渗透。基于这样的变化，上市、收购、兼并等资本运作手段逐渐成为壮大传媒产业发展的重要推手。

在浙江省委和中宣部、浙江省委宣传部的关心和指导下，2011年9月29日，浙报集团持股64.62%的浙报数字文化集团股份有限公司（原名浙报传媒集团股份有限公司，以下简称"浙数文化"）借壳ST白猫，在上海证券交易所挂牌上市，成功实现媒体经营性资产整体上市。浙数文化成为浙江省第一家上市的国有文化集团，也是全国首家媒体经营性资产整体上市的报业集团。浙数文化的成功上市，集聚了浙报集团融合发展要素，完善了集团融合创新机制，为推动整个集团的深度融合奠定了坚实的基础。

2013年4月，浙数文化通过非公开发行和自筹资金共31.9995亿元，收购拥有3亿注册用户、2000多万活跃用户的杭州边锋网络技术有限公司和上海浩方在线信息技术有限公司（以下合称边锋网络）。浙报集团从此拥有了国内首个国有资本控制的大型互联网平台。

2016年11月，浙数文化定向增发募集资金19.5亿元建设"富春云互联网数据中心"，打造四位一体大数据产业生态圈。通过资本市场的运作，布局大数据产业，提升在互联网和大数据业务领域的行业地位。

2017年3月31日，集团旗下浙报控股以19.96万元的交易对价回购下属上市公司所持有的新闻传媒类资产共57家业务主体。本次回购是和上市具有同样战略意义的二次改革和二次出发，是进一步提升集团可持续发展能力的重大改革创新举措。通过着力解决制约集团融合发展的问题和矛盾，有利于进一步完善集团媒体融合创新和新闻宣传事业的保障机制，有利于更好地落实国有文化企业分类改革的要求，有利于优化国有资本布局。

2017年8月，为充分发挥集团资本平台优势，进一步拓宽融资渠道，更好地保障集团媒体融合创新和产业发展的资金需求，集团在完成上市公司媒体类资产重大重组的基础上，迅速启动旗下浙报控股发行为期5年的24亿元可交换公司债券。浙报集团旗下东方星空已完成了30多个项目投资，取得了良好的经济效益和社会效益，实现了国有资产的保值增值。

自2012年起发展伞形基金的运营模式，发起设立大数据产业基金、产业并购基金、新三板基金等多家文化产业投资基金。2015年再次转型直投和FOF（母基金）投资相结合，投资了峰瑞基金、亦联基金等。目前浙报集团旗下管理的基金规模超过 20 亿元。集团旗下的新干线投资已实现精品 PE 向主题产业投资，再向综合型投资机构的重要转型，在综合性投资机构转型过程中，已从浙江省内走向省外，进行跨区域合作尝试。集团通过新媒体创业大赛，以投资"布局"，与阿里集团等共同设立新媒体创投基金，先后投资、孵化 30 多个新媒体项目，加快集团新媒体业务的拓展布局。

二、资本运作获取的融合三要素

浙报集团利用上市公司直接融资等优势，通过资本手段快速集聚了用户、技术、内容等资源，为媒体融合发展获取了三大基本要素，为推动集团的深度融合和事业发展奠定了坚实的基础。

（一）用户资源

"互联网+"时代，媒体融合发展的关键在于找到能够集聚用户的互联网平台，在此基础上实现新闻传播和互联网服务的融合。资本为传统媒体进军互联网市场、打造用户集聚平台提供了能力和实力。

浙报集团以边锋用户和浙报集团 600 万读者资源为基础，率先建立起数据库业务部，加大全媒体数据仓库建设。目前已建成拥有 6.6 亿注册用户、5000 万活跃用户及 3000 万移动用户的国内最大国资控股的互联网用户平台。

（二）内容资源

文化内容是媒体传播的核心资源，也是传统媒体的独特优势。在互联网环境下，传统媒体需要重新认识内容资源的价值，增强核心竞争力，把握信息传播领域的主动权。

浙报集团通过近年来的资本运作，获取新媒体的优质内容资源以及影视、游戏、动漫的数字内容资源，使传统媒体价值链从新闻信息的生产与加工，延长到综合文化服务。

（三）技术资源

在传统媒体与新兴媒体融合的过程中，技术始终起着纽带作用。

通过并购边锋，浙报集团的技术团队迅速发展，截至2017年年末，新媒体人员自2012年的50人迅速增长至近2100人，占整个集团总人数的三分之一，其中技术研发人员1100多人，为后续持续创新融合提供了有力的技术保障。

三、资本运作溢出的三大红利

成功的资本运作，带来了非常直观的三大红利：

（一）提升了经营效益

截至2017年年末，集团实现营收38.1亿元，利润6.17亿元，资产规模达145.7亿元，较2010年分别增长140%、122%和301%；自互联网和非媒体板块的收入大幅提高，互联网服务收入已占总营收的40%，利润占比超过50%。在日益复杂的经济形势和市场压力下，集团收入结构更趋于合理，进一步提升了抗风险能力和可持续发展能力。

（二）完善了产业结构

通过资本运作，加速推动了浙报集团围绕"新闻＋服务"创新商业模式，持续推进以传媒媒体经营业务为主的产业结构向包括新闻传媒、数字文化、智慧服务和文化产业投资的"3+1"综合传媒服务体系转型。集团以用户为核心，以数据为驱动，充分利用媒体优势，延伸产业链，提升服务价值，最大限度地集聚用户、发展用户，实践融媒体时代的产业创新。

通过两次非公开发行，创建了数字文化平台；重组后的浙数文化确定了"建设国内领先的互联网数字文化产业集团"的战略目标，进一步优化数字文化平台的产业结构，以优质IP为核心的数字娱乐产业、数字体育产业及"四位一体"的大数据产业为三大核心业务,同时着力发展电商服务、艺术品服务等具备先发优势的文化产业服务和文化产业投资业务。2017年,移动端棋牌游戏业务整体用户数及活跃度稳居浙江省内第一,并进入全国前列,成功主办具有全国影响力的三大 IP 电竞品牌活动及赛事。完成华东单体规模最大的互联网数据中心富春云一期工程建设。

经过前期的储备和布局,目前浙报集团已形成覆盖天使投资到 VC、PE,再到并购的投资产业链,实现全投资链合拢,大幅提升了投资能力和资源整合能力。文化产业投资平台投资效益进一步释放,抗风险能力进一步提高,有效支撑传媒主业的发展壮大。

(三)深化了体制改革

浙报集团利用上市倒逼机制,充分发挥体制改革,提升媒体深度融合的体制活力。

——健全了法人治理结构。浙数文化自筹建起就按照现代企业制度要求,进一步完善公司法人治理结构,建立有效的公司治理机制。通过规范公司股东会、董事会、监事会和经营管理者的权责,完善企业高管的聘任制度,形成权力机构、决策机构、监督机构和经营管理者之间的制衡机制;按照上市公司的规范要求,注重建立健全从上到下、贯穿经营管理各环节、确保上市公司独立性的内控机制,成立了以董事长为主任委员的内控委员会,全面负责公司内控规范建设,并编制了涵盖公司管理、业务运营各个方面的《内部控制手册》。通过浙数文化健全法人治理结构的要求,也进一步带动了浙报集团继续深化有传媒特色的治理和管控体系建设。

——促进了体制机制改革。上市形成的倒逼机制推进了浙报集团各公司及部门按照创新体制、转换机制、面向市场、增强活力的要求,真正成为富有活力的市场主体。以上市为契机,集团迅速推进下属公司的改革重组,借鉴上市改制的经验,大力推进集团行政后勤中心、信息技术中心等部门的转企改制工作。

四、报业资本运作的六大前提

通过这些年的资本运作,我们也总结了一些经验和体会:传媒行业开展资本运作离不开六大前提。浙报集团之所以在资本市场创造一次又一次"火箭速度",也与浙报集团这些年来改革创新打下的基础密不可分。

(一)资本运作要以明确的发展战略为导向

随着互联网对整个社会和经济的影响越来越深刻,以颠覆性的姿态改变着包括传媒业在内的各种商业业态和用户行为,全球传统媒体行业承受了越来越重的压力,整体呈现明显的衰退趋势。

面对互联网时代带来的冲击,浙报集团党委始终秉持"新闻传播价值,服务集聚用户""传媒控制资本,资本壮大传媒"两大发展理念,契合"互联网+"的国家战略,在国内率先提出"新闻+服务"的创新发展战略。以用户为核心,以数据为驱动,充分利用媒体优势,延伸产业链,提升服务价值,最大限度地集聚用户、发展用户,实践融媒体时代的产业创新。

(二)资本运作要有适应市场的治理体系和治理能力

浙报集团从2003年起全面创建"一媒体一公司"的运行体制,从机构、人员、业务、分配四方面对办报和经营实现"两分开",确立了明晰的产权结构。同时,集团内部建立了三级管控架构,优化资源配置,创新集团化管理体制。

在推进文化体制改革过程中,浙报集团"一媒体一公司"的体制,为上市及此后的资本运作打下了良好的体制基础和准备。

(三)资本运作要有扎实的产业经营基础

在经营上,浙报集团自2001年开始布局多元发展,遵循"以报为本,多元发展"的原则,浙报集团向中国经济最热的资本市场和文旅地产市场进军，基本完成了跨行业、多点经营的产业链再造，有效地分散了主业经营过度集中的风险，形成了文化产业投资、文旅地产和教育等各项多元业务。传媒主业已经不是集团独大的利润来源，经过多年培育布局的多元业务为集团转型升级、实现新的持续增长带来丰厚的回报。

（四）资本运作要有适当的政策扶持

浙报集团资本运作既得益于国家文化产业大发展的机遇，也离不开省委省政府和主管部门的关心、支持。在有效确保媒体宣传平稳安全运行、国有资产保值增值的前提下，中宣部、新闻出版总署、中国证监会等都给予了大力支持。上市、回购均涉及大量资产关系剥离、人员身份转换等一系列艰巨繁重的工作，时间紧、难度大。省委、省政府领导亲自过问和关心，以及省、市级部门的高效服务，提供了重要的政策支持，使一些重大难题在短时间内得以解决。

（五）资本运作要有优秀的运作团队

浙报集团在多年的发展中，最宝贵的财富就是在多元经营中，建立和培养起一支优秀的资本运作管理团队，这支队伍既懂传媒规律，又懂企业管理和资本运作，是浙报集团系列资本运作重要的团队基础。在资本运作上，他们早已完成"三级跳"，即：第一跳，起步阶段，自有资金委托别人理财；第二跳，自有资金自己运作；第三跳，自己不出一分钱，代理运作别人的资金。

（六）资本运作要具备上下统一的思想基础

每一次资本运作都是一项复杂艰巨的系统工程，集团上下认识高度一致，力量充分凝聚，以过硬的作风和顽强的意志打了一场又一场硬仗、胜仗。例如上市改制期间，涉及集团公司下属16家一级子公司2697名员工，313名事业编制员工需要进行身份转换。36位处级以上领导干部在关键时刻，带头转换事业身份，起到了很好的表率作用。300多名事业

编制员工在短短两个多月内完成了身份置换,使原本最棘手的一项工作,成为重组上市的一大亮点。在改制过程中,浙报集团没有出现一起干群冲突,更没有发生任何群体性事件。

新华报业传媒集团：

技术驱动转型的新华工程

孙　巡　丁和根

新一轮媒介革命，技术是重要推动力，必须以先进技术为支撑，用最好、最新的技术提升采编能力，拓宽传播领域。拉长技术体系这块短板，推动融合龙头工程——中央厨房建设，是推进媒体深度融合的重中之重。

江苏是全国报业大省，2016年在苏注册登记、持国内统一连续出版物号的报纸有142种，其中省级报纸25种、地市级报纸55种、县级报纸12种、高校校报50种。当年全省报纸开通官方客户端36个，总下载量为1574.05万次，活跃用户为432.53万人次；官方微博账号86个，微博账号订阅量为5869.85万人；官方微信公众号数量为180种，订阅户为1370.69万人。

在新一轮媒介革命中，新华报业传媒集团将技术视为重要推动力，以先进技术为支撑，拓宽传播领域，拉长技术体系短板，推动融合龙头工程——中央厨房建设，将先进技术、内容建设打造成媒体深度融合的"两翼"，取得了阶段性成效。并以新华报业传媒集团为龙头，带动全省各地市党报集团在互联网时代的"冲浪"，发力建设与融合传播相适应的技术体系，体现了省级党报集团的责任和担当。

一、迎头赶上的平台建设

2017年，新华报业传媒集团领导率考察组赴上海报业集团、浙报集团、人民日报考察学习推进媒体深度融合的经验，并形成八点经验，其中包括加快中央信息厨房升级、加强技术力量建设。推进媒体深度融合，必须构建新型技术支撑平台、新型融媒体人才平台等"七大平台"；下大力气组建自己的研发队伍、运用大数据技术对中央信息厨房进行深度改造，加强技术力量、开展全员全媒体技能培训，这些成为集团加快发展的重要共识。

推进媒体深度融合，新华报业传媒集团聚力内容与技术双轮驱动。2018年以来，技术体系建设受到前所未有的重视。新华报业传媒集团领导总结集团发展面临的问题时，不避影响媒体深度融合的技术"短腿"。"中央信息厨房"的概念，最早正是新华日报提出来的，但醒得早、起得迟，反而失去先发优势。至于大数据运用，比兄弟媒体慢了几拍。通过技术迭代把现有传播矩阵升级为智慧化、交互型的聚合传播平台；加快全媒体指挥中心建设，力争在今年年底前建成投用，这些被纳入新华报业传媒集团年度重要工作。

拉长技术"短板"，必须"一二三齐步走"：

建设好一个项目——集团全媒体指挥中心。全媒体指挥中心必须满足今后若干年集团融合发展、转型发展的架构需求、流程需求、功能需求、性能需求，适应集团运行模式的变化。加强集团顶层规划设计。在集团层面设立专门机构，研究制定长期发展战略，加强各类新闻业务系统、经营管理系统的制度设计、流程设计，加强各类媒体内容产品的运营模式、业务逻辑设计；坚持统一规划，分步实施。统一规划，以确保系统建设的整体性。抓住重点、分步实施，遵循技术发展规律，成熟一个、建设一个、应用一个，保证良好的投资效益和应用效果；坚持开放性和标准化。系统设计应充分依照国际、国内的相关规范、标准，选择开放的系统软件，采用开放的技术，实现整个系统的开放性，以适应技术的不断发展和业务需求的不断变化；坚持技术先进性。运用云计算和大数据技术，满足集团云平台、大数据平台建设的发展需要。既要以现实需要为出发点，又要考虑长远发展的需要。

整合利用好两种资源——努力提高技术能力。克服研发力量严重不足的困难，打造一支能支撑媒体融合发展要求的技术团队。适度整合利用既有技术资源。集团已积累一定的技术系统资源和技术力量，应对此进行整合，建立系统运维、技术研发团队，重点建设技术研发团队。

创新三项机制——加大改革力度。改革技术队伍管理机制。建议改革技术队伍管理和薪酬体系，适度与市场接轨，设置技术系列岗位，建立技术人才的发展通道，以岗定薪，严格考核，多劳多得，增加流动性，充分调动技术人员的积极性；创新技术研发机制。以项目建设带动队伍建设。与外部技术公司共同开发，集团团队深度介入，逐步掌握核心技术、促进队伍成长；创新激励机制。通过适度投入，配合一定的项目激励措施，达到事半功倍的效果。

作为江苏最有影响力的移动新闻主流媒体，新华报业传媒集团鼎力打造的交汇点新闻客户端推出近3年，下载数量突破1600万，激活用户1000多万，日活用户超过60万。2017年9月，交汇点2.0升级版上线后，将媒介新技术应用作为重要突破口。目前，从文图特别报道、专题到直播、短视频、H5、创意长图乃至全景摄影、AR，多种形式的新媒体产品在新技术的支撑下已在交汇点形成应用。H5《帮民兵老王升旗，我们都是守岛人》因参与性强，点击率达100万。

二、中央厨房的新华实践

在国内传媒业界率先提出建设"中央厨房"，新华报业传媒集团的确"醒得早"。2011年，新华报业传媒集团"中央信息厨房"立项，2012年一期建设启动，并在2013年和2014年全国两会、七大媒体联盟看青奥、国家公祭等重大主题报道活动中发挥重要作用。2014年，二期项目按"全媒体、全业务、全流程、全覆盖、全扩展"要求，进行全媒体采编升级，增加出版安全管理系统、新媒体矩阵发布管理等功能。2014年年底，"中央信息厨房"系统平台全面上线。2016年，"中央信息厨房"三期建设启动，当年11月江苏省第十三次党代会开幕当天，三期工程完成并投入使用。

2015年，第七届"王选新闻科学技术奖"评选，新华报业传媒集团"中央信息厨房"项目获一等奖。这是对媒体融合先行军"先知先觉"的褒奖。应该说，经过5年的推进，在新闻资源聚合、多平台融合、移动化操作等方面，新华报业传媒集团"中央信息厨房"取得突破。依靠"中央信息厨房"的技术驱动，打破内部资源分割，实现报网端微一体化运作，开始破题并初见成效。"中央信息厨房"设立集团共享稿库，集团各媒体记者投稿时可选择"共享"，稿件入库，由新华日报、扬子晚报、南京晨报等各媒体选用；在党代会、两会等重大活动期间，集团全媒体矩阵生产的文字稿，全部进入共享库。此外，采编会议展示、选题报送、版面成品监控、移动采编等功能的实现，对于新闻生产的数字化、移动化改造已见成效。

适应媒体移动化、智能化发展需要，新华报业传媒集团将运用大数据技术，对"中央信息厨房"进行改造升级，主要包括：对接集团全媒体指挥中心系统，实现信息情报整合化、现场情况可视化、指挥处置高效化；建设基于全网重点内容的数据库，并在此基础上建立大数据服务体系；建设用户阅读行为数据库，提供新闻线索、舆论跟踪、热点分析、传播效果评价等智能分析服务。这次升级的核心是嵌入大数据应用及人工智能技术，使得全媒体新闻生产、管理、经营等环节全部上线智能驱动。

报网端微一体化运作，全媒体指挥中心是"大脑"。2017年年初，新华报业传媒集团进行全媒体指挥中心规划，当年7月21日形成立项报告，经方案论证、现场调研，12月获得省里批复立项，项目概算总投资9300万元。经过"走出去"考察、内部政绩需求，全媒体指挥中心项目设计完成，方案正在报批。

按"建设国内一流，立足服务全省"的要求，新华报业传媒集团全媒体指挥中心"统一规划、分步实施"，首先实现集团报网端采访协调、编辑发布、报道活动的统一管理和调度，后续将扩展成全省设区市媒体提供统一指挥、资源共享、协同传播的融媒体平台。项目主要包括：实时指挥系统、升级超级门户建设，升级"中央信息厨房"系统，完善大数据应用系统，完善全媒体考核系统。依托大数据、云计算和移动互联技术，全媒体指挥中心将汇集采编资源、业务资源、数据资源，实现工作流、数据流的可视化、扁平化管理，形成以数据为核心，具有大数据辅助决策分析的内容生产指挥调度系统。

新华报业传媒集团技术体系建设，主要遵循以下原则：1.统一平台。集团旗下报网端微各个媒体，从新闻生产到经营管理各种业务，全部整合到一个平台，防止各自为战形成"技术孤岛"。2.多域管理。考虑不同媒体的特点，在底层技术一致、数据资源共享的前提下，功能开发适应不同媒体的需求。3.创新引领。适应媒体融合的现实需求，集纳比较成熟的媒介新技术，同时适度超前，引入部分前沿技术，以引领媒体融合与转型的进程。

适应深度推进媒体融合，新华报业传媒集团去年年底重组组织架构，整合报网端微，组建"1+9"内容生产架构体系。其中，"1"是党委领导下的全媒体指挥平台（集团编委会），"9"是集团新闻办、全媒体编辑中心、全媒体采访中心、全媒体视觉中心、地方全媒体中心、新华传媒智库、都市生活类和专业类报纸的全媒体矩阵、全媒体技术中心、全媒体运营部。各全媒体采访部门除给《新华日报》供稿外，承担建设交汇点频道、开设微信公号等任务。

三、需突破的瓶颈及对策

江苏报业集团加快技术体系建设，当前亟须突破三方面瓶颈制约。

第一，投入巨大，难以承受。浙报集团上"媒立方"，已投入1.6亿元。这个数字，是江苏报业集团难以想象的。以中央厨房建设为例，江苏报业集团投入最多的在4000万元左右，其中包括网络、服务器、电脑投入。这样的投入，显然不足以支撑技术平台的持续升级。相比之下，13家市报集团投入能力更为有限，多数没有建立网端一体化采编平台，各个端口各自发稿、分散加工，"一次采集、多次加工、多元发布"无从谈起。

在移动新媒体冲击下，报业生存状况持续恶化，发行量下降、营收下滑。2016年，江苏报纸经营总收入为36.17亿元，较上年减少6.88亿元，降幅达15.98%。其中，发行收入、广告收入降幅均超10%；报业增加值为14.97亿元，较上年降低12.14%；利润总额为22.96亿元，较上年降低27.76%。14家省、设区市党报有5家亏损；12家县报3家亏损，1家零利润。推进媒体融合，各级党报是主力军，随着报业经营压力倍增、亏损面持续扩大，很难有更多资金投入技术平台建设。

第二，人才结构不合理，技术人才严重匮乏。全省报业集团中，能适应全媒体生产、经营、管理的复合型人才、创新人才奇缺。在省内人才实力最为雄厚的报业集团，采编人员占38.6%，经营人员占16.7%，管理人员占8.7%，新媒体人员占16.2%，技术人员仅占1.9%。集团技术人员只有30人，其中能做小程序的仅七八个人。支撑新媒体矩阵，运维人员加技术开发人员需300人。浙报集团拥有1000多名技术人员，新媒体从业人员1700多人。不包括上市公司，浙报集团本部技术团队达200人左右。上报集团即便不含澎湃、界面这些新媒体，技术人员也有150多人。全省报业新媒体工作人员1130人，其中13家市报新媒体从业人员仅294人。

新闻业态的深刻变化和媒体融合的深入推进，对报业集团的人才队伍提出新的要求，但受制于投入能力不足，新媒体采编人才、技术人才短板难补。浙报集团技术人员年薪20万元，仍低于50万元的行业平均水平，人才流失不可避免。而江苏报业集团招聘技术人员，能开出10万元年薪已属不易，这样的薪水对优秀人才的吸引力可想而知。

人才是第一资源。媒体核心优势是人才优势，推动媒体融合发展必须打造一支数量充足、素质过硬的全媒人才队伍。新华报业集团提出四项举措：

一是加大名记者、名编辑培育力度。通过举办文化人才培训班、青年记者培训班，与高等院校、互联网公司合作等形式，培育更多名记者、名编辑，让他们在新媒体平台上实战成长，开办原创栏目，培育品牌公众号和移动网红。

二是推动传统媒体人才转型。加大新媒体技术、采编业务等培训，引导现有人员尤其年轻人向全媒型人才转型。新华报业传媒集团开展新媒体技能全员培训，推出全媒体人才培训系列课程。培训紧扣 H5 制作、视频直播等新媒体技术应用，以及公众号运营。集团做了内部调查，摸清员工需求。在此基础上，安排了 11 节课，内容涉及大数据开发与应用、人工智能对媒体生产的辅助、出镜记者素养和现场掌控、短视频制作等，授课嘉宾主要来自今日头条、梨视频、一条等新媒体富有实战经验的一线人员。金陵晚报记者、编辑经过培训，几乎都能进行文字编辑和视频制作。

三是培育技术研发团队。完善人才引进、激励机制，把更多资源投向新媒体人才团队建设。利用高校新闻学院的平台优势，结合媒体的资源优势，创新开设融媒体实验室，在专业设置、课程安排、实战演练等各个环节，源源不断培养输送全媒人才。

第三，技术建设碎片化，统筹规划缺乏高度。推进媒体深度融合，建设有公信力、影响力、传播力的新型媒体集团，已是传统媒体转型的必由之路，但江苏媒体集团尤其报业集团大多未制订发展规划，走一步想一步，新媒体建设见效慢，经营转型突破慢。

推动媒体深度融合、全面转型，顺应媒体数字化、智能化演进的趋势，系统规划，避免只见"功能盆景"不见整体平台。坚持需求导向，突出实战能力，建立与新闻生产、经营管理流程再造相匹配的技术支撑体系。脱离媒体融合的实践，"技术引领"就是高速路上跑空车；强化互联网思维，整合资源，共享技术红利。报业集团应立足品牌优势与内容生产能力，与技术开发企业合作共赢；省报集团主动"走下去"，市报县报主动"接上来"，共建共用"中央厨房"，避免遍地开花建"厨房"造成资源浪费。

南方日报报业集团：

省级党报融合转型的"南方探索"

洪奕宜

2018年，南方报业紧紧围绕"智慧转型年"工作主题，大力实施移动优先、数据优先、用户优先，深入推进以内容智库化、传播智能化为重点的融合转型，党媒宣传、立体传播、数据服务、产业拓展相辅相成、相得益彰，新型主流媒体建设和多元文化产业发展迈出坚实步伐。

一、"融合+"：展现党媒新能力

做好新闻舆论工作尤其是主题宣传工作，是党媒集团的主责主业。南方报业传媒集团牢牢抓住宣传习近平新时代中国特色社会主义思想这条主线，通过媒体融合做大做强立体宣传平台，通过话语创新和传播创新增强宣传效果，浓墨重彩做好主题宣传工作，为推动习近平新时代中国特色社会主义思想在广东大地落地生根、结出丰硕成果，奋力实现"四个走在全国前列"、当好"两个重要窗口"营造浓厚氛围。

集团通过内容一体化生产、技术一体化支撑、经营一体化统筹推进融合发展，形成了全新的导向管理机制、内容生产和传播机制，报刊网端舆论导向积极平稳，内容丰富多彩亮点纷呈，传播精准度抵达率不断提升，集团媒体矩阵的整体传播力、引导力、影响力、公信力大大增强。主要呈现出三个鲜明特点：

一是新型主流媒体平台初步形成。传统媒体与新兴媒体协同发展，呈现出"此长彼长、此强彼强"的局面。南方日报、南方杂志、南方网、

"南方+移动客户端"这"一报一刊一网一端"共同构成新时期党媒宣传主平台。其中2015年10月正式上线运营的"南方+移动客户端"下载量突破5000万，入驻南方号机构自媒体超过5000家，"广东第一权威移动发布平台"金字招牌越擦越亮。

二是推动实现主力军向融媒体主阵地转移。通过南方网红工程的实施和全媒体编辑部建设，集团采编人员不断提高适应融合媒体趋势的技术能力、产品制作能力和传播能力，传统报人正转型为全媒体人。

三是融媒体精品生产能力不断提升。"武松来了""洪记鉴证""宝览南粤"等系列网红作品，直播广东、音乐视频《相信》等爆款精品占领了网络主阵地，弘扬了网络正能量。

2018年，集团媒体在学习贯彻习近平总书记重要讲话精神、全国及省两会、省委全会、纪念改革开放40周年等大型主题宣传报道中，融合报道、立体传播，浓墨重彩、气势恢宏，嘹亮唱响主流舆论的南方声音。2018年全国"两会"期间，《南方日报》推出19个版的"沿着总书记指引的道路奋勇前进"特别报道，站位高、规模大、效果好；"奋力实现'四个走在全国前列'深调研"系列成果传播与研究并重、广度与深度并存，有效发挥记录者、宣传队、参考书作用，彰显新形势下主流媒体服务中心工作的新能力和新价值；南方评论持续发力，频频被人民网、新华网等主流媒体转载转发。

在做好主题宣传的同时，集团旗下各媒体在突发新闻、即时新闻、社会民生新闻和建设性舆论监督等方面持续发力，展现出集团在全媒体时代强大的传播力和影响力。如双台风"百里嘉""山竹"接踵登陆广东期间，集团认真落实省委、省政府决策部署，积极发挥防风参战动员机构作用，及时发布预警信息，第一时间澄清谣言，传递全省各地防风救灾的正能量，彰显了"新闻铁军"的职业精神和专业能力，也充分展现出党媒新能力。

二、"数据+"：着眼智媒谋新局

随着互联网特别是移动互联网的快速发展，报业原有的"采编—印刷—发行—广告"闭环已经被打破。对于传统报业，特别是市场化程度比较高的报纸来说，采访、编辑、印刷、发行的成本居高不下，而赖以支撑生存的广告收入却急剧下降。如果不能改变这一状况，传统报纸只能不断萎缩，直到停止发行、退出市场。

要走出这一困境，必须摆脱对传统路径的依赖，深入贯彻中央精神，坚定实施智慧转型。基于此，南方报业提出"围绕一个目标，做好两项工作，构建三个闭环，强化四大平台"的改革发展思路：

"一个目标"：打造智慧型文化传媒集团。

"两项工作"：顺应移动互联网发展趋势，打造新型主流媒体；发挥媒体资源联结优势，拓展多元文化产业。

"三个闭环"：在打造新型主流媒体过程中，建立党媒宣传、立体传播、数据服务之间相互支撑、相互促进的发展闭环；在拓展多元文化产业过程中，建立主题园区、实体产业、金融投资之间相互支撑、相互促进的发展闭环；在建设智慧型文化传媒集团的过程中，建立新型主流媒体与多元文化产业之间相互支撑、相互促进的发展闭环。

"四个平台"：一是党媒宣传平台。以南方日报、南方杂志、南方网、"南方+客户端"为龙头，对内整合集团多种类、多形态媒体资源，对外服务各级党委政府中心工作，全力打造强有力的党媒宣传平台，不断增强对党的理论和路线方针政策的宣传诠释能力，更加自觉地传播好党的声音和主张。

二是立体传播平台。立体传播包括线上线下两大板块：线上是顺应互联网传播移动化、社交化、视频化、互动化趋势，借助个性化、差异化的精准推送方式，统筹报、刊、网、端、微、屏、图书出版等多种传播渠道，实现资源共享、信息互通、传播互补；线下则是通过会展、讲座、论坛、评选、颁奖等开展多种形态的体验式传播。线上全媒体、线下多场景，线上线下相互协同、密切联动，构建起聚合集团所有内容、所有渠道的立体传播平台，实现内容产品与服务的多样化展示、多介质推送、多渠道传播。

三是数据服务平台。对传媒业自身而言，大数据既是内容生产的构成要素，也是洞察用户需求、优化受众体验的有力手段，还是建设传媒智库、实施智能传播的重要依托。通过建设中央数据库、大数据服务中心和媒体大数据应用实验室等基础性设施，最大限度地汇聚集团内容数据、用户数据、经营数据，并通过对数据的全面打通和关联，为数据深度挖掘、智能分析创造基础性条件、提供基础性支撑。以内容智库化为方向，建设南方传媒智库矩阵，使之成为激活传媒功能的新力量、资源要素聚合的新平台、研究成果转换的新路径、信息采集传播的新方式、产业经营创新的新模式。以传播智能化为重点，推进媒体与大数据、云计算、人工智能深度融合，努力提升传播服务的精准度和抵达率。

四是产业拓展平台。在稳住媒体主业大盘的同时，以开放进取的胸怀、合作共赢的理念，合纵连横、勇创新业，做大朋友圈，开辟新天地，以主题园区、实体产业、金融投资为重点，打造多元文化产业。

三、"传媒+"：文化产业生机勃勃

媒体拥有的优势是多方面的，其中十分重要的一个是资源联结力和资源整合力。我们按照"传媒+"的思路，通过多元文化产业发展壮大创造财富、反哺媒体，实现从单一媒体运营向媒体运营、产业运营、资本运营同向发力的全新格局。"传媒+园区""传媒+实业""传媒+金融"探索不断深化，289艺术园区推广复制工作稳步推进，深圳湾泛文化产业发展基金签约设立，珠三角工匠精神展示馆正式开馆，成为外界了解广东尤其是珠三角制造业发展的一个重要窗口。新型文化业态生机勃勃、前景广阔。

"传媒+园区"：集团改造旧印刷厂房建设的289艺术PARK，通过线上传播与线下园区融合、文化传播与产业经营融合，打造了一个一体化协同发展的文化产业集群和综合运营平台，成为广州永不落幕的艺术发生地。接下来还将在各地进行复制推广。目前，集团正在加快对289大院实施整体优化升级，合理规划传媒、科技、文创三大功能板块，形成新型主流媒体与多元文化产业协同发展的业务格局和园区生态，打造特色鲜明、影响广泛的城市更新样本和文化地标。

"传媒＋实业"：近年来，集团先后与50多家省直单位、省属重点企业和知名互联网公司签订战略合作协议，拓展了一批战略合作伙伴，接下来将进一步做好"传媒＋"文章，形成以传媒为核心，融合娱乐、旅游、体育、教育、艺术、健康、物流、电商等在内的"1+N"新型产业格局。

"传媒＋金融"：集团加强与社会投资主体的沟通与合作，支持集团文化产业项目孵化、培育、产业链并购整合等，为集团开展多元化业务提供更为坚实的金融支持。

四、"责任＋"：铸就南方新闻铁军

习近平总书记在全国宣传思想工作会议上强调，完成新形势下宣传思想工作的使命任务，必须增强"四个意识"，坚定"四个自信"，自觉承担起举旗帜、聚民心、育新人、兴文化、展形象的使命任务。秉承新使命，肩担新责任。在省委的坚强领导下，南方报业传媒集团深入贯彻落实全国和全省宣传思想工作会议的各项部署，努力学深悟透习近平总书记关于宣传思想工作的重要思想，切实担当起新时代宣传思想工作的使命任务，通过深入实施智慧转型、打造新型主流媒体，着力推进"责任＋"，铸就一支具有铁一般信仰、铁一般信念、铁一般纪律、铁一般担当的南方新闻铁军，守好意识形态安全的"南大门"。

——坚持以政治建设为引领，进一步坚定理想信念，铸就对党铁一般的忠诚。南方报业传媒集团党委始终将政治建设放在首位，不断增强"四个意识"，坚定"四个自信"，自觉践行"两个维护"，狠抓思想建设，贯彻落实党委会专题学习"第一议题"制度，将学习习近平新时代中国特色社会主义思想、党的十九大精神和习近平总书记对广东工作的系列指示批示精神作为党委会学习的首要内容，切实以习近平新时代中国特

色社会主义思想武装头脑、指导实践、推动工作。

——强化全面从严治党，铸就铁一般的新闻舆论工作纪律。一是狠抓组织建设。按照"强党建促转型年"主题活动部署，在符合条件的所有记者站均成立党支部，狠抓集团（集团公司）党委、二级党委、党支部上中下三端全方位党建，实现党的基层组织建设全覆盖。二是狠抓纪律建设。严格落实意识形态工作责任制，全方位筑牢意识形态安全的"防火墙""护城河"，将拿着"笔杆子"的员工作为一支纪律部队严加管理，将正确的政治导向和舆论导向贯穿融合发展的各个领域和新闻舆论工作的所有环节，做到阵地、把关、人员"三个全覆盖"。三是狠抓作风建设。班子成员带头，持之以恒转作风改文风，牢固树立以人民为中心的工作导向，密切联系群众、深入基层。经过不懈努力，近年来，集团干部员工政治意识显著增强，政治站位进一步提高，集团政治平安、导向平稳、舆情平静的"三平"局面得以长期持续。

——创新人才培养方式，倾力打造"南方主流网红"，铸就铁一般担当的新闻舆论工作队伍。2016年10月，南方报业传媒集团在国内率先推出并实施"南方主流网红"培育工程，着力培养具有新媒体采编运营能力的带头人，打造新媒体时代的主流"网红"，中宣部予以肯定并向全国媒体推广。2017年，集团再接再厉，推出第二批"南方网红"，全媒体采编尖兵队伍进一步壮大。两批"南方主流网红"活跃在媒体融合创新前沿，创造出一批技术先进、制作精良的正能量融媒体产品，成为学习贯彻习近平总书记重要讲话精神、培养全媒型专家型人才的创新典范。

以"南方网红"建设为龙头，大力开展面向全体员工的全媒体技能培训，设置新媒体前沿技术、多媒体采集和处理技能、新闻数据可视化、网站编辑发布技能、"新闻1+1+1"（一支笔＋一部相机＋一台摄像机）模拟实战培训等课程，着力提升员工的舆论引导、舆情服务、整合运营和创新引领能力，打造更多业务精湛的全媒型、专家型新闻舆论工作队伍，更好发挥强信心、聚民心、暖人心、筑同心的作用。

2019年，与新中国同龄的南方日报将迎来创刊70周年华诞，南方报

业传媒集团将以习近平新时代中国特色社会主义思想为指导,坚持正确政治方向,高举改革开放旗帜,深化体制机制创新,建设智慧型文化传媒集团,奋力在新的起点上创造新的辉煌。

吉林日报报业集团：

全媒体发展事业　跨行业发展产业

张育新　张　茁　王奎龙

中央和省委提出推动传统媒体与新兴媒体融合发展的要求以来，吉林日报报业集团（以下简称：吉报集团）面对传统媒体发展严峻形势，负重前行、不懈探索融合之路，在实践中，吉报集团充分认识到融合转型发展不是"弃报转场、放弃报纸"，基于这一理念，吉报集团将媒体融合、转型发展作为首要任务和工作主线，通过顶层设计、统筹谋划，积极探索、大力推动，奋力开创出以报纸为代表的主流媒体与互联网新媒体共存发展的格局。

2017年以来，吉报集团融合重点项目按计划有序推进，媒体融合发展良好态势初步形成，并由初步融合到深度融合，由业内融合到跨界融合，新闻宣传能力和传播力显著提升，被中国报业协会评选为"报业融合发展创新单位"。

四大驱动，激发综合创新力

1. 顶层设计驱动，在组织行为方式上抓创新

按照"把方向、管大局、做决策、保落实"的要求，吉报集团成立推动传统媒体与新兴媒体融合发展领导小组，作为报社社务委员会常设决策议事机构。领导小组下设办公室（简称"融合办"），选派精干人员充实到"融合办"。这样既保证事业发展和日常管理中对融合工作不淡化、

不缺位，又在实际运行中逐步强化融合思维、互联网思维，提升融合型管理在报业管理中的结构性位置。目前已经形成"办报为根，融合为本，经营为要，党建为魂"的总体工作布局。

设立融合型运营的一线业务机构，最初设立新媒体部、彩练新闻客户端编辑部，2018年组建全媒体运营中心。集中统一运营吉报官方两微一端、手机报、网站等平台，带动全报社新闻产品的新媒体化，并与传统媒体的广告、专刊业务高度协同。

实施移动优先战略，对重点打造的吉报官方客户端"彩练新闻"，实行公司化运作。2016年11月16日，吉报集团采取轻资产合作方式，引入社外技术和资金，在面向东北亚国际区域打造全媒体平台和省级移动客户端方面抢得先机，上线了"彩练新闻"客户端，今年按照政策和双方意愿，"彩练新闻"客户端交由报社全资管理。

不论最初的合资公司，还是现今的独资公司，都赋予该客户端团队全新的用人、考核、薪酬机制，经过2017年以来的发展，"彩练新闻"依托省级党报信息和人才等资源，已经牢固树立了"吉林掌上第一新闻源"的优势地位。

2. "中央厨房"驱动，在龙头项目建设上抓创新

打造吉报融媒创意空间。吉林日报全媒体数字采编发"中央厨房"项目被列为"省直媒体融合发展重点项目"后，报社将其作为龙头工程列入重要议事日程，实事求是搞建设，科学有序促推进。

在论证伊始，就本着常态化使用的原则不断完善规划：

——依据发展需要明确建设定位。在吉报集团全新的融媒体采编发架构体系中，"中央厨房"既是硬件基础和技术平台，也是大脑和神经中枢，具备集中指挥、采编调度、高效协调、信息沟通等基本功能，成为吉报集团内容流程控制总枢纽、新闻产品生产总车间、全媒体交互和融媒体研发总平台、舆论导向和舆情处置总指挥部。

——依据可组织调度的经费实际明确分期建设步骤。项目共三期，分3年建设，分期组织资金投入。

——结合报社社址搬迁明确融合从物理空间到技术系统的一体化布局。在"中央厨房"平台配套空间中利用半层楼打造吉报融媒创意空间;将"中央厨房"平台与吉报数据平台、"吉朵云"全省党媒公共服务平台统一到一个总机房和一个技术框架内。

吉林省委书记巴音朝鲁视察东北亚博览会吉报"中央厨房"指挥中心现场

2017年9月4日,吉林省委书记巴音朝鲁视察吉林日报"中央厨房"东北亚博览会指挥中心,与在吉林市丰满区旺起镇采访灾后重建记者现场连线,了解当地灾后重建情况,称赞吉报"中央厨房"建设有特色,希望吉林日报在创新发展中更好地发挥主流媒体作用。"中央厨房"一期工程第一批招标采购已于去年年底完成,第二批招标采购于8月开标。项目建设期间,社务会已经审议通过采编组织重构方案,编委会已经审议通过吉报融合采编流程大纲。总投入2690万元的吉报"中央厨房"一期主体工程将随着新社址入驻同步交付使用。

3.重点项目驱动,在融合型项目打造上抓创新

吉报集团布局了一批有潜力、有前景的融合型重点工作。集团一直以来致力于以项目为抓手,精心调研立项,精细组织推动,布局了一批有潜力、有前景的融合型重点工作。如积极推进智慧城市融媒体平台建

设项目，重点打造户内新型电子阅报屏和户外新媒体智能报刊亭；与吉林工程技术师范学院共同组建股份制二级学院，已经有两个年级 160 多名大学生在校学习，今年秋季又将迎来一批大学新生；集团文化创意产业有限公司正式运行"快搜东北亚"网站建设等一系列重点项目；集团产业项目办积极推动项目包装和落地，陆续进军教育培训和文旅等领域，实现媒体跨界融合。

东北亚博览会中吉林日报新媒体智能报刊亭与智能机器人记者"吉吉"

4. 激励考核驱动，在融合绩效上抓创新

吉报集团将融合发展作为对系列报刊考核管理的重要内容，2018 年 8 月全面启动以"彩练新闻"为核心平台的吉林日报新媒体栏目构建和考核方式，能激励考核驱动创新，带来绩效的呈现：如吉林手机报累计读者数量已突破百万，目前平台在线全网用户 20 多万，收费用户近 6 万，是吉林省规模最大的手机媒体；吉和网日均浏览量已达 200 万次，媒体覆盖率、影响力、信息传播速度位居全省首位，其中吉林省本土覆盖率达 75% 以上。吉和网所在的长春羿尧网络股份有限公司，于 2017 年 11 月 27 日成功登陆全国中小企业股份转让系统暨新三板；东西南北杂志、吉林农村报分别利用互联网电商等手段嫁接国际食品和吉林特色农产品资源，开设了既有直营实体门店又有连锁和线上销售的"欧食汇""吉品汇",形成了从健康知识宣传到绿色食品供给的内容经营融合新业态。

截至目前,吉报集团除集中优势打造"彩练新闻"客户端外,各采编部门、系列报刊共开通微信公众号53个、微博公号16个,还有各类网站13家。集团双微粉丝常态保持在800万以上规模,其中吉林日报官方微博86万粉丝、官方微信及微信矩阵30万粉丝,微博粉丝方面,城市晚报在420万左右,东亚经贸新闻和吉和网在210万左右。微信粉丝方面,城市晚报官方微信——掌上吉林7万,吉和网微信矩阵60万。在省出版广电局组织的2017年度"促创新,促发展"主题评议活动中,报社凭借"吉报集团微信矩阵项目——吉报自媒体"获得"先进单位"荣誉。

三大保障,激发融合推动力

1. 机制保障,打破内容生产壁垒

吉报集团编委会正在努力构建越来越高效的流程协同机制,每月策划会和每天编前会统一调度各类媒体终端。首先,在重大时政宣传布局中,确保融合有为、新媒体发力、立体传播。2017年十九大及全省党代会和全国、全省"两会"报道等,均由报社领导挂帅调度,精心策划,统筹安排,协同作战,确保从纸媒到移动端,从大报到系列报刊,全集团各类媒体全面整合、协同作战,做到多品种、多形式的全媒体呈现。其次,在重大活动报道、主题宣传和突发事件报道中,充分发挥新媒体作用,先网后报、高频次多批次发布已成常态。如这两年的长春农博会宣传,吉林日报、吉林手机报、吉林日报两微一端,合力推出全媒体报道,新媒体刊发图文、视频总量是纸质稿件量的5倍。再次,在创新版面、创新栏目、策划报道中积极大胆探索融合互通,让新媒体进入"首发阵容",要求报纸版面、新媒体页面"双管齐下",新内容起步即进入新媒体时代,各版内容均通过二维码形式实现"码上见"。

《新闻战线》发布的2017全国两会省级党报官号社交传播力共13期

榜单上，吉林日报5次跻身10强；2018年全国两会宣传，我们有两篇报道被中宣部阅评表扬，省长景俊海批示两次，全媒体记者在"代表委员通道"提问并发回多形态报道；吉人回乡、人才新政等大型宣传都在纸媒与新媒体端显现"融合魔力"。

2.人才保障，打造复合型人才团队

在传统媒体转型压力和生存压力之下，传统报业人才流失已成为全行业痛点。对此，吉报集团在稳定队伍和团队文化建设工作中，采取了以下措施：

——构筑事业平台，提供人才用武之地。通过新媒体新平台的搭建，通过新业务新领域的开掘，用事业留人。吉报集团认识到，吸引和留住人才的最有效方法就是加快发展、壮大实力，让员工尤其是优秀人才在集体中，生活有尊严、心中有愿景、发展有目标。为此，集团采取多管齐下、多轮驱动的方式，在办好报纸、抓好传统媒体广告的同时，加大非报经营的力度，极大地提振了大家的信心。

——营建文化氛围，增强人才归属感。着力消除传统党报惯有的层级分明、条块分割的内部工作氛围，着力构建适应新媒体业态的轻松、健康、互动、平等的文化氛围。比如，针对集团年轻人多、思想活跃、渴望交流、喜欢热闹的特点，先后组建了篮球队、乒乓球队、排球队、羽毛球队等协会组织，并常态化地开展各种球类比赛和徒步、酷跑等体育活动。

活动中不论是社长、总编辑，还是印务中心工人，都积极参与、倾情投入。近两年的每年社庆期间，都策划组织为期一周的"读者日"活动，"吉报之声"交响音乐会、读者和员工与奥运冠军登山大赛等有意义又有意思的活动，调动了大家的积极性，拉近了彼此的距离和情感，满足了大家的表现和展示欲望，打造了浓郁的吉报大家庭文化。

——克服财力困难，持续聘录和引进年轻人才、特殊人才。这几年通过省直事业单位统一招考、社聘等方式，选拔了一批90后人才进入报社工作，对新媒体等领域的成手，集团也积极引入。

——强化培训教育和考核监督工作。通过多种形式增强员工特别是采编一线员工业务水平和职业道德水准，2018年7月开展了采编素质提升月集中培训工作，请全国业界专家和社内同人讲业务、讲修养，这种培训形式将延续下来成为常态。按照宣传部门、记协、新闻出版行政管理部门要求，加强新闻从业人员行为约束和各类监督，杜绝有偿新闻、有偿不闻，特别是对新媒体新员工，将职业道德作为从入职教育到常态管理不断线的一项重要工作。

——创新培养渠道，拓展后备人才队伍。吉报集团与吉林工程技术师范学院共同组建股份制二级学院吉报数字传媒与创意学院，招收全日制本科生，实行"2.5+1.5"教学模式，即两年半在校学习，一年半在吉报集团实习，强化新闻实践和应用，根据媒体融合发展需要和学生兴趣特长，还专门设置了融媒体课程，报社领导和资深采编人员参与授课。这一举措，为报社未来的融合发展储备了优秀的后备力量。

近年来，吉报员工队伍老中青比例日趋协调，特别是年轻员工新鲜血液持续注入，在全国"四个一批"人才及省各类人才评定、劳模和优秀青年评选中，许多业务好、职业道德好的吉报人脱颖而出。

3. 资本保障，打通投融资渠道

吉报集团的发展历程中，《东西南北》《城市晚报》《今日财富》等系列报刊和"彩练新闻"客户端分别在不同阶段进行过媒体和资本的嫁接，也都在当时的历史条件、政策背景、市场环境下推动了事业发展。但纵观报社和集团全局，吉报集团尚未真正进入资本市场，在投融资领域尚未真正开疆拓土。目前试水的主要有智慧城市融媒体项目，吉报集团通过报社所属投资型公司和市场资本以股份制公司形式合作，吉林省互联网传媒股份有限公司，吉报注资1000万元，占有5.88%的股份，吉和网所在的长春羿尧网络股份有限公司上市新三板。需要说明的是，吉报的传媒资本运作还有相当一段路程要走，这里涉及体制机制和专业人才、运作理念等众多因素，还要多学习取经多担当作为。

三大方略,激发核心竞争力

在探索实践中,吉报集团着力发挥技术支撑作用:一方面整合资源,谋划以技术为先导,开展跨省合作。在打造省级媒体融合平台上取得突破性进展;另一方面着力在内容、人才、资金和资本运作上实现突破。积极以"传媒+"思维开展跨界融合,争取获得综合竞争力大幅提升。

1. 以"打造新型主流媒体和媒体集团"为目标,走集团化发展道路,推进吉报集团整体转型

——组建传媒集团公司。在集团公司组建中推进改革举措系统集成,科学配置各方面资源,重塑舆论主阵地和市场主体地位,找准体制机制改革的突破口,推动主要经营业务从事业法人向企业法人转变,自上而下形成办报和经营"两分开"格局。推进媒体融合机制创新,找准体制机制改革的发力点,进行机构整合,流程融合,创新生产组织机制,创新传播评价机制,提高融合管理在集团管理中的结构性位置,着力解决在内容、人才、资金和资本运作等层面的不足。推进管控治理体系创新,找准体制机制改革的关键环节,建立传媒特色管控模式,实施全面预算管理,建立健全以战略为导向的全面预算管理体系,"目标分解、逐级预算、充分授权、全面考核",实现战略、预算与考核的一体化。同时,优化绩效考核体系,建立科学的考核指标,对各经营单位实行绩效考核,对集团综合管理部门实行绩效综合考评,真正做到以精细化管理,促进高质量发展。

——进一步推进报业结构调整。淘汰无效、低效产能,加快向互联网主战场、最前沿转移,让吉报的生产能力、新闻产品质量和规模与互联网时代要求相匹配,与新时代发展要求相适应。特别在新时代社会主要矛盾已经转化,省级党报必须把应对和解决传媒领域存在的发展不平衡不充分问题视作光荣职责使命,借助互联网技术,创新传播渠道和传播手段,满足人民群众对新闻传播、新媒体使用、传媒关联消费等的需要,

以大气度大魄力深化新闻宣传和媒体运营供给侧结构性改革，突出传统媒体话语体系向互联网话语体系转化、向世界通行语言文字转化，发挥党报优势，讲好中国故事、吉林故事。突出集团化的平台集结和产业拓展，从单一依靠自有资金和财政资金扶持，走向产业基金孵化、市场化公司并购等崭新阶段，在实力更雄厚的新平台上更好聚焦主业、深耕主业、壮大主业。

2. 以建设"中央厨房"为龙头，走全媒化发展道路，大幅提升新闻舆论传播力、引导力、影响力、公信力

——加快推进吉报"中央厨房"建设。继续把这一"省直媒体融合发展重点项目"作为2018年及今后报社龙头工程进行建设。

——发挥技术支撑作用，推进吉林省党报媒体融合云平台——"吉朵云"建设。通过考察，吉报集团看到，目前省级党报融合发展和整体转型已经到了"无技术莫融合、无技术不发展、无技术难转型"的关口。吉林日报要重点加强技术力量，突出技术作用，壮大技术队伍，加大技术投入，加大技术研发和成果应用，让互联网新技术真正成为省级党报整体转型的支撑。报社确定每年从营收中投入一定比例用于技术工作；同时，联合省内外互联网技术企业开展技术合作。大力推进吉林省党报媒体融合云平台——"吉朵云"建设，将之作为吉报媒体融合、转型发展的重大项目。"吉朵云"是吉报推进媒体融合、建设"中央厨房"、打造新型主流媒体的基础性工程，是以数据化、平台化、集约化为主要特征而建设的智慧云平台。运行后的"吉朵云"不仅是媒体融合"新闻云"，还是方便公众的"服务云"，也是党委政府和群众沟通的"枢纽云"。

——大力依托系列报刊受众细分优势，发展视频、直播等增量业务。既抓大报人才建设，也以集团化发展为契机，改变各系列报刊分别独立运营网站、双微的格局，进一步告别"小融合孤岛"，走向大融合阵地，一起奔向集团融合大蓝海。不断丰富吉报集团的新闻产品和业务体系，跨界融合，发展视频和直播、移动端视听等增量业务，推出现象级作品。

3. 以组建传媒集团公司为契机，走产业化发展道路，大力发展传媒产业，全面提升综合竞争力

省级党报整体转型为新型媒体和媒体集团有两大核心使命：一是做强做大传播主业，更好地服务于党的新闻舆论工作；二是做强做大传媒产业，更好地满足于新时代受众需求，并在整体转型中实现两大使命的完美统一，实现党性和人民性的高度统一。吉报集团在产业发展方面的总体布局是，构建三大板块产业。

第一板块——基础型产业板块部分，把握"稳中求进"的工作总基调，在此基础上，努力求增长、增效益。

第二板块——主导型产业板块部分，是吉报集团未来的核心竞争力。这个产业板块吉林集团刚刚起步，按照"合作发展、共享发展"原则，走轻资产合作发展的路子。要"攀高结贵"，与大的互联网公司合作，与能够起到优势互补的互联网公司合作。要以媒体融合重点项目为抓手，充分运用互联网思维，进行规范的公司化运作，目标是进入资本市场。依托国有控股股东的背景资源，借重主流媒体的品牌和公信力资源，充分利用资本平台，拓展互联网业务范围，尽快培育三至四个年收入达到千万元级别的互联网产业项目。

第三板块——支撑型产业板块部分，要充分发挥吉报集团的媒介功能，媒体配置资源，资源转化资本，资本壮大传媒，在保持底线"掌控风险"的基础上进行广泛合作。

吉报集团在媒体融合发展过程中还面临着许多需要打破的困局。如顶层设计不足呈现的"孤岛"困局。严谨的融合发展科学体系尚未形成，整体规划性还不完善。组织流程改造尚未落地呈现的"藩篱"困局。只有打通部门之间的壁垒，稿件采编发才能过渡到完全适应移动互联网传播的新闻生产方式。人才队伍建设滞后呈现的"兵马"困局。缺乏融合管理专业团队，技术支撑明显不足。融合经营尚在探索，呈现"盈利模式"困局。真正的经营利润点尚未产生。财力不足呈现的"投入"困局。没能从根本上改变被动局面。

但是只有正视未来,积极探索、争取政策的扶持才能打破困局。吉报集团正走在集团化、全媒化、产业化整体转型的路上,争取 2020 年基本实现吉林日报的整体转型,走上良性发展轨道。

山东大众报业集团：

报业资本运营的"大众路径"

大众报业调研组

一、报业资本面临的共性难题

广义的资本运营，主要包括资本市场业务、投资银行业务、投融资业务、金融业务等。其中上市是最为直观、最具效果的路径。但对报业集团而言，以传统经营业务实现上市已面临着实际的困难。

回顾整个中国资本市场历史，由于报业的内容属性和政策监管要求，尚无一家报业企业成功进行过 IPO，浙数文化、粤传媒、新华传媒、华媒控股等均以借壳方式实现上市。这一点与出版行业、广电行业相比差距明显。

时至今日，曲线的借壳方式也失去了操作的可行性，原因在于报业经营已呈现行业性的整体下滑，缺乏合格的可注入资产。按照证券监管部门的要求，借壳资产需要具备相应的盈利性、持续性和增长性，需要拟借壳方出具未来数年的盈利保障承诺，一旦达不到承诺的利润增长指标，需向中小股东进行补偿，甚至所持股权也会消耗殆尽。

从这个角度看，报业上市已错过了最佳的窗口期。即使是已经借壳上市的报业企业，其报业经营业务也难以支撑市值的扩张，广告业务缺乏想象空间，总体已被资本市场看淡，估值普遍下调。浙报旗下的浙数文化于 2017 年已将传统报纸经营业务置出上市公司，主业转变为数字娱乐产业及大数据相关业务，通过对时间节奏的掌控，完成了基本面的蜕变——在报业资产盈利时进行借壳，随后通过资本市场募资收购培育新业务，在报业经营业务下滑时予以剥离。

从行业整体情况看，单纯从商业和经济的角度，报业已成为一个小体量的行业，与基于互联网和算法的新经济企业已经不处于同一数量级。国家新闻出版署发布的《2017年新闻出版产业分析报告》显示，全国报纸出版行业2017年实现营业收入578亿元，利润总额37.5亿元；其中47家报刊出版集团共实现主营业务收入391.6亿元，资产总额1672.4亿元，实现利润总额29.9亿元。而今日头条（字节跳动公司）一家公司2018年营收约为500亿至550亿元，与报业全行业的营收相当，其2018年最新估值达750亿美元左右；阿里和腾讯的市值更是双双超过了4200亿美元。反观报业企业，截至今年1月底，上市公司中市值过百亿的报企仅有浙数传媒一家。

主营业务的乏力，在目前阶段已成为制约报业进行资本运营的根本问题。没有盈利性、持续性、增长性的业务，资本运作就成了无本之木、无源之水。这是摆在全国报业面前的共性难题，唯有培育新的"报业+""互联网+""文化+"项目，培植新的核心竞争力和产业增长点，才有可能不惧未来，拥抱资本。

可以预期，未来千亿级的新型传媒集团一定依赖于资本市场产生。拥有上市公司，才可以围绕产业链进行"文化+"项目的投资布局，源源不断地实现产业资本化，才有更大的实力进行产业整合和收购重组。面对行业存在的共性难题，除了报业发挥自身主动性创新培育造血功能以外，也希望主管和监管部门能够针对国有传媒业尤其是报业的实际情况，有侧重地予以支持。

二、大众报业集团的探索实践

大众报业集团的资本运营之路起步较早，也走过弯路。早在2009年，就以旗下半岛传媒为主体进行股份制改造，引入战略投资者，聘请了辅导机构，列入山东省首批重点拟上市文化项目进行培育。但由于政策原因，存在着采编业务剥离及同业竞争等障碍，原计划打造全国第一例IPO报业项目的方案遇阻，上市之路被迫停止。同期，浙报则于2010年启动了借壳上市计划，并在一年时间内顺利完成了借壳。

大众报业集团新一届党委立足自身实际，确立了"一二三四"的融合转型战略——围绕一个总目标，建成新型传媒集团和文化产业战略投资者；做强做大山东省互联网传媒集团和山东省文化产业投资集团两大集团；推进媒体深度融合"三大工程"，推动集团融合转型向纵深发展；夯实资金、制度、文化、党建四个保障支撑体系。具体在资本运营领域，主要开展了以下工作：

1. 培育互联网传媒集团，继续推进上市

在资本市场方面，大众报业集团正在以旗下的山东省互联网传媒集团为主体，进行重点培育。2014年1月，随着IPO的重新开闸，大众报业集团启动了旗下山东省互联网传媒集团股份公司的上市工作。该集团前身为大众传媒股份公司（大众网），已于2008年完成了股份制改造，后经陆续增资，注册资本增加至9000万元。按照当时新股发行规定，无论从股本规模、经营业绩、公司治理、连续运营时间等各方面都具备了启动上市的基本条件。

当年7月，三大中介机构进场，陆续开展了规避同业竞争、规范财务制度、健全内控体系、补齐业务资质、完善公司治理架构、梳理关联交易、确定募投资项目等工作。2015年8月，在山东证监局进行辅导备案，正式进入上市辅导期。2016年3月，取得中央文化体制改革和发展领导小组办公室出具的同意上市复函，并于6月向证监会提交上市材料并获得受理，7月1日在证监会网站进行招股书预先披露，开始了在上交所的IPO"排队"之旅。2017年下半年，考虑到证监会对于上市审核口径趋紧，否决率居高不下，互联网传媒集团主动终止了上市程序。

大众报业集团旗下平台深圳同心文鼎基金项目路演

目前,互联网传媒集团正在落实承接山东省新媒体大平台建设项目,以此为依托,进一步提升业务质量,拓展规模效益,锻造新的业务优势,集聚新的上市竞争力。新一届党委提出,要适时重新启动互联网传媒集团的上市工作,迅速打通资本市场,弥补现有经营短板,用资本的力量推动转型和深度融合发展。

2. 加强股权运营,盘活资源实现融资

大众报业集团经过多年积累,形成了一批优质资产及股权,通过对股权资产的盘活,吸引投资者的加入,可以有效融入资金,促进集团事业发展。

以集团持有的广电股权为例。2011年7月起,大众报业累计投资10亿元入股了山东广电网络公司,考虑到该笔出资是报业集团史上最大的单笔投资,存在着一定的现金流和投资收益压力,因此在2012年年初完成首笔出资后,就开始筹划股权盘活方案。预期达到的理想效果:一是在战略上继续保持对该产业、该项目的影响力;二是在财务上解决大额投资和现金流问题;三是在操作层面符合各方要求,避免引发不必要的争议。最终方案分为四个步骤:(1)专门成立一个全资子公司;(2)将8亿元股权无偿划转注入该子公司;(3)对该子公司进行资产评估,按估值引入战略投资者;(4)采取"存量股权转让+战略投资者增资"两步实施的方式,引入战略合作方。

方案的每个步骤都对应着具体意义。成立全资子公司再划入股权，其意义在于，股东实质没有发生变化，易为各方所接受。此外，全资子公司在政策上符合使用"股权无偿划转"的条件。之所以采取无偿划转，是因为假如采取以"股权出资"成立子公司，存在着短时间内估值增值过大的问题。而如果采取由子公司出资购买股权的方式，牵扯到巨额资金的筹集调度。划转完成后，子公司顺利成为广电网络公司的股东，后续对该公司的重组就无须再涉及广电网络公司及其20多家股东层面，很大程度上降低了协调成本和工作量。

子公司经评估后，估值达到了15.2亿元，即原始投入的190%。随后采取"存量股权转让+增资"的方式引入战略投资者。分布实施的意义在于：既要满足集团回流现金、收回部分成本的需求，也要满足子公司拥有现金，成为投资平台的需求。最终，集团收回现金3.8亿元，子公司增加了现金7.6亿元。该环节完成后，子公司随即以溢价积累的资本公积转增为注册资本，使原本无偿划转的股权体现为注册资本，公司实收注册资本达到15.75亿元，成为山东省规模最大的文化产业投资公司。

3. 做活股权投资，构建文化产业投资平台

大众报业集团旗下拥有两个投资平台，分别为以股权运营方式设立的山东文投和通过吸引山东省省级引导基金发起设立的大众创投。

2013年起，山东文投陆续以自有资金近3亿元参股了山东出版、半岛传媒、互联网传媒集团等国有大型文化企业，其中山东出版已于2017年11月成功在上海主板上市，最高浮盈超过2亿元，收益率超过400%。2014年，山东文投以自有资本1.2亿元入股上市公司中青旅，成为前十大股东，一年后解禁退出后实现收益1.2亿元，收益率100%。

2017年1月，山东省政府批复同意山东文投组建集团，定位于全省国有文化资本投资运营平台。当年成功申请了2017年度中央专项资金1亿元，并由省财政提供配套资金1.5亿元。目前山东文投已顺利完成集团组建。

大众创投公司成立于2012年，是由山东省省级股权引导基金出资2500万元参股的首批投资公司，注册资本1.65亿元。2016年，引入山东省社保基金理事会作为新的股东，置换出引导基金的份额，同时对公司增资1亿元，使公司注册资本达到2.19亿元。大众创投公司一方面以自有资金进行教育、影视、传媒等领域的投资；另一方面参与发起了基金管理公司，专注储备新业态、新经济类项目。2018年，创投公司参与投资的一家新经济企业已被上市公司收购，不到一年时间即实现了从投资到获利退出的过程。

4.做大基金规模，打造产业基金管理体系

目前大众报业旗下拥有四个私募基金管理牌照，涵盖了私募股权、私募证券、创业投资等全部业务领域。通过募集和管理基金，大众报业正在撬动资金杠杆，推进由自有资金投资向管理社会资本的转变。

一是在重点城市落地区域基金。目前已与青岛市政府平台公司合作，设立了青岛文化产业投资基金，已投资了多个优质项目。与济南市相关政府平台公司及社会资本共同成立了济南融媒基金，面向数字传媒领域孵化新业态项目。

二是在重点领域设立行业基金。目前已与山东省新旧动能转换引导基金合作，设立精品旅游母基金，规模50亿元，合作框架协议已签署。在教育领域成立了专项基金，在幼教、K12培训、特长培训和职业教育等领域储备了一批项目，今年将以项目为依托进一步扩大基金募集规模。此外在影视、医疗等领域也积极筹备专项基金。

三是针对特定项目设立主题基金。除了已经运作的两只定向增发基金以外，本年度还在筹划与上市公司大股东合作，设立以大宗交易为主的一级半市场基金，既可以满足上市公司大股东的融资需求，也同时可满足基金的保障性、流动性、收益性要求。

通过旗下投资平台和基金平台，大众报业集团一方面与资本市场保持着密切联系，另一方面为集团转型储备着优质股权项目，为未来的上市主体培育可注入资产，在不断梳理优化资源要素中，更加主动地寻找和抓住资本市场机遇。

四川日报报业集团：

传媒治理体系的建构与实践

余长久　胡怀福

近年来，四川日报报业集团（简称川报集团）自组建以来，积极主动顺应时代发展洪流，对照党的十九大提出的推进国家治理体系和治理能力现代化建设的明确要求，从传媒治理的高度进行顶层设计和战略规划，在传媒治理体系建设的实践中不断探索，构建起以目标考核、人事制度、薪酬分配制度为重点，采编管理、经营管理、项目管理为支撑，财务管理、廉洁风险防控、集团文化建设为保障的九大基本治理体系，为集团全面协调可持续发展提供了强劲的制度动力，为事业产业取得丰硕成果奠定了坚实的制度基础。

川报集团传媒治理体系的建构与实践，契合了党中央的要求，把握了趋势变化，顺应了发展规律，体现了担当精神，展现了行动自觉，为党报集团进一步全面深化改革，特别是推进党报集团治理体系和治理能力现代化建设，积累了宝贵经验，提供了有益启示。

目标考核体系治理

原则：坚持以目标为导向、以调动人的积极性为根本、以业绩和贡献为主要评价标准，形成覆盖整个集团，涉及各单位、各部门以及全体员工的目标考核体系。

手段：将党报集团的使命责任纳入目标考核体系，注重对形势趋势的科学研判，增强对机遇的认识和把握，以目标确定坚定发展信念，构建起以"招标聘任、利益联结、绩效挂钩、执行督促、奖惩过硬、综合评价"为"六大内核"的目标考核体系。

效果：目标考核体系的建立与实施，使集团上下前进方向十分明确、发展信心十分坚定，工作作风十分务实，以优异的成绩实现了集团各个五年规划和年度发展目标。

人事制度管理体系治理

原则：坚持以激发干部员工干事创业活力为取向，深化改革，不唯身份，只论德才，全面建立员工聘用制度，不断完善岗位管理制度，全方位实现身份管理向岗位管理转变，全面推行公开招聘和竞聘上岗制度。

手段：在科学出活力、公平增动力的理念指导下，构建起以"身份并轨、全员聘用、凡进必考、竞争上岗、全面考核、政业双通"为"六大支柱"的干部人事制度管理体系，实现了以德才论干部，以业绩评员工，干部能上能下，薪酬能高能低，人员能进能出，岗位能左能右。

效果：调动了集团广大干部员工干事创业的热情，在全集团形成了人人渴望成才、人人努力成才、人人皆可成才、人人尽展其才的生动局面，为集团又好又快发展提供了强有力的人才支撑。这场始于2003年在全省宣传文化系统率先进行的全方位干部人事制度改革，取得突出成效和实质性突破，被中宣部列入全国宣传思想工作创新案例。

薪酬分配体系治理

原则：在薪酬分配制度体系建设中，坚持"共建共享"的发展理念，强化"权责利"的有机统一，坚持在集团效益增长的同时实现员工收入同步增长，在劳动生产率提高的同时实现员工劳动报酬同步提高。

手段：以分配正义破解全国难题，推动编制内外两种人员薪酬水平并轨。经过长期的探索与完善，构建起以"以岗定薪、一视同仁、注重实绩、岗变薪变、规范有序、奖惩过硬"为"六大原则"的川报集团薪酬分配体系。

效果：薪酬分配体系的建立与完善，极大地激发了集团员工积极性、创造性，促进了劳动生产率持续提升，彰显了强劲的发展动力。川报集团坚持体制内外员工一视同仁的分配制度，并真正落实到位，成为全国媒体行业文化体制改革的突破性标志。

采编管理体系治理

原则：在舆论引导工作中，始终坚持牢记使命，服务中心与影响大众相统一；精准定位，有力引导与有效到达相统一；结构优化，自身调整与需求变化相统一；集成创新，求变求新与出色出彩相统一；融合发展，渠道融合与资源整合相统一；提升能力，人才成长与传媒发展相统一。

手段：在坚持政治家办报，舆论导向正确，服务中心工作，贴近百姓大众中，构建起以"导向管理、阵地管理、内容管理、队伍管理、流程管理、绩效管理"为"六大重点"的川报集团采编管理体系。

效果：随着采编管理体系的持续创新完善，采编专业能力、创新能力、管理能力大幅提升，集团各类媒体影响力、引导力、公信力极大提高，媒体融合深入推进，媒体传播力极大增强。四川日报办报水平进入全国省级党报第一方阵，集团媒体融合发展跨入全国先进行列。

产业发展体系治理

原则：始终秉持经营管理是推动报业发展重要动力的理念，以提高传播力和产业发展能力为主要任务，坚持发展为第一要务，坚持两效统一，稳中求进。

手段：在发展文化产业、壮大集团实力的目标指引下，打造出"三横三纵"网络化经营管理基本框架，构建起以"稳健可控、优势再造、管放结合、服务经营、拓展市场、提质增效"为"六大要素"的川报集团经营管理体系。

效果：灵活高效的经营管理体系极大地促进了川报集团各项经营的健康发展，主业稳健、多元反哺的良好发展局面基本形成。集团产业发展质量始终保持全国报业集团一流水平。

重点项目管理体系治理

原则：紧扣转型发展主题，把项目作为推进集团转型发展的重要抓手。

手段：坚持"稳健、可控、有效益、用好人"的项目建设方针，完善和强化"分级管理、相对独立、收支单列、进度考核、强化督查、奖惩兑现"的项目责任制和事业部制，注重建立完善更直接紧密的利益与风险联结机制。构建起以"责任主体、专业团队、运行机制、配套保障、考核评价、风险评估"为"六大支撑"的川报集团重点项目管理体系。

效果：重点项目管理体系的实施与完善，为集团一大批重点项目成功建成提供了制度保障，不仅为集团持续发展、转型发展奠定了重要的物质基础，更有效防止了"项目建成，干部倒下"悲剧的发生。

财务管理体系治理

目标：坚持提质增效、规范运行的根本要求，提高了财务信息质量，完善财务内控制度，保障国有资产安全完整和保值增值。

手段：大力实施财务委派制度，推进集中管理、参与管理、规范报告、绩效挂钩、严格选派、团队建设，搭建起集团与各单位、实体之间信息有效沟通的桥梁。在坚持管理出效益、管理提效率、管理强质量的理念指导下，构建起以"委派财务管理、财务风险控制、资金结算管理、财务预算管理、全面成本管理、财务信息管理"为"六大系统"的川报集团财务管理体系。

效果：先进的财务管理体系对川报集团经营发展、效益提升、资金安全、风险防控发挥了专业支撑，为助推集团事业产业发展发挥了重要作用。

廉洁风险防控体系治理

目标：始终秉持"标本兼治，预防为主"的廉洁风险防控理念，营造风清气正的廉洁空间。

手段：着眼集团发展大局，坚持权力制约、预防为主、融入全程，形成纪检监察部门主导纪律监督、审计部门主导审计监督、人力资源部门实施人事监督、财务部门实施财务监督，以及员工的民主监督、监事会的经营决策和管理监督、编务监督、法务监督"八位一体"的大监督格局，构建起以"精准防控、重点防控、动态防控、文化防控、科技防控、立体防控"为"六大内容"的川报集团廉洁风险防控体系。

效果：廉洁风险防控体系的实施与完善，形成了标本兼治、综合治理、惩防并举、注重预防的良好机制，推动集团事业产业始终在合法合规的轨道上运行。集团成立以来，未发生一起廉洁风险事故。

特色文化体系治理

目标：把文化建设视为集团核心竞争力打造的重要内容，展现"快乐向上、充满力量"的景象。

手段：在社会主义核心价值观统领下，坚持领导带头率先垂范，思想工作凝心聚力，关心员工全面发展，多元传播广泛参与，创先争优典型引领，注重落实有效执行，构建起以"坚定理想信念、塑造集团精神、践行共同追求、打造制度文化、锻造过硬作风、建设学习组织"为"六大抓手"的川报集团特色文化体系。

效果：在集团精神指引下，川报集团发展活力充分涌现，成为推动集团持续发展、健康发展的强大文化动力。

小　结

在九大治理体系的保驾护航、科学引领下，集团确立的宏大愿景，正在一步步实现：

1. 主阵地得以巩固：坚持正确舆论导向，持续推进新闻创新，精品力作大量涌现，舆论引导能力不断提高，舆论主阵地作用充分发挥，受到中宣部、省委省政府领导和主管部门及全国同行的高度肯定。

2. 传播格局得以升级：媒体融合不断深入，新媒体产品矩阵日益增强，立体传播格局基本形成，打造新型主流媒体集团成效显著；

3. 管理成效得以彰显：深入实施"人才强集团"战略，在全省宣传文化系统率先推进劳动、人事、分配"三项制度"改革，创新集团化管理，使集团改革走在全国省级党报集团前列；

4. 党委作用得以发挥：坚持固本强基创先争优，班子整体处于配齐配优配强的状态，党委核心作用充分发挥，各类优秀人才脱颖而出，在创建学习型集团和"四好"班子上屡获殊荣，形成了风清气正、团结奋进、干事创业、奋发有为的良好环境。

5. 集团品格得以形成："敢打硬仗、善打大仗、能打胜仗"的集团品格，"特别讲大局、特别讲付出、特别讲实干、特别讲纪律"的团队作风，简单健康的人际关系，在各项工作中充分展现、大力传承，成为川报集团文化最显著的标识，集团发展充满生机与活力。

湖北日报传媒集团：

读屏时代的"刷屏"攻略

陈红彬　陈力峰　王丙全

当下，移动互联急速改变着人们的阅读习惯，"读纸"转场至"读屏"。当众多传统媒体标配起"两微一端"、打造出"中央厨房"时，却发现渠道拓宽了，吸粉引流依然干不过商业化的新媒体，媒体的传播力、引导力、影响力、公信力依然路漫漫其修远兮。湖北日报传媒集团却在主题宣传报道中，适应"读屏"时代的需求，变"阅读"为"悦读"，将主题报道做得既有意思、更有意义，进而打造出一批暖新闻、现象级作品。

主题宣传报道是新闻媒体引导舆论的重要抓手。如何开展全媒体主题宣传报道，适应"读屏"时代的"悦读"需求，打通舆论引导"最后一公里"，是党和政府以及时代赋予我们的重要职责和使命，也是对新闻媒体能力和水平的现实考验。湖北日报传媒集团以习近平新时代中国特色社会主义思想为指导，认真落实中央、省委关于媒体融合的战略部署，在创新开展全媒体主题宣传报道，特别是在生产方式的变化、表达方式的变化、呈现形式的变化等方面，做出了一系列积极探索。

强化用户思维，"阅读"变"悦读"

主题宣传报道是传统媒体的核心优势，但是互联网时代，一些传统媒体迫于竞争压力容易被新媒体裹挟，丧失对新闻舆论的判断力、掌控力。我们认识到，党的新闻媒体必须从生产理念、产品形态、产品价值等方面全面转型。一方面,要不断创造出有思想、有价值、有品质、有温度的全媒体产品;另一方面,要适应新的阅读习惯,让"阅读"变成"悦读",才能增强主题宣传报道的竞争力。

1. 悦读,要有打动人心的力量

长期以来,许多传统媒体主题宣传采取的是单向的、自说自话的方式,对受众是谁、在哪里、喜欢什么等缺乏足够认知。我们在开展主题宣传报道时,要把读者当成用户,充分考虑他们的信息需求、阅读体验、认知态度,吸引他们阅读的兴趣和参与互动的热情。

例如楚天都市报推出的"煎饼姐"报道,主人翁汪天娇通过摆摊卖煎饼为脑瘫儿子和白血病丈夫筹集医疗费。这看似是一个很普通的家庭悲情故事,之所以能募集到67万余元的捐款,超越一般帮扶报道而成为全国知晓的感人典型,最核心的经验在于两点:一是精准把握了广大读者的拳拳爱心,用汪天娇"女人本弱,为母(妻)则刚"一句感悟,击中了受众泪点,用情感实现了对信息流的驱动;二是洞察了受众的信息需求,采用深夜直播等方式让受众参与新闻进程,和汪天娇紧密互动,最大限度地拉近了受众与新闻事件、新闻人物的距离,满足了受众的知情权、参与权、选择权。这起事例告诉我们,在热点舆论引导面前,感人的细节、直击人心的故事往往比简单的说教更重要。

又如今年全国两会期间,湖北日报端、网、微平台同时推出的《看两会,涨知识,领大奖——湖北日报邀你来答题》互动小游戏,寓教于乐地让网友学习习近平总书记治国理政高超智慧,学习两会知识和政府工作报告内容,奖品为《习近平谈治国理政(第二卷)》和《习近平的七年知青岁月》两本书。活动一经推出,迅速引起转发浪潮,近700万网友参与互动。

此外,《我和党代表合个影》《我跟家乡合个影》等H5产品,均是通过强化和受众之间的互动性,提升了传播效果。

2. 悦读,要迅速将受众带入重点

面对互联网平台上的海量信息和令人眼花缭乱的新媒体产品形式,

用户分配的瞬时注意力是有限的。做好新形势下的主题宣传报道，必须让报道变得"简明"起来，灵活运用图表、漫画、音视频、直播、H5、VR等各种新媒体元素和最流行的传播技术，选择最适合的形式进行产品制作，用最好的创意在第一时间抓住受众眼球。

例如，2017年全省两会期间，湖北日报首次尝试以漫画加音频方式呈现重要时政内容，制作推出了H5作品《快来听！王晓东同志报告原声》，该作品设计了时任湖北代省长王晓东的卡通形象，并从政府工作报告中选取最有内涵、情怀和质感的十句话，配合会场原声音频推送，阅读时长不超过两分钟，当晚即刷爆了微信朋友圈。

党的十九大期间推出的H5创意产品《党代表漫话十九大》，以湖北籍十九大代表的发言为基础，制作成汇集漫画头像、音频、文字、互动点赞等内容的产品，总点击量超过300万人次；高清图集《呀！这就是咱们省的十九大代表》，被新华网、人民网以及众多门户网站转载，总点击量达到400万人次。

3. 悦读，要去除深奥的"面纱"

互联网时代，技术和内容的边界越来越模糊。用户不再满足于简单地获取原始信息，而是要求媒体在加工整合、分析提炼信息上下功夫，做精做细做活"公共性内容"，满足用户转发、分享信息的兴趣，提高作品的附加值和影响力。

一是整合信息，进行大数据生产、聚合生产。例如，2017年湖北省两会期间，对于外行看不懂、内行不屑看的政府预算，湖北日报"纯手工"打造了原创动漫视频《6分钟看懂"政府账本"》，通过一部浓缩的动画短片,简明生动地讲述湖北财政的那些事儿,让广大受众看后大呼过瘾。

湖北省十一次党代会期间,推出《砥砺奋进这五年——数说武汉》系列短视频,通过整合、分析武汉近 5 年的发展成就,并将其提炼为一组组数据,串起文字、图片、音视频等报道资源,配合长镜头拍摄主持人出镜、立体字幕叠加实景、实时跟随等方式,制作成 3 集系列短视频,为受众清晰呈现了大武汉的发展变迁。

2018 年全国两会期间,湖北日报推出 MG 动画短片《楚楚说两会》,以湖北代表性的国宝级野生保护动物金丝猴为原型,设计出卡通形象人物"楚楚",通过面部跟踪技术和绿幕抠像技术,使其具备丰富表情和肢

体语言，为大家带来一堂生动活泼的"两会大讲堂"。这一让网友入眼入耳、入脑入心的创意产品，受到中宣部阅评肯定。

二是整合资源，积极调动各方力量。例如，2018年全国两会期间，湖北日报在北京设置全媒体演播室，推出全媒体系列访谈节目《对话高质量发展》，分批邀请湖北代表团17个市州政府主要负责人，走进演播厅谈认识、话思路、讲措施，共话高质量发展，受到各界高度关注。

又如我们连续两年发起、联合全国近20家省级党报，策划组织9组跨省联动报道，围绕长江大保护、乡村振兴、自贸区建设等主题，推出了《确保"河长治"各省有高招》《五省乡村"头雁"共话乡村振兴》《携手共进，让"万里茶道"再绽芳华》《自贸区"雁阵"，乘春风展翅翱翔》等，起到了交流经验、启迪思想、推动工作的作用，受到中宣部阅评肯定。

三是整合平台，立体式、即时性呈现重大主题报道。2018年4月13日至28日，湖北日报编辑部派出由文字、摄影、摄像、直播主持等组成的"一江清水看中游——长江大保护实地踏访"全媒体采访报道组，从巴东巫峡口出发，沿着1000余公里长江主干线而下，直抵黄梅小池口江段。其间，白天采访直播，晚上写稿剪片，通过文字图片、视频直播、网页专题等多种形式，深入报道了宜昌岸线化工清零、荆江大堤植绿变身、江豚麋鹿湿地生息、洪湖重现浪打浪美景、黄石环保新港崛起、三省共护一江水等长江大保护的生动场景。该系列报道共刊发报纸通讯10篇2万余字；现场直播7场，网友观看突破1000万人次；制作网络视频专题11期，综合点击量超过1000万人次，并对长江沿线多地进行航拍和全景VR展示。这组报道受到《中国新闻出版广电报》撰文点赞。

处理好"三大关系"，"悦读"更"久读"

2018年4月，由人民网研究院发布的2017报纸融合传播百强榜单中，湖北日报及旗下楚天都市报、三峡晚报分居第24、37和83位，这说明近两年该集团推进媒体深度融合工作取得了实效。如何提升主题宣传报道的传播力，让受众的"悦读"体验变得更持续更耐久，他们提出要处理好"三个关系"：

1. 处理好"速度"和"深度"的关系

坚决落实"端网速度、报纸深度"要求。对适合新媒体发布的线索优先安排、即时推送，在传播中抢占第一时间、第一落点。湖北日报等纸媒，则突出宣传报道的思想深度和厚度，侧重深入调查、分析。两者紧密互动、优势互补。

2018年6月初，一个短视频在网上广为流传：一辆卡车将整车鲜桃倒在路边，而路边池塘中，也都是被扔掉的桃子。湖北枣阳一名桃农在视频中介绍，他种了60亩桃树，每亩产量有五六千斤，但桃子价格每斤才五六毛钱，入不敷出，当地共有近6万斤桃子滞销。湖北日报新媒体迅速跟进推送了新闻《鲜桃滞销　农户揪心》。报道很快引起反响，当地市委市政府组织13个专班，赶赴全国各大水果批发市场，接洽经销商，缓解卖桃难。湖北日报记者则赶赴枣阳及全省其他鲜桃产区，采用现场走访、蹲点调研等方式，掌握了大量鲜活材料，推出《近期湖北多地桃子"卖难"现象调查：蜜桃为何变"苦果"》《千亩优质鲜桃滞销"卖桃难"逆境促思考》等系列经济观察报道，增强了报道的深度和厚度。这组报道受到省有关领导的高度重视，要求加快精品桃园建设步伐，以点带面，推动湖北桃产业提质增效。

2. 处理好"内"与"外"的关系

现代传媒集团必须构建立体多样、融合发展的传播体系，确保主题宣传报道能传得快、传得广。一方面，加快打造自身的核心传播阵地，牢牢掌握信息传播的主动权。目前，湖北日报传媒集团已发展成为以湖北日报为旗舰，拥有8报8刊12网站、5个客户端、90多个微博微信官号、1家出版机构的综合性传媒集团，报刊期发量1000多万份，日均新媒体受众5500多万人，是湖北最大的新闻信息平台和外界了解湖北的重要信息窗口。另一方面，要善于借助外部平台和网络达人的影响力，包括中央媒体、兄弟媒体和微博、微信、直播平台、网络大V等，形成多层次、全方位的传播矩阵，使其成为主题宣传报道的"扩音器""放大器"。例如，在"许党爱民　燃尽生命"的武汉市委常委、组织部长杨汉军系列报道中，湖北日报率先发出微信作品《看哭！组织部长杨汉军最后的13天》后，很快被人民日报客户端等抓取，当天阅读量就达到了200万。又如"烈火军魂"李道洲重大典型报道，他平凡的人生被一场火灾改变。2018年3月，武汉东湖花园小区一业主在屋内大量堆放杂物引发火灾导致两人死亡，由于正值全国两会，舆情十分敏感，楚天都市报深入采访，率先发掘出了"驻鄂空降兵某部战士李道洲三闯火海救人不幸牺牲"这一重大典型事迹，采用全媒体手段做出报道，将广大读者的注意力引导到主流价值观和主流舆论上来。通过"看楚天"APP、楚天都市网推出图文消息、视频等报道，并聚合成专题呈现。迅即，紫光阁、共青团中央、新华社、人民日报、央视新闻等国家机关和全国各大主流媒体官方微博、微信公号先后转发，河南日报、河南电视台等百余家全国主流媒体跟进、转载，迅速爆发了强大传播效应。

3. 处理好"统"与"分"的关系

不同的受众，有着不同的信息需求；不同的传播平台，有着不同的传播特点。全媒体传播，既要统筹各平台形成聚合传播，也要充分考虑不同平台、不同受众的特点，制定分众化、差异化的传播策略。例如，微博适合突发事件，微信适合轻松和深度阅读，社区适合话题讨论，客户端适合定制和推送，网站适合聚合传播等。在近两年的各类主题宣传报道中，湖北日报传媒集团各平台结合自身特长和受众特点，精心生产制作多样化的新媒体产品，进行全方位、多层次推送，收到了良好效果。

如楚天都市报每个月进行重大全媒体选题策划，从2018年1月起，先后推出"壮歌——纪念改革开放40周年""呵护母亲河"等大型系列报道，还策划推出弘扬中国传统文化的10集系列长视频《为往圣继绝学》，搜集在全国独有或极为稀少的文化门类，进行推广传播。目前正在拍摄制作《琴瑟和鸣》《中华大典》《唐诗地图》等3集。他们还以社会名流、该报网红记者为"卖点"，推出《名师来了》《名家来了》《名医来了》等系列视频直播节目，打造网红记者专栏。通过"看楚天"客户端、新浪微博、斗鱼等平台，每年开展多达460场直播，总点击量超过1亿人次，单场最高点击量超过1000万人次。陆续推出"楚天视频""吃藕视频"两个视频频道，每周都有数条播放量超百万甚至超千万的作品出现。

攻坚"三大瓶颈"，短板亟待补齐

在适应转场阅读中，湖北日报传媒集团在实践中取得了阶段性成果，但也面临着三大瓶颈，需要进一步探索补齐短板的新路径：

一是新闻媒体自身的人才、技术和资金不足。主题宣传报道的全媒体生产、呈现，传播平台的维护、升级，需要优秀的技术人才、网络设计人员做支撑。现有传统媒体采编人员转观念转思维转作业方式，有一个长期过程，尤其是在技术层面难以满足现实需求。引进的优秀人才，由于新闻单位的体制、财力等原因，很难支付和某些互联网企业对等的薪酬待遇，容易造成人才、技术等核心资源引不进、留不住。

二是一体化运作的体制机制还需要进一步理顺。近年来，许多党报集团在主题宣传报道的全媒体操作中做出了不少探索，积累了不少经验，但同时仍然存在一些亟待破解的难题，例如，在推动生产力往新媒体转移的同时，如何确保纸媒品质不下降；在新媒体平台稿件海量上升后，如何改进审核把关制度，确保安全、高效传播；在新媒体稿件考核机制中，如何跳出单纯以阅读量、点击量为评判标准的桎梏，等等。有的需要媒体自身进一步提高认识、深化改革、不断创新，有的则需要上级主管部门给予大力支持。

三是媒体版权保护难度很大。许多省市党报集团在移动客户端上起步较晚，虽然这两年发展较快，但是目前影响力总体偏弱。在开展主题宣传报道时，有时不得不借助中央媒体甚至是商业媒体的影响力。由于技术、资金、体制等原因，这种内弱外强的局面，在短期内较难改变。不仅如此，许多党报集团投入巨大成本的版权资源，几乎是无成本地被其他网络媒体尤其是商业媒体大量侵占、篡改，新闻媒体自身维权难度很大，而且为了追求影响力，有时还不得不放任这种侵权行为，这种情况必须尽快扭转。

宁夏日报报业集团：

省级党报自办发行的模式创新

王 强

2009年，宁夏日报报业集团剥离划转经营性资产和业务，组建了宁夏报业传媒有限公司，2013年更名为宁夏报业传媒集团有限公司（简称宁报传媒集团），担负着巩固和发展党的舆论阵地、推动全区文化产业转型改革、壮大党报经营产业的三大重要职能。自文化体制改革以来，在没有任何资本金注入的情况下，报业总资产增长了4.5倍，利润增长了4.1倍，国有资产保值增值率年均达到110%，成为自治区文化产业品牌集团之一。2016年，《宁夏日报》实行全区全面自办发行，成为全国党报唯一一家全部自主发行的报业集团，为全国省级党报发行改革探索出了一条新路。

一、自办发行服务，投递质量和时效性显著提升

党报发行工作是一项严肃的政治任务，必须把讲政治放到首位，坚持正确舆论导向，重视传播手段建设和创新，两年多来，宁报传媒集团完成全区全面自办发行网络建设，确保党报及各系列报发行数量稳中求升，报纸投递质量、时效性和覆盖面大幅提升。

（一）准确把握读者需求，不断提高办报质量。实行全区全面自办发行，编采人员在采写稿件的同时，还参与发行，直接听取读者对宣传报道的意见和建议，与读者形成互动，了解报纸的订阅流向和分布情况，做到有的放矢，增强宣传报道的针对性、贴近性和可读性，提高办报质量，写出高质量的新闻稿件。

（二）提高党报的发行数量和覆盖面。多年来，宁夏报业集团没有自己的发行网络，发行时效滞后、资金回款缓慢等弊端日益凸显，严重制约报业发展的进程。通过全区全面自办发行，依靠自主力量，搭建了覆盖全区26个县市区和410个乡镇（街道）的发行网络，建立了一支430人的发行队伍，实现了全区城乡无缝隙覆盖，在全国省级党报征投网络建设方面走在前列。同时，实施了党报"六进工程"，即《宁夏日报》进宗教场所、进敬老院、进高校、进社区、进宾馆、进移民新村，《宁夏日报》订阅量每年以5%的速度增长，有效增强了党报在基层的覆盖面。据初步统计，2018年《宁夏日报》在每份调价118元的情况下，订阅67000多份，比邮发时增长10%以上，平均每百人拥有1份党报，创全国省级党报发行量增幅最好成绩。

（三）党报投递质量和时效性大幅度提高。在实现《宁夏日报》全面自办发行后，新增南部山区配送点，在逐步提升区直各单位和各县（区）报纸投递质量的基础上，对偏远乡镇和行政村的投递时效性也大幅提高，在隆德县、西吉县各乡镇和行政村，都能确保及时看到宁夏日报报业集团出版的《宁夏日报》《新消息报》《宁夏法治报》等各种报纸；西吉发行物流分公司还与全县300多个行政村签订了党报党刊管理责任书，明确要求各村安排专人对党报党刊进行集中管理；在原州区最偏远的乡镇之一张易镇，距离县城70多公里，也能保证当天看到《宁夏日报》和《新消息报》等，全面自办发行，有效缩短了全区党报阅读时效，为自治区扶贫攻坚的政策宣传、文化惠民的举措落地和社会主义核心价值观的广泛宣传发挥了极其重要的作用。

二、自办发行营收，适应市场能力明显增强

报纸发行工作是报业集团一项重要的基础性工作，也是报业产业链的前端，报纸发行数量的多少，影响着广告收入，也直接影响印刷产业的发展。自办发行，使得报纸发行数量逐年上升，报款回收及时足额，围绕自办发行网络开展的多种经营成效显著，取得明显的经济效益和社会效益。

（一）报款回收及时，经济效益提升。实施全区全面自办发行以后，每年第一季度，报款收回比例达到总报款的80%以上，上半年结束时，已基本全部回收，有力缓解了报业集团资金周转紧张的局面。在认真核算报纸成本价格的基础上，2016年《宁夏日报》由360元调整到398元，2018年《宁夏日报》由398元调整到516元，两次调价为集团增加收入1000多万元。为提升经济效益，采取加强网络建设，扩大报纸发行数量，减少成本支出等措施，发行收入逐年增加，亏损额度逐渐减少。2018年上半年，创造了发行公司成立20多年来首次扭亏为盈，向打造全国报业发行物流示范集团公司的目标迈出了坚实的一步。

（二）多元化发展成效显著。在做好党报发行主业的同时，充分利用自身网络优势，做大做强副业，积极开展多种经营，先后开展了土特产的经销配送、广告代理、废报回收和电子商务等业务，实施以发行养发行战略，每年多种经营收入400多万元，有效弥补了党报发行费用的不足。2017年，为加快推进发行网络转型升级，创新发展，组建成立全国报业第一家发行物流集团公司，形成以党报发行为主、多业并举的发展模式，深化发行体制改革，实行市场化运作，走自主经营、自我发展、自负盈亏的道路，推动企业跨越式发展。

（三）社会影响力进一步增强。借助自办发行的网络优势，在自有《宁夏日报》及各系列报的投递质量和投递时效大幅度提高的同时，还有效带动了《共产党人》《华兴时报》《石嘴山日报》《神华能源报》《中国石油报》《宁夏老年报》等党报党刊的投递工作，使得全区各类党报党刊的投递质量和投递时效明显提升，党报投递网络的辐射带动作用也进一步增强。另外，通过实施全区全面自办发行，为南部山区9县（区）提供了100多个就业岗位，除乡镇代投员为兼职外，在各县招录专职发行员30多名，并全部签订了《劳动合同》，为贫困县解决了就业难的问题。

三、自办发行延伸，构建起发行物流网络新格局

2018年上半年，在做好报纸主业的基础上，宁报传媒集团大力推进

报业发行产业向物流产业拓展延伸，全力以赴开展电商、物流和配送业务，努力拓宽物流配送渠道，加快报业主业的转型升级。为加快物流信息平台和城乡三级配送网络建设，向自治区积极争取到发行物流网络平台项目建设资金825万元，通过采购6台运输车辆、150台三轮电动投递车，打造物流信息服务平台，对分拣中心基础设施进行改造升级，为物流配送全面拓展创造良好的信息化服务环境。上半年，通过大力开展物流业务，开辟了中卫、中宁、灵武、大武口等8条专线。

为加快改革步伐，宁夏报业传媒发行物流集团公司以开展物流业务为支撑，以电商平台为载体，积极开展多元化业务，实施"走出去"战略，与南方日报发行公司、深圳报业发行公司和杭州日报发行公司等进行合作，将宁夏特产销往广东、深圳等地，取得初步成效。7月，满载30吨硒砂瓜的大卡车从宁夏出发向深圳日报所在地前进，标志着发行物流集团公司探索跨区域发展电商迈出了新的一步，为下一步转型发展打下良好基础。

宁报传媒集团多年来的实践，受到上级部门高度认可，2016年荣获全国省级党报发行协作会"2015—2016年度全国省级党报发行工作先进集体"和全国报纸自办发行协会"全国报纸自办发行2015年度先进集体"等。宁报传媒集团文化体制改革取得的优异成绩还被中宣部收录至《坚持把社会效益放在首位，实现"两个效益"相统一案例选编》之中，成为全区唯一入选的区属文化企业。

四、自办发行反哺，助推报业产业转型升级

党报发行是报业集团的"生命线"，实施全区全面自办发行，实现"产销一体化"，是党报及各系列报进入市场的有效途径。实施全区全面自办发行，充分利用网络资源，实现深度开发，最终把自办发行网络打造成一个功能强大、能产生综合效益和规模效益的营销网络，为集团办报、广告经营和印刷包装等的发展提供基础保障支持，报业发行的改革创新，激发了传媒集团公司体制机制改革和报业产业转型发展活力。

（一）加快法人治理结构改革

作为我区区属重点国有文化企业，宁报传媒集团是文化体制改革的产物，改革推动了报业产业快速发展，但改革的不彻底也制约了文化企业的进一步发展，因此继续深化改革，是加快报业发展的必由之路。当前，报业传媒集团公司深化文化体制改革的关键方向是，以完善企业法人治理结构为重点，建立健全具有文化特点的现代企业制度，为进一步提升文化企业综合实力和市场竞争力提供坚实保证。按照现代企业制度要求，尽快搭建以党委会、董事会、经理层和监事会为核心的法人治理结构，补齐公司治理结构不完整的缺陷，健全完善现代企业制度，从根源上解决制约报业发展的体制机制障碍，从顶层设计层面加强对经营业务的管理、指导和协调。

（二）推动产业转型升级

作为宁夏日报报业集团主要的经营平台，宁报传媒集团以改革体制机制为重点，以转变发展方式为途径，积极调整经营结构，公司成立初期，主要围绕传统的广告、发行和印刷开展经营。十八大以来，随着市场发生变化，宁报传媒集团一手抓改革，一手抓发展，除广告、发行、印刷传统业务外，新成立了小额贷款公司、物业服务公司、书画收藏公司等，为充分发挥文化数字创意园的要素聚集功能，2018年，组建成立了发行物流、博览、印刷、广告四个集团公司，通过巩固传统主业，大力发展新兴业务，在调整产业结构、加快高质量发展上率先作为、主动发力，充分发挥创新转型的带动作用。同时，以规范化建设为抓手，以从严治党为目标，不断创新体制机制，加强和改进内部治理，企业管理水平进一步提高。报业经济取得了优异成绩，所制作的文化产品、策划实施的各类项目（活动）均取得了较好的社会效益和社会影响。

（三）推进全媒体经营

目前，宁夏日报报业集团全媒体的内容生产与发布战略已初见端倪，正在稳步推进中，但与之配套的全媒体经营，尤其是新媒体盈利模式的搭建尚没有确立，传媒集团公司将全面整合内部资源，力争在新媒体经营工作方面有新突破。尤其是在全媒体的经营领域，走出一条富有传媒集团公司特色的有效整合资源的转型发展新路，让新媒体的内容生产和市场营销相互渗透、相互融合、共同发展，以此拓展新的发展空间和新的市场份额。

推动媒体深度融合、整体转型，这是巩固新时代意识形态阵地、壮大传媒产业的战略举措，是大势所趋、形势所迫。宁报传媒集团将认真学习贯彻习近平新闻舆论思想，牢固把握"质量第一、效率优先"和持续创新理念，弘扬"追求品质、追求卓越"的工匠精神，推动集团公司产业由低层次发展向高质量发展转变，努力把宁报传媒集团打造成有实力、有活力、有竞争力的骨干文化企业。

贵州日报报业集团：

追求"思想光芒" 绽放"泥土芳香"

冉 斌

贵州日报报业集团（以下简称贵报集团）面对融媒体时代的挑战与机遇，在贵州省委的坚强领导下，坚持"追求思想的光芒和泥土的芳香"工作总基调，紧盯方向党报、精品党报、全息党报总目标，以新闻供给侧改革为引领，以全面深化融合为抓手，牢牢守住导向和发展两条底线，全力实施精品生产、平台建设、流程融合、机制创新、队伍培养、学习对标等项行动，大力打造区域新型主流媒体平台，贵州日报全媒体平台的思想含量、信息含量、知识含量、文化含量、美学含量得到提升，贵报传媒的"品质"更优、"气质"更佳、"颜值"更美、"价值"更显。

一、围绕中心，服务大局，坚决抓好党的意识形态主阵地建设

党报媒体是党的意识形态阵地的重要支点，贵报传媒向高度提升、向广度拓展、向深度掘进、向温度贴近、向融度发力，讲好贵州新故事，传递贵州好声音，牢牢夯实党的意识形态主阵地。

深耕要闻板块。紧贴主线营造舆论声势、围绕要务强化宣传展示、举旗鸣号显现个性特点，要闻报道的指导性、可读性与必读性持续增强，主旋律宣传更加突出鲜明。

精耘理论版块。"今贵州语丝"言论栏目形成亮点，"多彩时评"评论专版品牌塑造初步形成，"理论周刊"版块质量双增，有效提升党报平台的思想性、引领性。

细作深度报道。重大典型报道讲理论情提升感染力，分析性报道解形析势提升说服力，述评性报道创新角度提升贴近性，努力做到"跟得上、抓得准、能超前，很出彩"。

革新特刊周刊。开辟贵州特色主题的细分报道，推进精准传播、特色传播、主题传播。

二、创新提质，融合升级，坚决抓好全媒体传播能力建设

新媒体建设大矩阵。重点对"今贵州"新闻客户端，"政前方"微信公众号，"贵州图库·贵景网"图片发布平台、"网信贵州"、海外账号等网络传播平台提质升级。"今贵州"新闻客户端2015年11月上线，目前拥有100余万下载用户，两年多时间，下载量增长7倍。"政前方"微信公众号2015年开通，目前订户达15万，两年多时间订户增长8倍，成为省内影响力较大的党端、党号传播平台。

新传播产品多形态。贵州日报媒体融合流程再造全面推进，基本形成融传播融策划机制，突出打造互动传播、音视频传播、快乐传播等新媒体传播产品。"今视频"栏目形成品牌效应。2017年以来，新媒体中心视频部视频直播共计推出近400场次，全网观看量达到1.5亿人次。今年以来推出的"10秒"新闻短视频产品点击量持续上升。"今音频"栏目从创建到壮大，路子越走越宽。组建雨飞音频工作室，专注于打造"听见贵州日报"专栏，2018年元旦起推出，反响热烈。

智慧云打造广覆盖。集团承建的贵州"媒体云"项目往纵深推进，联合全省各市州党报发起成立贵州"党报媒体云"。与杭州凡闻科技公司合资成立了贵州日报凡闻大数据有限公司，深挖新闻大数据"钻石矿"。目前，引领贵报集团媒体融合的"贵融智创"项目正在加紧推进，贵州都市报转型发展项目"都市e+"APP已进入上线测试阶段，由新媒体中心承接的铜仁日报"梵净云天"客户端工程在2018年8月正式上线，六盘水旅游APP全案工程也正紧锣密鼓推进中。

三、培养人才，优化机制，坚决抓好全媒体队伍生产能力建设

贵报集团改组原有以纸媒生产为中心的部门设置，以媒体融合为指向，全面刷新机构设置，组建全媒体采访中心、全媒体编辑中心、新媒体运营中心、全媒体信息传播中心，建构起能充分适应全媒体内容生产与传播的组织体系。通过选聘和竞聘两种方式，集团机构负责人进行了重新选任，进一步优化人力资源配置。为解决人才的结构性矛盾，集团面向全国进行了人才招聘，有针对性地引进1名博士，同时录用了30多名在经营管理、视觉设计、全媒体采编方面急需的高素质人才。扭住人才队伍这个关键，构建适应转型发展、媒体融合的组织机构、人事人才体系，让贵报传媒采编队伍的全媒体作战能力显著提升，干事创业的热情充分释放。

一系列构建区域新型主流媒体的组合拳，让贵州日报报端、今贵州移动端等平台和一大批"有思想、有温度、有品质"的新闻作品获得各级部门和领导的肯定与赞誉。今贵州客户端先后获省委书记、省长、省委宣传部长批示表扬，《贵州日报》获得中国报业协会"中国百强报刊""中国报业最具原创力媒体"殊荣。重大报道近两年来15次获中宣部阅评表彰、26次获省委宣传部阅评表彰。十九大专题报道入列"中国报业十九大融合传播优秀作品报道类十佳"和"中国报业十九大融合传播优秀作品"。"中美大学生联合体验长征之旅"文字系列报道获得中国新闻奖国际传播类二等奖，实现我省新闻作品此类奖项零的突破。成功主办第十二届中国传媒年会、全国党报客户端高峰论坛、新时代贵州精神理论研讨会等大型活动，大幅提高了贵州媒体界在全国的影响力。一项项荣誉，

快速提升了贵报传媒的影响力，集团加快发展的信心更强、底气更足。

四、聚焦六合，全面创新，坚决抓好现代主流媒体集团建设

面向未来，贵报集团正大力实施"6个合（活）"战略，即整合、融合、聚合、盘活、激活、竞合，抓住转型"牛鼻子"，下好融合"先手棋"，在努力打造区域新型主流融媒体、争创贵州一流大数据企业上，进一步推进实践与探索。

整合。从战略高度谋篇布局，抓住体制机制改革这个转型发展最重要的"牛鼻子"，按照现代企业制度，制定一套采编经营真正分开的体制机制，朝着科学规范、专业高效的现代扁平式管理模式前进。

融合。以"贵融智创——贵报集团融传播融智库融创意基地"的建设为龙头，打造融媒体指挥中心、融媒体音像中心、融媒体文创中心、融媒体智库中心，并将投入1000万元资金设立融产品创意孵化基金，每年扶持融合发展的优秀项目、优秀创意、优秀工作室。

聚合。拓展"大数据+"产业链，聚合产品、聚合项目、聚合数据、聚合技术，进而推动各业务板块、文创产业等资产板块进入资本市场。下好布局产业项目经营的"先手棋"。

盘活。以"腾笼换鸟+战略重组"方式对现有办公用房、闲置土地进行科学配置，通过整体搬迁、改造开发，让"死资产"变为"活资产"，进而发展高效产业，提高土地价值，培育孵化新兴产业。

激活。把融媒体人才培养、引进摆在突出位置，加快打造一支数量充足、素质过硬的融媒化集团军，营造更好的干事创业、忠诚干净担当的业务氛围和人文氛围。

竞合。以共享的方式加强竞争与合作，通过行业联盟和内容联动的模式，实施了石博会、水博会、安顺飞行大会、交职院博物馆等项目，在竞争中实现合作共赢。

羊城晚报报业集团：

打造赋能羊晚转型发展的"融立方"

羊城晚报调研组

近年来，新媒体、新技术带来的强烈冲击，让传统报业避无可避、退无可退。这不仅是一个行业课题，更是一个时代课题。羊城晚报报业集团认识到：媒体发展面临全新挑战，只有加快转型和融合发展，才是传统报业集团的唯一出路。

一、升级改造，加快采编资源向移动媒体平台转移

（一）"中央厨房"升级为信息可视化"控制中心"

2015年，羊晚集团领全国业界之先，建立起全媒体指挥中心。2017年，"指挥中心"又进行了全面升级改造，由原来的"一次采集、多种生成、多元传播"全媒体发布平台，升级为"一体督导、全盘掌控"的高度集成的信息可视化控制中心。升级后的全媒体指挥中心，超越了"中央厨房"原有概念，形成实体组织结构运作，统筹采访、编辑、审核、传播、评估，内容数据、流程数据、用户数据实时在线，为媒体深度融合提供了技术支撑；羊城晚报、金羊网、羊城派新闻客户端"三端"打破分割分治状态，重构数个"全媒体部门＋大编辑中心"的采编团队，让传统媒体和新媒体真正实现了"你中有我、我中有你"。

羊城晚报全媒体指挥中心

为使新闻现场直播成为视频新闻的拳头产品，羊城晚报已给每位记者手机安装GPS卫星定位，给每个驻外记者站安装光纤的探头和远程会议视频系统，实现了与总部的即时联系。为了进一步扩大视频新闻的生产能力，羊城晚报已给每位记者的智能手机安装手机APP视频采集系统，实现手持设备直播功能，还给每个采编部门配备数套先进的手持摄像设备。羊城晚报还组建起一支"空军"——无人机航拍小分队，装备了十几架国内同业中属于顶级配置的无人机航拍设备，已在港珠澳大桥贯通、"长漂30年"等报道中有出色表现。

羊城晚报全力打造自主研发的集团音视频播放平台。融合音视频平台是运用先进信息技术，建设适应移动化、智能化、个性化、数据化要求的视频产品制作技术平台，打造互联网环境下的共享、创新、制作、发布内容管理平台。

（二）打造"两栖"编辑和"两栖"记者

全媒体时代要求新闻采编人员具有更加敏锐的信息辨别能力、综合策划能力以及高超的现代信息设备的使用能力，因此，羊晚明确提出，报纸和新媒体不分界限，既要做"两栖"编辑，又要做"两栖"记者，纸媒采编和新媒体采编要真正融为一体。

1. 坚持以编导采，打造"两栖"编辑。羊城晚报已要求每位编辑成为"两栖"编辑，即"网编"与"纸编"的复合型人才，既要像新媒体编辑那样具有迅速搜索题材、摘取题材的能力，成为熟悉新媒体写作文本、熟练操作视频剪辑、录音配乐的多面手，又要深得纸媒版面语言精髓，有着扎实文字功底和改组稿甚至重写稿件的能力。

2. 打造"两栖"记者。纸媒记者向全媒体记者转型，其核心技能有三个：向多个平台供稿、具备多媒体手段采访和多样态呈现方式发稿。羊城晚报在打造"两栖"记者的过程中，既坚持"粗放生长"，同时设计"围栏"，重视制定规则、操作指引和导向把关，这样既激发了记者主动转型的勇气和热情，又约束记者注重质量，苦练内功。比如视频直播有段时间风靡一时，许多文字记者很快就掌握了出镜直播的技能。

二、重视技术，运用前沿技术提升传播能力

在信息技术呈指数级发展的环境下，传统媒体要实现融合转型，必须吸取以往重内容、轻技术的教训。近两年，羊晚主动出击，寻求与前沿技术合作和引进，投入大力气打造有核心竞争力的技术支撑。

（一）运用最新人工智能技术搭建新媒体平台

羊晚集团与科大讯飞签署战略合作协议，双方将充分发挥各自资源优势，在国内顶尖的智能语音、智能人机交互、大数据技术的智能化服务等方面开展密切合作，一起探索在媒体领域的新技术和新应用。在2018年全国两会李克强总理与记者见面会的报道中，羊城晚报全媒体采编部门应用科大讯飞领先世界的"智能语言分析"及"语音精确转录"技术，实时转录李克强总理答中外记者问，基本做到与答问内容同步上版，《羊城晚报》成为当天唯一一张较完整报道总理记者会的报纸。羊城晚报官微在总理记者会结束一分钟即推出长篇解读图文，成为当天速度最快、全面准确报道总理记者会的媒体官微之一。

（二）运用新技术改造传统媒体产品呈现形态

2015年羊晚与国内领先的大数据分析企业国双科技集团合作，成立了羊城晚报智慧信息研究中心。羊城晚报今年对全国两会新闻资讯进行了深度大数据挖掘合作，推出"金羊两会大数据"栏目，每日推送两会最关注议题，以大数据支撑，权威、可读。该大数据报告除了在羊晚新媒体矩阵平台推送外，UC头条也通过旗下端口推送，每期覆盖8000万互联网人群，日均PV超过190万。

2018年，羊晚加速推进中央厨房升级，全力打造自主研发的音视频播放平台，并于下半年正式投放使用。同时，优先发展移动客户端，精心布局移动传播矩阵，推动全媒体人才培训和培养，促使媒体思维变革，着力创新新闻产品。新闻客户端"羊城派"4.1版本全新升级上线，新增22个频道，下载量突破4000万，成为地域特色突出的全省性新闻客户端。

2018年，羊晚集团喜获"中国报业融合发展创新单位"称号，羊城晚报社"融合视频平台"项目荣获"2017—2018年度技术产品（项目）优秀奖"，全媒体指挥中心入选"2017—2018年度中国十佳融媒体中心"，金羊网荣获"2017网络公益年度机构"称号。

H5互动产品《我在世界最长的跨海大桥》

三、锐意创新，"爆款"频出展现羊晚媒融新势力

经过几年的拼搏，羊晚集团已经在全国同行中率先建立起多平台、多元化的原创矩阵，网、端、微、屏各平台建设都走在全国前列。羊晚坚持"一手抓传统媒体改革，一手抓新媒体创新发展"，《羊城晚报》在内容上仍保持着相当高的品质，报业经营稳中有进，连续30余年发行量破百万，广告刊例价逐年攀升，位列全国报纸前茅。

在重大新闻"战役"中，羊晚全媒体锐意创新，将报纸和视频、音频等全面打通，着力创新新闻产品。羊晚着重开发轻型、高效短视频，有效吸引移动端用户；创新创意打造"爆款"，实现从"自有渠道传播"到"用户口碑传播"。2018年全国两会期间，羊晚融团队强势出击，报道出新出彩。"新时代新气象新作为"主题系列报道，280多个版面，150万字，580多张图片，2000多条全媒体稿件，超1.5亿的阅读量，集中报道总书记参加广东团审议时的重要讲话，彰显广东"四个走在全国前列"的使命、担当和作为；全媒体平台的音视频团队，打造了30多个原创栏目，推出近百个原创产品。数百家网站、客户端转载羊晚两会报道。当中，尤其值得一提的是，羊城晚报两微一端一网推出两款H5融媒体产品："广东好拼"和"嗨！大湾区"长卷，传播效果极佳。报道充分体现广东乡村建设的成就，突出广东乡村振兴战略。《嗨！大湾区》首次运用"声（背景声）""光（视频影片）""画（长卷）"展现粤港澳大湾区的未来图景。两款产品甫一推出即受热捧，获得广东省网信办推荐，中宣部表扬，成为超级"爆款"，阅读数已破3000万；与此同时，由羊晚牵头发起的"Young海内外名媒大联盟"对外传播大平台，在海内外传递广东正能量，唱响了两会好声音；而"学习心语你我故事""医疗垃圾回收"、两次赴巴新采访等报道，也分别获得中宣部表扬；羊晚贯穿全年的"改革开放40周年"大型主题宣传报道，200多个版面、400多篇报道，与"粤港澳大湾区建设""港珠澳大桥建成通车"等重大主题报道，形成气势磅礴的宣传效果，展现了主流媒体应有的高度、深度、广度和温度；历时3年的港珠澳大桥建设全媒体新

闻报道，创造了集团实施媒体融合发展战略以来传播效果的新高度，《龙腾港珠澳》新媒体"爆款"产品点击超亿次，获中国新闻奖摄影二等奖。

四、向云出发，全媒营销成为羊晚赢利新模式

互联网的高速发展和全面覆盖，导致传统媒体的信息入口地位迅速被打破，企业在传统纸媒投放广告的欲望急速下滑，传统纸媒广告"二次销售"的盈利模式从根本上被动摇。

为此，羊晚提出"一手抓报纸改革，一手抓新媒体创新"的双轮驱动发展战略，报社经营部门积极转变营销和服务思路。从以往"卖版面资源"向"提供全媒体整合营销解决方案"转变，一方面充分发挥纸媒强大的品牌与资源聚合能力，为客户提供专业的内容解决方案；另一方面，依托报社逐渐壮大的新媒体传播矩阵，设计出适应客户需求的新媒体传播产品，大力开发事件营销、数据营销、活动营销、视频营销、口碑运维、"两微一端"代运营、城市名片、舆情服务、大数据搜索优化等新媒体营销产品，打通了报纸版面和新媒体的传播通道。此外，还有意识地构建多功能服务机构、培育生态支撑点、拓展与互联网企业的合作连接，为报社开拓媒体融合经营提供更多可能性及可连接资源。

为顺应全媒体的传播需求，羊晚建立实体全媒体采编指挥中心并进行常态化、全天候运作的地方媒体，拥有了微信矩阵、微博集群、新闻客户端羊城派、音视频产品和活动大平台等立体传播渠道。经营模式也努力跳脱一张纸的局限，从为客户提供全媒体整合营销解决方案这一核心目标出发，提出"做活全媒体整合营销"的经营新思路，大力提升综合服务能力，创建羊城晚报智慧信息研究中心、多功能演播中心、强化交互设计中心、技术开发中心等机构，形成服务阵容齐全、服务能力卓越的数据研究、美术创意、互动设计、技术开发方面的专业人才，大大提升为客户解决"痛点"的能力。

其中，羊城晚报智慧信息研究中心整合了高校、数据公司的资源首创政务传播指数产品——Y指数榜，Y指数榜单已形成月度榜、季度榜、年榜的常态化发布,正在探索垂直领域的指数产品。该中心还开创性地提出"舆情共享,业务协同"服务模式,并为政企机构提供舆情监测、诊断和应对等一揽子整体解决方案。羊城晚报智慧信息研究中心自成立以来,借助大数据技术等手段,积极从事公共政策和公共事务研究,探索咨政建言的新渠道、新方法与新途径,致力成为各级党委政府以及各行各业的"耳目、尖兵和参谋"。该中心经过三年的探索与实践,具备了媒体智库雏形,承接多个省市决策部门委托研究课题,有效助推智库与决策层互动,另一些课题转化为深度报道,与舆论场互动。而羊城晚报及其全媒体矩阵,也可以为智库研究成果提供权威的发布渠道,进而提高智库对社会经济发展的解释力和话语权。

从近几年羊城晚报数字媒体经营情况来看,大数据媒体产品生产营销比较成功,为探索新媒体盈利模式大胆创新,另辟蹊径,走出一条富有羊城晚报特色的路子。

五、双轮驱动,文创产业发展走出羊晚新路子

羊城晚报报业集团深入实施"一园多区"的产业布局,大力推进文化创意产业发展,依托"羊城晚报+羊城创意产业园"的双品牌和双平台,积极输出品牌,引入合作,扩展发展空间,培育新型业态,努力做大产业规模。

粤港澳大湾区文化创意产业促进会

这些年来，羊晚集团坚定文化自信，并以文化为纽带，发挥羊城晚报的采编资源和品牌优势，与羊城创意园区内外互联网企业深度融合，形成优势互补，借力发展。2017年，集团旗下金羊网与全球最大网络音乐网站——酷狗音乐共同打造《星乐坊》《星主播》《跨界也疯狂》等娱乐视频节目，大大提升主流媒体的传播渗透力、影响力和用户聚合。羊晚集团与六七家互联网企业进行了深度的资本、股权合作探索，试点与国内著名互联网公司进行特殊管理股试点工作，撬动社会资本，进军资本市场，拓展产业版图，扩大经营与收益规模，完成集团多元化的发展战略。2018年10月，羊晚集团进军健康垂直领域，携手新南方集团旗下养和医药公司，共同出资成立医企通健康医疗公司，专注职场健康，通过"互联网+平台和技术"，整合名医、中药、医疗服务机构等优质医疗资源，致力于为企业员工提供"一站式""健康医疗+管理"服务。

羊城创意产业园经过十多年的滚动拓展，园区产业规模和园区经营面积不断扩大，形成了主园区和东风东园区、广州东园区、星海艺术产业园（羊晚星海艺术基地）"一园多区"的产业布局新格式，走出了一条独具特色的文创产业发展模式，2017年，羊城创意产业园两个园区的入驻企业已达240多家，产值超230亿元。2018年，羊晚"一园多区"战略大步推进：主园区一二三期规划有序展开，华南创意大厦建设项目公开招商工作正式启动，广州东园区（增城）举行奠基仪式，集团以文化品牌输出模式启动沙洛园区建设，"国家文化出口基地服务中心""粤港澳大湾区妇女创业创新基地"相继挂牌……羊城创意产业园已形成"一园五区"格局，形成独具特色的"文化+科技+金融+双创融合"文创产业发展新模式。2018年，集团财务稳健，经营总体向好，超额完成年度经营目标。园区、物业经营收入超亿元，园区产值240亿元，新媒体收入、活动收入、其他相关行业拓展收入增长喜人。

2018年年初，羊晚集团成立羊城创意产业园战略规划委员会，全方位谋划和推进园区发展；2018年年底，集团发起成立了"广东省粤港澳大湾区文化创意产业促进会"。

为了扩宽港澳青年就业创业空间，给港澳青年才俊提供更多优质创新创业空间和平台，在中共中央、国务院正式发布《粤港澳大湾区发展规划纲要》第二天，即 2 月 19 日，羊城晚报报业集团、青识教育基金会、大湾区香港中心三方签署合作备忘录。这次签约，三方将在广东省港澳办支持指导下，充分发挥各自优势，在促进港澳台青少年到大湾区内地城市体验、交流、学习、培训、生涯规划、就业等方面进一步加强合作，计划合作举办港澳青少年大湾区体验及教育活动、港澳台青年在大湾区实习活动，以及为青少年制作大湾区知识资讯等，实现多赢发展。当天，全国政协副主席梁振英到羊城晚报报业集团调研，并与广东副省长欧阳卫民、广东省港澳办主任廖京山、香港青识教育基金会主席邓观瑶等一道，现场见证羊城晚报报业集团、青识教育基金会、大湾区香港中心三方共同签署合作备忘录。

羊晚集团全力推进品牌发展战略，以"羊城晚报＋羊城创意产业园"的"双品牌、双平台"为发展方向，品牌知名度和美誉度日隆，品牌价值达 318.74 亿元，在全国晚报中位列第一，羊城晚报连续三届入选"全国百强报刊"。

2019 年，羊晚将推进新型主流媒体建设和媒体深度融合，以架构重组和结构再造，建立融合发展的传播体系和管理体制，提前布局 5G 时代，推进立体融合，推进"羊城派"升级换代，围绕"中央厨房"业务主题，集成和提升"蜘蛛网"式融媒体中心，努力建立资本孵化体系，变影响力为盈利，实现融合发展的自身"造血"。在党报框架下积极探索教育、医疗、健康、养老、文化等领域的产业合作，发挥党报优势，弘扬主流价值，走出一条富有岭南特色的羊晚转型发展之路。

证券时报社：

从"纸媒"到"数媒"的四年攻坚战

何 伟

2015年，证券时报正式启动旨在实现媒体融合的全媒体战略。虽然起步较晚，但由于一开始就明确了市场导向，实行了全面融合，所以跑得比其他同行要快些。近两年，在人民日报社的领导和安排部署下，证券时报已初现财经传媒集团的雏形，新媒体矩阵的协同效应正在逐步显现。

经过近4年的探索，目前无论是从数字媒体稿件占比、用户数量增长、社会传播力和影响力、独立子品牌的运营，还是从采编队伍的转型、全媒体一体化机制等各方面来看，证券时报都取得了转折性的改变，已转型为数字媒体。全媒体战略的实施，使证券时报的综合影响力远远超越了纸媒时代。

一、融合成果：数字媒体稿件占比、用户规模、传播力明显提升

目前，证券时报内容传播力和品牌影响力的重心已经从纸媒转为数字媒体。

1.原创稿件剧增，数字媒体稿件占比上升：实施全媒体战略以后，证券时报原创稿件数量呈翻番式增长：从2014年约2万篇到2017年的12万篇，增速惊人。与此同时，数字媒体发稿数量占比显著上升，从2014年的尚未起步到2015年的85%，再上升到2017年的92%。数字媒体已经成为证券时报内容发布和传播的主要平台。

2. 各大数字媒体平台用户规模均高速增长：2015年全媒体战略实施当年，证券时报7个微信公众号的粉丝数量就积累到了69万。经过3年多的不断拓展，到2018年10月，7个微信公众号总粉丝数已达393万，较2015年年底增长了5倍多。其中仅券商中国一个号粉丝数量就高达240万；证券时报网APP于2015年年底推出，截至2018年11月，下载量29万，日活量超过3万。e公司APP推出两年多来，下载量超过10万；2015年年底，证券时报新浪微博粉丝数为49万，到2018年11月，增长到146万。

3. 10万+爆款文章高速增长，社会影响力倍增：2015年以来，证券时报各微信公众号10万+稿件数量逐年快速增长。2015年仅有13篇，2016年变成34篇，2017年增长到55篇，到2018年仅前10个月就已达到199篇。证券时报各数字媒体平台还在头条号、百家号等平台上均设有推广号，有的推广号或微博上的文章阅读量或点赞数上百万，留言上千条。这样的传播力和影响力是纸媒时代所无法比拟的。证券时报内容传播力和品牌影响力的重心已经从纸媒转移到数字媒体。

二、融合路径：以市场为导向，打造独立子品牌，试水经营变现

目前，证券时报已形成"报、网、端、微"全媒体全介质方阵，形成了54个由数字媒体终端和平台组成的新媒体方阵。其中行业内影响较大的有券商中国、证券时报网、中国基金报、e公司、全景网、数据宝等平台。尤其是券商中国，不但是证券时报内的大号，也是财经类新媒体的大号。3年多来，券商中国粉丝数量由最初的4000多增加到现在的240万，累计阅读量接近两亿，新榜排名跻身全国财经类微信公众号前6名，成为监管部门、金融机构、上市公司、投资者和媒体同行重点关注的原创财经大号。

券商中国定位精准，深耕垂直细分领域，以专业和深度报道提升品牌影响力，以品牌影响力扩展市场，实现了社会效益和经济效益的双增长。其经济效益增长主要依靠三个方面：一是根据影响力的不断提升，粉

丝量级的不断增长，提升广告投放价格；二是增加广告投放位和广告投放形式，比如冠名、贴图等吸引客户；三是由评选活动带动广告宣传。2018年APP评选投票人次达到3800万，行业影响巨大，市值不菲。

此外，e公司的商业前景也具有较大空间。e公司APP致力于打造国内上市公司资讯第一平台，日均发稿300多条，覆盖用户60余万。凭借证券时报多年积累的上市公司资源，该平台打造了上市公司直播及"资本圈"两个重点栏目。截至目前，已完成上市公司线上直播超过400场；"资本圈"也有近700家上市公司、1000人次的上市公司高管实名入驻。

既有爆款报道，又有用户；既有影响力，又有变现能力；既开花，又结果，是证券时报旗下数字媒体平台发展的显著特点。立足市场，服务市场，以市场价值为标准，是衡量数字媒体成败的准绳。

三、融合重心：全方位表现、全体裁呈现、全介质传播

证券时报的全媒体战略带来了采编重心的变化，从过去的以报纸、夜班加工为重心转向以数字媒体5+2、白+黑发稿为重心。发稿优先顺序调整为网站、新闻客户端、微博微信和报纸，报纸从原先的核心内容平台及首发平台变为四大平台之一。

这一转变使得记者、编辑不再围着有限的报纸版面转，而是随时向数字媒体平台供稿，发稿节奏大大加快，发稿量也大大增加。一般性的消息以快讯形式在网站、微博、APP及时发布，微信和报纸稿件专注于重大热点、深度、独家和评论，更强调策划，实现了各媒体形态的合理分工和差异化竞争。采编重心的变化还使记者的个人能力得到了快速提升，采编队伍焕发出新的活力。如每年的两会新闻，拼抢都异常激烈，证券时报稿件的发布主战场就是移动端，记者除了迅速发回文字稿外，还要拍摄视频，甚至直接在人民大会堂部长通道进行现场视频报道。不少记者提笔能写、对镜能说，已经适应了媒体融合时代的作战方式。

2018年是改革开放40周年，报社编委会围绕资本市场改革开放这条主线，年初就统筹策划，先后推出了"上市公司高质量发展在行动""壮

阔东方潮 改革奋楫时""改革开放40周年特刊"等大型系列或专题报道。其中，上市公司高质量发展系列报道以资本市场优秀上市公司作为切入点，全年采访了100家优秀上市公司。这组报道由报社主要领导亲自带队，采编高管全体出动，所属中国基金报、国际金融报、新财富、全景网等集体参与。稿件形成后，在报纸、微信、微博、网站等多个渠道，分别以文字、视频、照片和图表等多种形式全方位发布。截至11月下旬，已发布84期，每期报道在时报系新媒体平台上的直接阅读数都有数十万，有些则超过百万，其中格力电器阅读量更高达400多万。预计全年全网阅读量不低于1个亿，得到了企业、证监会和同行的好评，形成了证券时报品牌影响力冲击波。

四、融合保障：建立适应新媒体发展的一体化机制

2015年实施媒体融合以来，证券时报经过对组织结构、采编流程、考核方式、采编手段等不断调整和改进，构建了适应新媒体发展的一体化机制。

组织结构方面，将原先分开运行的网站和报纸采编部门打通，建立新闻、公司、机构、数据四大内容中心，各中心既负责报纸相应版面的内容制作，也负责相应的网站频道、微信公众号以及APP的运营。

采编流程方面，依托全媒体平台，统一稿件入口，统一审核，统一出口，强化全媒体指挥中心策划把关功能，变两班倒为早班、白班、晚班三班制，实现全天候传播，节假日报纸休刊，但包括网站、微信、APP在内的新媒体仍照常推送内容。

考核手段方面，将原来的报纸和新媒体双轨考核并为一轨，采编人员统一定岗定编，报纸和新媒体产品纳入统一考核，计分标准统一，岗位考核基准统一，考核结果公开透明。稿件和版面每天计分，编委办负责对所有新闻产品进行点评，好作品实行周评、月评、年评三种评选制度。好作品的类别也在原先单一报纸好作品的基础上，增加了好快讯、数字媒体影响力好作品、好设计、好视频、好内参等品种，涵盖了所有平台

的产品。

值得一提的是,媒体融合让证券时报实现了采编手段的多样化,大数据、可视化、游戏互动等多种传播手段一齐上阵,新闻、资讯的表现形式就更加精彩纷呈。比如证券时报APP,支持数十个资讯栏目的自由订阅和设置,内容从单一的新闻列表呈现,到逐步增加了组图、视频、直播、专题、长图、H5、语音读报等多样化的呈现形式。未来,随着技术手段的提升,表现形式还会更加丰富。

需要指出的是,证券时报数字转型,得益于两个先天优势,一是依靠人民日报数字媒体发展的优势,近水楼台借鉴其成功经验,这种跟跑让我们少走了弯路;二是立足深圳的市场优势,增强了转型的务实态度,控制了转型的成本和风险。

五、融合感悟:传统媒体人没有黄昏

置身媒体变革的浪潮,近4年的跋涉与求索,我们的体会有苦有甜,有经验也有教训,这里愿与同行分享。

1. 转型是一场没有终点的马拉松,宁可把传统媒体转型的挑战想得充分些

从20世纪互联网进入中国开始,传统媒体就开始了转型之路,至今已经20余年。回顾传统媒体转型,结果是三多三少:想法多,办法少;喊得多,干得少;教训多,成效少。

我们把新媒体想简单了:曾以为只要坚守内容为王,传统媒体就会立于不败之地,后来发现,渠道和介质的确很重要;我们把媒体转型想简单了:曾以为传统媒体转型,新媒体可以拯救报业,只要把内容搬迁到网络或手机上,就完成新媒体转型了,后来发现,盈利模式很重要;我们把媒体融合想简单了:曾以为报网融合,只要把业务流程重新调整就可以了,后来发现,人才和机制很重要。

事实上,介质的融合只是表象,深度的媒体融合应该是体制、机制的全面融合,这是一个非常艰难的过程,传统媒体要有革自己命的决心

和勇气，才能实现真正的转型。

2. 跟着用户的需求转，跟着市场的脚步走，脚踏实地不图虚名

十多年来，新媒体的形态、介质不断发生变化，传统媒体人总是跟在新技术后面追，刚熟悉一个新的介质、形态，又冒出一个更新的颠覆了之前的平台，而传统媒体疲于奔命地追赶，实际上我们只能做我们能做的事、有效的事。不是什么都能干好，什么都能学来，而是有条件要求。报道方式变计划为策划，媒体的对象变受众为用户，经营方式变营业为营销。转型不是转行，创新不是闯祸，馅饼要拿，陷阱要防。总之，跟着用户的需求转，跟着市场的脚步走。

3. 明天的地位取决于今天的作为，传统媒体人没有黄昏

媒体融合有三个层次：介质的融合，体制机制的融合，文化的融合。我们办的不是报纸，而是媒体。媒介是有寿命的，新闻是永生的。我国传统报业的数字化转型探索了20年，今天依然在路上。这条转型之路，我们还不能说已经找到了很明晰的目标和模式。从这个意义上来说，证券时报的转型还任重道远。但是我们越来越清楚：淘汰我们的，不是行业对手，也不是新媒体，而是自己无所作为、束手待毙，明天的地位取决于今天的作为。

风好正是扬帆时，不待扬鞭自奋蹄。

华西都市报社：

智媒体建设的封面路径

李 鹏

在传媒生态急剧演变的时代，信息传播的主渠道快速转移，为抢占"手机屏"，互联网大佬、传统媒体纷纷上马各类新闻客户端。相对而言，传统媒体所办的客户端，无论是在圈层吸粉上，还是在技术呈现上，都处于明显滞后的状态。在媒体融合进入"深水期"的当下，传统媒体创办的客户端往哪里发展？如何在 AI 时代打好错位战？四川日报报业集团以华西都市报为实施主体，推出封面新闻客户端，提出打造"智媒体"的思路，走出一条"技术＋内容＋资本"三轮驱动的路子，恰似一缕春风，吹绿全国报业转型发展的一池春水。

在新的舆论环境和传播环境下，切实提升主流媒体的传播力，是新时代主流媒体必须担当的使命，也是生存发展和壮大主流舆论的责任。梳理近年来媒体融合转型的历程，传播力的塑造和舆论引导能力的提升必须放在人工智能时代的变革中重新思考和创新性推进。

一、问题梳理：三个清单

理清问题，才能答准问卷。传播力建设并不是一个新词，也不是一件新事，而是主流媒体一直持续不断在做的一件事情，更是媒体生存发展的根基。为何到了今天如此重要、如此紧迫？这是因为主流媒体的传播力受到了前所未有的挑战，成为新的时代大考。要答好这份时代问卷，必须梳理问题清单。

1. 传播力受到挑战的关键问题是什么？

传播是指"两个相互独立的系统之间，利用一定的媒介和途径所进行的、有目的的信息传递活动"。传播力，就是实现有效传播的能力。其中，信息、媒介是两个关键要素。近年来主流媒体传播力受到严峻挑战，关键问题在于信息吗？显然不是。因为媒体还是那些媒体，他们生产的信息在一定程度上比以前更精彩、更多样。所以，问题的关键还在于后者——媒介。即，人们选择的媒介变了。

移动互联网时代，社交传播解构了大众传播，人们获取信息的媒介主要转移到了智能手机上，连老年人都越来越习惯于使用移动互联网，传统的纸媒、电视、广播乃至PC互联网的信息传播面临渠道失灵的危险，传播力难免下降。

2. 惯性融合方式行不行？

面对传播媒介和渠道受到的挑战，主流媒体这些年不断打造新的传播平台。从PC互联网时代起就开始搭建网站，到如今移动互联网时代建设客户端。可以说，有什么样的新媒介，传统主流媒体就在用什么样的新媒介，并大力推进媒体融合，但传播力提升不明显。

问题在哪里？一是缺乏产品意识、用户意识。很多媒体打造的新媒介上的内容是传统媒介的翻版，搬报纸、电视内容上网、上端，缺少特色、缺少新意；二是融合不彻底，只是把新的媒介作为传统媒介的补充，依然按传统的思维办新媒体，但互联网的发展规律完全不同；三是投入不够，互联网平台的打造，无论产品开发、用户运营、品牌推广、团队建设等，

都需要巨大的投入，但传统媒体在这些方面投入的力度不够大。

3. 未来变量在哪里？

近年来，大多传统媒体无论是推进媒体融合，还是打造内容，都在跟着互联网发展的趋势追。可谓紧跟人后，从未领先。其原因还在于不重视技术，既不注重开发互联网技术产品，也没有投入人力进行保障。

然而，无论从宏观的人类发展历史来看，还是近些年微观的传媒生态来看，技术都是催生变革、推动发展的核心，也是解构、重构传播力的重要因素。传统媒体传播力一直难以显著提升的一个重要原因，就是缺乏以未来视野彻底改造自身的勇气和毅力。当前，技术还在剧烈变革，大数据、AI（人工智能）已经开始改造媒体，即将到来的区块链技术、5G 技术也将给媒体带来深刻变革。这些都是媒体重塑和提升传播力必须考虑的未来变量，谁能先切入，先有所建树，也许就能打个翻身仗。

二、目标导向：打造智媒体

历史是一面镜子。跨进 21 世纪以来，传播生态的变革何其巨大，大众传媒、PC 互联网的落寞，不过短短 15 年，移动互联网方兴未艾，人工智能时代又来了。主流媒体要提升传播力，抱残守缺没有用，等待观望没有用，也不要幻想固守传统媒介还会有春天。趋势的变化，不会以人的意志为转移。凯文·凯利认为，"技术都会有一个前进的方向，它叫作必然，就是这个趋势像重力一样，一定会发生"。在可以预见的未来，人工智能必然会成为改变经济、社会、生活等方方面面的通用技术。对转型中的媒体而言，加快"AI+"媒体应用是融合转型的不二选择。封面新闻坚定进军"AI+ 媒体"领域，打造"智能 + 智慧 + 智库"的"智媒体"。

1. 智能媒体，真正成为"人体的延伸"

用人工智能技术改造媒体，重新定义媒体。算法推荐仅仅改变了内容的分发方式就带来了巨大机遇，那么在采访、写作、互动、效果检测、营销等环节，与 AI 的结合依然蕴藏巨大机遇。封面新闻加强了人工智能技术在这些环节的试验、探索和应用，给用户带来全新体验，让智媒体成为"人体的延伸"，成为个人资讯的智能助理。

2. 智慧媒体，为技术引擎附入价值观的灵魂

智慧媒体是智媒体必不可少的重要构成。其关键在于，让机器做机器擅长的事，让人做人擅长的事，人机有效协同。封面新闻充分发挥智慧主导的作用，为技术引擎植入价值观的灵魂，为智媒体赋予正确的价值导向。用人来解决机器不能解决的事情，生产正能量、年轻态、个性化的深度原创内容；用人来纠正机器出现的偏差，始终保持正确价值导向。

3. 智库媒体，提供全连结智力支持

智媒体也是智库媒体，也就是通过智能技术和智慧报道为政府、企业、社会民众提供智力支持。封面新闻从主题报道的采访调研、论坛研讨的智慧碰撞、数据榜单的数据分析等，转变到"大数据＋舆情"的新型智库，给政府和企业决策的发展提供参考，为用户提供生活资讯服务，成为政企机构、媒体和用户的联结点。

在智能、智慧、智库三位一体的支撑下，封面新闻的目标是成为一家人工智能媒体公司，打破时间性媒介和空间性媒介之间的界限，融合所有媒介形式，打造智媒体。

三、路径选择：三轮驱动

进军"AI+"媒体不是一句话那么简单，从理念到实践，从战略制定到战术执行，还有很长、很艰难的路要走。具体该怎么做，路径该怎么走，仍然需要较长时间探索。封面新闻的思路是"三轮驱动"，即技术驱动、内容为王、资本支撑，希望能以此探索出一条融合转型的有效路径，有效提升传播力。

1. 技术驱动：人工智能赋能传播

这几乎是所有传统主流媒体面对的问题，也是以前媒体融合较为欠缺的一点。技术改变了世界，技术支撑了互联网产品的发展，技术也应

该是提升主流媒体传播力必需要素。加大新技术运用,是建设新型主流媒体的应有之义。面向未来,要用人工智能赋能传播。

AI赋能产品。封面新闻客户端自2016年5月4日上线两年多以来,不断运用AI来改造产品。比如开发小封写稿机器人,从2016年12月发出首条稿件至今,写稿能力越来越成熟,每日写稿量达到120篇以上,在当前的世界杯报道中机器写作也得到了充分运用。比如自动语音合成报道,在封面新闻4.0版上线以后,语音转换技术得到了充分运用,通过这项技术,几乎每条稿件都有一段自动语音合成,MGC(机器合成内容)成为封面新闻客户端的基础性配置,用户可以点击详情页中的语音播报按钮,进入"听新闻模式"。AI的多场景赋能,给用户带去了视、听、读、聊的智能化体验,从而助推传播力提升。

AI重构生产。在推进融合发展的流程再造上,封面新闻也充分运用人工智能技术改变新闻生产的全流程。封面新闻自主研发的"封巢智媒体"系统,就是要用AI推动新闻生产流程智能化变革。封巢智媒体系统是以人工智能技术为支撑,涵盖"智能技术平台+智慧内容平台+智识管理平台"三大平台:一是人工智能技术驱动的应用创新,如机器写作、人机交互、智能"三屏合一"等"AI+"媒体的应用探索;二是价值主导与驱动的内容生产流程再造,如热点监控、全网采集、内容管理,包括融合驱动型直播应用;三是数据驱动下的传播效果智能化监测、版权追踪追溯、考核建模与自动化等。这个系统的持续迭代升级,将促进人工智能时代媒体、技术和用户进一步交互式融合。

2. 内容为王:"三个优先"创新传播

强化技术驱动,并不是说内容传播就不重要,而是仍然非常重要,再先进的技术平台也必须有好的内容才能得到用户认可,二者缺一不可。在新的环境下,坚持内容为王,加强内容创新,必须做到"三个优先",才能切实提升传播力。

移动优先。一个不争的事实是,传统媒体的内容已经不再是舆论风暴的发起地,提升主流媒体的传播力必须坚持移动优先。移动平台传播优先，华西都市报记者采写的所有稿件，必须优先在封面新闻客户端上发稿，动态进展动态发稿，而不能等报纸刊发之后才发客户端。移动技术应用优先，让新技术产生新内容，如 VR 报道、H5 内容、数据可视化内容，等等。今年高考前夕，封面新闻生产的《高考 H5》用数据将传统文字可视化呈现，引发网络广泛传播。

主播有画说⑤｜很气质，我的四川！逛展泡书店，在这里能阅读世界

视频优先。未来 5G 时代，视频流将进一步成为传播的主要形式。所以，要提升传播力，必须加强短视频生产和直播的应用。封面新闻把短视频打造作为特色内

主播有画说⑥｜漂亮，我的四川！全球粉丝正在赶来的路上..

封面新闻

容构成的重要方面。在党的十九大报道中，十九届中央政治局常委亮相的"号外"创意短视频在网上引发广泛传播，《十九大时光　主播有画说》视频创新入选年度爆款。今年全国两会报道，"我 AI 中国　主播有画说"引入机器人播新闻，得到网友广泛点赞。

故事优先。故事始终是最好的传播方式，好的故事传播力是惊人的。提升主流媒体传播力，依然要坚持讲好故事。在 2018 年 4 月封面新闻的报道中，"成都司机发卡片苦寻女儿 24 年"系列稿件，在网络上引发广泛传播，传播总量超 2 亿。同时，新的传播环境下，以"视频＋故事"把好的形式和好的内容相结合，也是提升传播力的有效手段。封面新闻和腾讯联合打造的《视野》栏目，推出以来基本每期都是传播爆款。

3. 资本支撑：资本运作助力传播

互联网环境下，资本也是提升传播力的重要手段。传播力与用户数、品牌影响力、技术开发能力息息相关，而每个用户运营、每次品牌推广、每个技术产品的开发，都需要资本的支撑。这是互联网平台做强做大的规律性路径，也是新型主流媒体与传统主流媒体发展的不同之处。

2018 年 3 月 30 日，中央网信办和中国证监委共同出台了《关于推动

资本市场服务网络强国建设的指导意见》。该《意见》"支持符合条件的网信企业利用多层次资本市场做大做强。加快扶持培育一批自主创新能力强、发展潜力大的网信企业在主板、中小板和创业板实现首次公开发行和再融资",并提出要"营造有利于各类投资主体参与的市场环境,优化投资结构,推进投资主体多元化,完善投资引导政策,充分发挥政府投资基金、私募基金等作用,为网信企业发展提供资本支持"。这些意见为新型主流媒体打造互联网平台开展融资提供了有利的政策环境。主流媒体要把互联网平台做强做大,必须走资本运作的道路。2018年5月4日,封面传媒与四川文化产业股权投资基金签署战略合作协议,双方将共同推进上亿元的Pre-A轮融资,后续还将开启A轮、B轮融资,推动资本运作进程。通过资本运作积聚资本,有助于加大新媒体平台的品牌与用户推广,有助于引进先进互联网人才,有助于推动体制机制改革创新,反哺新媒体平台打造,推动其快速做强做大,助推传播力提升。

推动媒体深入融合转型,打造新型主流媒体,提升主流媒体传播力,是巩固宣传思想文化阵地、壮大主流思想舆论的战略举措,更是媒体生存和发展的一场自我革命,自我颠覆的勇气、面向未来的眼光、脚踏实地的攻坚缺一不可。只要媒体人勇担使命、勇往直前,热烈拥抱"AI时代"带来的变化,锐意改革创新,就一定能穿越迷雾,行走在阳光里,灿烂绽放。

信息日报社：

新媒体主导纸媒融合的有益探索

练蒙蒙　邵　平

江西日报社旗下有一张创办于1984年的《信息日报》，是全国第一张以深度经济信息、百姓生活资讯为主的综合信息类日报，开创了我国信息类报刊之先河。

近年来，受媒体格局变革的影响，信息日报也面临着影响力下降、人才流失、用户流失、广告下滑的困境，2017年总体亏损900多万元。为扭转局势，2017年8月，江西日报社社委会将旗下的中国江西网与信息日报融合，实行"新媒体+纸媒"的融合发展，开启了由新媒体主导传统媒体发展的新尝试。

一、采编重构：稳定人才队形

人才，是报业生存与发展的第一资源。然而，随着信息日报经营能力的急剧下降，导致报业的吸聚力严重变弱：信息日报一批有经验的老记者老编辑已经在前期离开报社，或自己创业，或跳槽到企业，或到新媒体平台发展，人员流失现象较为严重。以总编室为例，原来有10多个人，一个编辑做两三个版面，现在编辑总数包括轮岗主任才6个人，一个编辑多的时候要做六七个版面。从人员结构来说，就职人员的年龄老化趋于明显，很多留在报社的都在40岁左右，虽然他们有丰富的媒体从业经验，但富有激情的年轻人才稀少，由"老中青"梯队形人员队伍变成了以"老中"为主的直线式人员队形，打破了人才梯队的合理队形和三角稳定性。在行业变革的潮流中，传统媒体人才如何突围获得新生，如何谋求自身的长远发展，成为此次媒体融合面临的现实问题和首要解决的问题。

江西日报社委会决定，由中国江西网与信息日报融合发展后，立即按照新媒体的发展特点，对采编队伍进行整合：信息日报的采访团队和中国江西网完全融合，仅保留编辑部，信息日报原有采编团队90人，融合后，保留45人负责报纸的出版，其余人员并入中国江西网，两家媒体的采访力量打通成为一个团队。目前，信息日报除总编室保留报纸出版的内容，其他包括采访、运营、管理等各部门都实行了打通。人员的"合二为一"，夯实了媒体"合二为一"的基础，遏制了人员流失潮。

二、精准定位：增强四个穿透力

2002年前后，时任江南都市报总编辑王晖（现任江西日报社社长）在推动江南都市报快速发展的过程中提出了"区域市场小而优"的发展策略，这个区域市场是以地域作为维度。这一思路非常成功，江南都市报正是通过在省会城市的高密度覆盖实现了江西市场的"一报独大"。秉承这一思路，信息日报推进"细分市场小而优"发展思路。这个细分市场，是指垂直领域，是指专业化内容。《信息日报》在内容上不再追求"大而全"，用户群和客户群也不再追求"大而全"，而是精准定位，力图走出一条"细分市场小而优"的路径。

中国江西网和信息日报融合发展，不是单纯的媒体形态改变，而是内容生产的战略转型，产业生态的重新构建。所以，信息日报在内容、用户、运营、新媒体等四个方面做了调整。如果用一个词来概括，那就是"穿透力"，中国江西网和信息日报融合发展的成败，关键在能不能寻找和发掘到融合的"穿透力"。

穿透力一：内容上的穿透

传统媒体擅长内容生产，但受渠道制约，传播速度不快。在融合发展中，信息日报社扬长避短，在权威时政要闻、深度重磅解读、独家财经报道等内容上做出重大调整。通过解决两个问题,将内容穿透阻碍直抵读者,精准到达读者手中。

一是我们是谁?《信息日报》原来定位为都市类报纸,但都市类资讯已经转向新媒体平台,研讨后,重新将《信息日报》定位为江西人的政经读本,聚焦有深度有广度的报道。长期以来,信息日报有一批训练有素、经验丰富的记者编辑,有专业理念和娴熟技能向公众提供高品质的新闻和资讯服务,客观慎重报道新闻,深入解读事件,权威宣传党和政府重大举措。同时,中国江西网一直以来只有一个采编中心,人员相对紧张,并且大多是新闻从业经历不长,缺少"大思考"的年轻编辑记者,鉴于此,决定信息日报保留原有的总编室人员,保证报纸的正常出版,将原有的《信息日报》采访力量和网站融合发展,新设四个采访部门,即时政中心、深度调查中心、财经中心、视觉中心。通过重新定位和重构采访,清晰找准了自己的定位。

《你好,新时代!助力江西全面小康》

《你好,新时代!我为秀美城市代言》

《你好,新时代!2018全国两会融媒体报道》

二是我们的读者是谁?曾几何时,原来江西的几份都市类报纸,通过价格竞争,积累了较多的用户,但这些用户基本属于市民百姓,自由选择性较强。融合之后,研究确定《信息日报》的读者群体为省市县三级公务员和企事业高管人员，主要面向政商群体，定位为中高端读者，将原来的都市类报纸的市民群体抛开，主攻政读、时政、人事、财经等新闻，很好地解决了谁写谁来看的问题，以满足读者精细化需求，力图做到内容上更加优化，传播上更加精准，定位上更加明朗。

穿透力二：发行上的穿透

2018年信息日报推出发行新举措——面向江西中高端等政经特定人群免费赠送全年的报纸，免费赠报开启了纸媒新的发行方式。这其实是依靠榜样带动的力量，让更多的读者知道，高端人群在读《信息日报》，那么他们也会步以后尘，以订阅、阅读《信息日报》为荣。

虽然当下的阅读从"读纸"到"读屏"发生了转场，但传统媒体依然有其强大的生命力，它的品牌价值、公信力、权威性，在现在和将来很长一段时间仍是重要的战略性媒体资源。发行和内容两两相较，内容是第一位。在报纸定位清晰、读者明朗的前提下，《信息日报》坚持内容生产和用户的高度黏性，坚守集成内容的精准化，将发行和内容有效结合，打破发行和用户的穿透力。

一是资源倾斜。原来《信息日报》只是通过报社员工和固有客户形成零散的发行。融合之后，发行工作变成了大江传媒全体员工的责任，让每个员工、每个分公司、地市频道积极地参与发行，并将中国江西网资源向发行工作倾斜，加大奖惩力度，形成全员发行的动力源泉。

二是服务优质用户。曾几何时，很多都市类报纸走过靠低价获取用户的经历，一度出现三四十元订阅一份报纸的竞争局面，如果现在还

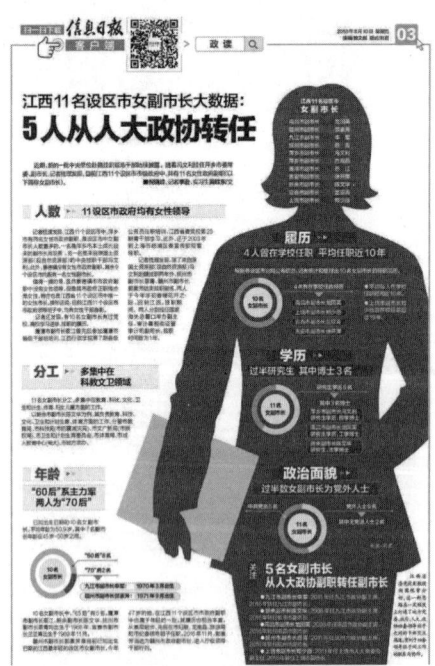

2018年8月10日《江西政读》版面

采用这种方式肯定是得不偿失。融合之后,《信息日报》定位人群为省市县三级党政群体和企事业单位、大中型国企负责人,内容产出和用户需求挂钩,通过专刊特刊的形式,面对地市和行业厅局,写他们想看爱看的内容,一剑封喉,直抵用户群体内心需求。先后打造了《江西政读》《厅局长访谈》《书记去哪儿》《大数据新闻》《问政江西》等一批特色栏目。如在江西政读的栏目中,7月4日,就专门撰写《新余市委蒋斌一周的关键词解码:扭住巡视整改不放松,带头认领任务抓整改》《赣州萍乡两市巡查组密集出动,公布举报方式,市民有问题举报》等精准内容,形成了和中高端用户的高效黏合,摆脱了低价策略。

穿透力三:运营上的穿透

内容建设也好,布局发行也好,归根结底都要和运营结合起来,形成可持续发展盈利产业链。信息日报找准定位,坚持深度内容和细分领域,在运营上优先进行布局,形成了比较清晰的盈利模式。

一是由广告收入为主变发行收入为主。原来走都市类低价发行策略,发行费率曾经最高达-169%。在融合后,《信息日报》在发行上完全退出市场化的竞争以弥补亏损。报纸的一次销售是发行收入,二次销售是广告销售,原来都市报的做法是用广告收入弥补发行亏损。现在还走"价格大战"的路子行不通,要确保报纸有盈利或持平。2018年伊始,《信息日报》年订阅价由180元提升为230元,零售价为2元1份。目前,《信息日报》的发行量每月都稳步上行,单月已经开始实现盈利,预计到2018年10月,信息日报可实现全年盈利。

二是和地市厅局建立战略合作关系。关注区域经济社会发展,形成行业权威发布平台。从全省相关厅局和行业主管部门延伸到全省各设区市、县(市、区),连续推出了《江西国资》《江西环保报道》以及《崛起新余》《萍乡新闻》《东湖新闻》等板块。

不再追求商业用户、商业广告的模式,紧紧围绕目标群体,围绕影响力来变现。通过和地市、行业厅局合作,让《信息日报》成为各地市各部门工作的重要宣传平台,通过各类专刊特刊来推动发行,实现发行盈利,走出了一条精准的新路子。

穿透力四：融媒体的穿透

在保证《信息日报》内容、发行、运营稳步提升的基础上，充分发挥中国江西网（大江传媒）的新媒体优势，突破瓶颈，在新的征程中，进一步向新媒体拓展。目前，信息日报客户端正式上线并运行，下载量达100余万，成为江西省第二大新闻客户端。信息日报微信和《江西政读》微信累计突破40万。信息日报微博突破134万。信息日报小程序、信息日报手机网、企鹅号、头条号等均已上线，新媒体矩阵初步形成，目前，信息日报新媒体用户已经达到500余万。

2018年全国两会，是中国江西网、信息日报"报网融合"后参与的首次全国两会报道活动，在延续十余年的特派记者赴京报道传统上，今年更进一步，派出了包括文字、摄影、主持人、视频记者在内的"史上最强阵容"的前方报道团。

《信息日报》全国两会报道版面

采访团以发出"江西声音"为导向，在北京开设了融媒体直播间，先后邀请了30位江西全国人大代表和政协委员，围绕中医药强省、重塑江西"智"造、智慧交通、工匠精神、教育兴赣等热点话题，在PC端、手机网、客户端、微信公众号、今日头条等12个平台同步进行9场视频直播，并率先推出了《江西代表团开放日活动举行　向全世界展现开放自信江西》《两会现场：江西代表团代表们参加"一张纸献爱心行动"》等一系列重磅稿件，被新华网、人民网等几十家全国主流新闻网站大面积传播。

同时，还提取代表委员们的精彩言论，制作成微视频，嵌入信息日报新媒体封面，网友既可以直接转发报纸的新媒体封面，又可以点击封面上的二维码进入客户端专题。除了制作视频产品，还提取代表委员们的精彩原声，通过模拟电台的形式，制作了形式新颖的《听江西好声音！江西日报社全国两会电台来了》融媒体作品，受到用户好评。

融媒体在广告方面也做了有益尝试，《信息日报》登载的广告，除了会在信息日报新媒体平台发布，也可以通过中国江西网旗下的新媒体平台和渠道进行推广，广告主在《信息日报》投放的广告，效果会远远超过以往单纯在报纸上投放。新媒体渠道更多更广也更有效，我们不担心发行量的下降，产品完整推出后，将在市场上充分参与竞争，在新媒体上会获得更大的影响力，纸质版丢失的用户，完全可以在新媒体上找回来。

三、融合效果：实现初步目标

一年来的新媒体主导纸媒融合发展的尝试，带来了新气象：《信息日报》保持了发行量稳步提升，2017年在发行大幅提价的前提下，仍然取得发行量较上年增长10%以上的优异成绩，全年《信息日报》报纸发行总收入较上年增长115%，发行量在省内报业中继续名列前茅。从2018年5月开始，信息日报已经开始实现单月盈利，预计今年10月信息日报可实现盈利，实现社委会提出的中国江西网增长20%、信息日报实现扭亏增长的总体目标。

需要指出的是，一年多来，中国江西网和信息日报的融合发展，还谈不上成功，离1+1>2目标也很遥远。江西日报社做出中国江西网与信息日报融合发展的战略决策，并非是要中国江西网去填平信息日报社的经营亏损，而是看到了中国江西网自身发展的短板和困境，希望通过这种方式来弥补中国江西网内容生产和产业发展缺失的环节，目的是把中国江西网打造成为一个"报网端微视"五位一体的融媒体平台。换言之，信息日报即使今年能形成盈利，以50多的人力资源投入去做一个只有千万级的产业平台，几十万元的经营利润，这个投入产出比从经营的角度来看还太低，媒体融合道阻且长，改革仍在路上！

中国电力传媒集团：

焕发行业媒体活力的"光与电"

中电传媒总编室

作为国家能源局主管的媒体机构，中国电力传媒集团经历了从原中国电力报社的事业身份束缚到现代企业规范化治理的艰辛蜕变。在能源电力行业新闻舆论工作的主战场上，中国电力传媒集团由当初的一报一刊一网，发展成为集《中国电力报》《中国电业》《农村电工》、中国电力新闻网、中国电力电视台、官方微博、微信、客户端、图书、音像制品以及户外广告等全媒体形态为一体的综合传播平台，形成了涵盖"纸媒—网络媒体—音视频—移动终端"等立体多元的全媒体传播链条，成为能源电力行业的头部媒体旗舰。

2018年，继《中国电力报》《农村电工》进入全国第三届"百强报刊"后，中电传媒集团获评中国报业融合发展创新单位。回顾中电传媒近年来的发展之路，是一条在体制改革中披荆斩棘、焕发新生，在融合发展中强筋健骨、实力倍增的成长之路，中电传媒集团紧抓机遇、顺应大势，以坚持自我变革的勇气走出了一条行业媒体发展壮大的成功路径。

一、在体制改革中释放活力

总资产由十几年前的3000万元增加到2018年的4.48亿元，年销售收入由3000万元提高到3.06亿元。没有对体制困境的自我突破，就没有这一串数值的激增，这就是中电传媒集团由正局级事业单位改制为现代公司制传媒企业，实现集团化发展的真实写照。

1. 在三次历史性节点中紧抓机遇、应对挑战，实现三次奋力转身

中国电力传媒集团的前身是中国电力报社，报纸于1982年正式创刊，是原国家电力部机关报，属正局级事业单位。20世纪90年代至21世纪初，随着我国电力体制改革的推进，原电力部撤销、国家电力公司拆分成11家电力企业……一系列改革使得报社所依托的行业形势发生急剧变化，报社主管单位多次更迭，被迫在改革中断奶，由机关报转身为行业报，由此扎根行业、服务企业、面向市场、自负盈亏，求得生存。这是报社在深刻变化的行业大势下做出的一次被动变革，但这次转型也为日后的发展厚植下稳固的行业基础。

在失去机关报身份之后，报社原有的垄断经营地位不在，事业单位体制机制的积弊日渐凸显，到2005年，采编岗位正式员工流失大半，经营一度举步维艰。在此形势之下，报社紧紧抓住传媒产业革命和文化体制改革的历史机遇，进行了二次改革、二次创业，明确了"立足电力行业，缔造现代传媒"的总体指导思想，制定了"二次创业"的三步走战略发展规划，在全国部委所属的行业报社中率先踏上了转企改制之路。2006年，开始模拟企业运营，推行全员合同制、打破身份界限，解决干部能进能出的问题；2007年，成立由报社控股，集中经营性资产、注册资本5000万元的中电传媒股份有限公司，以此作为企业化运营的基础平台；2011年，进而将报社由事业单位转为全民所有制企业；2012年，获得国家批准，改制为中国电力传媒集团有限公司。这是中电传媒紧抓历史机遇进行的第二次改革，被中宣部、原国家新闻出版总署推介为转企改制经验重点单位，并被五部门联合授予"全国文化体制改革先进单位"荣誉。

2015年，以《中国电力报》改版为龙头，集团进一步理顺内部管理体制机制，取消原事业部制架构，打破集团旗下各媒体间的壁垒，建立扁平化、集约化、高效化的内部体制，不断强化新闻主业的核心地位，以新闻影响力不断拓展经营新空间。这是中电传媒面对媒体融合发展大势进行的第三次改革，各项事业取得有力提升。

2. 建立现代企业制度，优化产业布局，壮大集团实力

改制后的中电传媒集团在党委领导下，改变了过去事业体制以"行政管理为中心"的内部管理制度，调整为以"以战略管理为核心，以财务和人力资源管理为两翼"的现代企业管理制度，确立建设一流传媒集团的战略目标和"服务型、控股型、专业化、数字化"的战略举措。全面落实国有企业资产管理体制和资本管理制度，设立董事会、监事会，促进集团规范有序运营。借助电力行业的优势资源，陆续在全国设立多家分子公司。在上海布局酒店和户外广告业务，重组了上海中电大酒店，收购了上海电力广告有限公司两家业务实体；在武汉重组了《农村电工》杂志，实现公司化改造，2018年《农村电工》发行量突破12万份；在内蒙古建成占地面积数千亩的生态文化景区；没有依靠国家投入一分钱、依靠自身发展，还购置了两栋办公楼，总面积7100平方米。

改革极大地增强了中电传媒的实力，释放了企业活力，经过多年发展，中电传媒的媒体质量、资本实力、人才队伍、管理水平今非昔比，成为集报刊出版、广告发行、影视制作、网络电视、电子出版、展览展示、排版制作、酒店管理、文化创意、旅游投资等业务于一身的综合传媒集团。当前，正按照新一轮公司制改革的要求，进一步优化、完善集团体制机制。按照中央高质量发展的要求，聚焦主业，调整结构，稳中求进，强身健体，培育新动能新优势。

3. 强化人力资源管理，推进干部人才队伍建设

改制后，中电传媒集团实行全员聘任制，彻底破除身份束缚，建立"按岗定责、按岗定薪、同工同酬、绩效挂钩"的考核激励机制，实现了社会保障"五险一金"全员覆盖。在收入分配上，实现绩效挂钩、全员考核，打破了过去以行政级别确定收入的做法，鼓励一线采编与经营人员多创业绩。在选拔干部过程中，大胆起用政治和业务素质过硬、工作业绩突出、有能力的干部，建立了一支既懂新闻舆论工作，又懂科学管理、懂市场经营，且具有改革开拓精神与开放视角的干部队伍。企业化人力资源制度的建立，大大解放了生产力，增强了企业发展活力。

当前，面对传统媒体业态变化、薪酬压力、职业尊严、人才流失、机制僵化的困境，中电传媒集团准确把握集团属于轻资产文化传媒企业的特征，深刻理解最核心的竞争力是人才，最活跃的生产力是人才，最有效的激励是打破僵化机制、促进人尽其才。近年来，始终坚持正确的选人用人导向，严格标准、规范程序、健全制度。按照管理和技术两个序列，加强培训，分类培养、分批选任，一批年轻干部和业务骨干逐步成长起来，解决了"人才荒"困境，为实现集团高质量发展提供了人才保障。

二、在融合发展中增添活力

近年来，中电传媒集团积极顺应媒体变革大势，主动拥抱技术革新趋势，不断推动媒体融合从相加迈向相融。特别是自 2015 年以来，将全媒体思维置于更高政治站位的集团新闻工作顶层设计中，根据行业媒体自身实际，不搞"大而全"的"中央厨房"，以策划报道为引领，以机制建设为先行，以矩阵建设为中心，以强化视频生产为抓手，以人才培养为重点，大力推动媒体融合从信息发布型转向生产交互型，实现"融为一体、合而为一"，以深融合的力度、真转型的实践叠加释放了新闻生产力，打造了行业头部媒体强大竞争力。

1. 以策划报道为引领，推动全员融合、交互生产

没有一次次的战术演练，传统媒体与新兴媒体在操作层面易陷于并行相加的浅层阶段。近年来，中电传媒集团通过策划推出"纪念红军长征胜利 80 周年——重走长征路 喜看新变化"（2016）"砥砺奋进的五年·能源惠民生""探访总书记走过的村庄"（2017）"2018 清洁供暖进行时""前进！沿着习总书记的能源足迹"（2018）等数个大型融媒体报道活动，组建全媒体团队，打破媒体形态壁垒，强化采编人员全媒体生产能力。经过大大小小的实战演练，融合思维已深入人心，采编主力普遍具备提笔能写、对镜能说的全媒报道能力。如今，在日常报道中，已实现由单一的平面媒体记者为主力向报纸、新媒体、电视台交互组合转变，跨部门、跨兵种自主组建报道团队已蔚然成风，融合报道能力大大

提升。

2. 以机制建设为先行，再造移动优先采编流程

构建起重大融媒体报道的统筹策划实施流程，以集团总编室为统筹调度中心，以再造采编流程为突破口，在新闻调度中坚持"新媒优先、移动优先"，新闻重大报道彻底再造"视频先导—新媒体即刻发布—报纸深度整合"的新型采编流程，移动优先战略全面落地。优化集团媒体结构，整合集团媒体资源，做到新闻信息内容一次性采集、多媒体呈现、多渠道发布，重大信息发布全部以"现场云"或集团"两微一端"新媒体为第一出口，新闻大餐从采到编到发不隔夜，实现了生产布局合理化与传播渠道全能化。

3. 以矩阵建设为中心，不断提升新媒体影响力

新媒体以提升自有 29 个移动端平台传播力为核心，以垂直聚合行业平台、嫁接强势商业平台为两翼，从抓标题制作开始，不断创新表达方式，不断提升营运质量水平。集团所有官方微信账号全部普及动图制作、视频转动图等可视化应用，做到与传统媒体报道完全差异化传播；官方微博以时效为第一优先级，着重运用微博话题功能，策划的"人民电业为人民"话题阅读量突破 264 万，"清洁供暖进行时"话题阅读突破 132 万，为国家电网公司五四青年节所做的微博直播被共青团中央微博转发，单条阅读突破 40 万，新媒体加速形成裂变式传播。在微信公众订阅平台整体打开率和分享率持续下滑的形势下，中电传媒集团新媒体平台依然保持较快增速，截至 2018 年年底，中国电力报官方微信订阅用户同比增长 32%，中国电力报新浪微博粉丝突破 10 万，"今日头条""一点资讯""抖音短视频"等第三方平台阅读量超 600 万，社会影响力和行业影响力不断提升。国网江苏电力看重中电传媒集团新媒体的创作力、传播力，主动要求合作，打造的"苏电记忆"10 条原创微信产品，以新颖独特的创作立意和"图读电影"的高技术编辑手法，创造了 330 万的微博话题阅读量和 10 万 + 微信阅读量。

4. 以强化视频生产为抓手，重构全媒体产业链

紧紧抓住新闻信息传播可视化的风口，不断加大视频直播力度，推动直播实现常态化运作，在2018年全国两会期间首次利用新华社现场云进行视频直播，获得行业代表委员的高度评价；在"2018清洁供暖进行时"大型融媒体报道中，前置视频直播，首次成功实践28小时不间断视频直播，收获了50万+的直播浏览量和100万+微博话题参与度，创下行业媒体新媒体视频直播的新高度；全年应国家电网、华电集团、中国能建等能源央企之请，组织完成了多次大规模、全媒体直播活动，取得良好效果。此外，依托集团旗下中国电力电视台的专业力量，推动其由单纯视频制作向新闻采编并重转变，实现视频由后端制作到前端先锋的价值再造，并在电视台内部打造"一个采编单元就是一条独立生产线"的新时代融媒体节目生产模式，建立起多要素协同生产的全媒体产业链。2018年，中国电力电视台全年自制节目时长历史性突破10000分钟，《微观》《中国能源新闻联播》《7区18号》三大品牌节目累计播发突破100期，形成高端电力文化定制服务的核心业务，实现社会效益与经济效益双丰收。

5. 以人才培养为重点，全力打造正能量"电力网红"

2017年全国两会报道期间，首度为90后记者刘泊静量身打造《静观两会》个人品牌专栏，融合报纸的深度报道基因、全媒体的立体传播手段和网络传播要素，集网红记者的颜值、专业能力于一体，"电力网红"一炮而红。近年来，中电传媒集团充分利用重大报道、主题报道的大舞台培养记者，打造集团明星记者，刘泊静、朱怡、王怡等一批融媒体采编尖兵成为行业知名"网红"。在"电力网红"带动下，更多年轻的甚至年长的编辑记者加快转型，积极创新新闻产品，产生了一批有创意、有水准、有影响的融媒体产品，"探访总书记走过的村庄""图说能源革命"获"中国报业十九大融合传播优秀作品"，"薪火相传"MV入选"人民日报全国党媒十九大融合报道精品100例"，"2018清洁供暖进行时"获"中国报业融合发展优秀案例奖"。

走进新时代，踏上新征程，中电传媒集团将以融合发展、提质增效作为工作重心，在公司治理体系上，精准对标中央文化企业，稳健运行法人治理结构，加快推进产品创新、服务创新、技术创新，稳定报刊经营的同时，做强做优新媒体经济；在新闻业务上，高质量推动媒体深度融合发展，进一步优化新闻资源配置，持续推进新闻产品和服务的供给侧结构性改革，在组织架构、运行机制、管理模式、队伍建设、绩效考核等方面加快改革步伐，在更深层次上实现信息内容、技术应用、平台终端、人才队伍的共享融通。

中国冶金报社：

从读者思维到用户思维的"浴火冶金"

陆闻言

《中国冶金报》创刊于1956年7月，系原冶金工业部党组机关报。从1999年9月开始，中国冶金报社在行业报中率先实施了人事制度改革，开启市场化改革的第一步。伴随着国务院机构改革，原冶金部、原国家冶金工业局相继撤销，从2001年1月起，《中国冶金报》由中国钢铁工业协会主管主办，隶属于国务院国资委。报社由此踏上了从办报靠上级拨款、发行靠红头文件的机关报向市场化行业商报转变的路程。作为一张行业报，这些年来，中国冶金报一直在探索行业媒体的转型发展，在时代变迁的浪潮中，依托改革进行"浴火冶金"，通过新媒体与传统媒体的相辅相成，互相促进，服务行业，满足企业，在市场中"淬火成钢"。

两次转变，两次"浴火冶金"

端上纯粹的市场饭碗后，中国冶金报社相继进行了两次较大的战略调整，并持续不间断地开展了一轮又一轮的改革：

第一次是在21世纪之初，报社第一次提出实现"两个转变"的目标，即实现从计划经济条件下运营模式向市场经济条件下运营模式的转变，从机关报向行业商报的转变，将报纸打造成"引领行业健康有序发展的权威媒体"。

第二次是 2010 年，根据相关政策精神，适应企业化运营的需要，报社再次提出新一轮改革发展的"两个转变"，即由差额拨款的事业单位，向自负盈亏的企业转变；由单一的以纸媒为主的报业经济向以纸媒和数字媒体相结合的传媒经济转变，目标是把中国冶金报社打造成"国内是权威，国际有影响"的行业信息服务企业。

目前，报社已经建立了报纸、网站、微信公众号、官方微博、手机客户端 APP、舆情监测预警等多媒体融合的平台，另外我们还拥有《冶金经济内参》《钢铁文化》两本杂志，承担了冶金记协和冶金文协两个协会秘书处工作，并在此基础上发展了冶金行业企业媒体联盟等组织，形成了完整的宣传和舆情服务体系。这为报社创新宣传信息产品，紧跟企业提供服务奠定了基础。

跟随改革开放的步伐，中国冶金报社也不断走向世界。报社记者走进了韩国浦项、澳大利亚恰那铁矿、巴西淡水河谷、澳大利亚力拓、印度塔塔钢铁等海外企业的现场；淡水河谷、必和必拓、力拓、FMG 以及韩国等国家的钢铁企业走进了报社；报社和世界钢协，以及欧美、日本、韩国等国家和地区的行业协会、专业媒体开展了交流与合作等，中国钢铁新闻网还开通了英文网页，这些为报社国际化发展奠定了基础。

市场化运作在市场中"淬火成钢"

2006 年，报社创办 50 周年之际，开通了报社自己的官方网站——中国钢铁新闻网，但发展并不顺利，到 2009 年，网站已经处于半关闭状态，资金投入难以为继，人员成本无法支撑，仅保留了一名编辑进行日常更新。2010 年，我们对网站和新媒体的发展进行了讨论，当时有人认为，报纸的淡出和新媒体走上主流位置还需要 20 年，理由是什么呢？理由是 50 年代出生的人还在主要领导岗位，就是一把手的位子，等他们退休，还需要 10 年，60 年代出生的人接班，再干 10 年，这 20 年，订户决策者还是读报纸的，因此，20 年内新媒体起不来。

事实是什么呢？还没到10年，新媒体已经攻城略地，全面抢滩媒体行业。市场化报纸发行、广告大幅下滑，2012年以后，钢铁行业由于产能过剩一直处于低迷期，严重影响着报业经济。出路何在？我们的答案是唯有适应潮流，加速媒体融合的步伐，确保行业权威媒体的地位不下降。由此新媒体的发展逐步凸显出核心地位。

虽然我们是个传统的报社，但我们在技术上还是紧跟时代的脚步。这为我们探索新媒体的发展模式和路径奠定了基础。继2006年，官方网站上线后，2011年7月22日官方微博上线。

在报网微的平台格局基础上，2012年10月，报社进行了"五大中心制"改革，组建了新闻采编中心、经济发展中心、新媒体发展中心、记者通联中心、管理中心五个中心，各部门协同创新的效率和效益得到提升。

2013年，创建了报社官方微信公众号，成为冶金行业第一个官方媒体公众号，占据了行业公众号的先机。

2015年年底，为了落实习近平总书记"8·19"重要讲话精神和中央推进报网融合的战略部署，适应移动互联网时代媒体融合发展的要求，报社决定把媒体融合的第一步放在报纸的终端，将报纸发行与电子报、两微一端的点击率结合起来，倒逼内容的创新和提升。为此进行了新一轮机构调整——不断完善机制体制，贯通媒体平台，强化经营服务力量，并为新业务的开拓搭建了平台。进行了内部分工调整，把长期在办报一线的领导调整到发行一线，主管新媒体的领导调整到办报一线。先让干部们了解他们所做的工作，到底有没有市场，让接触市场的同志也深入思考一下办报，把新媒体的思维带入报纸编辑部。

2016年，发行开始转变。这里面不是报纸发行量的逆转，而是发行方式的变化。从考核机制上，开始核算成本，启动保本发行，即维持现有规模，实现收支相抵。为此，我们提价30%，并与中邮签署协议，共同开发中国冶金报的手机客户端，从2016年开始，中国冶金报报纸内容可以在手机上看，大大提升了发行效率，头天晚上印刷的报纸，第二天上午读者就能看到，而且随时可以翻阅往期报纸。1年的时间我们客户端的安装量就达到了5万。微信作为窗口，APP作为内容主力，通过新媒体手段迅速收复传统读者市场，维持甚至放大了日益萎缩的报纸影响力。

APP的成功接续，让我们对报纸内容和我们现有的编辑队伍进行了重新评估和重新定位。我们60年的历史积淀和多年的培养，形成的老中青结合的专业编辑团队，是能够为行业提供信息服务的，唯一欠缺的就是我们的传播途径和传播渠道。在网站、微信、APP平台建立后，我们的内容嫁接到新的平台，焕发了新的生机。

在发展新媒体的过程中，我们并不知道新媒体到底会在什么时候会大规模代替纸媒的市场地位。但是我们始终紧绷着一根弦，就是这个时刻随时到来，为此，我们一直在准备着。

2016年，我们组织了各大企业的宣传部、新闻中心、企业报、企业网和各企业公众号的宣传工作者，与冶金政研会一道组织成立了"冶金行业媒体联盟"。在此框架下，在我们的APP搭载了免费的企业新闻专区，形成传统行业报编辑部之外的企业新闻直通车，为各企业提供了外发稿件的直通平台。并精选企业新闻发布在联盟官方微信上。平台每周精选部分企业新闻，向报纸推荐，大大调动了企业通讯员写稿、发稿的积极性，并形成了报纸、APP和微信的良性互动。在媒体融合方面迈出了一小步，形成了线上线下的格局。

线上线下的格局让我们更多地了解了企业的需求，让我们媒体融合的方向更加明确。我们针对企业需求，分步骤地满足企业宣传需求的市场策划。

2017年年初，我们开始调整新媒体机构，任用我们报社最年轻的处级干部，管理运营新媒体，根据市场需求，启动舆情平台、定制信息、网上及微信企业展示等业务。我们依托现有的网站、微信，进行企业品牌宣传、环保业绩宣传，通过连续、集体展示，打造了企业形象强势宣传专题。

2017年，我们请来国内一流数据公司，用3个月时间，打造并上线了冶金行业舆情监测预警平台，当年收回成本，2018年已经实现盈利超百万，而且用户数量仍在增长。依托舆情平台，我们为企业客户提供了定制信息服务，在报社提供的标准化信息之外，根据用户的特殊需求，发展定制化的信息服务，目前，这个服务群体正在扩大。利用我们的信息收集智能化、自动化，我们可以用很少的人力，去完成这些服务。

当前，我们正在计划对报社的采编系统、网站、数据库系统进行升级改造，在新的技术手段支撑下，开发出更多的信息产品，并依托协会组织，导入更多的服务，例如网络视频服务等。

转型发展的几点经验

从2017年年初，报社的新媒体收入从零开始，2017年年底实现150万，到2018年年底接近400万，进入快速发展的轨道。在这个过程中，我们的APP安装量，官微粉丝量均已接近10万。官方微信开展的投票活动，活动点击量最高达到200万，投票人数达40万人。2017年我们还获得了中国产经媒体新媒体运营榜TOP10荣誉称号。总结我们这些年来新媒体发展心得，有以下几点：

一是要有超前意识，互联网发展的速度太快了，它已经深深影响了我们国家各个产业，包括零售、金融、物流、工业生产，更包括我们媒体本身。我们如果忽视这一趋势，一定会被时代淘汰。内容转入新媒体，是一个巨大的机遇，就像从一条小船，跳进一艘巨轮，我们要敢于一跳，更要善于一跳。我们虽然是行业报，但是从建立网站、官方微博、官方微信、APP乃至舆情平台的时间，并不算晚，是相对领先，相对先进，不是最早的，但是也没有落在队尾，看准了，就出手，不断创新，保持先进性。

二是要立足报纸的权威性，着力巩固报社的影响力。报社过去是唯一权威信息渠道，现在渠道多了，门户多了，自媒体多了，报纸的核心优势在哪里？还是在权威。什么消息还需要看报纸来核实确认，这就是我们的优势。为了巩固这个优势，我们必须打造更多的发布渠道，让更多的人依赖我们的权威性，借助我们的权威性，打造品牌影响力。我们的内容传播得越广，我们的正面影响力就越大，在媒体转型升级的关键时期，千万不能缺位，缺位就要失去读者、失去影响力、失去权威性，最终失去市场。

三是要善于盘活既有的新闻队伍。报社是轻资产单位，靠的就是人，靠编辑、记者，我们的产品都是智力成果，人才是最宝贵的资源。每一个员工，都是报社的宝贵财富。我们培养一个年轻人，至少需要3年时间，才能让他熟悉行业，进入行业，成为一个熟手。而经营人才更需要专业知识和人脉资源，就需要浸染行业更长时间。编辑走了，等于带走了作者，广告经理走了，等于带走了客户。我们一定要做好人的工作，把他们留住，把他们盘活。我们曾经有一个员工，最早在内参工作，内参主管不要他，然后到网站，做得也一般，然后机构调整做发行，没业绩，最后把他安排到采访岗位上，连续上十九大、两会，一炮打响，在发布会上连续3次提问成功，成为行业内的知名记者，因此可见，把适合的人放在合适的位子上，就可以为单位留住人才。

四是最重要的，是要了解用户的需求。要贴近客户，不断了解客户的新需求和个性化需求。我们是自收自支的非时政类媒体，我们的新媒体改造，全部靠我们自己挣出来。因此，我们跟数据公司和技术公司谈合作时，他们都怕我们，我们砍价太厉害！我们在新媒体的展现形式上，一直没有追求最炫酷、最新潮。我们不搞投入大的新技术，而是引入适销对路的成熟技术，引进来为我所用。因此，我们采编系统、舆情系统等，都是标准化产品。之所以能把这些普通产品对接市场，是因为我们时刻抓牢我们的用户，从他们的进步和变化中捕捉新的市场机遇。记得在2017年中国报协组织的青岛峰会上，新闻出版广电总局报刊司李军司长曾经说过一段话，他指出，新媒体发展要从读者思维向用户思维转变。这句话我认为给了我们很有力的指导。事实上我们打造APP也好，上线舆情平台也好，都是通过长期接触客户，调研客户需求之后做出的决策。

总的来说，新媒体发展无论是新路径、新模式，都要与服务对象的需求相结合，都要能够更好地服务企业、服务行业。这样，新媒体转型才能真正落地生根、开花结果。

重庆市报业协会：

区县融媒体的"重庆路径"

康仁明　陈　菲　蔡朝晖

在全国报业大调研期间，重庆市报业协会8名驻会副会长和秘书处工作人员分成5个小组，对市内37家区县媒体和高校媒体会员单位进行了历时一个月的走访调研，掌握了目前市内区县媒体的整体发展状况，并深刻剖析了存在的四大痛点，提出了"重庆路径"的战术设计。

一、融媒体在各区县实现了全覆盖

从调研统计数据看，几乎所有的区县报均拥有传统纸媒和网站、手机报、两微一端等数个媒体平台；不少区县报已发展为当地的新闻中心，还拥有电视广播媒体。多种媒体平台共同发力的受众总数，高的有数百万，大多为数十万。受众规模、影响人群远远超过以前的纸媒时代。媒体运营理念、传播手段等不断创新，引导力、影响力大幅提升。

比如，万州区的三峡都市报社，管理运营的媒体平台多达15个，形成了传统媒体与新兴媒体相融互补、24小时全天候覆盖的传播格局；内容传播方式由过去的文字、图片传播发展为文字、图片、音频、视频、直播新闻、H5页面推送、VR新闻、微剧、微电影等多种方式传播；视频新闻、直播新闻简报常态化，仅2017年就进行了40多场新闻直播；用户由过去单纯纸媒时代的10万级上升到300万级。綦江区的綦江日报社拥有9个媒体平台，融媒体用户总数近100万。还有江津新闻社、云阳报社、开州新闻社等，其媒体总用户也均在60万以上。

各区县在融媒体平台上非常注重接地气、惠民生的服务性板块设计，强化实用功能，贴近市民生活，增强与市民的互动和黏性，体现了媒体运营理念创新，效果明显。比如，江津新闻网目前集成了数字报、手机报、微信公众号、电视台音频视频新闻和专题节目、本地生活资讯信息等，其手机版"在江津"全力打造本土生活服务及新闻资讯集成，吃住游购娱"一网打尽"，吸引了898个商家入驻，涵盖生活服务各板块，访问量超过500万人次，单日最高访问量达5.6万人次。云阳报社则把智慧云阳APP定位于本地综合性新闻生活服务类门户客户端，已成为本土唯一的可以缴纳水电气费的APP。

二、媒体深度融合迈上了新台阶

总体来看，绝大多数区县都非常重视媒体融合工作，认真学习和贯彻落实《关于推动传统媒体和新兴媒体融合发展的指导意见》（中办发〔2014〕48号）和《重庆市深化媒体融合发展实施方案》（渝委办发〔2017〕34号）文件精神，结合自身实际，大力推进媒体融合发展相关工作，收到了实实在在的效果。与去年相比较，各区县媒体融合发展可以说是上了新台阶，而且呈现出"八仙过海各显神通"的良好局面。

比如，潼南区传媒集团于今年1月8日挂牌开张，成为全市首例集团化运作的区县媒体单位。在组织架构上，该传媒集团为潼南区委、区政府直属单位，由区委宣传部、区国资部门归口管理，与潼南报社、潼南广播电视台合署办公，3块牌子、1套人马；在人员管理上，实行党委、董事会决策管理运行机制，采取企事业一体化组织架构，人员管理实行总量控制、"老人老办法、新人新办法"；在薪酬考核上，建立了岗位薪酬、绩效连接的人才考核评价体系，实行"优稿优酬""优劳优得"；事业编制人员基本工资按岗位核定，聘用人员基本工资由集团核定，对集团所有人员按A、B、C三类管理，定岗定薪，同工同酬；在平台打造上：成立了融媒体中心，破除传统媒体与新兴媒体之间策、采、编、发各环节的壁垒，统一策划调度，采、编、发联动运行，"报台网微端"包装分发；

在产业经营上，成立了 3 家子公司，确定广告发布、文化创意、"媒体+" 3 个主攻方向，使集团从单一的新闻宣传向"媒体+"迈进。经专家评审，2018 年 4 月 26 日，潼南传媒集团被正式纳入全市媒体融合发展试点单位。

巫溪县的动作也比较大，很有点儿后来居上之势。由县委领导亲自牵头，于 2017 年下半年在本地调研摸底、周边调研比对、外地调研学习的基础上，多方参与，反复讨论，制订了《巫溪县媒体融合方案》，经县编委审议批复，确定本区域的 3 支新闻队伍（广播电视台、新闻中心、网络信息中心）进行大整合，从 2018 年 1 月 1 日开始，所有新闻媒体采编人员合署办公。经过几个月的磨合改进，已建立起"一网一端两报三台三微"新闻记者互相配合采写、共享新闻素材的运行机制，报纸、电视、网络和移动平台基本形成了资源共享格局。

巴南区委宣传部则从 2017 年 10 月开始探索在不打破现有体制、不增加机构编制的情况下，实行报社、电视台、网信办采编资源大融合，运用"中央厨房"整合、用活各媒体资源，打造"3+11+N"新媒体平台集群，成为全市媒体融合的另一个试点单位。

即使目前《秀山报》只有一条传播渠道，在媒体融合改革前期工作方面也有声有色。已多方征求意见的该县媒体融合改革方案，把建设传媒业与文化创意产业相结合，作为主攻方向和核心竞争力，以期形成文化传媒、艺术品市场、电子商务、电影院线、文化创意+对外文化交流与贸易及其他方面的"5+1"新产业格局，力争用 3 年时间完成。

在新闻采编软硬件投入及办公场地改善方面，变化也很大。不少区县如渝中、九龙坡、綦江、开州等地，都将媒体的"中央厨房"系统建设纳入财政预算予以支持。也有的媒体如三峡都市报社、云阳报社自筹资金建设"中央厨房"。沙坪坝新闻中心、巫溪新闻中心、夔门报社、北碚报社等均搬进了新办公室，与过去相比，硬件条件得以充分改善，媒体面貌焕然一新。

三、区县媒体深度融合的"重庆路径"

根据这次调研了解到的情况，我市区县媒体深度融合发展目前可以概括为三种类型：

第一种类型："再建型"——部分区县实行了报、台、网等区域主流媒体大整合。属于这种类型的有渝中区新闻中心、沙坪坝区新闻中心、大渡口新闻中心、潼南区传媒集团、万盛经开区新闻中心、巫溪新闻中心、巴南日报社。

第二种类型："改建型"——在原报社发展基础上，实行传统媒体与多个新媒体平台深度融合，启动"中央厨房"的采编新流程和考核机制，提高报纸和新媒体的影响力传播力。比如三峡都市报社、云阳报社、九龙报社、渝北新闻社、江津日报社、南岸报社、长寿日报社、綦江报社、开州新闻社、垫江报社、武陵都市报社、永川新闻社、大足报社、梁平新闻中心、巴渝都市报社、合川日报社、酉阳报社等都是如此。

第三种类型："保建型"——保持原"六平台合一"稳步推动发展，实行深度新闻宣传报道，媒体深度融合处于探索阶段。比如奉节报社、巫山报社、江北报社、北碚报社、秀山报社、新经开报、武隆报社、南川报社、丰都新闻社、石柱新闻中心、彭水日报社、荣昌报社、邮电大学校报等。

这三种类型，反映了各区县由于经济社会发展等具体情况不同，媒体深度融合发展也花开不同。

四、区县媒体融合发展的四个痛点

痛点一：编制严重不足，考核分配激励机制亟待完善。

除三峡都市报社等少数媒体外，绝大多数区县媒体均为一类公益事业单位，由当地财政全额拨款。这本是好事，但在具体实践中，普遍存在令区县媒体颇为纠结和头痛的困难与问题：一是实际用工人数大多远远超过按人头拨付的编制人数，部分区县超过一倍。即使增拨了部分人头经费，但标准大不相同，且由于媒体自主分配权限不足，同工不同酬的现象较为普遍，在编人员与非在编人员收入差距较大。二是部分区县按党政事业单位的普遍特征管理媒体的考核分配事项，忽略了媒体单位的特殊性，认为媒体实行稿酬考核分配无明确的文件依据而不予支持，甚至等同于违规发放津补贴，于是一些媒体只好"干多干少一个样"，严重影响了编采人员工作的积极性和创造性，队伍活力不足，有的区县媒体人才流失严重。

针对这一痛点问题，我们在调研中也发现了一些"治痛药方"，值得其他区县媒体借鉴。比如，九龙报社为适应新媒体融合发展，已完成对考核办法的进一步细化完善，以网站考核为基础，实行"网站稿费+报纸稿费+新媒体稿费+好稿奖励+外稿费"的绩效分配机制；三峡都市报在推进媒体融合发展中，探索建立了全媒体采编考核机制，按新媒体优先发布、全媒体同分同值、原创内容首发有奖励、绩效工资实行量化考核等原则，对编采人员进行考核，绩效由纸媒+新媒体（含网站、手机报）构成，各媒体按照统一标准计发工资，以促进单一的纸媒编辑记者向全媒体全技能编辑记者转型；武陵都市报则建立以激发活力为核心，以岗位薪酬、绩效连接、长期奖励为重点的考核评价机制，建立首席编辑、首席记者制和新闻产品月度评选制度及部门年度评先制度，形成重业绩、重贡献的现代传播激励机制，实行全媒体同步量化考核办法，全媒体记者、全媒体编辑以稿件质量、发布速度、用户关注度为要件计分，并打破身份、同工同酬、按绩效系数进行收入分配。如前所述，潼南区传媒集团则对员工实行总量控制、分类管理、优劳优得、同工同酬。

痛点二：媒体融合发展亟待加强政策支持和技术指导。

虽然较去年有很大的进展和变化，但目前我市区县媒体融合发展总体上仍然处于探索阶段。由于各区县具体情况不尽相同，媒体融合发展探索的路径也不尽相同，没有现成的模式可以借鉴，同时普遍存在缺人才、缺资金、缺技术等困难，对媒体融合发展的主要考核（标准化）指标尚不明确。不少区县媒体负责人对此很是无奈和焦虑，他们强烈呼吁：

希望上级有关部门加大对区县媒体融合发展的扶持力度，营造良好的政策环境，帮助、协调解决融合发展中的人才、资金、技术等问题。

我们在调研中也发现，各区县媒体在"中央厨房"的建设上，既有"八仙过海各显神通"之喜，也有"赶鸭子上架"、先天不足之忧，确实有加强指导和扶持的必要。

痛点三：身份尴尬，职称评定非常困难，没有记者证工作不便。

鉴于区县媒体绝大多数属于非公开刊号性质，编制内的区县媒体人员身份颇为尴尬：干的是媒体之事，却没有记者证，职位又是公务员序列；非在编人员则更甚，不但没有记者证，公务员序列也无望，评新闻职称亦渺茫。近两年来，区县媒体已能参加市里的年度好新闻评选，但力度仍然不够。据我们调研估算，目前区县媒体编采人员中，有新闻职称的仅占10%左右，而且大多是初级职称。这种状况，极不利于区县媒体的人才培养和事业发展。

痛点四：人才培训和学习交流的力度还需加强。

随着媒体融合发展的逐步深入，对采编队伍的整体素质要求也越来越高，对复合型人才的需求越来越多，对媒体融合发展急需技术指导的呼声愈加强烈。各区县媒体会员单位建议市报协以重庆日报报业集团为核心，联合各大高校，整合会员优势资源，建立新闻复合型人才输送平台，创建新媒体技术联盟，进行人才输送和交流培训，开展新媒体技术应用指导；采取区县媒体人员到市级媒体挂职学习，或市级媒体下派人员到区县媒体传经送宝等方式，切实提高新闻队伍水平；把以往由市报协安排选题培训的方式，转变为由区县媒体根据自身发展短板提出业务培训的方向，再由市报协组织采编业务培训；组织市级媒体骨干记者和编辑，到区县媒体采取蹲点方式，就全媒体新闻策划、采访、写作、编辑等采编全过程加以指导，对薄弱环节提出改进意见；组织片区媒体交流或联合采访活动；多组织大家到媒体融合发展搞得较好的外地媒体考察交流学习，进一步开阔视野，打开工作的思路。

"融合发展关键在融为一体、合而为一"。党的十八大以来，以习近平同志为核心的党中央高度重视传统媒体和新兴媒体的融合发展，习近平总书记多次在不同场合强调要利用新技术、新应用创新媒体传播方式，更好地引导群众、服务群众。2018年的大调研，让我们更加摸清了重庆市各区县媒体的融合发展状况和存在的主要问题与困难，协会将进一步发挥行业协会功能，及时会同相关部门并联合区域主流媒体，从融媒体平台建设、技术运用、内容传播、经营管理等诸多方面多研究解决区县融媒体发展中的问题，正确引导，切实推进我市区县媒体的深度融合发展。

中篇

知常明变

"知常明变"出自《易经》，即认识到事物都有它的原则，或者是根本的规律。回望现代传播史，传媒技术的变迁无不深刻地重塑着新闻业态。虽然事物的变化无穷无尽，看似让人无法掌握，但它们都有各自的归宿，体现出各自固有的特性，也就是规律。善于观察事物的来龙去脉和先后顺序，始终把握事物发展变化的规律，并将其作为行动的关键，这是取胜的不二法则。

习近平总书记指出："推动传统媒体和新兴媒体融合发展，要遵循新闻传播规律和新兴媒体发展规律，强化互联网思维，坚持传统媒体和新兴媒体优势互补、一体发展。"

深刻学习领会习近平新闻舆论思想，就是要学会知常明变，充分尊重舆论传播规律，把握新时代推进社会舆论生态治理的基本逻辑，通过理念创新推进事业发展，积极探索有利于破解工作难题的新举措新方法。

在"互联网+"的大背景下，移动互联网终端的快速发展，改变了受众的信息获取方式，报业要加快数字化、网络化、移动化转型步伐，积极打造新型内容传播平台，充分运用新技术新应用创新媒体传播方式，促进传统媒体向移动互联网延伸，抢占传播制高点。还要充分用好数字化平台，拓展用户阅读体验，并积极开发大数据，运用云计算技术，做到有针对性地精准传播主流舆论声音。

朝阳区融媒体中心：

讲述"朝阳群众"新故事

潘 竞

媒体融合发展，关键在于"融为一体、合而为一"，从相"加"到相"融"。按照中央、市委指示要求和相关工作部署，北京市朝阳区因势而谋、应势而动、顺势而为，2018年6月19日朝阳区融媒体中心挂牌，在加快推动区域媒体融合发展方面迈出坚实一步。

一、只争"朝"夕，加速融媒体中心建设

全媒体不断发展，全程媒体、全息媒体、全员媒体、全效媒体的出现，使得信息无处不在、无所不及、无人不用，舆论生态、媒体格局和传播方式发生了深刻变化，新闻舆论工作面临新的挑战和机遇。全媒体时代下的媒体融合发展是篇大文章，谁掌握了互联网，谁就把握住了时代主动权。为此，我们基于以下认识，只争朝夕，加速推进区域融媒体建设：

认识一：融媒体建设事关凝心聚力。面对信息化发展的历史机遇，加快推动媒体融合发展，才能使主流媒体具有强大传播力、引导力、影响力、公信力，使群众在理想信念、价值理念、道德观念上紧紧团结在一起。

认识二：融媒体建设事关共识达成。互联网时代的传播格局下，能不能真正同网民对上话、交上心，直接关系到能否走好新时代的群众路线，能否形成网上网下同心圆。建设区融媒体中心要找到符合圈群传播特征

的方式，及时掌握区域舆情热点"雷达"，更广泛地吸引用户、黏住受众，通过新闻数据信息，为政府工作决策提供支撑，推动党委政府和领导干部更好地同群众沟通交流，为群众排忧解难，接受群众监督建言，广泛凝聚社会共识。

认识三：融媒体建设事关守牢阵地。一切从事新闻信息服务、具有媒体属性和舆论功能的传播平台，都要接受党的领导，都要纳入依法管理的范围，这事关国家意识形态安全、政治安全的大问题的发展方向，建设区融媒体中心，就是强化意识形态阵地建设，牢牢把握新闻舆论工作主动权的具体体现。

成立后的朝阳区融媒体中心，始终把自身建设与中央关于加强意识形态阵地建设和管理的要求对标对表，与加强和改进党的新闻舆论工作的要求对标对表，与推进媒体深度融合的决策部署对标对表，坚持一体化发展思路，立足区域实际，实现平台、信源、产品、渠道、技术、人才、数据、媒资存储管理八方面深度融合。目前，"朝阳融媒"建有"一报一台一网两微一端一抖"7个融媒体平台，截至2018年年底，新媒体平台总阅读量（播放量）超过3650万次，年均出版报纸750万份、电视自制内容1.6万分钟（自制栏目和板块19个）；形成"1+6+N"工作体系，朝阳版"流程再造"获得市领导认可；建成13个系统组成的"朝阳融媒"技术矩阵，贯穿了融媒体生产全流程；建设"朝阳融媒"分中心54家，牢牢把握新闻舆论工作主动权。

二、坚持一体化发展方向，"流程再造"催化融合质变

党的十八大以来，习近平总书记就媒体融合发展多次进行部署，2018年中央、中宣部频繁就县级融媒体中心建设提出要求。2019年1月25日，习近平总书记在中共中央政治局第十二次集体学习时强调，"要坚持一体化发展方向，通过流程优化、平台再造，实现各种媒介资源、生产要素有效整合，实现信息内容、技术应用、平台终端、管理手段互通互融，催化融合质变，放大一体效能，打造一批具有强大影响力、竞争

力的新型主流媒体",1月15日,中宣部、国家广播电视总局发布《县级融媒体中心建设规范》,这些对我们区级融媒体中心进一步做好新形势下党的新闻舆论工作,具有十分重要的意义。

1. 对标对表建设区融媒体中心,建立健全体系流程

中央《关于加强和改进党的新闻舆论工作的意见》中提出,融媒体中心建设要改革完善媒体内部体制机制,重构采编发体系,优化采编发流程,提升生产能力、聚合能力、传播能力;中宣部、国家广播电视总局《县级融媒体中心建设规范》,从总体架构、功能要求、基础设施配套要求、关键技术指标及验收要求等方面进行规范,明确县级融媒体中心应整合县级媒体资源,巩固壮大主流思想舆论,不断提高县级媒体传播力、引导力、影响力、公信力。

朝阳区贯彻落实相关工作要求,对标对表抓好区级融媒体中心建设,统一思想、凝聚共识、汇聚力量,改革完善媒体内部体制机制,将新闻宣传、媒体舆情监控、应急处置和新媒体建设工作"融合"在区融媒体中心,重构采编发体系,优化采编发流程,形成朝阳的"流程再造"模式,提升生产能力、聚合能力、传播能力,7个融媒体平台通过技术手段打通彼此之间的壁垒,实现从"分灶吃饭"到"并灶生火"转变。

强化顶层设计,建立健全体系流程,形成适应朝阳区融媒体中心运行的"1+6+N"工作体系,即,健全一个总流程——"策、采、编、发、存、评"融媒体工作流程,实现平台建设、信源融合、产品制作、内容审核、绩效考核等全流程的一体化管理;建立6项工作机制,选题报送机制、总编辑协调机制、每日会商机制、分级审核机制、效果反馈机制、绩效分类管理机制,确保全流程工作顺利推进;优化N个分流程,新闻宣传、新闻发布、突发事件新闻应急联动处置和媒体舆情监测与处置等流程,实现各项工作闭环处置。

与此同时,根据区融媒体中心、分中心不同工作流程,逐步拟定完善"1+N"工作手册,即1个"区融媒体中心工作手册"和报纸、电视、APP客户端、微信、融媒体中心分中心等N个分项工作手册,逐步完善

工作标准，规范流程管理。

2.加强工作创新，深度融合推进主流舆论做大做强

朝阳区融媒体中心建设过程中牢牢坚持党性原则，将把握正确政治方向、舆论导向、价值取向贯穿到融合发展的各环节、全过程，实现平台、信源、产品、渠道、技术、人才、数据、媒资存储管理八方面的融合，让主流媒体声音牢牢占据舆论引导、思想引领、文化传承、服务人民的传播制高点。

——立足平台"融合"。在原有的传统媒体平台基础上，不断丰富完善自身平台，形成"一报一台一网两微一端一抖"7个"朝阳融媒"发布终端，并利用技术手段实现各平台之间的互通互融，生产要素有效整合，深度融合中产生聚合共振效应，新闻宣传的有效性和感染力显著提升。

——聚焦信源"融合"。深耕新闻内容，对标对表中央、北京市工作重点和宣传要点策划宣传内容，形成中心重点宣传任务、区领导活动、委办局街乡阶段性重点工作、编辑记者策划、融媒体中心分中心、大数据分析等7个层次信源内容，实现信息来源多元融合，内容公开透明，过程有效监督。

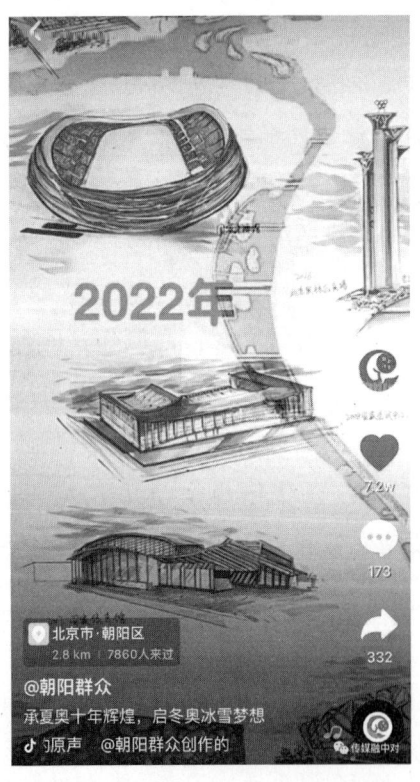

根据平台特点和信源内容，不断创新新闻产品"融合"形式，发挥"手机屏"传播优势，开发制作H5、动漫、短视频、动新闻、互动小程序、图说、直播等10余种新闻产品，构建"朝阳融媒"新闻产品矩阵，通过互动式、嵌入式、体验式等百姓喜闻乐见的新闻产品，与"朝阳群众"对上话、交上心，适应分众化、差异化传播需要。以2018年"北京榜样"宣传为例，"朝阳融媒"共制作各类新闻产品85个，

新媒体阅读量（播放量）超过435.6万次。

既是内容生产的"生力军"，又是汇聚传递优秀内容的"中转站"，区融媒体中心着力做好渠道"融合"，发挥1+1>2的宣传效果。融合区属媒体渠道，实现"记者一次采集、编辑多种生成、渠道多元传播"；融通中央和市属媒体、市场化媒体机构和社会单位渠道，借助中央电视台、人民日报、人民网、北京日报、北京电视台、北京青年报等媒体渠道，传播"朝阳声音"，入驻今日头条、企鹅号、抖音等平台，吸引更大数量的受众关注朝阳，实现传播效果的最大化和最优化；融合全区各委办局、街乡政务媒体平台，构建朝阳区新闻宣传工作的媒体矩阵，牢牢掌握舆论主动权和主导权。

技术的创新发展改变着媒体生态圈，利用技术推动"融合"，围绕融媒体指挥调度、稿件编辑、新闻大数据和舆情大数据，建设融媒体4个系统平台，实现选题汇聚、任务分发、内容制作、进度查询、平台发布、媒资管理、信息回传、现场连线、数据分析、舆情监测与预警等功能。

媒体深度融合，归根到底是人的融合，培养编辑记者"一专多能"，充分发挥"采访小组"作用，引导现有人员自我转型、能力重塑，从"独唱"到"合唱"。

——**利用数据"融合"**，深入挖掘运用新闻大数据，对报道结构、宣传规律、舆情走向等进行统计和分析，对突发事件进行"追踪"，为重点宣传任务策划提供数据支撑，为区委、区政府工作决策提供数据依据。同时，依托数据，提前预警、量身定做、精准传播。

此外，根据媒资内容不同，采用云、蓝光盘、硬盘、磁带等不同介质进行存储，实现媒资存储管理的"融合"，存储方式由实体、有限、"有线"向虚拟、"无限"和无线的转变，达到管理的专业化、信息化、电子化。

三、强化意识形态阵地建设，打通新闻宣传"最后一公里"

朝阳区融媒体中心挂牌成立，是在舆论格局发生着深刻变化的背景下，顺应改革大势、壮大主流舆论、巩固宣传阵地工作要求的具体体现，更是根据市委和市、区两级宣传部对宣传思想文化战线工作提出的工作任务，

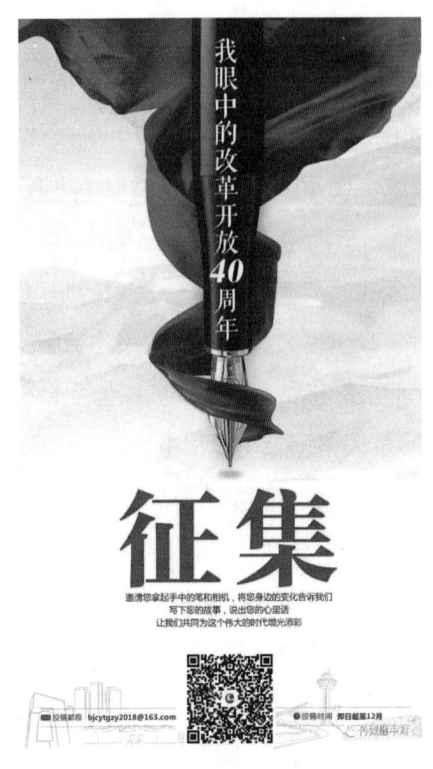

牢牢掌握新闻舆论工作主动权，强化意识形态领域阵地建设的具体举措。

1. 建设"朝阳融媒"分中心，宣传任务"同频共振"

针对朝阳区区域发展不平衡、年均媒体舆情基数大；国际化程度高，舆论环境更为复杂；文化传媒机构多；基层自办政务媒体多，管理不够深入规范等特点，朝阳区融媒体中心依托区内各委办局、街乡，建设朝阳区融媒体中心分中心，打通了新闻宣传"最后一公里"，通过加强对区域宣传阵地、舆论导向和新闻队伍的管理，加强对基层自办政务媒体平台的管理，对全区各单位新闻宣传工作的"全管理""全覆盖"，落实党管媒体的原则制度，牢牢把握新闻舆论工作主动权，切实将党的声音层层放大，切实把党的部署层层落实。

目前，朝阳区融媒体中心有分中心54家，全区43个街乡实现全覆盖，区文化委、区教委、文创实验区管委会、区民政局等部分委办局也建立了分中心，形成"1+43+N"多层次多点架构。根据区域中心工作、重点任务、特色亮点内容等策划宣传，区融媒体中心与分中心同策、同采、同发，围绕"我爱你，中国""北京榜样""改革开放40周年""我们的节日"等主题宣传和中非合作论坛北京峰会服务保障、区"两会"、河长制、疏整促、防汛、文化建设等重点工作，新闻宣传在"同频共振"中不断建设具有强大凝聚力和引领力的社会主义意识形态，通过加强传播手段和话语方式的创新，让党的创新理论"飞入寻常百姓家"，让"朝阳群众"的理想信念、价值理念、道德观念不断提升，让社会的正能量更强劲、主旋律更高昂。

2. 讲好朝阳故事，以精品力作更好地引导群众、服务群众

加强管理的同时，"朝阳融媒"更是充分服务好、使用好分中心，安排记者深入基层一线，发扬优良作风，通过拓展"走基层、转作风、改文风"活动，不断增加新闻工作者的脚力、眼力、脑力、笔力，深入挖掘基层典型事例，讲好朝阳故事，力争创造出更多更好的有思想、有温度、有品质的精品力作，用那些能反映时代精神、体现群众诉求、引起群众共鸣的新闻作品更好地引导群众、服务群众，不断提高新闻舆论的传播力、引导力、影响力、公信力。

四、坚持"移动优先"战略，打造"朝阳特色"

在互联网技术的变革和推动下，智能媒体时代鼠标点击、触摸、语音、人脸等生物特征识别技术的运用，让内容呈现方式变得空前拓展，智能互联改变着旧有格局。朝阳区融媒体中心建设始于技术革新，从内容创作，到内容生产，再到内容分发，最后到内容存储，贯穿了媒体融合发展全过程，建设完善"朝阳融媒"系统矩阵，探索"新闻+舆情"工作方式，建立起政府与市民信息沟通桥梁。

1. 构建"朝阳融媒"系统矩阵，抢占信息传播制高点

朝阳区融媒体中心以技术升级为突破，解决分散办公造成的信息交流少、宣传策划联动不足、信息化程度不高等问题，着手建设"朝阳融媒"的数据化信息系统，改造升级原有的包装、演播与直播、媒资、播出、绩效考评等9个系统，研发上线指挥调度、稿件编辑、舆情大数据、新闻大数据云服务4个系统，形成了贯穿融媒体生产全流程的13个系统，"朝阳融媒"系统矩阵不仅打破平台壁垒，推动了流程重构优化，更促进了新闻产品内容呈现方式的拓展，为把握舆论引导主动权，抢占信息传播制高点提供有效支撑。

2. 坚持"移动端优先"，"新闻+"形式不断丰富

随着移动互联技术的不断发展，新闻报道已从单纯的报道新闻，发展为"新闻+政务""新闻+服务""新闻+舆情"等多种形式，甚至一些条件允许的媒体机构，开始了"新闻＋电商"的探索。如何发挥互联网时代下新媒体的传播优势，切实推进政务媒体供给侧改革，这是我们媒体融合过程中探索的问题。

首先，突出"移动端优先"。不断给编辑、记者强化概念，文字、视频、图片不同形式的新闻内容在APP上首发、先发，从开始的文字内容与新媒体的融合，到短视频与新媒体的融合，"朝阳融媒"在学习与探索中前行。

其次，丰富"新闻＋"内容形式。"北京朝阳APP"有婚姻登记、生育登记、医疗挂号、天气预报等46项服务，"新闻＋政务＋服务＋直播＋活动"不断拓展形式，平台吸引力和引导力逐步提升；"北京朝阳"和"朝闻道"两个微信平台推出了多种形式的"新闻＋互动"的新闻产品；"朝闻道"策划"听新闻"形式；"朝阳群众"抖音号上线3个多月，播放量超过3500万次……目前，我们着力推进"新闻＋舆情"工作，利用系统平台实现对舆情监测、发现、研判、报送、预警、处置、反馈等各工作环节的全覆盖，通过舆情信息数据多维度的分析，形成"朝阳区媒体舆情"大数据，让舆论监督真正成为政府的"眼睛"和"耳朵"，建立起政府与市民信息沟通的桥梁。

最后，始终追求新闻精品。区融媒体中心的建设使工作节奏变得越来越快，但对新闻精品的追求，每一位"朝阳融媒"人始终没有降低标准，以小博大的内容，见微知著的切入，创作数量多、质量高的融媒精品，始终是朝阳媒体人融合之路上不变的初心和追求。

守正创新，有"融"乃强。媒体融合是一场技术飞跃带来的深刻变革，更是一场在党中央战略谋划下的创新发展。顺应信息时代发展，把握媒体形态变革，掌握舆论生态变化，朝阳区融媒体中心的每一名"朝阳群众"，都将不忘初心、维护核心、服务中心、贴近民心，深入做好媒体融合发展这篇"大文章"，发扬创新精神，用好融合成果，守好主阵地，激发正能量，谱写好媒体融合的"朝阳答卷"。

郑州报业集团：

以深融之力打造"四全"郑报

石大东

近年来，郑州报业集团深入贯彻落实习近平总书记系列重要讲话精神，坚持实施"一个战略"，即"宣传全媒体、发展多元化"；坚定走好"四做"路径，即"做强以党报为旗帜的全媒体宣传矩阵，做大以都市报为龙头的 IP 资源平台，做优以新媒体为先锋的移动融媒集群，做活以文创产业为支撑的多元化链条"，通过新闻宣传这个主业引领多元化经验副业，用多元化副业反哺新闻宣传主业，形成良性闭环。在传统媒体面临巨大冲击，众多报纸关停并转的背景下，郑州报业集团近 6 年连续实现三个翻番，总资产突破 50 亿元，营收突破 10 亿元，利润突破 1 亿元。

一、媒体融合上半场，郑州融媒取得了较好的探索和实践成效

郑州报业集团积极探索推进媒体深融，将集团所属郑州日报、郑州晚报等纸媒，中原网等网站，"郑州观察""郑州+""郑州圈"等百余个"两微一端"新媒体，和"冬呱视频""郑直播"等移动视听媒介全部打通，在信息处理和管理体制上全部"合而为一"，推进全介质、全人员、全流程推进实质融合、深度融合，着力打造郑报融媒"中央厨房·新闻超市"，构建了融媒编委会管总、采编发部门主战、多渠道传播、大平台支撑、大数据考核的现代媒体传播架构和运营考核体系，提升了省会党报集团的传播力、引导力、影响力、公信力。

1. 构建大平台，重塑采、编、发流程

在媒体融合并走向深度融合的过程中，构建郑报融媒"中央厨房·新闻超市"大平台，强化内容采集和技术支撑，实现整个采编发队伍的扁平化管理和采编发流程的智能化、高效化推进。

推进"三个打破"：打破原来所属不同单位之间的壁垒，打破在不在编、有没有职级的身份壁垒，打破档案管理、绩效考评、工资发放的体制机制壁垒。

实行"三个统一"：统一身份，统一指挥，统一考核。

实现"三个转变"：记者从单一型向全媒体全技能型转变，工作重心从以报纸为主向做精报纸、做活新媒体转变，工作时序从以晚上夜班为主向24小时全天候转变。

抓住"四个关键"：内容、平台、技术、反馈。

完善"五大系统"：新闻信息发现系统、舆情研判系统、新闻采访指挥调度系统、新闻发布与传播系统、新闻考评研究和反馈系统。

组建"六大中心"：融媒采访中心、融媒视频直播中心、融媒区域中心、融媒编辑中心、融媒技术研发与运营中心、融媒考核与研究中心。

2. 组建移动传播矩阵，打造新锐媒体品牌

确立移动媒体优先发展战略，打造移动传播矩阵，创新移动新闻产品，是媒体融合要实现的一个重要目标。郑州报业集团通过盘活整合现有资源，以新技术、新手段、新设备、新思路，打造了新的平台和渠道，除了旗下各媒体的官方微博、官方微信和客户端等百余个"两微一端"新媒体外，还催生了"冬呱视频""郑直播"等新锐品牌，开创了含语音播报的"每天三分钟""早点晚报""三分钟读党报"等多个独具特色、精准服务细分受众和粉丝的新媒体产品。集团由过去传统的单一纸媒，变身为集报纸、广播、电视、网络、新媒体功能于一体的全媒体、融媒体。

新媒体视听品牌"冬呱视频"通过小切口呈现大主题，通过小人物彰显大感动，通过一个个生动具体、真实可信的故事传递温情温暖、向上向善的正能量。《郭俊玲：我在兰考做扶贫》获中国《金秒奖》公益短

片第一名；《90后的我在无人区修铁路》被央视新闻专题报道，全网平台观看量突破亿万次，网友点赞"90后成为强国一代"；最近推出的《不方便的人》被马云转发，并带到达沃斯论坛上向各国政要推介播放，全网平台播放量数亿人观看。《这里是河南》《郑州八度》《凡人时代》点击量都非常高。

中原大数据研究中心用数据指导新闻选题、新闻写作、新闻传播、新闻考核，同时把网络数据充分挖掘，将服务党委政府的舆情工作抓牢抓实，充分发挥技术平台优势和媒体渠道优势，为党委政府的中心工作做好前期引导。

"郑直播"分别与新华社现场云、人民直播建立合作关系，发起联合直播近150场。其中，直播《一带一路看河南：郑洛双子星，闪耀新丝路》获得2017年新华社现场云"创新策划"一等奖；与人民直播全国联动的《百年难遇 超级血色蓝月亮》创下单场直播浏览量最高纪录。

"三分钟读党报"新媒体产品，每天早上将《人民日报》《河南日报》《郑州日报》三级党报精品内容予以推送，将党报内容直达新媒体移动端，为党员领导干部提供学习参考。

3. 加大技术支撑，放大报业IP资源

媒体深融不仅融出了新媒介、新平台，还融出了传统媒体的新发展。借助平台和技术支撑，郑报集团对"郑州晚报"这个传统IP进行多层次、多元化的开发，不仅衍生出了以"郑州晚报"为名字的"两微一端"，还进行了多元化投资。现在的"郑州晚报"已不仅仅是一张报纸，不仅仅是一个新媒体，更是一个教育品牌、地产品牌、四星级酒店品牌和电商网购品牌，综合收益逆势上扬。

依托技术支撑和平台建设，郑报集团的媒体融合走过了各媒体分别探索的1.0阶段，走过了平台建设的2.0阶段，目前已经到了移动优先、人机并重、流程再造、功能完善的3.0阶段，基本打造了"形态多样、手段先进、具有竞争力的新型主流媒体，建成了具有一定实力和传播力、公信力、影响力的新型媒体集团，形成了立体多样、融合发展的现代传

播体系",受到中宣部、中记协和河南省委宣传部领导的肯定。

二、媒体融合下半场,郑报融媒将朝着"四全媒体"集团努力迈进

习近平总书记强调:"全媒体不断发展,出现了全程媒体、全息媒体、全员媒体、全效媒体……我们要因势而谋、应势而动、顺势而为,加快推动媒体融合发展,使主流媒体具有强大传播力、引导力、影响力、公信力。"

如何理解"四全"媒体,人民日报评论文章认为:"全程",突破了时空尺度,零时差、"五加二"、"白加黑",传播随时随地都可以发生;"全息",突破了物理尺度,所有信息都可以变成数据,用一个手机就可以获得;"全员",突破了主体尺度,从"我说你听"的一对多传播,变成了多对多传播,互动性也大大增强;"全效",突破了功能尺度,集成了内容、信息、社交、服务等各种功能,成为"信息一条街"。

郑报融媒在深融探索过程中,不断突破技术、人才、渠道、传播方式等的局限,大胆实践、自主创新,坚持一体化发展方向及移动优先策略,不断精进技术及传播能力,努力朝着"全程、全息、全员、全效"的目标迈进。

信息发布实现"全程"。媒体融合是一场"自我革命"。近年来郑报融媒的"三个转变",工作时序从以夜班为主向以全天候、24小时不间断转变,同时还通过技术平台和设备、支撑软件的改造提升,进一步提升和完善"中央厨房·新闻超市"五大功能系统,再造采编发流程,实现部分"人人见面"和全部"人机见面",实现新闻采集、制作、分发过程中"统"与"分"的有机结合,在技术上保障了新闻流程上的"零时差""五加二、白加黑"。

呈现形式实现"全息"。习近平总书记指出,党报、党刊、党台、党网等主流媒体必须紧跟时代,大胆运用新技术、新机制、新模式,加快融合发展步伐,实现宣传效果的最大化和最优化。

郑报融媒坚持先进技术为支撑、内容建设为根本，不断提高技术对新闻传播的助力。2017年年底，郑报融媒"中央厨房·新闻超市"采编发联动平台二期工程完工。这是对此前投用的一期平台进行改造、升级、完善和功能扩展。充分运用数据抓取、云计算、数据库、大数据分析等技术，整合内容资源，提升数据存储挖掘利用能力；充分运用4G传输、流媒体传输、移动直播、无人机采集、全景拍摄等技术，提升信息传播的效率和稳定性；充分运用虚拟现实、3D、R5等技术，增强信息呈现的质量和冲击力。充分引入"用户画像"、场景匹配、人工智能等技术，积极研究个性分析、即时推送、机器人写作等技术应用。同时密切关注5G传输，积极介入全息投影、增强现实、物联网、可穿戴设备等前沿技术运用，积极谋划和布局未来移动传播终端，着力增强相关技术研发应用能力，抢占移动技术发展应用的先机。

郑报集团借助先进技术，已催生了近百个客户端、微博、微信、移动视听媒介等新媒体矩阵，变身为集报纸、广播、电视、网络、新媒体功能于一体的全媒体。下一步，将更加重视开发大数据与人工智能技术，运用好信息革命的成果。

人员配置实现"全员"。在人才打造方面，近年来，郑报融媒通过培训、实训等打造了一批"全媒体战士"，记者从单一型向全媒体型转变，从单一文字、摄影记者到文字、图片、音频、视频、VR运用及制作的全技能型记者转变。今后，还将打造"全装备记者战队"。利用好郑报融媒二期、三期工程的技术支持，培养一批提笔能写、对筒能讲、举机能拍，"十八般武艺"样样皆通的"全媒体记者战士"，引进有新思维、新技术的新鲜血液，补充到各个新媒体业态团队。

在社交媒体和移动互联网时代，人人都是媒体，要处理好主流媒体与商业平台、自媒体等的关系，注重用户思维，激发主流媒体用户的传播力量，增大全员媒体的覆盖度。

传播效果实现"全效"。经过融媒改革实践，郑报集团新闻报道由过去单纯的报纸，到现在报纸、网络、"两微一端"新媒体在内的全媒体、多平台，通过文字、图片、H5、VR、音频、视频、直播等全方位立体呈现，形成及时快捷、立体全面的传播矩阵和传播效果，与新浪、网易、凤凰、今日头条、北京时间等知名直播平台建立了良好合作关系，实现"借船出海"，把本土化内容传向全国乃至全世界，打破区域限制，提高传播力。

除了提升传播效能，还要注重拓展媒体的服务功能。媒体融合的关键，在于自建平台，掌握渠道主动和用户黏度。建设大型生活服务平台是郑报集团下一阶段的任务，整合政府部门、公共服务、企业资源，用强大的生活服务功能吸引用户流量，用强大的用户流量提升到达率，牢牢把握话语权，巩固舆论主阵地。

三、媒体融合下沉与深耕，县级融媒体中心建设扎实推进

2018年8月21日召开的全国宣传思想工作会议上，习近平总书记强调："要扎实抓好县级融媒体中心建设，更好引导群众、服务群众。"

2018年8月31日，在郑州市委宣传部统一组织下，郑州报业集团与郑州所辖的6县（包括县级市）、6区、4个开发区集中签订了县级融媒体中心建设合作协议；9月3日，郑州各县（市）区、开发区共16个县级融媒体中心全部完成挂牌，标志着郑州市在推进媒体融合发展、打通宣传思想文化工作到达群众"最后一公里"方面迈出重要一步。

以郑报融媒平台为基础，以市级媒体集团为核心，打造承上启下，"连天线，接地气"的县级融媒体技术平台，下可整合县级电视、报纸、广播、网站、自媒体，中可联接市级报纸、广播、电视、网络、移动端、短视频等媒体资源，上可对接省级和央媒资源。利用自有技术，实现智慧政务、智慧城市建设，构建党委政府和群众联结的桥梁和纽带。真正实现"横向融合，纵向打通；一个平台，分级管理；数据共享，资源互补"的大融合、真融合。

2018年11月14日，中央全面深化改革委员会第五次会议审议通过了《关于加强县级融媒体中心建设的意见》。根据《意见》和中宣部近期发布的《县级融媒体中心建设规范》，郑州报业集团积极与各县市区协调

对接，对县级融媒体中心建设方案进行调整修改。目前，郑州辖区内的各县（市）区、开发区融媒体中心建设正稳步推进中，一些县（市）区、开发区已取得了实质性进展。

下一步，郑报集团将进一步深入学习贯彻习近平总书记系列重要讲话精神，牢记总书记关于打造"四全"媒体等重要指示和要求，努力打造与国家中心城市相匹配的、具有强大影响力和竞争力的"四全"媒体集团。

长沙晚报报业集团：

长沙晚报媒体深融的"四轮驱动"

李鹏飞　刘先根

"四轮驱动"之保品牌：
打造党报权威与晚报特色的"合金"品质

长沙晚报是一家有着63年历史的省会城市党报，党报的权威地位、职责使命和品牌价值，尤其是内容价值、专业素养、行业规范、特殊的新闻资源优势、媒体经验、组织化程度、品牌公信力等，这是长沙晚报数十年积淀起来的党报基因和媒体质感，它具有不可替代的权威性、影响力、公信力和品牌价值。正是这种独特的品牌价值，使长沙晚报在发展中始终坚守党报品牌、坚守新闻主业、确保品牌增值这个根本不丢，这也是媒体融合的源头活水。近3年来，集团在三个方面持续发力：

一是保发行覆盖。《长沙晚报》一直是省会长沙发行量最大、覆盖面最广、有效发行最大的纸媒，在新闻纸持续涨价、传统广告经营断崖式下滑的背景下，为确保《长沙晚报》这块金字招牌，《长沙晚报》城区的年实际发行量继续保持20多万份，自费订阅比例达70%多，在公务员、知识分子、企业家、高级白领、金融人士等高端人群中做到了发行覆盖最广、影响力最大，确保党的声音"飞入寻常百姓家"，影响有影响力的人群。

二是保版面质量。无论传播形式、媒体形态如何变化，内容为王、内容制胜永远不会变；不管传播介质如何变化，作为纸媒，优质的版面内容、优美的呈现方式、创新的表达方法始终是确保长晚有效阅读率、传播力、引导力的核心。基于此，集团党委和晚报编委会始终把提升《长沙晚报》的版面质量作为工作重心，每年坚持改版提质，既坚守党报权威和晚报特色的"合金"品质又做到常变常新；加强和改进主题新闻宣传，始终聚焦市委市政府的中心工作，做好服务文章，彰显引导之力；采编各环节严格执行三审制，把好稿件导向关质量关；做好"精"字文章，精耕本土，精心策划，精细运作，讲好长沙故事，按照习近平总书记提出的"努力推出有思想、有温度、有品质的作品"，每年获得中宣部、省委宣传部新闻阅评表扬超过30篇次。

三是保精品创优。近年来，长沙晚报持续推进精品创优，为使精品创优落到实处，长沙晚报近年对首席制实行动态管理、项目负责制，通过精细管理和创优激励，涌现了不少精品力作，确保了长沙晚报始终是优质新闻产品的策划地、生产地；同时优化奖励机制，修订中国新闻奖等各级各类好新闻好作品奖励制度，提高奖励额度；领导带头创优，2018年，李鹏飞社长撰写的新闻论文获得中国新闻奖二等奖，是湖南省媒体唯一获奖论文。21世纪以来，长沙晚报每年均有新闻作品获得中国新闻奖等各级各类新闻奖，获奖数量、等级在全国晚报、省会城市党报以及全国地市党报居于前列。

"四轮驱动"之走新路：
扭转传统媒体与新媒体"两张皮"现象

创新是守正的发展，只有不断创新，守正才能更有活力，才能长久坚持。创新求变是媒体的天然禀赋与常态，党报的发展演变与自我完善自我创新从来就没有停止过。历史证明，正是因为创新不止，报纸在经历广播、电视、互联网、移动媒体的挑战后，今天依旧鲜活地呈现在世人面前。网络信息技术在媒体领域带来的这场前所未有的变革，依然是"一种有机的运动过程"。面对日益激烈的媒体竞争,新闻舆论工作只有大胆创新,舆论阵地才能守得住,党的声音才能传得更远。长沙晚报之所以在全媒体融合发展时代依然保持逆势上扬的态势,是与长沙晚报人始终突出创新这个关键"芯片"分不开的,走新路具体表现在三个方面:

一是搭建融合新平台。集团自主研发的融媒体"中央厨房"于去年上半年建成并运行,这是全国报业首个拥有完全自主知识产权的"中央厨房"。长沙晚报融媒体"中央厨房"集指挥调度平台、采编发联动平台、音视频直播平台、舆情监测平台以及历史报纸数字化资料库五大模块于一身,走出指媒升级为智媒的关键一步。目前,长沙晚报报业集团完成了掌上长沙客户端、掌上长沙微网站、长沙晚报网、官方微信公众号、官方微博、头条号、一点号、企鹅号等10余个移动平台的搭建,形成强势吸粉的"新媒体矩阵"。

"掌上长沙"客户端已成长沙晚报的新媒体品牌,下载量突破1000万人次,在人民网发布的《2018全国党报融合传播指数报告》中居全国党报自有APP传播力第10位;长沙晚报官方微信在权威第三方机构发布的"全国党报新媒体排行榜"上进入全国10强,最高位列全国第7,在省内报纸新媒体榜单上持续排名第一;官方微信"10万+"稿件频出,去年共有近20条微信推文点击量突破10万大关;视图文融媒体直播已经成为集团媒体融合传播的招牌产品,全年共直播60多场,累计观看人数突破3000万人次。

二是再造融合新流程。长沙晚报在融合转型的过程中,敏锐地意识到转型升级、改造基因、增强机体,已经刻不容缓。同时深切地感受到,长沙晚报融媒体"中央厨房"、移动优先、生产与服务的迭代升级等,这些都还只是业务层面的改革,为了彻底扭转过去传统媒体与新媒体"两张皮"现象,长沙晚报着力以用户思维为主导,在融合流程再造上下功夫。比如打破原来媒体以自我为中心设置部门的管理方式,代之以业务流程为中心,重新设计管理过程,追求全局最优,而非部门个别最优。将长沙晚报编辑出版部与新媒体中心整合，形成全流程全方位的媒体融合产品、报纸产品、视频产品等无缝生产流水线。长沙晚报新媒体推出"直播长沙"等全新应用，通过快捷现场连线、多路信号同步直播等手段，继 2017 年抗洪防汛报道中长沙晚报融媒体首次 157 小时滚动直播后，2018 年累计完成视频图文直播 100 多场次。整合各类政务热线平台，打造"市民问政直通车"等服务平台。2018 年 6 月起，长沙晚报以每月一场的频次，邀约市长、副市长及相关部门负责人做客"长沙市民问政直通车"栏目，通过现场视频直播，回答市民、读者、网友提问，同时，问政的内容在第二天的《长沙晚报》市民热线版同步刊发。这些都是融合流程再造后的成果。

三是掌握融合新技术。媒体融合发展，技术是基础。长沙晚报在推进媒体融合发展之初，就确立了技术自主研发的思路，这也是吸取了过去传统媒体重内容、轻技术而受制于人的经验。为此，集团出台一系列政策，探索实施协议薪酬机制，给予核心技术骨干应有的待遇和荣誉，依靠自己的团队啃下了融媒体技术这块硬骨头。集团自主研发的"中央厨房"，实现了完全自主研发，而且能够及时响应媒体实际需求，不受制于人，具有更加实用、更加可控、更加安全的特点，为全集团采编流程的再造打下了坚实基础。2017 年 11 月，来长参加中国报业第七届党建座谈会的全国 150 多家报社社长、总编辑专程来到集团参观考察融媒体"中央厨房"建设，中国报业协会理事长张建星对此评价为："为全国报业的媒体转型和融媒体建设提供了解决方案，具备了在全国报业推广的价值。"坚持技术自主研发这条路虽然难走，但得到的回报也是显而易见的。不仅仅是契合地方党报的需求，更能够探索建立技术输出的盈利模式，为媒体拓展新的收入。比如，长沙晚报融媒体"中央厨房"已经完成了计算机软件知识产权登记，并成功实现了向外市（娄底日报社）、外省（江西抚州市）等媒体的技术输出，在中央提出要推进区县融媒体中心建设的大背景下，技术输出模式具有了更为现实的意义。

"四轮驱动"之兴产业：
驱动新兴业态与品牌活动的"双翼"腾飞

推进媒体融合发展、实现媒体转型、技术人才装备等都必须依靠有效的财力作为物质基础，因此党媒发展也必须坚持新闻宣传和产业经营两条腿走路。长沙晚报报业集团努力做好产业经营，正确处理好社会效益与经济效益的关系，持续调优产业结构，优化存量，做大增量，在盘活传统主业的基础上，驱动新兴业态与品牌活动的"双翼"腾飞，以兴产业反哺新闻主业，夯实了媒体融合发展的物质基础。

一是盘活传统主业。全力整合集团各类媒体资源优势，推进业务创新，着力稳定广告、发行、印刷等传统主营业务。在全国报纸行业广告连续多年出现断崖式下滑的情况下，通过项目合作、活动策划、形象推介等渠道，近3年来，《长沙晚报》广告收入基本保持稳定，为党媒发展稳住了阵脚。在市委的支持下,《长沙晚报》发行价格按市场做出了调整，同时精心做好报纸调价后的发行覆盖、读者服务等工作，扭转过去依靠广告进行二次销售来补贴报纸的模式，使媒体不再背负沉重的发行亏损，得以轻装上阵。集团旗下利德印务公司新拓展多家外报印刷业务，先后中标《法制日报》《工人日报》等中央媒体印刷业务，2018年营业收入3000多万元，比目标任务翻了一倍。

二是发展新兴业态。在长沙晚报，传统广告收入占经营收入比例已从最高时的70%下降到2018年的30%，一大批新兴业态已经成为集团经营创收的支柱。新媒体中心通过技术与服务输出，自身"造血"能力快速提升，2018年新媒体中心全年创收600万元，还带动其他部门创收数百万元。大力发展楼宇经济，河西的长沙晚报文化产业园顺利竣工并交付招商，目前已引进企业20多家，每年可为集团带来收入4000多万元；河东的长沙晚报报业大厦通过腾退多余办公用房，重新对晚报酒店进行招商，实现了富余物业100%的出租率，每年收入近2000万元。同时，长沙县北山文旅项目、衡山大虎地文旅等一系列项目正在有序推进，为集团未来发展注入了勃勃生机。版权内容服务、数据库信息服务、自媒体广告服务、整合营销服务、创意内容制作、审核服务输出等也开始成为新的盈利点。

三是打造品牌活动。抓住各类节会、活动、项目策划执行营销活动数百次（如"3·15"活动、中高考咨询会、汽车博览会、婚博会等）。同时围绕首届农民丰收节、金融服务节、乡村旅游节等重要节点策划活动，基本上做到一次大活动策划带动广告创收数百万元，一个小硬广刊发要配套一次线下活动。2018年以来，节会等活动收入4000多万元，形象推广收入2460万元，对冲了传统商业广告的下滑。

"四轮驱动"之强队伍：
建设适应融媒发展需求的"复合型"人才队伍

媒体融合首先是观念的融合、人的融合，这是推动媒体融合发展的动力之本。打造一支既有专业新闻素养，又懂新媒体传播运营，还具有互联网思维和实践能力的复合型人才队伍，是融媒体时代背景下，传统新闻媒体转型发展需要解决的新课题、新任务，长沙晚报在媒体融合发展的过程中，始终把培养高素质人才作为重要目标，逐步建立一支适应融合发展、理念先进、业务精湛、作风优良的融媒采编经营管理队伍。

一是抓思想观念转变。长沙晚报是一家有着60多年办报历史的传统媒体，也曾经有过极为辉煌的历程，办报人才以传统媒体为主，长沙晚报班子成员多数是办报方面的人才，对媒体转型心存犹豫或者表面上说融合实际上还是以办报的思维指导媒体融合转型。为此，集团党委多次把媒体融合作为党委中心组学习的重要内容，要求班子成员深入学习媒体融合的相关内容，特别是习近平总书记关于推进媒体融合向纵深发展的系列精神，了解媒体融合发展动态，解放思想，树立全媒体理念，同时请媒体融合专家授课。经过这两年的努力，融合发展理念已经成为集团班子的共识，集团媒体融合转型的推进变得更加顺畅。

二是抓团队本领更新。长沙晚报一段时间是以传统纸媒采编经营人才为主，随着媒体融合的深度推进，人才结构需要进一步优化。为此，我们不断增加软件、数据、战略分析等人才在团队中的比重，开展全员转型培训，举办新媒体特训营，为传统采编记者讲课并且实际演练，培养一批具备融媒体采编播技能、既可分工合作又可单兵作战的"全媒记者""全媒编辑"，通过走出去、请进来等多种方式，培养运用新媒体的能力，提升融合发展的本领。与此同时，为适应媒体转型、融合发展需要，长沙晚报先后出台《关于加强长沙晚报全媒体记者编辑队伍建设的意见》和《长沙晚报全媒体记者编辑新闻作品计分办法》，要求在2018年重点培养10名"直播+"网红记者，推出《晚报记者在现场》《长沙政能量》等11项特色融媒体产品，考核计分以融媒体产品为主。2018年年初，集团下发《关于加快长沙晚报媒体融合发展的意见》，要求调整集团体制机制包括组织形态等，打破集团内部既有利益格局，按照移动互联网的规律布局并匹配资源；新成立的集团编委会、集团经管会，进一步优化了集团治理结构。这些务实举措，成为集团推进媒体融合向纵深发展的有力抓手。

三是抓干事氛围营造。集团党委班子牢固树立"四个意识"，政治上做到忠诚于党、忠诚于事业，在业务上带头走转改，用实际行动营造浓郁的业务氛围，也为传统采编人员构建适应新媒体的采编思维和文本体系树立起标杆，同时，集团在优化内部治理结构的同时，完善了用人和分配制度。在3年一次的竞聘上岗中，明确提出并做到了"凡是与集团有劳动关系的员工均可直接竞聘中层岗位"，打破资历和身份界限，让一批80后业务骨干挑担子。目前集团队伍稳定，精气神饱满，涌现出包括集团领导在内的20多位全国、全省、全市综合或行业先进个人和其他荣誉。

贵阳日报传媒集团：

城市党报媒体融合发展的贵阳路径

戴建伟　罗建三　谢江林

一、顶层设计：在战略层面上推进融合发展

推进媒体深度融合，需要整合资源、变革重组，这是报业顶层设计中的重要环节，贵阳日报传媒集团基于媒体融合发展的刚需，从组织架构、机制再造、平台打造、矩阵呈现、模式创新等诸多方面进行了战略规划。

1.组织架构：组建集团层面的新媒体运营中心

2013年是贵阳日报传媒集团全面推进媒体融合发展"元年"。这一年，顺应面向互联网领域的融合传播形势，集团组建了全省首家集团层面的新媒体运营中心。几年来，新媒体业务从无到有，经营规模扩大了10倍左右，已经成为全省、全国也不多见的能够靠滚动发展支撑的传统媒体单位中的新媒体运营体系，逐渐形成（贵阳日报、贵阳晚报、新媒体运营中心）三足鼎立的媒体发展格局。

2.机制再造：实施内设机构改革

2016年，顺应媒体融合发展，集团对下属的贵阳日报、贵阳晚报、新媒体运营中心的新闻采编全部实行事业部（事业群）运行机制，以坚持移动优先为原则，构建了适应集团媒体融合发展的运行机制。2017年四季度，集团还在全省首创了"编审调度中心"机制，将贵阳日报、贵阳晚报、新媒体运营中心的新媒体稿件刊播全面纳入统一审核把关体系，

使集团新媒体刊播的"三审三校"制度走在全省前列,该项工作得到了省网信办的肯定。

3. 平台打造:启动"数据融媒"技术平台建设

根据集团媒体融合发展现状和规划,集团提出并完成了"数据融媒"融合传播技术支撑平台项目规划,启动了前期相关建设工作,目前已经完成了"数据融媒"融合传播技术平台"媒资库"、网络视频基础播控系统、"贵阳头条APP"、"贵阳日报APP"、"贵阳晚报微报刊"等技术模块的建设,目前正在启动"贵阳头条APP"及贵阳网采编发布系统建设,通过该系统集团可以将旗下各媒体生产的内容一键同步签发到集团下属的多栏目、多终端;初步建立了在全省新闻单位中较具实力的技术研发队伍,确保网络安全达到省内媒体领先水平。近3年来集团没有发生过一起网络安全事故,十九大期间还被省网信办评为网络应急值班值守先进单位。

4. 矩阵呈现:实现分众垂直传播

贵阳日报在自主运营"贵阳日报"官方微信微博、"黔中书"等自媒体的同时,重点开展集团原创内容生产、采编资源整合和融媒体指挥平台建设的工作;贵阳晚报则侧重于依托ZAKER贵阳开展网络直播和"贵阳晚报""黔生活"等微信公众号的建设;新媒体运营则重点开展贵阳网、贵阳头条、数据观等媒体平台建设,动画、H5等新媒体创新内容建设和基于O2O的创新媒体产品建设。

5. 模式创新:由单一新闻向"新闻+服务"转变

即以贵阳市融媒体中心建设为主体,以"四全驱动"为理念,打破以往市属传统媒体单打独斗的局面,将"中央厨房"内部融合扩大到全域媒体融合,放大传播效应。同时,还以"新闻+服务"为理念,整合贵阳市政府部门、公务服务、企业资源等,将贵阳市融媒体中心打造成一个集新闻宣传、资讯服务、民生服务、政务办理为一体的融媒综合服务平台,重塑新闻传播模式。

二、路径选择：在战术层面上打通融合通道

媒体融合是报业转型发展的一次总体战，一方面需要严谨、科学的战略规划进行统揽，另一方面需要选择与其相适应的战术路径予以践行。

1. 以"中央厨房"为路标，引领媒体资源的整合

2013年9月，贵阳日报和新媒体运营中心在十分简陋的条件下，联合设立"媒体融合采编指挥平台"，成为省内最早引进"中央厨房"理念的媒体单位。该平台按照"一次采集、多种呈现、滚动播报、融合传播"的理念，打破传统报纸媒体采、编、发的固有流程，将采访、编辑、发布、互动整合到同一个平台之上，形成了多媒体跨平台融合传播的叠加效应，在历届"数博会"等多次重大报道中发挥了很好的作用。在2017、2018两届贵阳市两会报道中，集团前方设立"融媒中心"，后方依托"指挥平台"，将旗下全部媒体资源整合为全过程、全媒体、跨平台传播的统一体系，分别实现1000万以上的网络阅读，连续两年登上新浪微博全国政务榜第一。

2. 以报业品牌为路灯，照亮社会资源的整合创新

2016年，集团通过与全国性商业APP合作推出ZAKER贵阳，获得ZAKER在贵州省内的独家运营权，成为省内第一家全口径导入商业性互联网平台APP后台运营权限和用户资源的传统媒体，使集团APP平台技术水平跨入了国内一线水平。截至2018年年底，ZAKER贵阳在贵州省的装机量超过500万，日活用户45万（贵阳地区装机量240万，占全省一半）。2018年5月，集团还与百度合作推出百度贵州，由贵阳网独立承担百度在贵州区域内的内容更新和运营。

3. 以线上线下为路线，推动新媒体产品的整合创新

2016年、2017年，集团依托旗下新媒体的传播影响力，相继孵化"黔学帮""数据观""贵阳晚报小记者"等影响力在贵州省第一，并在全国具有影响的垂直领域传播品牌，通过组建专业公司开展线上线下活动，一年营收1000万元左右。

三、技术支撑：在创新层面上呈现融合传播

在互联网技术迭代加速的当下，媒体融合发展更离不开新技术的有力支撑，贵阳日报传媒集团立足互联网新技术的研发与应用，架设了技术创新的四根支撑柱。

1. 动画技术

2014年推出了全国最早的动画新闻传播品牌"针象百科"，比国内其他媒体早6个月推出动画新闻产品，3年累计生产动画新闻产品60余部，其中"习大大所说的'精准扶贫'是什么"还获得了首届中国报业短视频微电影大赛一等奖。

2. 网络直播技术

全年完成移动直播超过200场次，是全省网络直播数量最多的新闻单位。2018年2月9日，集团还牵手花椒直播开展有关贵阳的网络直播有奖问答活动，吸引逾600万在线网友参与答题，得到省委常委、省委宣传部长慕德贵同志的批示肯定。

3. 网络视频技术

3年累计推出5部微电影。2017年推出数博会和贯彻十九大精神的两部重大体裁MV爆红网络，网络播放量达到500万人次。

4. 技术人才

建成了全省唯一的动画新闻专业团队，网络视频业务专业水平和生产能力全省领先，由内部员工兼职出演的MV网络组合和微电影产品初步形成影响力，传统媒体业务人员参与网络直播等新媒体业务形成常态，成为在全省网络传播产品形态最全的新闻单位。

目前，贵阳日报传媒集团已经具备视频、动画、H5、VR等多媒体生产能力，是全省网络内容形态最丰富的媒体之一。集团移动互联网传播覆盖超过800万人，影响力全省领先。

四、愿景规划：在未来层面上丰富融合传播体系

战略规划的设定、战术路径的选择、技术创新的支撑，使贵阳日报传媒集团走进了媒体融合的春天，并在此基础上对发展愿景进行了再规划：

——作为省内最早的国家一类新闻资质网站贵阳网影响力日益扩大，2017年9月，在中央网信办发布的城市网站传播力排行榜中，贵阳网在272家新闻单位中综合传播力排第11名。新浪、腾讯、今日头条等知名网络媒体平均每年转载贵阳网稿件5000余条。

——创办于2015年的中国大数据产业观察网，经过3年发展，目前影响力位居全国大数据专业媒体第一，被省网信办推荐申报国家一类新闻资质网站，2016年被中国报业协会评为年度报业新媒体创新奖。

——手机传播平台建设取得丰硕成果。截至目前，集团自有手机APP："贵阳日报"APP、"贵阳头条"APP的累计下载量已超过15万；通过与外部资源合作推出的ZAKER贵阳下载量超过500万。

——"百微千群"微媒体矩阵建设快速推进，互联网传播渗透力全省领先。到2018年年底，集团下属媒体运营微信、公众号、微博官号、头条号等跨媒体传播平台近80个，运营微信群近500个。其中由贵阳日报"黔中书"新媒体团队推出的"多彩贵州民族特色文化融合传播平台"项目还与人民日报客户端、解放日报"上观新闻"等项目并列，在2017中国传媒"移动优先"峰会上被评为媒体融合创新项目一等奖。

——新媒体业务实现跨越式增长。2015年至2018年，集团新媒体业务收入年均增速超过50%；2017年，集团主业非传统广告创新收入达到5500万，占传媒主业比重达到53%，首次实现集团传媒经营的历史性转折。

2018年，贵阳日报传媒集团调高了媒体融合转型发展的共同愿景，即根据《中共贵州省委关于加强和改进党的新闻舆论工作的实施意见》《中共贵州省委贵州省人民政府关于进一步推进媒体深度融合发展的总体方案》，通过认真调研论证，向上级主管部门提出了依托贵阳日报传媒集团主流媒体业务优势和传统媒体品牌优势，充分发挥集团近年来媒体融

合发展的成功经验、"数据融媒"项目建设所形成的技术条件以及集团作为全国数字化转型示范单位的政策条件，在市委和市委宣传部的领导下，由贵阳日报传媒集团建设贵阳市级融媒体中心，并全面参与各区（市县）级融媒体中心建设和运营，统筹打造两级联动、整合统一的贵阳市融媒体传播体系，努力推动贵阳市深入推进媒体融合发展的工作走在全省前列。

2018年10月16日，在贵阳市委的决策推动下，在市委宣传部的部署领导下，贵阳日报传媒集团启动承建贵阳市融媒体中心，仅用两个多月时间就完成省内外领先水平的融媒体中心建设，在全国率先探索建设省市县三级协作的融媒体中心体系。

贵阳市融媒体中心按照"全市统筹、分级负责，优势互补、聚指成拳"的原则，以全域媒体融合放大传播效应，推动主流舆论做大做强。

在2019年贵阳市两会上，集团依托贵阳市融媒体中心试水"四全驱动"的媒体融合，收获网络传播量超过5100万，其中仅在新浪微博话题就实现主动阅读量近1800万。

"牢记使命、四全驱动、动能转换、融合发展"，随着媒体融合发展向纵深推进，贵阳日报传媒集团也将全新目标写上自己的旗帜，不忘初心，砥砺奋进，为贵阳市高水平对外开放、经济高质量发展贡献力量。

长春日报社：

党报脱困的长春突围

孙成军

长春是著名的中国老工业基地，是新中国最早的汽车工业基地和电影制作基地，有"北国春城"的美誉。然而，在这个"北国春城"，长春日报社因多年的历史遗留问题，陷入了负债高达5亿多元，入不敷出的困境，面临的是寒风凛冽的"严冬"。

2016年，长春日报社领导班子带着改革到底的决心，探出一条"变中求生"的发展之路，打响了四场攻坚战，使得经营能力不断提升、债务包袱不断减轻、员工精神不断振奋，使困难重重的报社，重新迎来了"阳光灿烂的日子"。

一、困境：兴衰嬗变与生存挑战

《长春日报》创刊于1945年。长春日报社是中共长春市委直属公益二类事业单位，自筹自支。主要职责是负责编辑出版《长春日报》。目前的主要产品是四报三网两微一端，即《长春日报》《长春晚报》《影视图书周报》《长春商报》四张报纸，维护和运行"长春新闻网""长报网""长春日报社官网"三个网站，"掌上长春""长春政事儿"两个微信公众号，"看长春"手机客户端。因历史原因存在的主要问题如下：

1. 负债沉重，不堪重负。2001年国家新闻出版署批准成立了长春日报报业集团，开始了企业化经营之路。此后，新公司不断成立，经营规模盲目扩大，但除了广告和发行外，几乎没有赚到钱的项目，亏损越来越大。为了扶持报业集团只得"抱薪救火",从1999年起到2014年,连续"欠税"运行,累积欠税7000多万元,因欠税而产生的滞纳金日日递增,已超过欠税的"本金"。事业编在职和退休职工养老保险均没有缴纳。至2016年7月,各项历史往来陈欠、银行贷款、税费、工程款等账内负债已达3亿余元,加上因欠税而产生的滞纳金、800多名职工应缴而没有缴纳的社会养老保险费用等没有计入资产负债的实际"应付款"即账外负债,负债总额已近5亿元。

2. 人员膨胀,负担沉重。至2016年7月,虽然几经裁减冗员,队伍仍然庞大,在册职工达到1183人。其中,"退养"103人,占事业编人员的20%。退休314人,由于没有纳入社会养老保险,退休人员仍由报社负责工资。这两部分不上班但由报社负担工资的达到407人,占职工总数的34.4%,平均1.9个在岗人员需供养1名不在岗人员。同时,工勤人员和低学历人员比例偏高,事业发展所需的人才紧缺。专业技术人员仅有223人,占在岗人员的26%。造成人员总量多,但编辑、记者等一线岗位人才又缺的局面,创新能力不强。

3. 收入锐减,入不敷出。报社虽然明确为公益二类事业单位,但经费仍属自筹自支。受经济形势和新媒体影响,传统广告收入急剧下滑,由最高每年广告收入7000多万元锐减至不到2000万元。发行虽然维持在平均水平,但由于生产成本和发行成本提高,每发行一份报纸都要亏钱,发行价格低于成本。跨界经营仅限于低端的商品销售,多数处于"赔本赚吆喝"状态。报社入不敷出,生存难以为继。职工工资无法保障,精神状态和积极性受到影响,负面情绪较大。

4. 体制混淆,四面不靠。地方党报社或报业集团到底是什么性质的单位,缺少准确定位。以长春日报为例,就有"党政事企"不同的认定:一是编制部门将报社视为党委直属事业单位,序列划分上按党群序列对待;二是人事、审计、软环境等部门在人事管理、作风建设、财务审计、绩效考核上将报社按市直机关对待;三是在工资核定、人员招录聘用及争议处理等方面按事业单位对待;四是税务、社保、住房公积金等征费部门在税收征管和征费管理上将报社按企业对待。如此一来，报社看似"四处靠"，实则"四处不靠"，哪一方面的优惠政策都很难享受到。

二、求变：绕过"绊脚石"求发展

报社存在的种种问题，成为改革创新的"绊脚石"，"往后走"回不去，"往前走"行不通，"原地等"同样没有生路。在此情况下要将改革进行到底，必须搁置负重，绕开"绊脚石"。长春日报社从四个方面探索出一条"求变"之路：

1.向死求生，把"家丑"亮出来。"家丑"能不能亮？一方面的意见是亮"家丑"有很大的风险：历任"家长"会不认同、有意见；增加员工压力，怕他们"破罐子破摔"。另一方面的意见是：如果不亮"家丑"，虽然可以保留罩在外面的光环，但永远无法卸掉身上的重负，更无法轻装前进。经过反复讨论，长春日报社决定亮出"家丑"，向上级组织特别是党委如实汇报，向全体职工如实"摊牌"，向社会层面承认"入困"。2016年8月，长春日报社新领导班子成立，第一件事就是深入调研，摸清"家底",将资产负债情况和困难问题向全体职工公开,使广大职工真实地认识社情,增强危机感和责任感。

2. 减负前行,把旧账"挂起来"。"家丑"亮出后,出现了意料之中的"不适症",一度使职工感到绝望和无奈。为解决这一问题,报社领导层经过审慎研究,对历史债务进行区分,除工程欠款、法院判决、银行贷款之外,其余都进行"挂账处理",即积极协调有关方面,对历史陈欠及滞纳金等,暂时搁置,等待时机。对影响当前工作的刚性负债,如银行贷款、法院判决、工程款等,分轻重缓急,制订还款计划,量力而行,积极偿还,为其他工作腾出精力。

3. 四招并举,把路径"明起来"。导向"人才兴社""强报立社""改革活社""创新强社"四大方略,明晰战术路径:一是人才为根。把人才培养和人才配置摆在优先位置,注重精神文化生活的重塑,着力调动人的积极性、主动性,把员工思想引导到事业发展上来。二是办报为本。将优质资源向采编倾斜。对内部人才资源进行整合,凡有一定培养潜力适合做采编工作的人员,都充实到采编岗位,解决"缺记者缺编辑缺稿件"的问题,着力提高报纸的质量。三是改革为魂。调整内部机构设置和机制,收缩经营战线,砍掉商业零售类,依托主业加强经营管理,拓展"对公"经营范围,提高服务质量。四是创新为翼。鼓励员工创新、创收、创业。设立社长总编辑特别奖和创收奖励办法,实施计时与计件相结合的工资制度,对创新性优秀稿件和创新、创收成果给予"计件"奖励。

4. 严明纪律,把管理"严起来"。一方面,宣布"不减员""不裁员""不下岗",承诺人人有岗位,人人有事做,解除顾虑,给员工吃下"定心丸"。另一方面,研究制定了贯彻落实《事业单位人事管理条例》的具体规定。以国家关于事业单位管理的规定为依据,从严治理,狠抓纪律作风,明确了"人人都要守规矩""人人都要去干事儿",改变员工的精神风貌和工作状态,向"严管理"要效益。

三、突围：找准关键点打好攻坚战

困境的形成非一日之事，走出困境更非一时之功。解困中，长春日报社打响了四场攻坚战：

1. 打好"去集团化"攻坚战。我们在调研中发现，"报业集团"在很多地市党报中发挥了积极作用，但对于长春日报社而言，由于体制机制的不顺，集团的正面作用未能充分体现。非常时期采取非常之策，长春日报社为此推进了"去集团化"工作：一方面，回归报社体制，由报社统领一切；另一方面，收缩经营阵线，将集团下无盈利能力的项目能砍则砍、能削则削，按照围绕报业做经营的思路来做经营工作。

2. 打好媒体融合攻坚战。媒体融合，势在必行。为此，长春日报社下决心投入资金，将全媒体平台改造升级为"中央厨房"，将长春新闻网、"长春政事儿""掌上长春""看长春"等新媒体机构整合到一个大的全媒体平台，搭建起报网端联通的内部机制，借以整合采编资源，既"好看"又"好用"。2017年7月，长春日报社"中央厨房"投入使用，成为吉林省首个投入使用的"中央厨房"，省、市领导多次来参观调研并予以肯定，使员工有了"眼前一亮"的感觉，增强了走出困境的信心。

3. 打好人才建设攻坚战。为优化和谐进取积极的人才环境，报社适时推出人才建设"鸿雁工程"。以现有员工队伍为基础，突出年龄、学历、业绩因素，选拔出"领军人才""骨干人才""优秀后备人才"三个层次的人才梯队计200人左右，分别被称为"领头雁""先锋雁""护卫雁"。以这些"鸿雁人才"为核心，实行一帮一、一带多，团队作战和小组作战，因需施训、因事组合，形成创先争优的工作氛围。

4. 打好机制调整攻坚战。报社根据工作需要，对机构进行重新整合，通过聘任制，实行"一类机构"和"二类机构"并行。加强扁平化管理，打破部室界限，实行"委员会"和"中心"制，设立五个委员会、十个中心，统领全部工作。各内设机构由相互独立转为相互协同，增强合力，提高效率。

四、共享：让员工收获稳稳的幸福

激活党报人的精气神，首先需要解决党报人的核心"关切"。因而，长春日报社注重给员工实实在在的利益，把个人利益与报社利益紧密结合在一起，努力实现"报社为我""我为报社"。

1. 工资"涨起来"。工资改革调整之前，长春日报社职工月人均收入3500元左右。为调动职工积极性，报社领导层下决心调整职工工资，压缩行政和经营开支，将增加的收入全部用于解决职工工资待遇。分别于2016年12月、2017年7月和2018年3月，依据工资政策调整事业编人员工资，事业编人均收入提高到6586元，拉平了与其他事业单位人员的工资差距。对聘用人员分两次普遍上调工资标准。通过工资调整，全社人均收入增长到2018年3月的5490元，增长了56%。

2. 职称"聘起来"。地方党报专业技术人员和工勤人员比较集中，由于受指标限制和管理原因，很多评上专业技术职务和考取工人技术等级证书的人员，都没有被聘用到相应岗位上，通俗说法叫"职称不兑现"。虽然这些问题的形成是制度设计原因，但对员工来说"不是他们的错"。激活精气神，必须把职称和专业技术等级聘任提上日程。2018年年初，长春日报社对内部职称资源进行整合梳理，精心设计，克服层层困难，一次性为64名专业技术人员晋级晋档，让专业技术人员看到了未来的希望。

3. 福利"升起来"。由于工资水平低，与工资挂钩的员工医保、社保、住房公积金等也都处于较低水平，与其他事业单位比有落差。聘用人员和"公司编"人员虽然纳入了养老保险和医疗保险体系，但由于经费不足，只能维持最低限度。报社从2017年起提高医保和住房公积金标准，一次性提高聘用人员缴费基数，实现医疗保障方面聘用人员与事业编人员同等待遇，使300多名聘用人员都用上了"医保卡"。

4. 文化"活起来"。为加强文化建设，报社将工作场所内的营销活动迁移出去，回归"文化单位"的本来面貌。并在工作场所内进行"文化装扮",突出政治导向和文化品位,设立"文化墙""文化走廊"和"报史展"等,使员工一进到报社就能感受到浓厚的文化气息。同时,积极开展文化活动和竞赛活动,组织"好员工讲好故事",评选"优秀员工",设立"优秀人才展示板"等,让员工在丰富多彩的文化活动中增进了解,形成共鸣。

五、思考:改革仍需四个层面的综合发力

实践表明,长春日报社的成功"脱困",是坚持以习近平新时代中国特色社会主义思想为指导,坚持党报党办、党管、为党、为民所取得的成果。长春日报社深知,踏上新征程,全面深化改革之路上不会一路平坦,面临的挑战仍然存在,今后还需借助机构改革的机遇,进一步深化地方党报改革。

1. 从国家层面对地方党报改革进行方向引领:突出党报姓党、党报党管、党报党办。在改革方面,向来是地方看中央,市(县)看省上。只有从国家层面对地方党报改革的关键因素予以明确,特别是地方党报社的性质、地位、体制、经费形式、隶属关系,才能明晰地方党报的改革方向和发展走向,各地才能有所遵循、依据和抓手。从目前看,全国地方党报社治理体系各不相同,有些地方实行完全的财政拨款,有些地方实行差额拨款,有些地方实行定额补助,有些地方实行自筹自支。这种局面不利于地方党报发展,应从更高层面予以规范和引导。

2. 从省级层面将党报改革纳入机构改革范围:突出党委统筹、党抓党报、财政保障。根据党和国家机构改革的安排与部署,省以下的机构改革均由省里统筹,由省里确定和批准方案。地方党报社怎么改革,关键在省里的机构改革方案,省级党报怎么改,地(市)党报必然参照执行。因而,省级机构改革和事业单位改革工作,首先应把党报社的改革纳入其中,明确党报改革归党统筹、党报归党委序列。其次,应跳出事业单位改革的"框子"思考地方党报改革,突出党报特色。长期以来,地方党报社是纳入事业单位管理体系的。然而,按照事业单位管理和改革的

几种设定,地方党报社都不在其中。因而,地方党报的改革,必须跳出事业单位改革的"框子",突出党报特色。

3. 从地(市)层面制订地方党报改革具体方案:突出机构调整、体制调整、分类管理。具体方案应将地方党报纳入财政保障体系,将"集团"与"报社"剥离,"经营"与"采编"剥离,由"准企业"回归"真事业",实行分类管理。其中,采编和行政工作完全实行财政拨款;印刷、发行、经营工作实行公司制;调动两个积极性,不能简单地把"包袱"甩给财政。

4. 从保障层面制定地方党报改革的支持政策:突出问题导向、遗留化解、轻装减负。针对一些地方党报的历史遗留债务问题,在化解中必须承认和尊重历史。对于"历史真实债务",只靠"挂起来",是不能最终解决的。因而,应从国家和省的层面,制定相关政策,对地方党报改革中遇到的债务、社保、人员等问题,给予特殊政策予以化解,使地方党报社轻装前进。

长春日报社的"脱困"实践,得出两条经验:一方面,必须有"向死求生""壮士断腕"的勇气,必须设法激活党报人的精气神,使党报人敢作为愿作为能作为,进而发挥地方党报的党媒功能;另一方面,还必须形成支持地方党报改革发展的良好氛围,从上至下形成改革合力。只有这样,地方党报才能克服困难,走出困境。

昆明报业传媒集团：

破解报业痛点的八个"处方"

姚　宏　母昌买　宗　卫

昆明地处彩云之南，享有"春城"之美誉，正加快建设面向南亚东南亚的区域性国际中心城市。近年来，昆报传媒推进媒体深度融合发展，取得了阶段性成果。但在媒体融合发展、转型发展的新征程中，也同样面临着全国大多报业存在的转型之痛，重点表现为传统媒体与新媒体亟待"相融"、复合型人才稀缺、体制机制亟待完善三大痛点。对这三大痛点，昆报传媒集思广益、因地制宜开出了相应的"处方"，这些"处方"有些可以依托自身的资源予以破解，有些则需要从更高层面上进行顶层设计和战略规划。

一、融合发展中存在的痛点及改进"处方"

1. 症状

①传统媒体与新媒体亟待"相融"；②新媒体原创优质内容还不够多；③新媒体的部分功能用户体验感欠佳。

2. 处方

处方一：外病内治

"外病内治"是中医法则之一。在融合发展中，首先要治"心病"，从"三导入三强化"等方面协同发力。"三导入"：导入互联网思维：充分运用互联网技术手段，改造传统媒体；导入融合思维：摒弃分离式思维，搞各兵种协同作战；导入一体化思维：形成一体化的组织结构、一体化的采编流程、一体化的传播体系、一体化的管理体制。"三强化":强化用户意识:用户即阵地,要把占有用户、发展用户、凝聚用户、服务用户贯穿媒体融合发展全过程;强化产品意识:以产品为抓手,围绕产品构建团队,再造流程,创新机制,提供适应不同受众阅读特色和阅读习惯的新闻产品,努力满足不同受众需求;强化机制意识:按照高质量发展的要求,最大化激励员工经营的积极性,实现经营、管理等方面符合先进的市场机制体制。

处方二:内容为王

对于媒体来说,内容才是最后的王者。这里所说的内容是包含新闻的、与传播相关的信息。移动互联网时代,对好内容的认定,不再依赖业界的评审,更多的是来自用户的选择。

——发挥好内容生产优势。正视传统媒体面临的挑战,抓住融合发展的机遇,发挥好传统媒体采编优势和信息资源优势,把传统媒体原创的内容、权威的信息、言论评论、深度解读向新兴媒体延伸。多生产适应新兴媒体传播特点的精准短小、鲜活快捷、吸引力强的信息,传统媒体就可以在融合发展中主导舆论,发挥主流媒体的主渠道作用。

——改进话语表达方式。适应互联网传播移动化、社交化、视频化、互动化的趋势,遵循新兴媒体微传播、快传播的特点和规律,建立数字信息集成处理中心和话语体系转换中心,进行网络表达创新,综合运用图文、音视频、H5等多种形式,满足用户多样化个性化的需求,增强新闻信息的吸引力感染力。

——改进传播方式。利用新媒体空间大、传播广的优势,推动在形式上、内容上深度融合。重大消息先上网再见报,先简报再详报,形成即时采编、即时发稿的传播机制。同时,纸媒引入二维码辅助(如视频、长文件、直播、报名通道等),实现多媒体立体传播,扩展纸媒空间;新媒体上开设读报栏目,延伸报纸的覆盖领域。

处方三:精准分发

新媒体结合自身特点与传播规律,推出符合人们阅读习惯的新闻产品，而不是简单地只是给传统媒体的新闻报道增加新的平台和渠道，也不是浅层次地运用新技术新手段让新闻报道多样化，更不是"传统媒体＋网站＋多媒体"的平面组合。只有不断生产出符合新媒体和受众特点的新闻作品，新媒体才能得到持续的发展，新媒体与传统媒体的融合才能更上一个台阶。

能否提高新闻传播力、引导力、影响力、公信力，关键取决于能为受众提供什么样的产品。昆报传媒把生产适应不同受众阅读特点和阅读习惯的新闻产品作为融合的着力点，在产品开发上不搞"人有我有"的同质化竞争，而是集中力量打造具有独特优势的拳头产品。同时，立足云南特色和自身实际，开发更多满足用户需求的产品，形成新型产品集群，不断提升影响力。坚持工程化、项目化、具体化思路，加大技术投入力度，不断优化升级新媒体相关栏目，适应分众化需求，提升用户体验感。

二、人才培养中存在的痛点及改进"处方"

1. 症状

①全媒化、专家型、复合型人才稀缺；②队伍年龄结构不够合理，存在青黄不接现象；③传统媒体编辑记者技能单一，难以适应媒体融合发展的需要。

2. 处方

处方一：顶层设计

昆报传媒从队伍建设的顶层设计上发力，出台集团层面的培养全媒化、专家型、复合型人才的"四名工程"（名记者、名编辑、名策划、名经营能手）实施方案，指导旗下各媒体、单位做好领军人才的培养。同时，根据媒体发展的需要，改变传统的人才管理模式，用更灵活的政策，吸引激励更多优秀人才投身到媒体融合发展事业中来。

处方二：内培外引

提高业务标准和要求，加大培训力度，对现有采编队伍进行有针对性的、"一专多能"的技能培养。2018年6月，昆报传媒与云南大学新闻学院联合举办马克思主义新闻观培训班,进行了6个专题的学习培训,内容涵盖习近平新闻思想、媒体融合转型、新媒体传播及应用、国际传播等方面。

同时,采取各部门间相互授课的方法,提升全员业务水平,培养复合型新闻人才,让员工可以灵活运用多媒体工具和技术进行采集、编辑、制作等一系列工作,能够同时承担图文、音视频等报道任务。如昆明日报为掌上春城讲策划、讲采访、讲编辑课;新媒体记者为纸媒采编人员讲新媒体课,对视频直播进行统一培训等。

此外,集团还注重学习发达地区媒体先进经验,通过考察学习,取长补短,加快推动媒体融合发展。

处方三:沙盘推演

人才的成长,要理论结合实际,在沙盘推演中不断操练。一方面,昆报传媒把以练促学作为一种常规手段操作,不论稿件能不能发出来,都要求记者采访同时录音、拍照、拍视频;鼓励编辑记者学设计、学音视频剪辑……通过实战,采编人员综合水平大幅提高。另一方面,鼓励员工立足岗位成为会使"十八般兵器"的复合型人才,不论哪个岗位,既能熟悉传统媒体的运作流程,又能掌握新媒体的运作规律、报道手法、受众的特征、传播的特点。

三、体制机制方面存在的痛点及改进"处方"

1. 症状

①需尽快打通"移动优先"中梗阻;②亟待完善考核机制以适应媒体融合发展需要。

2. 处方

处方一:流程再造

目前,昆报传媒的媒体融合正处于探索前进的阶段,集团实施"移动优先"战略,为此,对生产流程进行再造。通过集团技术研究和开发团队,自主构建从线索采集到采访、编辑、发稿、稿分核算为一体的"中央厨房"新闻生产系统。

这个系统对原有传统纸媒生产流程进行变革和创新，支持在一套完整的体系内为昆明日报新媒体"掌上春城"、都市时报新媒体"一点关注"客户端，微博、微信等多种形式的载体提供统一的编辑生产流程管理、多媒体新闻内容加工、多渠道新闻发布管理，快速开展不同类型的新闻处理，为媒体实现新闻滚动发布、拓展新媒体应用，提供高效的工作模式，并且将现在独立运作且串行操作的工作流程进行管理上和流程上的并行处理，从而实现"一次策划、一次采集、多种生成、多元传播、全天滚动"的格局。

结合昆报传媒的实际，2018年，昆报传媒技术人员自主研发了新闻线索采集与版权追踪系统，该系统是昆报传媒全媒体指挥中心（中央厨房）二期项目的重要组成部分，是一个全平台应用产品，标志着昆报传媒业在新闻线索采集与版权保护方面迈出关键步伐，走在云南省媒体前列。目前，该系统已正式运行，并逐步服务于昆报传媒旗下各媒体融合发展。

处方二：健全机制

昆报传媒正探索设计更加科学合理的全媒体产品生产评价和考核机制，将单一的纸媒考核办法升级为"新媒体+"的全媒体考核办法，鼓励采编人员优先向新媒体供稿、做优纸媒稿。比如，鼓励纸媒记者稿件在新媒体平台首发，并核定工作量；对一次采访形成多个产品的记者给予奖励。目前，该项工作已在部分媒体先行先试。

济南时报：

逆势突围战的五种打法

赵治国

  《济南时报》是一张创刊于1996年1月1日的四开生活类都市报，由济南日报报业集团主管主办，经过23年的发展，《济南时报》已成为山东省的重要区域性主流媒体，在济南报业市场上占据重要地位。

  4年前，济南时报巨额亏损，士气低迷，在困难面前，是缴械投降还是迎难而上？济南时报的选择是后者，因为他们坚信，逆风的方向才更适合飞翔。

  《济南时报》自2016年11月7日全新改版之后，重新梳理并树立了"新闻有力、报纸恒温"的办报理念，全面实现互联网化融合，用纸端与指端的融合来实现报纸的转型。

  在这个转型过程中，济南时报坚持"内容为本"，回归到新闻主业，立志于做最有影响的新闻，用内容驱动来强化并壮大全媒体影响力；以创意为魂，进入全案创新，着眼于做最有创意的内容，创新内容营销；以视频为表，抓住媒体融合转型的风口，开拓出内容传播的最大疆域；以互动为要，谋求精品内容与完美创意在线上线下的最大传播效果。

  作为媒体融合转型的一个阶段性成果是，曾经连续亏损的济南时报，2016、2017、2018连续3年持续盈利，2018年全年更是实现了近7年来首次逆势增长，成功地止住了下滑势头。

打法一
内容为本："封面现象"释放融合传播新动能

2018年12月5日，山东英雄武警王成龙烈士的骨灰回故土安葬，当地政府举行了隆重的追悼仪式。在这个重大新闻面前，济南时报是山东唯一一家全程全媒体跟踪报道此事的媒体。从建立微博话题墙到微信推送，再到全网分发，最后在报纸头版的温情呈现，"英雄烈士王成龙回家"的报道成了真正的融媒体报道，全网流量高达1亿，其中仅济南时报原创的融媒体报道总流量就达到3000万+，包括《人民日报》、新华社等在内的全国各级媒体使用的都是济南时报的原始素材。

这是济南时报重视内容建设的一个缩影，也是济南时报以内容为本在融媒体转型中的一个典型例证。

传统媒体赖以存在的核心优势在于内容，但在生存面前，这种优势的坚持却不容易，很多媒体竭泽而渔，无形中为了生存而生存，在内容上舍不得投入，自身内容生产的特点、定位渐渐摇摆模糊，甚至"内容阵地"回到"黑板报时代"。在这种情况下，济南时报坚持并强化"内容为本"的理念，以封面现象和深度报道为内容生产的切入口，大张旗鼓地重塑新闻产品的影响力。

值得说明的是，"内容为本"与"内容为王"看似一字之差，实则是两种思维的碰撞。"内容为王"是典型的传统媒体思维，重视内容，追求内容王道，却潜意识地忽视了传播渠道的建设，而传统媒体的困境很大程度上是因渠道的失灵而导致的。"内容为本"同样重视内容，但把优质内容的生产作为媒体存在的根本的同时，也同等重视内容分发的重要性。对照互联网的产品思维来说，传统媒体以"内容为本"，就在于开启了媒体内容生产的第一根链条，而分发与渠道的建设，将构成整个产品完整的生产线。

在"内容为本"的建设上，济南时报首先从头版发力，倾力打造"封面现象"。每天的报纸头版"让普通人上头条"，实现版面语言的人格化和版面呈现的可视化。头版的主视觉部分、头条部分让给了本地最有情感的普通人，他们发生在我们身边的故事，无论是悲欢离合，还是凡人善举，都会成为城市里热议的话题，这让报纸更加接地气，也让报纸更有足够的话题传播力，从而更具影响力。

同时，济南时报还把头版变成创意的发源地，不管是本地的公共新闻，还是独家新闻，都以"不走寻常路"的方式表达，每天的报纸封面第一眼一定与同城媒体有显著的不同。

人文视角是济南时报打造"封面现象"的首要原则，人格化的追求也是贯穿融媒体传播的一条主线。比如在王成龙报道中，济南时报在微博、微信平台上推送的短视频标题为《这条视频小编是哭着剪完的》《含泪写完这条推送》；在次日报纸头版上的标题是《没想到你以这种方式回归故里》。

济南时报对内容的改造是一个系统工程。首先我们重新梳理了办报理念和报纸定位，强调"本土声音、本地主流"，追求"新闻有力、报纸恒温"，在传播方式上鼓励有温度的表达和有情感的服务。

其次从组织架构上，我们评聘了一批首席记者、首席编辑，内部享受不低于副总编辑的待遇；增设了特稿评论中心，选录优秀记者加盟，专职出品金字塔尖上的新闻和有品质的深度报道。

从考评机制上，加大对原创优质报道的奖励力度，鼓励记者采写优质原创报道。我们先后推出了类似"高清无码"通缉、章丘铁锅、《大象席地而坐》济南籍导演胡波去世、最美环卫哥等一批深度原创报道，在全国都产生了强烈影响，多数报道的全网流量都以千万量级而计。

打法二
创新为魂："人才转型"造就精彩创意新境界

2018年10月23日，济南时报对一则普通的社会新闻进行了超常规处理，对警方通缉的一名涉嫌猥亵他人的嫌疑人，在报纸上刊登了没用马赛克遮挡嫌疑人面部的照片。此版面一出，全国哗然，网友们纷纷以"高清无码"盛赞济南时报的大胆和创新之举，此报道的全网流量超过1

亿。此版面刊登后，在逃超半年之久的嫌疑人迅速落网。

这是济南时报以创新为魂的典型体现，也是一次人才转型的最好代表。"高清无码"报道的记者、编辑和美编是这次网红爆款产品的直接推手，"不创新毋宁死"的理念成就了这类创意报道产品在济南时报层出不穷。

2019年1月25日，济南市进入两会时间，济南时报推出了第一份融媒体全景报纸。当天报纸的所有版面均可以借助AR技术，实现了从文字图片到视频的转换，用户可以扫一扫报纸上的图片，观看与新闻相关的短视频。这被用户亲切地称呼为"魔法报纸"，当天的济南时报也再度成为网红媒体。

无论是让报纸动起来，还是赋予日常报道以截然不同的影响力气质，甚至是开脑洞的营销活动，济南时报的创新气质与创意驱动已经成为集体自觉。在这样一个气质养成的过程中，济南时报坚信所有的媒体融合转型归根到底都是人的转型，只要人的转型问题解决了，那么就可以主导媒体融合转型的所有方向。

在人才转型问题上，济南时报不设禁区，鼓励编辑记者敢于尝试，勇于创新，同时设立容错机制，哪怕是出现一些偏差，只要不触碰新闻真实与纪律的红线，所有的责任都由社长、总编辑为主的领导层承担。对影响重大的创新举措，每月的总编辑奖对执行团队实行重奖。这种正向激励，大大鼓舞了团队士气，一批90后的年轻记者、编辑从业不久后迅速成长为业务骨干。

创新是灵魂，而造就创新源源不断的动力还在于人才。人才梯队的建设，济南时报在3个方面发力，一是积极引入个性化有创新意识的人才，二是内部培养和引导有创新潜质的人才脱颖而出，三是淘汰失去斗志、故步自封的冗员与庸才。

3年来，济南时报先后淘汰、转岗分流了80多人，引进了50多人。尽管人数净流出多，但在大家关心的薪酬体系上，济南时报连续3年在薪资方面的支出都呈现上涨趋势，每年多支出200多万元。通过减员涨薪，利用收入杠杆调动起更多人才的积极性，让更多的人走出自己的舒适区，确保创新与创意驱动不会成为空中楼阁。

2019年，济南时报又设立了若干个垂直行业的工作室，减少管理层级，让更多普通的优秀编辑记者成立工作室，接受济南时报社委会的直接领导。只有人才驱动，才会有创新驱动，精彩创意才会不断开创新境界，媒体融合的道路上才会更加绚烂多姿。

打法三
视频为表："借船出海"拓展内容输出新链条

2016年济南时报启动第一轮转型时，就坚定地认为，短视频与直播将是媒体融合转型的一个重点方向，是当下不可错过的风口。基于这种认识，济南时报组建了专业的短视频生产团队，精心培育了自己的网红主播，实行"借船出海"战略，拓展内容输出的产业链条。

济南时报注册成立了"时视频"，成为山东省纸媒中最早涉足短视频拍摄和视频直播的媒体之一，拥有20个视频剪辑制作台、6个视频发布端口，涵盖了国内主要的头部视频流量平台。在内容上专注制作具有原创性报道的新闻资讯类短视频。"时视频"结合济南时报一线记者采访资源，通过120秒以内的短视频方式在各流量平台分发，3年来共生产1300多条短视频，平均播放量近30万次，累计播放量达3.1亿次。2017年10月26日发布在腾讯视频的《现在流行吃"蜂窝煤"？济南80后小伙靠卖这个月入三万！》，以1.4亿次的流量创下单条视频最高播放量。

在视频直播方面，济南时报与人民日报客户端、新华现场云展开深度合作，成为这两家央媒在山东地区合作最多、流量最大的纸质媒体。其中，在人民日报客户端的人民直播平台上，济南时报直播体量及影响力位居省内第一，国内都市类媒体第三。2018年，济南时报通过人民日报客户端，现场直播第六届济南国际泉水节"敬泉大典"并与全国各地网友进行了精彩互动，收看量近50万次。《济青高铁开通首日体验》，直播观看量达到86万次，2017年6月26日的《"复兴号"首发体验》，直播观看量达160万次。

在商业直播方面，济南时报与微博"一直播"结成密切的战略合作伙伴关系，入选微博MCN计划，成为微博平台上短视频活跃的头部账号。2018年，济南时报的时视频及直播项目进入全国媒体影响力前十名。

短视频的生产，内容输出是传统媒体的长项，而内容分发则受限于平台与渠道。为此，济南时报坚定地实行"借船出海"的战略，专注于内容生产与输出，把国内领先的头部视频平台作为内容分发的渠道，并与这些平台建立了密切的合作关系。2018年，济南时报先后与梨视频、二更视频签订战略合作协议，在短视频的内容生产与分发上展开了紧密度高的协同与合作。

2018年年底，济南时报联合二更视频在济南落地二更学院项目，展开短视频的专业培训。选拔首批20多名年轻编辑、记者进行实战性强的短视频拍摄与制作培训，动员全员转型短视频生产，为下一步短视频的规模化奠定人才基础。

值得一提的是，济南时报进行短视频的产业拓展，也丰富了营销产品体系，摆脱了单纯地依靠报纸版面创收的模式依赖。在2018年影响济南经济人物评选、医养名城百强榜、CBD白领相亲会、社区篮球赛等一系列商业性活动中，短视频产品的加入，为客户提供了更多服务，成为广告创收的一个业务增值点。

打法四
互动为要："全效媒体"打开媒体融合新玩法

2016年8月24日，济南时报为本地的一家艺术城策划了一期惊世骇俗的营销创意，将头版开出了一个画框般的天窗，邀请用户涂鸦。这个头版引发了线上线下的热情互动，并产生了与齐鲁晚报互打发行广告的"秀恩爱"互动，传播率、互动率及营销效果均开创历史先河。

这一期头版所带来的启示意义在于，报纸的传播影响力依然强大，但需要有创意驱动，需要有精彩的营销来颠覆传播方式与传播效果。而互动成为媒体融合的关键因子。此后的济南时报，屡屡有精彩的封面营销创意出现，而几乎每一次的营销创意，都是媒体融合的产品，都是互动传播的集大成者。

2016年中秋节，济南时报推出了一封家书的策划，把报纸头版变成了一张信纸，邀请用户在上面写下给亲人的思念和祝福。这个策划也引起了很大轰动，一些精明的商家蹭了这个热点营销，纷纷推出致用户的一封信，取得了不错的效果。

此后每年的母亲节和父亲节、春节，商家无论是欲借节庆促销，还是新品上市，都选择了济南时报的头版。我们的玩法也更加侧重于融合互动，报纸头版可以扫码抢红包，也可以扫码看视频，还可以扫码中大奖。这样会动、有看头的报纸头版，已经不仅仅突破了广告的呈现方式，更是对内容和营销的一次次完美结合。

不仅仅是头版，融合互动的传播模式也已经贯穿在报纸与新媒体生产的全过程。2019年春节前，济南时报将报纸中的插页，以手绘的方式，制作成了一个"猪年说猪"的趣味连环画，用户可以按照"攻略"手工制作一本完全彩绘的贺年小人书。这个策划，济南时报仍然是把它当作一个融合产品来做的，除了纸质版的制作攻略外，专门拍摄了教学小视频，可扫码观看；对参与互动的用户则进行抽奖，赠送相关奖品，增强用户黏性。

对传统报纸而言，用户规模一直庞大，直至今日，依然拥有强大的读者群和用户群。但与互联网媒体相比，报纸用户的画像、地理属性、教育属性等都是模糊而不确定的，反映在互动传播层面上就是单向的。为了解决这个问题，济南时报从2017年开始，有意识地成立了30多个用户微信群，通过日常的发红包、签到、组织郊游、有奖问答等活动，将济南时报的"死忠粉"集结在一起。这30个微信群总计约1.5万人的用户群，被济南时报视作自己的日活跃用户，很多重大原创报道的线索来自于此，传播力与影响力的扩大，也有赖于这些日活跃用户的鼎力传播。

济南时报在媒体融合的实践中，深深地体会到互动的重要性，也正是互动，才让一张单纯的地方报纸在传播效果上实现了"全效媒体"的飞跃，影响力与传播力的覆盖面在不断扩张，随之而来的则是媒体地位的巩固与上升。

打法五
重新出发："智慧媒体"开启造船出海新航程

时间进入 2019 年，媒体融合的下半场已经开启。属于济南时报的媒体融合 1.0 版也面临着升级迭代。

1 月 25 日，中共中央政治局举行第 12 次集体学习，主题是全媒体时代和媒体融合发展。这次集体学习的地点有些特殊，"课堂"搬到了媒体融合发展的第一线。在人民日报"中央厨房"，习近平总书记以全程媒体、全息媒体、全员媒体、全效媒体，对全媒体时代做了四个层次的全新阐释，并总结说"信息无处不在、无所不及、无人不用"，要求"坚持一体化发展方向""坚持移动优先策略""探索将人工智能运用在新闻采集、生产、分发、接收、反馈中"。

对刚刚实现了逆势上扬的济南时报而言，这些媒体融合的政策风向无疑更具有指导意义。在媒体融合初步试水中站稳了脚跟的济南时报，也更有勇气和底气，可以从容地开启更加深入的媒体融合航程。

在此前的融合转型中，济南时报实行的是"借船出海"战略，没有自主移动端平台。2018 年下半年，济南日报报业集团党委审时度势，坚定地支持济南时报进行深度融合转型，从政策、资金和人才上加大投入力度，要求济南时报以新上马的新闻客户端项目为抓手，全面开启媒体融合深入转型。

经过前期的研发，目前济南时报研发的"新时报"客户端，即将正式上线。这是一个集人工智能、大数据、云计算等尖端科技为依托的智慧媒体平台，拥有一套人工智能互动、AR、VR场景、自主学习机器人、智能生活服务、智慧采编系统、智慧直播、智慧短视频等功能模块，重塑全媒体采编分发流程环节，生产的智慧资讯内容将颠覆现有传播路径，在新闻的采集、生产、分发、接收与反馈的链条中将呈现更加多元化、多层次和多场景的传播效果。

从纸端到指端，从文字到影像，从读者到用户，从"24小时一张报"到"24小时一直报"，从移动媒体到智慧媒体，济南时报始终坚持以创新为魂，以互动为要，坚守"内容为本"，用优质内容的专业化生产，去重新凝聚和重塑纸媒尤其是市场化媒体的主流地位。

行程已经开启，未来劈波斩浪，而创新者必将勇立潮头！

现代快报：

融合转型的"现代快报+"

赵 磊 梁 波

现代快报的融合之旅经历了三个历程：

——2016年，现代快报响亮地喊出"忘掉一张报纸，迎接一场革命"的口号，跳出传统的内容采写分发、报纸广告经营的单一思路，从用户、媒体、新业态三位一体来考量传播，以产品针尖思维通过内容来撬动新业态的发展，从而实现读者到用户的转变、内容到产品的转变、纸媒到多终端的转变。

——2017年，现代快报确定了"科技、创意、服务驱动，做全媒体内容生产商、全媒体产品分发商、全媒体技术服务外包商、全媒体创意营销提供商"的"三轮四商"发展战略，在媒体融合的道路上迈出了新的步伐。

——2018年，现代快报提出"现代快报+"的新理念，通过融合、转型的升级，+产品、+技术、+创意、+服务、+资本、+项目、+客户、+用户，以更加开放的姿态，实现跨界的聚合，打造一个全新的平台，通过更多的传播形式、更新颖的创意服务、更优质的产品形态，为用户呈现一个更好的品牌形象。

通过改革赋能，现代快报的融合之旅走出"三部曲"后，取得了较好的业绩：近年来，全媒体报道多次受到中宣部和省委宣传部的表扬；经营上，在连续两年亏损后，2017年实现了扭亏为盈，2018年报社实现利润又比2017年增加了20%；2017年，现代快报先后被评为"江苏十强报纸""江苏省新闻出版广电政府奖报刊奖""江苏报业融合先进单

位";2017年9月,中宣部专门就现代快报的一系列现象级作品推出《新闻阅评》,认为"现代快报在媒体深度融合之路上已经初现成效"。

一、改革体制架构,重整内部资源

现代快报深入贯彻落实中央关于媒体融合发展的决策部署要求,围绕建设新型主流媒体的目标,对组织架构进行了颠覆性的改革。传统的组织架构中,内容和运营、生产与技术、新媒体和传统媒体,分为不同的板块,割裂在不同的部门中,沟通、协调成本极大。为适应媒体深度融合发展的要求,现代快报实行扁平化的运作,对组织架构进行重组,成立了融媒体运营中心,统筹整个报社的融媒体产品的策划、采编、生产、播发、技术支持和推广运营工作。

这个架构设计彻底打破了传统媒体内部各自为战、割裂封闭的组织架构,破除了部门相互分割、自成一体的藩篱,破除了传统采编模式和新媒体采编环节的壁垒,将全部内容生产和经营资源统一到一个平台上,实现了纸媒和新媒体、线上和线下、南京和区域、采编和运营、技术和生产的高效统一和高度协同,报社整体转型为融媒体生产机构。

二、改革考核方案,调动各方积极性

为调动采编人员的积极性,推动媒体融合的步伐,现代快报在生产流程、考核方案上,予以大幅度改革。

在生产流程上明确提出:记者采写的稿件,必须首先给各新媒体终端播发,如果不发或迟发,将进行相应的处罚。在考核权重上,调整传统媒体与新媒体的权重占比为3:7,新媒体考核占了总权重的70%。

考核指挥棒的挥动,确保了采编团队在融合过程中,更加积极主动地钻研新媒体的受众喜好,以及新媒体的表现形式,省去了以往烦琐且高昂的沟通成本,在多点、多元、多向的融媒体时代,实现了资源的无障碍流动,也极大地提高了现代快报融媒体产品的质量和水准。

目前,现代快报的融媒体产品数量占到全部内容产品数量的80%,

现代快报已经不再是一张单纯的报纸,而是一个融媒体产品生产机构。

现代快报策划推出的"快报夜读",举行盛大的展演

三、改革传统思路,"借船出海"打造平台

传统媒体转型移动端,一般都是自己打造平台,但成功的不多。这不仅是因为错过时间窗口,缺少资金技术和人才,更重要的原因是把互联网当作工具使用,却较少触及思想理念的转变和生产体系的革命,不能从根本上解决传统媒体和新媒体"两张皮"的现象。

现代快报和 ZAKER 推出的"ZAKER 南京"项目,被誉为"借船出海"的传统媒体转型发展的经典案例,此举将现代快报的本地化资源、内容生产优势,与 ZAKER 强大的平台能力、互联网思维相结合,优势互补,共同开拓江苏市场,既契合现代快报转型的需求,也与 ZAKER "区域融媒体"项目方向不谋而合,达到共赢的目的。

目前,ZAKER 南京已经成为江苏的三大新闻客户端,全省订阅户 1550 万。对现代快报的这一合作模式,时任省委书记李强评价为"不求所有,但为所用"。

因为有着和 ZAKER 成功合作的先例,现代快报大胆探索,先后与腾讯、梨视频、凤凰、网易、一点资讯等互联网优质平台合作,平台分发的框架初步形成。

四、改革生产方式,"现象级产品"频出

2016年8月,"52载守边人魏德友"的事迹占据了全国多家媒体的头条。现代快报"一反常态",大胆创新,不是通过纸媒,而是制作了一个H5来报道这一典型人物,让人眼前一亮,总阅读量超过亿次。这一个H5作品《无人区·52载守边人》,2017年荣获了第二十七届中国新闻奖网络专题二等奖。

此后,现代快报在内容生产上别出心裁,陆续推出王华、抗洪英模人物、黄大发、塞罕坝等一系列现象级融媒体报道产品,多次获得中宣部及省委宣传部的肯定和表扬。

2017年4月,现代快报融媒体产品《大发渠》,向"当代愚公"黄大发致敬。2018年3月,黄大发当选2017年感动中国人物。

2017年,中宣部召开塞罕坝报道分享交流会,现场播放现代快报制作的两部视频短片,获得一致好评。2018年3月,塞罕坝林场建设者获"2017感动中国特别致敬"。

2017年,现代快报创新活动的报道方式,推出了"书香江苏·流动的盛宴·8小时不间断直播"全媒体报道。2018年,这一报道荣获江苏新闻奖。

现代快报2019年春节策划的"南京献给中国的5分钟"快闪视频

2019年春节,现代快报制作的"南京献给世界的5分钟"快闪视频,

上线很快被300多家央媒和商业网站转载，24小时总曝光量超过1.8亿次，总阅读量超过7200万。

这些是现代快报改革新闻生产方式、创新报道手段后取得的丰硕成果的一个缩影。

人人都要转型，人人都要创新，融媒体时代的现代快报，人人都是记者，人人都是编辑，人人都是摄像师，人人都是主播。

现在，快报记者采访时，不再只是拿着采访本和笔，而是拿着手机，通过手机拍摄制作的一两分钟甚至几十秒的短视频产品，简单加工，立刻就在网上快速传播。

现代快报生产的内容产品，也不再只是单一的报纸上的消息和通讯，而是广泛运用H5、直播、视频、音频、VR、电子号外、动漫、E图等各种新媒体生产手段，生产出丰富多彩的融媒体产品，再通过ZAKER南京、快报网、快报微信、快报微博以及其他的平台及时传播，不但实现了新闻生产手段和传播平台的多样化，而且做到了传播效果的多向性和多轮次，给了用户全新的体验。

如今，直播、视频、H5已经成了常规的生产手段，2017年以来，现代快报又在媒体中先人一步，介入人工智能领域，将智能机器人引入采编队伍，承担采访和直播的职能，开启了一个全新的传播方式，收到良好的传播效果。

五、改革思维观念，让技术人才挑大梁

在移动互联网时代，新闻的产品形态、传播方

现代快报以H5产品来宣传报道典型，开创了典型宣传的新媒体模式，总阅读量超过亿次

现代快报策划的"书香江苏·走读江南8小时不间断直播"全民阅读大型推广活动

式,用户的阅读习惯、阅读平台,已经发生了颠覆式的变化。它给传统媒体的生产方式带来了全新的挑战。如果还是依靠纸和笔,那无异永远停留在新闻生产的原始社会里。

AR、VR、直播、H5……新手段、新花样、新技术、新玩法,传统采编人员已经远远满足不了现代快报融媒体发展的需求,为此,现代快报成立了产品技术中心,引进网络工程师、技术研发官、流媒体研发工程师、多媒体集成分析师等专业性人才,形成了坚实的技术支撑平台。

为了切实发挥产品技术中心在融媒体产品生产中的引领作用,产品技术中心由总编辑直接领导,所有的融媒体产品生产,从创意、策划开始,产品技术中心就开始介入,而不是到后期去承担执行的任务。

如今,现代快报产品技术中心不但承担了报社融媒体产品的研发和生产,同时,还开展对外服务,成为全媒体技术服务外包商,为报社拓展了新的经营领域。

六、改革运营模式,向创意营销供应商转变

新媒体时代,单纯的纸媒广告已经没有市场。现代快报认识到,在人人传播、多向传播、海量传播的新传播形态,以及移动化、可视化、社交化、定制化的发展趋势下,报社营销的最大优势在通过多年的影响力、创意水平、创新意识形成的超级IP。于是,报社以协同为抓手,以创意营销为手段,向创新经营模式要效益。通过项目制,分析用户需求,研讨服务方案,整合内外资源,推出了一系列叫好又叫座的爆款级营销产品,实现了服务理念、服务形式的质的突破。

"等你请我、请你等我、等我请你……"2016年7月,这条封面封底广告引爆了南京的微信朋友圈,大家在网络上将《现代快报》头版和末版出现的这四个字,玩得不亦乐乎。

《现代快报》的创意封面，受到客户的追捧

其实，这是一则银行广告＋徒步活动宣传，因为别出心裁的设计，达到了出乎意料的良好效果，并得到客户和用户的高度好评。这也开创了《现代快报》"创意封面"的开端，"我愿意，在一起""收获""世界在等南京这片光""诗词连版广告""手绘连版广告""共有封面"等创意层出不穷，在江苏传媒界引发"创意封面"现象的同时，也改变着传统广告的经营模式，搭建起新的传播价值链。

此外，现代快报陆续推出一系列全媒体营销产品：全民阅读新方式、新体验的融媒体产品"夜读"，通过创意与营销的紧密联动，实现线上与线下的完美结合；融媒体短视频产品"City Talk"，实现传播和价值最大化；全新生活评测类全媒体产品"评果"，则实现传播价值与用户互动的兼顾……

通过牢固树立全媒体服务理念，突出策划，着力打造个性化的创意内容与产品，提升广告宣传的市场影响力；努力探索由全媒体服务构成的产业化发展路径和多元化经销盈利模式，不断提升经营效益、市场竞争力和发展实力。经过艰苦不懈的努力，现代快报已逐步摸索出一条全媒体创意营销的新路。

正是通过牢固树立全媒体服务理念，突出策划，着力打造个性化的创意内容与产品，提升广告宣传的市场影响力；努力探索由全媒体服务构成的产业化发展路径和多元化经销盈利模式，不断提升经营效益、市场竞争力和发展实力。经过艰苦不懈的努力，现代快报已逐步摸索出一条全媒体创意营销的新路，现在，报社经营收入的80%都是来自全媒体运营。

七、改革思维定式，把版权当资产运营

优质内容的创意、生产能力是传统媒体最核心的资源，是奋战在一线的编辑用"脚力、眼力、脑力、笔力"辛勤创作出来的劳动成果。

但长期以来，一方面是各类互联网新媒体恶意侵犯传统主流媒体著作权的情况愈演愈烈；另一方面则是传统主流媒体对自身著作权不重视，为追求流量而牺牲自己的权益。

从2015年开始，现代快报拿起法律武器，坚定地走上了从版权保护到版权运营的道路。

现代快报认为，以维权为主要手段的版权保护的目的，不是禁止使用，而是希望通过维权来进一步提高版权意识，在内容生产方与使用方之间建立一个合理的对价机制，建设一个良性发展的版权市场，形成一个传统主流媒体与互联网新媒体"共融共生、共享共赢"的健康新生态。这一目标的达成，在现阶段急需的是传统主流媒体要以共同的决心、共同的毅力、共同的手段，坚决地用技术手段、政策法规武器来维护我们的核心权益，来倒逼互联网新媒体与传统主流媒体开展交流、谈判、合作。

现代快报坚持不懈的努力，终于收到成效。2018年10月8日，江苏省高级人民法院终审判决，现代快报诉北京字节跳动科技有限公司（今日头条）侵害著作权纠纷案，今日头条侵权事实成立，4篇稿件赔偿10

万元，另承担 1.01 万元的合理费用。消息传出，立刻引发各界广泛关注。

2019 年 1 月 21 日，中国报业协会向最高人民法院呈送《关于将现代快报诉今日头条一案作为指导性案例的建议》，希望能以此引领相关类似的判决，为传统主流媒体的版权保护工作奠定坚实的法制基础。

与此同时，现代快报建立了专门的版权维权运营团队，与技术公司、专门负责知识产权的律师事务所签订了合作协议，同时，还与版权局、版权协会建立了密切的联系，与法律专家、版权专家保持经常的沟通，听取他们的建议，使维权工作更有效也更有针对性。2018 年，现代快报通过维权与运营，版权收入超过 300 万元，版权的资产价值开始得到发挥。

春城晚报传媒公司：

报业顶层设计的创新实践

春晚传媒课题组

报业顶层设计需要在战略规划、媒体融合、商业模式、组织构架、人力资源、资本运营等方面进行推动和发展。它是推动报社工作的方法论，是指导报业转型的行动纲领，更是明确报业发展的路径指南。

战略篇：基于共同愿景建设两新平台

确立愿景，即确立面向报业未来的发展目标，这是顶层设计的首项工作。隶属云南日报报业集团／云南报业传媒集团公司的云南春晚传媒有限公司，在推进采编、经营、融合等系列改革中首先注重顶层设计。分管领导云南日报报业集团党委委员，云报传媒集团公司党委副书记、总经理张光旭，经大量调研并结合集团整体发展战略考量和春晚实际，全面主持设计了《云南春晚传媒有限公司综合改革大纲》。按照"大纲"，其共同愿景是：建立与移动互联网形势下的媒体生态相适应的春晚传媒新型传播平台，建立与现代信息服务业发展和现代文化企业管理相适应的春晚传媒新型经营平台，建立有效推动两个平台相互融合、共同发展的领导体制和管理机制。

基于共同愿景的设定，春城晚报着力推进两新平台建设：

全力推进新型传播平台建设。构建春晚传媒新型传播体系，增强媒体核心竞争力。建设以互联网平台为基础，以互联网用户为根本，以互联网技术为驱动,以机制体制创新、传播渠道融通、资源开放共享为保障,移动媒体优先发展和引领、新媒体和传统媒体深度融合的新型传播平台,切实提高传播力、引导力、影响力和公信力。

加快推进新型经营平台建设。增强发展内生动力,实现从传统报纸产业经济向融合媒体影响力经济的战略转型。以新闻信息服务业为主导,以"春晚广告"为基础,充分发挥春晚全媒体的传播力和影响力优势,加快建设"春晚体育""春晚教育""春晚电商""春晚文化""春晚健康""春晚物流"六大新型经营平台。

报社以两新平台为中心,重点推进领导管理体制、人力资源管理体制和工作流程体系、薪酬分配体系、考核评价体系五个方面的改革,促进管理资源和生产要素的重新组合与优化配置,促进传统媒体和移动媒体、新型传播平台和新型经营平台的相互融合、共同发展。

战术篇:逐梦共同愿景打响九大攻坚战

攻坚战一:改革和改进媒体内容

适应传媒新生态,遵循传播新规律,统筹传统媒体(《春城晚报》《文摘周刊》《车与人》)和新媒体(CW客户端、春城壹网、春城晚报新浪官方微博、春城晚报微信公众号等组成的网络媒体和移动媒体矩阵)的内容生产,以差异化和互联、互通、互补为原则,进一步改革和改进、优化内容供给结构、内容传播形态。

——传统媒体的重点平台《春城晚报》,要聚焦"思想高度、专业深度、生活温度",将动态性、碎片化的新闻全部转移到新媒体发布;以提供精读、深读新闻为主,加强社论评论,加强舆论监督报道、解释性报道、实证性报道,加强人文、人物、文化和社会公益报道;改革一版,强化对移动媒体内容的引流作用,增强纸质媒体和移动媒体的互动。

——移动媒体平台(两微一端),CW客户端要按照"资讯功能均衡化"的架构,加强首页建设、突出快速阅读和发挥引流作用,加强实时更新和精准推送，加强用户跟帖和评论留言，加强视频（微视频）和直播业务，实施"阅读500"和"百万下载"工程，加快布局和发展应用号，迅速做大规模、做强影响；要梳理和整合现有的各类微信公众号和微博产品，统筹规划、加强管理，做强一级公众号、尽快实现每天三次发布，加强法人微博、增强粉丝活跃度，做精各行业部门和网红员工的"两微"产品，形成新媒矩阵，发挥整体力量。

攻坚战二：改革和改进领导管理体制

建设精简高效的董事会和管理层，构筑决策层和执行层既实现权力分开、相互制衡，又有效贯通、密切配合的运行机制。调整董事会构成，董事职数为9名，其中内部董事3席，分别为董事长、总编辑、总经理，董事长兼任党支部书记；外部董事6席，分别为集团公司投资总监、战略发展部主任，云报文投公司董事长、云南网际科技公司董事长和两名独立董事。精简管理班子，编委会由3名总编辑、副总编辑和3名总编辑助理、3名编委委员组成；经理班子由4名总经理、副总经理和1名总经理助理组成（其中1名副总经理兼任鹏云地铁传媒公司总经理）。在董事会议和编委会议、总经理办公会议之间，建立董事长办公会议制度，根据董事会议决议和实际工作需要，议决公司全局性、综合性和跨采编、经营或者行政系列的日常事务、具体事项，解决从决策层到管理层信息传导不够通畅、决策和执行效率不够快捷的问题。

攻坚战三：改革和改进人力资源管理体制

围绕"两新"平台建设，调整和优化内部机构设置，调整和优化岗位设置，打通人力资源进出渠道、上下渠道和内部流动渠道，调整和优化人力资源配置，加强人才的招聘和引进、培养和培训、管理和使用，建设一支政治坚定、业务精湛、作风优良的高素质全媒体采访队伍、全媒体编辑队伍和全媒体经营队伍、关联产业经营队伍。

——调整和优化内部机构设置。按照任务与目标、分工和协作相统一，稳定性和适应性相结合的原则，围绕核心业务设置部门机构，重点整合采访资源，组建全媒体采访中心，做到信息一次采集、多渠道多频次多终端发布；扩容新媒体部，改设新媒体中心，按产品进行垂直整合，设立客户端、微博、微信、微视频、技术研发、用户推广、全案营销策划、线上商城运营等专业团队，建设开放、合作、共享的新媒体平台；加强视觉产品团队建设，以摄影新闻部为主体，整合部分设计资源，组建以图片、漫画、视频为主要内容的视觉新闻生产团队；拟合并行政和人事部门，精减和优化综合管理部门员工，整合关联业务，提高管理效能；拟增设小记者（小作家）编辑部，为新上线出版的《小记者》报做好内容编发和渠道推广工作，加强教育培训、学科竞赛、小记者学院等新平台项目运营和开发；拟增设新闻活动策划部，负责新闻资源开发，围绕重大新闻题材进行关联性活动的策划、营销及组织执行，并为重要客户、重点客户提供全案营销策划和服务，提高核心竞争力。

——调整和优化工作岗位设置。实行全员岗位管理，按照业务（采编和经营）、技术、管理、工勤4个系列，分别设立相应的岗位。在传统岗位管理的基础上，业务系列增设首席记者、首席编辑、"两微一端"主编、创意主管、策划主管、网络主播、网络导播、视频文案、客户经理、高级客户经理、推广专员等岗位。技术、管理和工勤系列的岗位设置也要进行调整和优化，注重整合掌握资源的采访、经营岗位，精简编辑、美编、校对、广告编审等岗位，压缩综合管理部门人员编制，为满足未来发展需要，注重引进高端、年轻、能满足春晚转型发展需要的人才充实到新媒体的技术研发、运维推广等重要岗位。通过工作岗位的调整优化和人员平稳分流，精简40余个岗位，为更好瘦身转型提供有力支撑。

——改革中层干部的选拔和管理办法。坚持精简管理岗位、突出业务导向、淡化行政色彩的基本原则。减少主任、副主任职数，把首席记者、首席编辑、流程总监、高级项目主管、高级业务主管以及州市记者站负责人等重要岗位的业务和技术人员纳入中层干部进行管理，今年通过考核评定，评聘21名业务技术岗位人员，其考核收入可以超过管理岗位同职级人员，在具体工作中承担起业务带头和管理协调职能。提出刚性考核要求，建立相应激励机制，鼓励中层干部带头采访、写稿、编稿和开拓经营业务，切实发挥业务带头作用。严格考评标准，建立淘汰机制，通过竞争上岗、年度考核、民主评议等形式对中层干部进行效能评定和动态调整。

攻坚战四：改革和改进工作流程体系

按工作流程标准化的要求，进一步梳理内容建设、经营管理方面的工作流程体系，围绕《春晚传媒综合改革大纲》的总领要求，制定了《春城晚报内容改革实施方案》《CW（春城晚报）客户端发展改革方案》《春晚传媒公司新闻采编流程条例》《春晚传媒公司领导班子成员联系重点采访对象和重点经营客户制度》等一系列制度，在完善已有工作流程的基础上，根据需要建立新的工作流程。采编生产流程必须坚决贯彻移动媒体尤其是客户端优先的原则。

攻坚战五：改革和改进薪酬分配体系

根据效率优先、多劳多得的原则，建立全公司统一的薪酬分配体系，制定了《春晚传媒公司薪酬管理办法》，实行"岗位工资＋年度绩效工资"的分配制度。岗位工资实行"全浮动、双挂钩、一托底"的分配办法：员工岗位工资实行全员全额浮动，每月岗位工资总额和公司每月营业收入挂钩，经营部门月度可分配工资按照部门月度任务完成情况进行核定，采编部门月度可分配工资与公司月度回款数挂钩考核，岗位工资分配和当月工作绩效考核结果挂钩；挂钩计算后员工当月所得岗位工资低于昆明市最低工资标准的，按最低标准"托底"发放。员工年度绩效工资，则和公司年度经营绩效、员工年度工作绩效相挂钩。

攻坚战六：改革和改进考核评价体系

完善采编和经营系列以工作结果为导向的考核评价体系，建立管理部门以履行岗位职责和完成工作任务相结合的考核评价体系，去年下半年，公司采编、经营、综合管理3个板块10余个部门提交了部门岗位工作职责和考核办法，在广泛汲取部门意见基础上，结合公司管理实际，制定了《春晚传媒公司广告绩效工资管理暂行规定》《春晚传媒公司CW客户端推广考核暂行规定》《春晚传媒公司经营活动管理办法》《春晚传媒绩效考核办法》《新经营平台三年发展规划》一些列覆盖新传播平台和新经营平台的考核评价制度。对内容建设和导向管理的考核评价，权重分配以移动媒体为重、为先，兼顾纸质媒体；标准以读者评价（点击量、阅读量、评论数、转发数）为主、为先，兼顾内部自我评价。对移动媒体"10万+"稿件，考核奖励给予单列。对新经营平台开展的活动，根据规模、影响力、收入和利润率等进行综合评定，确定绩效奖励和比例和金额。

攻坚战七：积极引进国有资本战略投资

学习国内兄弟媒体集团引入国有资本战略投资、促进媒体融合转型的成功经验，积极争取省委宣传部、省国资委主导和牵头，在保证集团公司控股的前提下，引入实力强大、资产优质、管理先进的国有企业作为战略合作伙伴，对春晚传媒进行增资扩股和股权多元化改造。同时，积极探索和推动以移动媒体为主要平台整合相关资源，组建新的市场主体进入资本市场直接融资。

攻坚战八：积极引导和鼓励员工创新创业

筹集专项资金，制定具体政策，采取员工自主、公私合股、管理者分红、期权激励等多种方式，引导、鼓励和扶持员工围绕"两新"平台建设，提出创新设想，实施创业项目，以员工创新创业推动春晚传媒融合发展、转型升级。

攻坚战九：积极转变工作作风，改变作业习惯

公司管理层要切实发挥"关键少数"作用，转变作风，以上率下、身体力行带好队伍，形成上下合力推进改革发展的工作氛围。建立总编辑班子成员联系重点采访对象、总经理班子成员联系重点客户制度，提出刚性要求、严格考核奖惩，推动管理班子成员深入采访一线、市场一线。加强对广告经营方式的研究，针对不同市场、不同行业、不同客户分别

采取独家代理、普通代理、自主经营或"1+1"模式，提高经营部门和经营人员掌控行业市场、行业客户的主动权、话语权。继续开展全媒体采编、全媒体营销的全员培训，积极探索和推进全媒体策划、全媒体营销，实现全员转型。

广安日报社：

巩固党报主流舆论阵地　提升党报影响力

邱　夏

党报作为我党重要的宣传思想平台和执政工具，与生俱来就牢牢把握获取社会关注的政策、法规和各种来源权威的信息资源发布的优势，具有不可替代的权威性和公信力。习近平新闻舆论思想，为我们在新形势下，如何用好党报这一重要的执政工具，如何更好地发挥党报舆论传播力、引导力、影响力和公信力起到"定盘星""压舱石"的作用指明了方向。

四川省广安市委认真践行习近平新闻舆论思想，从工作全局出发，把握新闻舆论工作的关键，高度重视《广安日报》舆论引导功能，多次以专题会、听取工作汇报等方式，把办好《广安日报》，扩大党报影响力，发挥党报作用作为落实意识形态责任制的重要内容和工作，提出了抓好党报舆论的具体要求，并以最务实的举措支持并抓好《广安日报》的发行，探索出"党员学党报、党员订党报"的路径，使《广安日报》发行量由6.6万份上升并稳定在14

万份以上，保证了"广安日报"权威的舆论始终引导和主导社会舆论。

方法：党员读党报、党员订党报

党的十八大以来，广安市委在践行习近平新闻舆论思想上出实招，下大力，努力发挥主流舆论的引领作用，及时准确权威地把党中央、省委和市委的声音传播出去，在全面完成中央和省党报发行的前提下，广安市委以最务实的举措支持并抓好《广安日报》的发行。从 2013 年至今，《广安日报》发行量由 6.6 万份上升并稳定在 14 万份以上，具体做法如下：

市委重视党报发行和用好党报。市委明确提出"知广安、爱广安，要看《广安日报》"，要求全市党员干部要带头订党报、学党报、用党报。市委书记侯晓春在报纸发行征订期间，当起了报纸宣传员、发行员。无论大会小会，深入县乡、园区企业调研等都广泛宣讲学好用好党报的意义，要求党员干部带头订阅党报，用党报指导工作。

"两部一委"协同配合抓发行，市委督查办专项督查促发行。在征订发行时，广安市委宣传部、市委组织部、市直机关工委联合发文抓订阅工作。市县两级宣传部门负责抓好征订发行工作的宣传动员、组织实施、统筹协调和督促落实等；市县两级组织部门负责做好党员数量统计，党费划拨，并协助宣传部门抓好征订工作；市直机关工委负责分解落实市级党政机关、企事业单位具体任务数，并督促任务征订的落实。同时市委督查办安排专门人员，负责督查各地各部门《广安日报》征订发行工作情况，并及时报到市委。

征订发行方式多，党报征订经费有保障。广安市委明确要求，要把《广安日报》覆盖到全市各机关、企事业单位、乡镇、村（社区）、非公组织等各级基层党组织。同时，要实现机关企事业单位在职党员人手一份，并采取多种形式，逐步让每个党员都有一份《广安日报》。具体采取了以下举措：

（1）鼓励党员自费订阅、私订公助、企业捐报；

（2）采取结对帮扶，党费补助贫困党员订党报；

（3）探索市县两级财政统一代扣集中支付。2013年以来，广安市已将市直机关《广安日报》征订经费单列科目，纳入了年度市财政预算，由市委宣传部集中支付；

（4）条块结合促征订。广安市按照党组织隶属关系，采取条块结合，保证征订不留空白。几年来，按照以下办法有序有效抓征订：凡党组织关系在市直机关工委的部门和单位，其征订工作由市直机关工委负责；市本级工业园区企业征订，由园区党工委负责；国有企业征订，由市、县（市、区）国资部门及相关行业主管部门负责；其他新社会组织征订，由各行业主管部门负责；全国各地广安商会征订，由市工商联负责；离退休老同志订阅工作由离退休前所在单位负责。

由于发行组织周密，发行举措有效，发行经费多元保障，《广安日报》征订发行从2013年起至2018年，均稳定发行在14万份以上，党和政府的声音得到更广泛的传播，有效地巩固了主流舆论阵地。

转型：办有担当、呈"四力"的党报

有了发行量，宣传报道接地气，才能有效地增强党报的吸引力。广安市委对改进《广安日报》的宣传报道提出了明确要求，市委出台了关于改进领导同志活动和会议报道的意见，市委书记侯晓春为广安日报题词："弘扬主旋律，传播正能量，反映人民愿望，讲述百姓故事。"鼓励广安日报采编人员办好党报，发挥好舆论引导作用，为办好党报，扩大影响创造了良好的环境。在广安市委宣传部的领导和指导下，《广安日报》的办报形式发生了明显的变化。《广安日报》改文风、接地气、强贴近，把要闻报道的视觉范围由党政机关扩展到工厂、田野和社区，把更多的版面让给工作指导性强、反映群众身边人身边事的这些接地气的稿件。

讲好广安故事，树立广安精神。推出了大型报道"寻找最美建设者"，在全市上下，各行各业，发现寻找爱岗敬业、无私奉献，为广安各项事业发展做出卓越贡献的先进典型。用大篇幅、大版面宣传报道群众身边的基层党员干部,《广安日报》独家报道的邓德勤、黄明科、沈乾文、张秀代、周明川等,引起省市各级各部门和社会各界的强烈反响,沈乾文、张秀代、邓德勤、黄明科等成为全国全省的先进典型和标杆。常年开设的"广安好人"专栏,于平凡中见不平凡事,于感人之处筑道德高地,一大批《广安日报》报道的"广安好人"入围"中国好人榜"。在广安调研,我们看到广安日报的宣传很接地气,善于用群众喜闻乐见的表现手法做宣传。广安日报社精选了近年来发现和宣传的"广安好人",以群众乐见的武胜剪纸艺术创作社会主义核心价值观公益广告作品产生了很大影响。这组公益广告被评为"中国报业践行社会主义核心价值观原创公益广告最佳作品",被四川省委宣传部《我们的价值观——四川民间艺术弘扬社会主义核心价值观》一书收录,其中一幅作品作为了该书封面。利用剪纸艺术传播核心价值观,得到了原中央政治局委员、中宣部长刘奇葆的肯定。

贴近人民群众,通达社情民意。广安日报坚持人民群众在哪里,关注点和报道重点就在哪里,确立"报道市民生活、引导市民生活、通达社情民意、服务民生工作"的办报宗旨,既深度聚焦关注度高、新闻性强的重大社会民生新闻,解析与民相关的政策法规,又通达社情民意,反映百姓生活,提供资讯服务,扶贫济困,挞丑扬善,传递社会正能量。常态推出的"12345有事找政府"专栏深受群众欢迎;"帮助困难学子圆大学梦"一年接一年地传递社会大爱;环境曝光台,城乡环境综合治理曝光等监督批评报道成为常态,将民众所想所盼转化为党政的积极回应;《广安日报》"关注尿毒症少女杜娟"系列很接地气的追踪报道,演变成了一场声势浩大的社会公益行动,为贫困家庭中的无助少女募得善款近40万元,让无助的困难群众回归社会,感受到社会的温暖、人间的真情。为孤女找家、为贫困学子圆梦、为市民解疑释惑……报纸的亲和力、贴近性不断释放。

坚持围绕中心,着力服务大局。广安市委2014年以来将绿色生态发展作为推进经济社会发展的工作重点,在全市全域开展"洁净水行动"。

广安日报社紧跟市委工作节奏，为给广安开展"洁净水"行动提供可资借鉴的样板，策划开展了"洁净水行动浙黔行"采访活动，在两省3市5县10余乡镇深入采访，了解治水先进地区的新理念、实举措、好经验，并结合广安实际谈感受和启示，为环境保护、绿色发展及时提供了可资借鉴的经验，连续大版面的推出，为广安"洁净水"行动提供了可学可用的样板。广安市委书记侯晓春多次称赞，广安的洁净水行动有党报的功劳。

弘扬传统文化，呈现党报担当。 广安日报高举弘扬优秀传统文化大旗，把具有广安特色和鲜明风格的文化融入传承发扬中华优秀传统文化宣传中，创新打造出了《广安日报》川东周末副刊文艺创作激励品牌——"川东周末文艺奖"，两年一度的评选和表彰，极大地促进了本土文化的繁荣和新人的成长，读者关注度高，扩大了《广安日报》的社会影响力。

巩固主流阵地，驱动融合发展。 广安市委花大力气推动广安日报转型融合发展，为报社插上科技的翅膀，进一步提升"四力"。市委市政府出资500万元支持新媒体平台建设，广安日报采编发平台正在优化：投资580万元的"策、采、编、发、析"新平台已在招标中，投资近100万元的视频直播系统已投入使用，投资近100万元的广安日报历史数据库已建成并投入使用，投资近40万元的视频直播车已在采购中，广安日报的传播方式得到进一步优化，传统党报插上了科技的翅膀，"内容＋技术"很好地结合，广安日报转型融合步入了春天，内容传播进入了互联网高速之路。既巩固了党报主流舆论阵地，又实现了党报"四力"的有效提升。目前，以内容生产为核心的广安日报发布矩阵扩展延伸了《广安日报》内容发布传播渠道，广安手机报、广安在线新闻网、广安日报微信微博、天下广安APP产生了很大的影响力，入驻了今日头条、新浪、人民日报党媒平台；授权运营广安播报新浪腾讯微博及广安发布微信和人民日报客户端广安号，覆盖用户逾200万。2016年，广安日报新媒体由中国报业协会委托三方监测，跻身全国副省级地市级党报新媒体全国100强；2017年，在第十二届中国传媒大会上，《广安日报》荣获"2016中国十大传播力地市党报"；2017年，《广安日报》被中国报业协会党报分会评为"中国城市党报最具品牌活力媒体"。同年，也被四川省新闻出版局纳为品牌报纸培育对象。

意义：党报强，执政工具力量强

党报是党的执政工具，在真伪难辨的信息过载的当下，党报的权威性、公信力禀赋越来越明显，关键是各级党政如何与时俱进地用好党报这一独特的执政工具，广安市的做法值得借鉴。通过开展"党员订党报，党员读党报"活动，《广安日报》的覆盖率得到有效扩大，传阅率也得到提升，而且，媒体融合也迈出了令人欣喜的步伐。纵观媒体新生态，我们也清醒地看到互联网背景下的新传媒格局已使传统主流媒体自身危机四伏，如果不加快融合转型，传统党报的"工具"用途就会失效。

调研中，我们了解到党媒转型由"纸端"到"指端"困难重重，党报新媒体的合法合规的"身份证"获取难度特别大。互联网上，话语权、舆论主导权争夺刀光剑影，而传统党报蝶变重生步入互联网却因政策许可等原因，在舆论传播新的主战场上不占优势。建议中央宣传部要像过去支持巩固党报主流媒体地位那样，为传统党报转型发展扫清制度瓶颈障碍，创造条件，解决各级党报新媒体"黑户口"无"身份"问题，真正信赖和依靠这支对党忠诚的传媒力量，通过政策法规许可，让各级党报的新媒体具有互联网新闻信息服务许可、网络视听、网络出版服务等多种资质许可，让传统党报迅速转化为我党在互联网上进行新闻传播的中坚力量，占领互联网信息传播制高点，从而使传统党报始终保持"乱云飞渡仍从容"的政治定力，在新的舆论主战场上焕发青春和活力，为安邦定国、长治久安发挥互联网时代新型党报的"定海神针"的作用。

柳州日报社：

"双循环""三驱动"激发新动能

阳　天　吴怀辉

柳州是广西第一大工业城市，中国五大汽车城之一，素有"桂中商埠"之誉。柳州亦是壮族歌仙刘三姐的传歌圣地，山歌世代在鱼峰山脚下缭绕，壮族的歌、侗族的楼、苗族的舞、瑶族的节，合称柳州民族风情四绝。

柳州日报社在推进媒体融合战略的实践中，襟怀"心中无敌"则"天下无敌"之理念，认为媒体融合绝不是简单的谁取代谁的问题，融的是理念和思路，合的是内容和技术，做的是协调和互动，求的是再造和共赢。通过媒体融合"内＋外·双循环"生态系统建设，进一步巩固了品牌公信力、权威影响力、资源整合力、全媒传播力，依托产品驱动、项目驱动、全案驱动的"三驱动"，进一步增强了报业经营能力。2018年，柳州日报社荣获"中国报业融合发展创新单位"称号。

柳州日报社在转型升级、融合发展等方面的一些实践，主要体现在两个方面：一是打造深度融合"双循环"生态系统；二是激发多元发展"三驱动"经营动能。

一、"双循环"，打造深度融合新生态

柳州日报社在中央和自治区关于推动媒体深度融合发展的顶层设计下，遵循现代新闻传播规律和新兴媒体发展规律，结合自身实际，把着力点放在深度上，把着眼点落在发展上，全力打造"内＋外"的媒体深

度融合"双循环"生态系统，努力让媒体融合既体现"深度"，又呈现"广度"，既巩固宣传思想文化阵地，又壮大主流思想舆论。

(一)内循环生态系统：构建"矩阵+圈层"传播平台

1. 以"四个建设"为抓手，致力构建全媒体矩阵

(1)以平台建设为基础，构建"纸媒+新媒""综合+垂直"的全媒体矩阵。全媒体矩阵包括：主矩阵、次生矩阵、代维矩阵。

主矩阵——目前，在报社层面已经形成了"两报一网"：柳州日报、柳州晚报、柳州新闻网。"一端五微"：柳州1号APP客户端、柳州日报微博、柳州晚报微博、柳州发布微信公众号、柳州晚报微信公众号、柳报传媒微报微信公众号。其中报纸订户10万，新闻网阅读量10万。APP下载量100万，微博粉丝数120万，微信粉丝50万。

次生矩阵——在报社部门和二级公司层面，建设了10多个细分领域的垂直微信公众号，如小记者、龙城财报、柳报大课堂等微信公众号，等等。

代维矩阵——代理运维30多个党政机关和城区、企事业单位的网站、微博、微信公众号，如市委宣传部的我爱柳州微信公众号、市委组织部第一书记微信公众号、柳州银行微信公众号等，形成超大"朋友圈"。

在一个总人口390多万的城市，柳州日报社全媒体矩阵覆盖人群逐年扩大，2016年突破150万，2017年突破280万，目前正向300万逼近。

(2)以品牌建设为核心，突出重点做"1号"，增强品牌影响力。

柳州日报社大力实施"移动优先"战略，打造以移动终端平台"柳州1号"为核心的"1号"全媒体品牌，提出全媒体矩阵要实现占领"两个高地"：占领舆论高地，影响"关键少数"；占领市场高地，发挥"聚集效应"。先后推出了1号快讯、1号直播、1号访谈、1号追踪、1号夜读、1号秀场、1号辟谣等"1号"系列产品。柳州市委书记在调研县域工作时，专门拿出"柳州1号"做例子，要求相关县区在发展中要像柳州日报社一样，争做"1号"，打响品牌。"1号直播"去年开展直播活动20余场，

平均每场观看人次达10万以上,中国·柳州住宅产业博览会、卡乐星球开园、"道德模范与身边好人"现场交流活动、东风景逸双T上市发布等活动观看人次均突破20万。2017年柳州1号APP直播平台、柳州日报社新媒体矩阵登上中国移动互联网与传媒融合风云榜,分别荣获中国传媒融合年度标杆案例奖和中国新媒体年度最具价值品牌奖。

(3)以内容建设为根本,突出党报优势,增强传播力、引导力。构建全媒体矩阵,基础工作就是解决内容生产问题。

策划引领:近几年,柳州日报社先后围绕"一带一路"、深化改革、扩大开放等中心工作,组织策划了龙行西江看发展、粤桂黔高铁经济带千里行、精准脱贫县区行、"第一书记——我为乡村聚力"等一系列采访报道活动,较好地发挥了全媒体矩阵在重大主题报道方面的传播作用。精心策划"砥砺奋进的五年·柳州足迹"大型主题报道,被自治区党委宣传部主要领导充分肯定,获得"中国报业十九大融合传播报道类十佳作品奖"。《柳州人停车吃碗粉都可以上央视?这下柳州又要火了》被评为"中国报业十九大融合传播新媒体优秀作品"。

紧跟时效:报社全媒体在突发事件发生时第一时间发声,及时跟进报道事件进展,引领社会舆论良性发展。2017年2月5日,3名柳州游客在南非旅游遭枪击,柳州日报社新媒体首发消息,及时报道有关各方救援处置情况,全网点击量超过百万,各大媒体相继转载。

立体传播:在重大活动、重要会议、重要节庆等时间节点,统筹协调报社全媒体平台,进行图文直播、视频直播、手机客户端滚动发布,进行全媒体立体传播。报社利用微博平台与阿里巴巴合作进行城市营销,宣传柳州螺蛳粉。各媒体平台参与造势,活动话题24小时内阅读量达到5000万人次,帮助柳州螺蛳粉一天销售30万盒;柳州日报官方微博阅读量达到500多万。

(4)以机制建设为保障,重构配适全媒体矩阵的机制和流程。

柳州日报社对现有的管理体制进行改革和完善,实现对网上网下、不同业态媒体的科学有效管理,建立良好的传播秩序;通过建章立制和技术设计，把报社对媒体深度融合发展的管理要求贯穿到采编、经营的各环节、全过程。建立了社长总编辑指挥协调制度、全媒体指挥调度值班制度、全媒体平台联动互通制度、全媒体采编统筹调度制度。

组织架构上：通过布局调整，打破报是报、网是网的传统模式，成立新媒体中心，集中资源形成采编、技术和运营优势，全媒体矩阵传播效果得以凸显。

供稿机制上：采取"软硬兼施"的办法，化解新媒体供稿难题。"软"就是以分配政策倾斜来鼓励传统媒体的采编人员向新媒体供稿，稿件推送即付酬；"硬"就是做出硬性规定，题材重大的指令性采访、突发性新闻事件、群众关注的热点，到场记者必须在第一时间向新媒体供稿，否则将按规定处罚。

发布机制上：对各媒体平台发稿顺序、对各类稿件发布顺序都做了明确规定，破除本位意识、消除部门隔阂、提高推送时效，形成了"端—微—网—报"有序发布的机制。同时依托全媒体采编系统，实现了"一次采集、多种生成、多元传播"。报社提出"时政新闻，1号首发"的目标，要求全媒体"250三段式发稿"，即新媒体要20分钟内发第一稿简述事实，50分钟内发第二稿延伸报道，事件结束后发第三稿全面解读。

2017年6月，柳州市遭遇特大暴雨，全媒体群协同作战，各平台实时播报水情、路况等服务信息，及时报道相关部门的应对措施，对虚假信息及时进行辟谣。其间，全媒体矩阵中有5条微信点击量超过10万，柳州1号APP直播点击量达到30万次。

2. 以"细分互动"为纽带，着力构建社群圈层

如果说矩阵建设主要解决的是平台生产的问题，圈层建设就是要着手解决传播效果的问题。柳州日报社根据不同的读者受众群体，创新开展社群圈层建设工作，目前已经建成核心微信圈30个，形成网格化覆盖，实现裂变式传播。比如婆婆妈妈群、小记者家长群、副刊铁杆粉丝群、1号特卖用户群，等等。

以婆婆妈妈群为例：社区婆婆妈妈群由柳州市214个社区的一名书

记或主任、一名宣传干事组成，虽然只是个近500人的社群圈，却覆盖了全市所有社区，既可在群里第一时间获得最基层的新闻信息，又可把柳州日报社的新闻产品在群里迅速推送，实现了传播效应的最大化。柳州银行的定位为社区银行，社区是银行的用户目标圈。因此，银行就借助报社依托社区举办的婆婆妈妈节这个平台顺势而为，不仅获得免费宣传的"硬红利"，还可以获得企业形象提升、用户数量扩大的"软红利"。

再以"紫荆花"圈层为例：今年四五月间，柳州紫荆花盛开，报社各媒体平台聚焦"紫荆花"主题，从多个角度助推了紫荆花在全市"霸屏"，柳州发布微信号推送的《柳州的紫荆花真的开了！航拍大图抢先看》，通过30个圈层推送，30个圈层包括柳州晚报万人交友群、柳报铁粉群、柳州晚报慈善联盟、柳州晚报读者报料维权群、柳州晚报创业者俱乐部、柳州婆婆妈妈群、小记者家长family、柳州有礼土特产群、柳报教育联盟、柳州市商标协会群、柳州金融圈、柳报吃游团、柳报运动达人、柳报养生圈，等等。通过推行积分制享受报社冲抵商品折扣等激励措施，让各群粉丝转发和推广新闻、广告，以此来形成报社在全柳州的网格化覆盖传播布局，实现裂变式传播，29小时内获得了30多万的点击量。

（二）外循环生态系统：构建"民间＋官方"融通平台

柳州日报社充分利用党媒传统优势，打造外循环生态系统，积极整合市网络文化协会的社会资源和市互联网传播研究中心的政府资源，构建"民间＋官方"融通平台，打通民间舆论场和官方舆论场，最大限度地发挥新闻舆论的影响力和引导力。

1. 以柳州市网络文化协会为载体，引领民间舆论场导向

习近平总书记指出，互联网是意识形态斗争的主战场主阵地，是"最大变量"。柳州日报社主动作为、积极谋划，在市委宣传部的支持下，主导成立了柳州市网络文化协会，报社为会长单位，总编辑兼任会长，吸

纳全市（含5城区、5县）相关部门和50多个有影响力的自媒体成为会员。通过主动设置议题、发出行动倡议、开展"微观柳州"等活动，讲述柳州好故事，传播百姓好声音，引导民间舆论场向文明、健康的方向发展。

2. 依托柳州市互联网传播研究中心，扩大官方舆论场影响

党报姓党，是党和人民的喉舌，也必须充分利用好党委政府的资源。作为三线城市的报社，建设全媒体大数据中央指挥平台，仅靠自身的资金投入压力是很大的。柳州日报社积极争取市委宣传部的支持，协调市互联网络传播研究中心的主管部门中共柳州市委网信办入驻报社，形成联席工作机制，共同打造"中央厨房"。一方面，双方统筹资源，发挥乘数效应，有利于争取项目支持，目前，已获得广西壮族自治区80万元文化产业发展专项资金；另一方面，双方优势互补，发挥协同效应，有利于舆情研判处置。

2018年，柳州日报社还专门成立了柳报尚嘉融媒科技公司，现已形成了"中心＋新媒体事业部＋公司"的模式，把舆情监测与服务作为一项重要运营内容，让报社成为文化信息的集散地和社会舆论的收集器，不断增强意识形态工作领域的主导权和话语权，进而与政府部门、城区单位进行战略合作，提供舆情服务产品与解决方案，取得了社会效益与经济效益"双丰收"。

在2017年广西壮族自治区媒体融合发展大会上，柳州日报社作为唯一的地市报代表做了典型发言；由于积极探索媒体深度融合发展之路，柳州日报社去年和今年连续两年获得广西壮族自治区文化产业基金专项资金的扶持。

二、"三驱动"，激发报业经营新动能

媒体深度融合发展，路径在融合，层次在深度，目的在发展。在推进媒体深度融合中，柳州日报社积极开拓经营发展新路子，由"媒体经营"转变为"经营媒体"，形成"多条腿"走路。目前，柳州日报社旗下有柳报尚策广告公司、柳报尚腾会展服务公司、柳报尚方文化传媒公司、柳报尚达旅游文化公司、柳报尚捷商贸物流公司、柳报尚嘉融媒科技公司、

柳报尚彩印务科创公司7家全资子公司,严格按照采编经营分离的要求,经营业务全部划归公司管理,进行市场化运作。

三线城市的地市级报社,无论从目前的财力和政策面来讲,都不可能像中央、省级或者发达地区党报传媒集团那样,进行大体量的资本运作,面对严峻的市场形势,既要"蹄疾",更要"步稳"。因此,柳州日报社着重多元发展的产品驱动、项目驱动和全案驱动。

(一)产品驱动

柳州日报社认识到,传统媒体的经营竞争已不是同业竞争,而是面临跨界竞争和降维打击。柳州市一家银行前年在全市分布着50多台ATM机,到今年已经只剩13台,撤掉了40多台。他们面临的不是兄弟银行之间的竞争,而是微信、支付宝的跨界竞争,是新技术带来的颠覆性冲击。报社面对的也已经不是纸质媒体,甚至不是电视、网络媒体的竞争,而是新媒体、自媒体、社交媒体的竞争。在这样的形势下,必须强化市场思维和用户思维,研究新的传播技术和手段,创造出更多符合市场需求和客户需求的广告产品。

产品一:《柳州晚报》电子号外。去年,柳州日报社创新推出《柳州晚报》电子号外,这个新媒体产品依托柳州日报社全媒体矩阵和30多个圈层进行裂变式传播,投入成本低,传播快捷精准。仅半年时间,电子号外就创收近百万元。

产品二:1号碗媒。创新推出柳州市场最大的广告桌推产品——1号碗媒。1号碗媒以消毒碗的包装为载体,

《柳州晚报电子号外|欢度儿童节,祝大朋友小朋友儿童节快乐!》

技术上嵌入新闻性和互动性，顾客可以在等餐时扫码读新闻、抢红包，实现广告二次开发利用。1号碗媒每天市场占有量最高达10万套，基本实现市区餐馆全覆盖。去年以来，该报社还整合提升了电子阅报栏产品、1号特卖产品、1号跨境电商产品等，打开了经营的另一个新频道。

（二）项目驱动

为了推动多元化运营更加有序、更加高效，2017年柳州日报社开始探索项目负责制，实行激励与约束并重，激发员工积极性和创造性。项目分为临时性项目和战略性项目两种，临时性项目由社领导直接指定项目负责人，按照项目激励机制和跨部门跨区域合作机制高效执行，体现"短平快"的特点。与市人大常委会联手开展"立法规划我参与"网络评选访谈项目、柳州市争创全国文明城市宣传片等，时间紧任务重，都是通过直接搭建临时项目小组，"快进快出"圆满完成任务。战略性项目由项目孵化中心统筹，报社的每一个员工都可以发挥自身的创造力，拿出项目的可行性分析报告，由项目孵化中心进行研判与完善，报党委会研究通过后，在全社范围内组成项目组进行团队化运作。比如2017年以来运作的文艺柳州平台项目、小记者运营项目、"柳州1号"乡镇巡礼、柳江书院项目，等等。

（三）全案驱动

相对于市场上的其他民营公司，报社最大的一个竞争优势就是拥有媒体平台、拥有资源整合能力。在报业广告"断崖式下滑"的形势下，整合宣传资源、政商资源、社会资源等各方面要素，改变过去单纯的版面售卖模式已经迫在眉睫。顺势而为，开展以产品为基础、以品牌为核心、以市场为导向的全案营销就很有必要。柳州日报社组建全媒体营销中心，专门设立融创部，负责通盘统筹策划，进行资源整合，以全案营销方式服务重要客户。比如在地产行业，提供营销策划、活动筹备、项目实施、方案营运、品牌传播一站式服务，同时还与旅行社、金融机构等客户进行资源互换，进一步拉长盈利链条。2017年，柳州日报社通过全案营销的服务模式，策划实施活动100多场，几乎是周周有小活动，月月有大活动。比如举办柳州市"3·15"公益大联展、柳州市消费购物节、柳州市房地产博览会、柳州市网络春晚等，举办活动的收入超过1000万元。

荆州日报传媒集团：

从"新闻工厂"到"新闻梦工厂"的嬗变

杨章池

荆州，一座古老文化与现代文明交相辉映的滨江城市，在三国时期，吴蜀两国的荆州争夺之战，改变了诸葛亮"隆中对"所设定"一统天下"的宏图远景，由此得出：得荆州者方能得天下！

走进移动互联时代，新媒体犹如传媒格局中的"荆州"，要实现媒体融合，必须先取"荆州"。荆州日报传媒集团作为一家地市党报媒体集团，在媒体融合中，设定了"全省领先，全国叫响"的共同愿景，逐一破解"共识难成、组织保障、技术短板、人才难题"四大融合瓶颈，紧扣从"新闻工厂"到"新闻梦工厂"的战略规划，强势驱动"五个转化"，优化战术路径。为地市级党报媒体的融合转型提供了"荆州样本"，贡献了"荆州智慧"。

一、困境与挑战：关口当前，唯有勇敢破冰，大胆创新，克难制胜

毋庸讳言，现阶段媒体处于新旧交替、不进则退、不兴则衰的关键节点。从2014年起，媒体融合发展面临有史以来最为复杂的局面，头脑不清判断不明，将直接影响未来发展。

1. 双重压力下的媒体生存之难与转型之困

生存发展缺资金、少动力，创新转型缺思路、少信心，是传统媒体面临的两大压力。一是传统纸媒广告市场萎缩，创收压力加剧。近年来，

硬广呈断崖式下跌，同比都有一定的下滑。邻近地市的不少媒体反映，从 2015 年、2016 年经营业绩两年连续下滑 30% 以上。荆州日报硬广也分别下滑 21.3% 和 26.4%。因新媒体广告异军突起和承办大型活动收入进一步上升，才保证了总业绩的稳步增长。抚今追昔，若不是主动转型，独辟蹊径多条腿走路，也难逃同样的命运。二是转型发展缺方向缺方法，传统媒体人心态焦灼。"不转是等死，转是找死"的论调依然大行其道，地市一级报业从业人员普遍信心不足、精神不振。转型没有现成模式，没有得力措施，没有资金投入搅动活水。即使像荆州日报这样情况尚好的，也时刻感到危机，怀有隐忧。

2. 认识局限下的思维定式与行为障碍

认识是行动的先导。纵观全国地市级媒体，不少仍然在过去荣耀的幻影中自怨自艾，对"无冕之王"的光环念念不忘，对媒体面临的新形势不知晓，不愿了解，导致采取"鸵鸟战术"，闭目塞听，掩耳盗铃，认为党媒自有党来管，上级总会想办法；有的畏首畏尾，前怕狼后怕虎，没有迎难而上、直面问题的信心，没有闯关夺隘、背水一战的勇气，也没有抢占先机、克难制胜的方法，导致画地为牢、故步自封。笔者在出席研讨会时不少媒体老总把融媒体项目申报工作理解为"要钱"，只为解决当前问题，大帽子底下开小差；即使设备安装调试成功也不主动运用，任其闲置，根本没有考虑长远的发展。许多地市报业融合工作乏力、行动滞后、效果不佳，下深水、打硬仗的微乎其微。

3. 新旧冲突下的媒体定位模糊与融合偏差

主要存在以下几种不良形式：

（1）"抑郁症"式。融媒体改革主体理不直气不壮，有着与生俱来的"身份焦虑"。不少人对"融媒体"到底是个什么东西缺乏明确认知，对于改革心存疑虑。行业内外都有相当一部分人认为，报纸"融合之举"去搞微信微博客户端、做视频做直播，纯属不务正业，是邯郸学步，放弃了原来的优势，注定走不远。

（2）"贴商标"式。新旧媒体两张皮、各自为战，未形成整体优势。

对新媒体技术的简单"嫁接",在传统业务体系运作基本不变的情况下,去"贴一块"所谓新媒体业务,是很多媒体在融合转型过程中的选择,结果仅是物理层面的叠加堆砌,没有化学层面的内驱质变。不少媒体把新媒体仅仅当成一个转发的工具,而没有当成一个相对独立的单元来扶植、培育,导致其发育不全、无法健康成长。荆州日报在融合初期也有这种倾向,新媒体新闻中心开始定位为发布平台,由编辑在中央厨房抓取稿件后,以后期制作为主要方式,用网友接受、适宜传播的表达方式加以呈现和推广,未去细致研究其发展规律。

(3)"垒分灶"式。有的报业集团将融合视为在大灶旁边新垒一个分灶,搞采取分灶吃饭,受结算方式影响,甚至出现集团各单元内争抢资源、恶性竞争的倾向。长此以往,将严重影响员工积极性和运行效率,降低党报的整体形象。

(4)"肠梗阻"式。媒体融合,合而不拢,融而不化。没有进行流程再造,形成一整套融合发展的工作模式和运行机制,具体操作中出现诸多"胃消化不良"或"肠梗阻"障碍,没有真正做到合人、合心、合拍。

4. 新形势要求下的人才之渴和升级之盼

人是生产力中最活跃、最关键的因素,媒体融合关键在人。目前以地市报为代表的传统媒体,大多走的是一条本土化之路:报社(集团)领导层及中坚力量,大多是本地成长本土培养,带有深厚的"自产自销"气息,很多人相对封闭保守。这样在新闻导向管理方面不会出大问题,但如何快速拥有互联网思维和融媒体意识,做到采编播发和技术处理一体化,是个较大的考验。新时代对新闻从业人员有更高要求,应从单纯新闻传播者向信息传播者的转变,从新闻采访者到信息采集者的转变,从媒体人到受众、客户服务员的转变。在一个"融"得越来越深的时代,媒体从业人员只有融进时代的洪流当中,成为其重要组成部分,不断升级,才能勇立潮头,走在前列。

二、抉择与吁求：面对融合大势，必须痛下决心，破除瓶颈，做优环境

"融"是大势所趋，媒体融合发展是必然选择。习近平总书记在十九大报告中提出，高度重视传播手段建设和创新，提高新闻舆论传播力、引导力、影响力、公信力。中国当下的媒体融合发展有其内在的特殊性，不是单纯依靠媒体自身的转变就可以完成，必须依赖媒体、主管部门、受众以及市场四方之间的良性互动。

1. 追求观念制胜：融合共识要加快形成

习近平总书记强调，强化互联网思维，坚持传统媒体和新兴媒体优势互补、一体发展，坚持先进技术为支撑、内容建设为根本，推动传统媒体和新兴媒体在内容、渠道、平台、经营、管理等方面的深度融合。传统媒体拥有专业化的新闻采集人才，正规化的传播通道，不容置疑的社会公信力。在媒体格局已经进入"媒体融合时代"的今天，唯有推进一体化发展，谋求"媒体融合"的深度再造，裂变化合产生新的形态，努力实现从"并行"到"并轨"，从"延伸"到"兼容"，做到你中有我、我中有你，你就是我、我就是你，在互联网技术、新平台框架下，重构价值体系和传播体系，打造全新的媒体系统，形成复合竞争力。

2. 重视"新的王道"：技术难题须尽早攻克

传统媒体走向创新型的融合发展，实质上是传统媒体公信力与新兴媒体传播力的融合，核心在于内容与

《党章新测试　看你掌握了多少？》

技术、管理与营运的融合。新兴媒体的传播力由四个方面凝聚而成,即高科技、大数据、信息化、移动终端。相对于传统媒体而言,新兴媒体对高科技依赖程度更高,它确保了受众能看到听到还能评品,真正解决了悦读的问题;大数据为新兴媒体适应人群进行精准定位,提升了新闻资源使用效率,解决了精读的问题;信息化保证内容更全面功能性、服务性更强,解决了快读的问题;移动终端则让悦读、精读、快读变为可读。现阶段,新技术层出不穷,宜进行颠覆性观念更新,清零再来式的学习,尽快在全体采编经营人员中"植入"互联网技术,使其尽快拥有适应互联网时代的新思想、新观念、新视角,以及全新的服务意识、用户观念和互动行为。

3. 锁定制胜关键:人才短板应及时破解

融媒体时代,人才是推动报业创新发展的核心要素:

(1)像招商引资一样招才引智。千军易得,一将难求。要大力引进有明确时代方向感的领军人物,用共同的目标凝聚人,用适当的待遇留住人,用创业的环境和机会激励人,把全身充满"新媒体意识"、能够敏锐地把握互联网发展大势的人才充实进领导班子和中层骨干队伍,起到引领作用。

(2)像培土施肥一样培养提升。选拔一批有潜力、有发展前景的苗子精心培养。2017年,荆州日报传媒集团推出旨在打造"名记者、名编辑、名专栏"的"三名"行动计划,在2017到2020三年间培养出一批业务精深、全省知名、社会认可、群众喜爱的"名记者"和"名编辑",和若干个体现社会主义核心价值观,内容丰富、特色鲜明、富于社会影响力和现实感染力的"名专栏",着力从现有队伍中培养出能敏锐捕捉新闻线索、发掘深度新闻价值、制作富于感染力的新闻产品的报道者,培养擅长新媒体制作、发布、传播的专业型人才,留住IT精英,创新经营和大数据分析等方面的高端人才,精心培育具有强烈创业创新意识的团队,充分释放现有人才的红利,有效激发报业创新的活力和动力。

(3)要像扎牢篱笆一样补齐短板。全媒体时代的到来,让受众的需求发生了极大的变化,也产生了种类繁多的新媒体产品来满足客户需求。这就对广大新闻从业者提出了更大的挑战和要求——要成为全媒体时代的"全能型"记者。要突破传统新闻表达方式，有全媒体思维，根据不同媒体产品，灵活掌握语言技巧，比如在做微信公众号稿件时，语言要幽默、轻松，掌握文字技巧；学会利用H5、长图等流行的元素制作新闻，传播新闻；要掌握多岗位的工作要求，全媒体时代，要求媒体人采编合一，会写稿、会摄影、会剪辑、会使用新媒体软件后台，能熟练掌握新应用操作设备。

4. 加强组织保障：党委政府宜大力支持

各地党委政府对媒体融合发展是否真正认识到位，最终要靠支持的力度、发展的程度来检验。从荆州日报融媒体发展的实务来看，只要思路明确操作得当，媒体融合能够使经济、社会、文化多方面都产生巨大效益，也得到了党委、政府特别是市委宣传部的高度重视和大力支持。

（1）加强领导与引导。媒体融合是一个系统工程，核心是要完成传统媒体向新型媒体的嬗变，是媒体事业的全新突破，涉及体制机制创新，必须有强大的领导支持和完备的容错机制。应将媒体融合发展纳入各地重要议事日程，作为当地的一件大事、要事来抓，定期研究，强力推动。在年初制订的各类重要方案中应有相关内容，要写进党委会议纪要、写进政府工作报告、写进政府大事、写进宣传文化系统年度目标。

（2）应根据发展需要，出台一事一议政策。重要项目建设时，政府给予必要的项目专项奖励支持。重大立项领导积极支持，带队争取，争取早日建成投产，让创新之举受到褒扬、提供引领，让融合发展成为全体新闻从业人员的自觉追求。对于媒体自主筹资开展的大型建设，宜采用比招商引资更加优惠的政策，在用地、税费方面予以倾斜和奖补，给予贴息等政策性补贴。

三、出路与机会：着眼未来发展，需要抓住关键，穷追猛打，久久为功

融合发展的大幕已经拉开，媒体融合任重道远，在实践中必须抓好以下几个关键环节，才能找到出路和发展的机会。

1. 媒体融合是"一把手工程",要当作"一号工程"抓

融合,谈起来容易,做起来难上加难。一把手态度不坚决,无法形成共识,一把手措施不得力,工作无法推进。以荆州日报为例,一进入融合的实际操作环节,连党委班子也不尽认同和配合。只有坚持不断地解放思想,不断地敦促大家分析形势,增强改革的紧迫感和责任意识,才能理顺思想、统一步调。在推进过程中,经历了全员思想波动、中层干部闹情绪和职工上访等一系列事件,但都顶住压力坚持下来了。在融媒体改革实践中,一把手一定要具备铁石心肠,动用铁的手腕,形成铁的纪律。不然,困难是弹簧,你弱它就强,一旦回潮就悔之晚矣。必须保持敏锐的嗅觉,以消防员的应急处理状态,随时研究问题、解决问题,在一个又一个问题的解决中增强实力和竞争力。当然,这一切的前提是要充分尊重群众、发动群众,调动广大干部职工的积极性,实行民主集中。

2. 媒体融合是长远之计,必须抓好战略定位

定位即立足当前阶段,立足形势发展变化,对今后若干年发展做出展望,制订详细规划,媒体发展、团队建设的一系列战略都要围绕定位来展开。如荆州日报从一开始就按照市委宣传部主要领导的指示精神,确定了"全省领先,全国叫响"的发展目标,这也是一个共同愿景。媒体融合的战略规划分为五年两步实施完成"新闻工厂到梦工厂"的转变:

第一阶段是媒体融合的"新闻工厂"建设与完善阶段(2017—2019年),分三年完成"新闻梦工厂"的生态布局,升级融媒体3.0版的"中央厨房"。完成融媒体矩阵建设和现代传播体系建设,成为领先全国地市(州)的新型主流媒体。

第二阶段是融合媒体"新闻梦工厂"建设阶段(2020—2021年),分两年建设,完成从媒体融合到融合媒体转变,重点布局融媒体产品建设和融媒体产业化发展,实现媒体融合的IP梦,力争成为全国地市(州)处于第一方阵的现代传媒集团。围绕"新闻梦工厂",打造新闻品牌,创新新闻产品,构建传播矩阵,形成深度融合的新型媒体。目前,集团全体干部职工正围绕这一目标不懈努力,融合文章越做越深,干部群众尝

到了改革的甜头，对此拍手称快。

3. 媒体融合是通盘战略，必须具有全局观念

不谋万世者，不足以谋一时；不谋全局者，不足以谋一域。荆州日报的体会是，要立足长远、立足全局，把媒体融合放在事业发展重中之重的位置来抓。荆州日报在融合改革中主要做到了三点：

一是重新洗牌，重塑理念。新媒体的融合，就是要跨越空间、瓦解时间、重塑关系和创新服务。结合大数据思维、互联网思维、用户思维、版权思维和底线思维，传统媒体在媒体生态圈，从内容走向服务，从传统媒体本位走向新媒体本位。

二是敢动"奶酪"，勇于牺牲。融合的第一步，将日报晚报合并时，涉及资源的重新划分，动了很多人的"奶酪"，职工有意见，但荆州日报坚持下来了，现在大家没有日报晚报之分，前端与后端的界限也不明显，统一叫融媒体采编人员。在改革进入深水区时，各部门之间、部门内部人员为适应需要，都在不断进行调整，调整初期总有人做出牺牲，但调整到位后会产生巨大的后劲。

三是着眼长远，超前布局。以荆州日报为例，目前事业发展中传统媒体编辑出版人员占大多数，但未来发展对新媒体生产、制作、发布要求更高，必须进行战略重点的转移。近两年来，荆州日报招录人员都以新媒体新闻中心、创意出版中心为平台设置岗位，大力引进相关人才，而对于传统编辑出版基本做到只出不进。

4. 媒体融合是硬任务硬指标，必须抓好落地落实

媒体融合必须壮士断腕、破釜沉舟，顶住方方面面的压力，一鼓作气，一抓到底。要破除旧思想观念的影响、固有体制的束缚，必须猛击一掌猛推一把，必须下重手、下猛药，温水煮青蛙不行，走一步看一步不行。不能给自己留后路，后路就是逃路，等待观望只会贻误战机徒留遗憾。

荆州日报推进落实的措施主要是推进"一支点两加强"建设，即以集团自主设计的媒体融合系统"新闻梦工厂"为支点，加强"中央厨房"整体建设，按照移动优先战略，切实推进深度融合，实现从可读到可视，

从静态到动态，从一维到多维的实时传播、多屏传播、立体传播新媒体发展格局，抢占新闻制高点。

具体路径：以党报为基础，形成聚合云媒体；以移动为优先，打造移动传播矩阵；以分类为突破，重构都市类媒体转型新局。目前，"五个转化"正在实现：可视化，以荆州微视荆云直播为起点，打造荆州手机电视移动直播新平台；可听化，以楚网随身听为起点，打造荆州手机移动电台；移动化，以荆州日报客户端为依托，打造移动新媒体集成平台；大数据化，以荆州日报网（原楚网）为依托，打造荆州云文库数字体验平台；微商化，以定向服务、定制服务、商圈服务为目标，推进新媒体市场转化，达到应有的经济价值，并根据形势发展的需要不断进行微调。近期启动了融媒体3.0版"中央厨房"系统、文化创意产业园、党报WIFI项目、荆州云文库大数据采集系统、融媒体平台升级改造项目、多媒体智能采集分发系统等项建设，正在一步一个脚印，把梦想变为现实。

金华日报报业传媒集团：

做好重大主题报道的"金华日报现象"

陈 东

金华地处"浙江之心"，交通区位独特，文化底蕴深厚，从这里走出过邵飘萍、陈望道、曹聚仁、石西民、王惕吾等彪炳中国新闻史册的著名报人。深厚的新闻沃土滋养着今天的金报人，他们以重大主题报道坚守报道阵地，以内容优势赢得发展优势，创造了让同行称道的"金华日报现象"。

金华日报报业传媒集团认真学习贯彻习近平新闻舆论思想，牢记新闻舆论工作职责使命，引领导向冲锋在前，服务大局殚精竭虑，凝心聚力下细功夫，明辨是非响鼓重锤，发挥了党报一锤定音作用，重大主题报道取得新进步，达到了新水平。金报集团连续7年获得8个中国新闻奖，其中两个一等奖；在浙江新闻奖评比中，近10年获得一等奖55个，连续在全省地市媒体中居最前列。

2017年以来，金报集团营收有较大幅度增长，2018年集团总收入6.3亿元，增长13.42%，集团净资产已超过10亿元。2017年12月13日，浙江省委常委、宣传部长葛慧君批示："金华日报立足新闻创优，推动融合创新，做了不少好新闻，也创了工作新业绩，可喜可贺。"2017年9月5日，金华市委给予金华日报报业传媒集团记集体二等功一次。金报集团的经验在于：

一、理念创新，下好先手棋，打好主动战

金报集团始终对重大主题宣传高度重视，周密部署，调集动员全集团精兵强将，全力以赴打好主动仗。集团党委特别要求采编人员切实增强"四个意识"，锚定目标，对标省委宣传部、市委宣传部的工作要求，对标人民日报、浙江日报等上级党报的工作思路，结合金报实际，高标准、严要求地做好重大主题宣传。

金报集团谋划在先，形成了一套主题报道管理制度化、组织团队化、操作项目化的长效机制。其中，"例会+临会"是金华日报主题报道策划部署行之有效的抓手。每周一上午的评报例会，每周五下午的谈版例会，每天上午的采前例会，三个"例会"雷打不动，主题报道必谈、必评、必议。"临会"则是部署、落实急、难、重的主题报道任务，是主题报道拓展、提升的重要一环。

就2017年度来说，做好党的十九大报道，是金报集团压倒一切的中心工作和政治任务，自5月底以来，金报集团就制订详细计划、调集精兵强将，全力以赴做好十九大会前、会中报道，打赢这场重大主题宣传的硬仗。如何使会前报道出彩？金报集团想到，习近平同志在浙江任职期间，曾于2002年至2006年间先后14次到金华调研，为金华留下了宝贵的新闻素材，为此，金报集团谋划以习总书记调研主题为坐标系，确定了"三条廊道"建设者、"义乌经验"先行者、"浦江治理"开拓者、"花园现象"锻造者等12个主题，组成了"喜迎十九大·我们向党报告"系列报道，从9月20日推出，10月16日收尾，推出后引起较强烈的社会反响，许多报道都在各地各种微信政务群、工作群转发，受到干部群众的点赞。12篇文章在"金华新闻"客户端上的点击量累计超百万次。被省委宣传部和中国报协评为十九大宣传优秀作品，获2017年度浙江新闻奖重大主题报道奖一等奖。全省重大事件可谓接连不断，去年迎接党的十九大报道是每家媒体的规定动作，在与央媒、省媒同题作文同台竞赛中，金华日报能跻身前列殊为不易。金报集团已经连续3年获得由省委宣传部、省记协评选的浙江新闻奖重大主题报道奖一等奖。

开展"不忘初心、牢记使命，当好新时代金华答卷人"大调研，是金华市委按照习总书记关于大兴调查研究之风的重要指示精神以及省委关于大学习大调研大抓落实的工作要求，学懂弄通做实习近平新时代中国特色社会主义思想和党的十九大精神的重要举措。自2018年2月23日开始印发《中共金华市委关于开展"不忘初心、牢记使命，当好新时代金华答卷人"大调研的意见》后，金报集团精心组织了系列报道，使不少看似"很政治"的报道，获得了百姓的广泛关注与点赞，如3月21日在金华新闻客户端上推出的新闻《市委书记"大调研"足迹》，截至3月25日20：00点击量达到516051人次。

没有实体经济的发展就没有金华在全省的赶超进位，实体经济发展是金华的重点、难点和痛点。在由县域经济向都市区经济转型升级的关键期，金华市委、市政府精准地把推动经济高质量发展的着力点放在振兴实体经济上，精心谋划补齐实体经济短板，挺起现代化都市区的脊梁。为此，金华日报主动开设"实施工业强市战略　大力振兴实体经济"栏目，金报全媒体中心"高端访谈"推出特别策划"全员大调研，当好答卷人·聚焦实体经济"系列，就发展实体经济主动发声，直面问题，深入剖析，深挖典型，呈现亮点，精准传播，先后刊发报道220多篇，在全社会营造振兴实体经济的良好氛围，得到了市委领导的肯定和广大读者的点赞。

凡事预则立。金报集团每推重大主题报道必出详细方案，并执行到位。

二、机制创新，组织突击队，赢得攻坚战

重大主题报道，往往是时间紧、任务重，需要突击，需要攻坚。2017年以来，重要会议、重大活动多，时政报道的硬仗一场接一场。金报集团全过程、全方位参与十九大会前、会中、会后报道，省、市党代会、两会，"三条廊道"建设、剿灭劣V类水、最多跑一次、金华发展大会、创建全国文明城市、大力弘扬新时代金华精神等重要会议、重大工作的

报道，着力做到更快、更广、更准、更深入的传播。

每一次重要会议的报道，都是对金报团队的考验，而金报组织的"突击队"每次都展示过硬的作风。为了报道好市第七次党代会，金报集团成立专门的报道团队，集团主要负责人任组长，几名副总编、编委全程参与、分兵把守，以金华日报为主平台、主团队，全媒体中心、各子报全覆盖，时政报道精兵全班压上，围绕党代会主题，持续开展重大主题宣传活动，力求篇篇都过硬、天天有精品、组组有亮点、整体有力作，规定动作到位，自选动作精彩，同时也展示了"金报突击队"吃苦耐劳、雷厉风行、精益求精、创新求变的精神。

2018年省两会于1月24日至31日在杭州召开。这年省两会会期更长、内容更丰富，对其中的很多新理念、新思路、新部署，金报都结合金华实际做了精准阐述，报道数量、质量较以往均有明显提升，尤其是6篇代表委员热议的报道，选题准，对金华市今后发展有推动和指导意义，得到了市委领导和金华市民的广泛好评。

55岁的王厚鑫，是金华市公安局特警支队三大队一线民警。21载军旅磨砺，16年排爆考验，58次临危拆弹，1000多枚炸弹除险。"老兵"王厚鑫37年书写生死担当。为此，金华市委要求主流媒体推出典型报道。时间紧、任务重，金报集团把任务交给两位同志后，他们以最快的速度交出了两篇高质量的通讯和评论。全媒体通力合作，金华新闻客户端第一时间推送相关内容。版面编辑和版式总监紧密配合，于7月29日头版整版推出长篇通讯《转业不褪色　信仰有力量》和言论《有一种担当，叫舍我其谁》，

充分体现了市委的意图和金报集团的专业能力。在这次多家媒体同题竞赛中，金报的报、网、端、微均抢占制高点，得到了市委领导的肯定、广大市民的关注和叫好。

"想到灵魂出窍，做到筋疲力尽"，这是金报集团对重大主题宣传策划和执行的标准和要求。

三、平台创新，建造新载体，着眼转型战

在融媒体时代，要做大做强重大主题，就要着力打造融媒体平台，使之成为重大主题报道的新媒体，重大主题报道传播的新路径。

近年来，金报集团充分重视媒体融合，主动作为，推动金华日报、金华新闻客户端、金华发布深度融合，打造报、网、端、微、频融为一体的"三金合一"，新媒体用户已达758万。在2018金华两会期间，金报集团全媒体中心打破两会报道固有思维，在原有内容优势的基础上，运用融媒体思维和技术手段，创新两会报道形式，求新、求变、求精。在金华新闻网以及金华新闻客户端开设专题网页，开设两会要闻、两会融媒体直播间、两会融媒体、两会映象、代表委员面对面、两会夜归人、两会动态、两会走笔、大会名单、会前报道等栏目，通过各类新媒体平台发表文字、图片、视频以及其他新媒体形态报道两会，做到每天都有两会策划的重磅全媒体产品推出，高潮迭起，亮点纷呈，取得了良好的传播效果。推送报道总点击量超过700万，其中点击量超10万作品有22条。金报集团的两会报道受到市委、市政府的高度肯定，也得到了广大代表委员、市民、读者点赞。各方面普遍反映，金报全媒体的作品令人耳目一新，进行了许多新的尝试和探索，接地气、聚人气，叫好又叫座。

金报融媒云平台将金报集团旗下的报、网、端、微、频进行了全面融合，追求神形兼备、实用为上。平台建设以精良的新闻生产能力为根基，庞大的用户群体为依托，"三金（金华日报、金华新闻客户端、金华发布）合一"模式为特点，大数据整合运用、算法应用为方向，上连下接为动力，客观评价精细考核为支撑，彰显特色与特质。金报融媒云平

台占地面积400多平方米，其中最引人注目的是金报大楼1楼18平方米、14楼12平方米的LED屏，以及14楼犹如"太空舱"模样的报道指挥中心。金报融媒云平台的功能有领导活动、全网线索、新闻追踪、同城对比、热点滚动、传播路径、版面对比、环球热点、部门库、定稿会、地图连线11个板块，在新闻内容"一次采集、多种生成、多元发布"的过程中发挥了前所未有的融合效果和指挥效率。金报集团强调，这个平台要常用常新，它不是节庆厨房，不是花瓶、绣房，而是前线指挥部，是创新实验室，是创业孵化器，一旦用上了，就一天不停歇，在这里不断研究问题、发现问题、解决问题，持续出精品、出力作、出爆款。现在，金报集团每天的采前会、每周的谈版会都是在这里召开，从而使这一平台成为金报集团重大主题报道的策划部、指挥部，融媒云发挥了越来越大的作用，不但集团采编人员叫好，也吸引不少同行慕名而来，至8月，已经先后接待了全国各地前来考察学习的同行共33批246人次。

金报集团借助于媒体融合，对重大主题报道进行跨界传播。在南方周末发布的权威政务微信排行榜《中国政务微信排行榜【7.29—8.4】》中，金华发布排名全国第17位，全省（地市级政务微信）第2位。同时发布的《南方周末政务微信爆文榜【7.29—8.4】》中，"金华发布"有3篇上榜，均为时政新闻：7月31日下午，全市退役军人代表座谈会召开。市委书记陈龙在会上强调，军人是最可爱的人。当天发布的报道《他们的话令人敬佩、感动……让那个军人成为全社会尊崇的职业》阅读量162626人次，点赞10019人次，排名全国第5位；8月2日发布的《中共金华市委关于推进清廉金华建设的决定》阅读量126858人次，点赞9524人次，排名全国第6位；7月29日发布的有关"八八战略再深化——穿越历史　爱我中华"图文征集活动的《有奖征集！家门口的这场历史穿越之旅，定会让每个金华人热泪盈眶（内含福利）》阅读量16547人次，点赞8200人次，排名全国第11位。2018年1—8月，达到10万以上的推送30多条。

金报集团着力推动移动传播力发展。集团强调，推介全媒体产品是新时期的发行工作，作为金报员工，努力推销自己的产品天经地义。为此，金报集团于2017年11月30日出台了《关于加速发展金报移动传播力的方案》，该方案要求集团全体在职在岗员工全员参与移动传播：按集团要求转发、推送新媒体作品，为集团重点推介的新媒体作品点赞、集赞。该方案于2018年1月1日起实施，目前已经收到成效，2018年1—7月，金华新闻客户端新闻点击量达到10万+的有107条，100万+的有3条。比去年同期有了较大的增长。

四、运行创新，推出众系列，发力持久战

在这个为了实现中华民族伟大梦想而奋斗的年代，各级党委政府都在"撸起袖子加油干"，人民群众都在进行着丰富多彩的生动实践。这为主旋律报道提供了前所未有的丰富资源，但也对主旋律报道提出了前所未有的新要求，而要达到这一要求，就要不怕疲劳，连续作战，永不停歇，久久为功。

从金华日报近几年来的情况看，对工作综述、时政评论、工作专题等的重视程度不断提高，而且对报道质量的要求也上升到了一个新的标准。同时，以生动、快捷、创意等为主要特点的新媒体成为宣传党的政策主张、各地发展成效的重要阵地。报道质量的高要求、报道形式的新创意，对主流舆论的报道要求来说，不仅是工作任务的简单倍增，更是对工作能力的新挑战。既要准确严谨以求深度，也要不时显示清新悦人，这就需要在开展主旋律报道的过程中精心谋划、持续推进，做到日益精进。

近几年来，金报集团几乎年年都是时政报道年、重大主题宣传年。在市委、市委宣传部的领导、指导下，圆满完成了一系列重大主题报道。而重要举措之一就是推出众系列，持续发力，整体推进。

2018年3月开始，根据市委要求，市委宣传部牵头，精心策划新时代金华精神的大讨论，金报积极参与其中，出点子，想招数，造氛围，自5月中旬开始在金华日报和金报新媒体上进行"新时代金华精神大家谈"，一个多月后，又由金报集团组织投票工作。《新时代金华精神喊您

有奖投票啦》一文,在金华新闻APP、金华新闻网微信、金华日报微信、金华发布先后刊发,总阅读量24.05万,投票10万+。8月6日至9日,金华日报头版连发4篇本报评论员文章《总有一种精神与时代同行》《信义筑基建设和美金华》《拼搏实干开创奋斗之路》《共建图强担当时代之责》,既为大力弘扬和践行新时代金华精神营造了浓厚氛围,也为这一主题报道做了完美收官。这一战役性报道持续了近4个月。而创建全国文明城市报道自3月开始天天有报道,处处有声音,既有红榜,也有黑榜。至今不断在加压奋进,成为市委、市政府这项重点工作的主号手。

8月29日,市委、市政府举行"九场硬战"誓师大会暨新时代金华精神大讨论活动动员会,金报集团从会前预报,到会议直播,次日金华日报一版的消息、评论、特写,正点锣鼓震天响。纪念改革开放40年此前推出了"鉴证巨变,眺望未来,书写答卷"等多组系列报道,8月28日起,金报集团又推出了核心系列"走向富强·40个金华人的春天故事",本报编辑部开篇话"从春天走向春天"和首个人物王金南院士的故事拨动了许多人的心弦,金华新闻客户端阅读量10万+。

为了使主旋律报道能有更多的"系列",能实现"持久战",金报集团着力做好四大保障:

一是组织保障。金报集团常设重大主题宣传领导小组,集团主要领导挂帅,各分管领导和部门分工合作,明确任务,落实责任。

二是团队保障。重大主题报道,需要众人参与团队合作,需要跨部门协同作战,在多媒体时代,更需要跨媒体平台的共同参与。金报集团强化团队作战,依靠团队严格实施"三全战略":全案策划、全过程跟踪、全媒体发布。按项目进行考核管理,做到任务清晰,责任到位,分工明确。定人定事,盯时间盯效果,考核到位,成效显著。不同部门、不同平台组成报道团队,既充分发挥每一成员的作用,也强调团队的合作,彰显文字、图片、视频不同形式和报纸、新媒体不同平台的优势和魅力,把重大主题报道报好。金华日报报道团队于"五一"前夕获得"金华市工人先锋号"荣誉称号。这个团队是党委、政府重要会议、重大活动的突击队、先锋队，汇聚了金华日报的"各路好手"，其中有出题立意的高手，有善理思路的能手，有倚马可待的快枪手，也有百步穿杨的神枪手，大家互相协作，角色互补，做到了重大时政报道每战必胜，打响了"金报出品，必出精品"的时政报道品牌。

三是制度保障。制定相关制度，为重大主题宣传报道提供各方面的保障和激励。在时间、版面、频道、物资保障上开通"绿色通道"，确保重大主题宣传报道优先落实。同时，在工作考核上向重大主题宣传倾斜，通过专项考核引导人、财、物和荣誉激励向重大主题宣传倾斜。

四是安全保障。与一般报道相比，重大主题宣传报道具有更强的政策性、程序性、纪律性。为此，金报集团强调，在重大主题宣传报道中，要更加严肃纪律、严格把关、严密落实，实施意识形态工作责任制，强化策、采、编、发流程监管，严格落实"三审制"，切实做到报纸和新媒体"一把尺子、一个标准、一条底线"。建立清查有害信息"零报告"制度，严控负面信息，加强保密工作，以"三严"态度和明确清晰的程序意识，确保舆论导向不出现偏差、新闻事实不出现失误、新闻纪律不出现失守。

温州日报报业集团：

做好重大主题报道的温报答案

方立明

重大主题报道是报业突出党委政府中心工作、重要决策部署和时代发展主题的"必答题"。如何答题？温州日报报业集团通过精心策划和创新一批有深度、有影响的重大主题报道，使之成为提升媒体价值和舆论引导力的重要路径。2012年以来，集团新闻作品荣获中国新闻奖8个，浙江新闻奖228个，其中一等奖47个，连续6年荣获浙江省重大主题报道策划创新奖，获奖数量和作品质量等次连续7年名列浙江省地市级党报集团第一。

一、问题难度：转移、位移、漂移

当下云计算、大数据等技术快速迭代，移动应用、社交媒体、问答社区、自媒体公号等新业态层出不穷，信息传播的碎片化、社群化、娱乐化、互动化特点日益明显。信息传播技术的巨大革新、读者受众的视野"上网"，让信息传播不再拘泥于传统的传播模式，让内容生产不再拘泥于传统的表达方式，对重大主题报道带来新的挑战，增强了答题的难度，具体表现在以下几个方面：

1. 关注度"转移"：移动端呈现碎片化阅读的特点，传统媒体原来在版面上的篇幅优势、时段上的聚焦优势大打折扣，读者的关注度发生了"转移"，吸睛效果大不如前。

2. 接受度"位移"：网络受众的浅阅读特点，使受众的接受度发生了"位移"，如果仍然概念化理解重大主题，套路化策划相关报道，标签化反映报道对象，模式化撰写报道稿件，缺乏新鲜感和吸引力，重大主题报道将陷入"零星点击"的窘境，引导效果将大打折扣。

3.吸聚度"漂移"：娱乐化的信息、强互动的场景，是网民的"第一选择"，让天生自带严肃重大"标签"的主题报道的吸聚度发生了"位移"，面临比以往更加严峻的传播形势。

二、温报答案：内容、平台、人才

在全媒体背景下，党报的重大主题报道肩负怎样的使命，又如何实现华丽转身和有效传播？近年来，温报集团坚持在内容、平台、人才上下功夫，做出了不一样的策划、不一样的报道，既生产了高品质的新闻作品，又产生了良好的社会效果。

1.内容方略：全国性主题本土化落地

内容品质是重大主题报道传播力的基础。内容精良的重大主题报道是推进党委政府工作的"催化剂"，是网络舆论生态的"净化器"，也是广大老百姓喜闻乐见的"精神食粮"。国家战略由于主题宏大，很多人认为高不可攀、深不可测、难以着手，如果按"规定动作"亦步亦趋，只注重会议报道和政策解读，不仅做不出新意，更会让受众产生距离感。作为地方媒体，只有寻找出国家战略与地方特色的结合点，置身于国家战略或国家重大事件、重要时间节点的大视野，吃透主题的背景、意义，同时结合地方实际，找准地方元素和特色，"上接天线、下接地气"，才能把顶层设计拉近到基层实践，实现"硬主题"的"软着陆"，实现全国性的重大主题与地方实践的"天地对接"，使作品"特色落地"，与众不同。

2012年，"品牌温州全国行""温州好人 善行天下——寻找雷锋精神的温州印记"；2013年，改革开放35周年，推出"从温州出发——寻找中国的改革印记"；2014年，推出"寻路改革——纪念14个沿海开放城市设立30周年寻访报道"；2015年，对接国家"一带一路"倡议，推出"'一带一路'万里行"……温报集团年均至少推出30个主题报道，其中一些全国性重大主题报道先后获得浙江省新闻奖、中国新闻奖等奖项。2018年，温报集团围绕"改革开放40周年"这一重大主题，推出"致敬新时代——温州探路"系列报道。

"致敬新时代·温州探路"整组报道贯穿全年，由"4+X"系列组成，其中4个主要系列报道包括"致敬新时代·奋斗温商路——庆祝改革开放40周年全球行大型采访活动""致敬新时代·从'新'看温州""温州改革开放40年标志性人物、事件征集""致敬新时代·亲历者说"。X是组织一系列活动，包括"文化名人看温州"系列征文、"东方风来——全国百名文化记者温州行""中国试验田——温州农村改革40年"等，形成整体的报道架构和声势。特别是"致敬新时代·奋斗温商路——庆祝改革开放40周年全球行大型采访活动"，自4月启动以来，集团各报网刊及新媒体发稿共计2600多篇，细致、深入讲述天下温州人40年的创业历程、奋斗故事，展现中国改革开放40年中大有作为的温州印记、温州智慧、温州形象。

2. 平台方略：融媒体报道国际化传播

平台体系是重大主题报道传播力的关键。融合不是传统媒体和新兴媒体的简单组合，单纯地将新兴媒体作为一种新的传播工具，而是要通过两者的互动融合，促进媒体现有的生产流程、传受机制和媒体生态的变革，实现媒体行业自身的突破和改革。通过纸媒报道与全媒播报的深度融合，推动新闻内容和服务的供给侧结构性改革，将成为媒体走出发展困境的一剂"良药"。

温州日报报业集团三大融媒体传播方阵

没有形态多样、手段先进、具有竞争力的传播平台，再好的内容也无法实现有效传播。温报集团按照"移动优先、网络随行、纸媒精读、中控集成"的传播模式，以融媒体中心为枢纽，构建了党报、都市、财经三大融媒体传播方阵，拥有报刊、网站、网络视频、客户端、微博、微信、阅报屏、手机报、抖音等10多种媒体形态，181个媒体端口，打造温州新闻、掌上温州等20多个50W+新媒体平台，集聚用户1762万。在运用好扎根温州本土的《温州日报》《温州晚报》《温州都市报》《温州商报》温州新闻网、温州人杂志等媒体的基础上，温报集团融合总部在杭州、面向全国发行的科技金融时报，收购总部在意大利罗马，在德国、法国、澳大利亚等13个国家设有记者站的欧华联合时报，成为全国唯一覆盖全省区域并向全球延伸的跨界跨区域跨文化的地市级党报集团。记者边采访边发稿，同步通过网络进行文稿、图片与音视频的远程传送，打破时空边界，充分发挥"报、网、刊、微、端、屏"的庞大用户数和传播力优势，实现了超越时空、跨越文化的传播影响。

围绕党的十九大主题，温报集团推出"今天我上温州日报了""探路者——温州奋进新时代""温州'一家人'点赞十九大""你有一张飞往新时代的登机牌""五大洲同频　海内外共学——十九大精神海外传播网络宣讲会"等100多款爆款产品，引发用户转发互动热潮。创新策划的"五大洲同频　海内外共学——十九大精神海外传播网络宣讲会"，是十九大闭幕后国内首次以"连线海外＋网络宣讲＋华人华侨和外国友人共学"为载体的创新做法，短短一小时的连线直播，共吸引20多万人次的网络浏览量，其中海外访问占78%，在海外华人华侨中引起了强烈反响，获得中宣部、中央网信办点赞，新华社、央视、中新社相继报道。《温州一家人　点赞十九大》H5选取遍布海内外的世界温州人代表，录制祝福语音，短短半天时间点击量突破5万人次，收到语音投稿200多件，总点击量突破46万人次，传播面远及欧洲、非洲、美洲三大洲数十个国家。

3. 人才方略：在行走中实现大练兵

人才队伍是重大主题报道传播力的支撑。融媒体时代，要继续书写好媒体的担当和责任，需要与改革同生、与时代同行、与城市共荣的责任担当。回望历史，重大主题报道的历史实践，锤炼成就了多少新闻名家；投注现实，重大主题报道的全新实践，也正培养着新一代记者，塑造着融媒体时代的记者素养。今天的媒体竞争，看起来是技术、手段、用户的竞争，实则是新闻工作者素质的比拼。

纵观温报集团近年来开展的重大主题报道，"寻访""行走"始终是其中最重要的关键词。让采编人员在寻访中锻炼，让好记者在行走中涌现，通过重大主题报道实现采编的大练兵。结合新闻战线"走转改"，温报集团率先全国媒体开展"同心同向·创新创优——做党和人民信赖的新闻工作者"主题教育实践活动，引导、鼓励采编深入基层抓"活鱼"，累计下基层400多人次，建立基层联系点300多个，刊发报道300多篇，采写了《与无序产业来一次"诀别"》《村支书老黄的两样"法宝"》等一批报道精品。依托"心连心"党代表工作室、雪君工作室、温网爱心屋等民生栏目，整合社会各界资源力量，推出微笑联盟、明眸工程等服务品牌40多个，年均开展慈善公益活动300多场次。以"致敬新时代·奋斗温商路——庆祝改革开放40周年全球行"大型采访活动为例，联合采访组记者走访2个国家、3个州，24个省（直辖市）的56个城市，在美国、加拿大设立报道联络站，采访专家学者温商共计190多人。

着眼党的新闻舆论工作新要求，温报集团实施人才护航计划，开展"争创先锋处室，争做最美报人"主题活动，出台《创业创新人才突出贡献奖暂行办法》，推出新闻采编导师制、青年采编讲武堂等一系列提升人才素质的机制革新，大力推动人才供给侧结构性改革，培养理想崇高、操守高尚、技能高超的新闻匠人、经管能人、融媒达人，打造政治过硬、业务精湛、素质一流、真融深融、作风优良的媒体铁军。集团现有正高职称18人，副高职称89人，中级职称248人，高级职称人数领跑省内地市级报业集团。充分发挥高级新闻人才优势，推动媒校共建，与温州大学人文学院联合设立新闻与传播专业硕士点，与温州商学院共建传媒学院，为新闻事业培养更多优秀后备力量。这一系列体制、机制以及人才培养模式的创新，为凝聚集体智慧、推动整体策划、形成全员合力提升重大主题报道传播力打造了强有力的人才支撑。

三、答案思考：精耕、融媒、创新

重大主题报道是一座"新闻富矿"，与党委政府的决策部署，与群众所期所盼的社会发展、民生服务等息息相关。能不能做好重大主题报道，关键在于能否遵循新闻传播规律，巧妙地将"规定动作"与"自选动作"相融合，善于在"重大主题"的框架里发现、挖掘、加工富有新闻价值的报道素材，让重大主题报道"跃然纸上""网络随行"。

一要精耕内容生产。坚持正确政治方向，从国家大局出发，从市委市政府中心工作出发，生产政府重视、群众关心、对中心工作有助推作用、对现实生活有指导作用的新闻精品，有效提升贴近性和可读性，在重大主题报道中弘扬主旋律、传播好声音、凝聚正能量。要围绕鲜明主题，选定立意点、找准新闻线，突出思想高度与深度，以群众化的写作语态，多角度、多层次、多对比地反映社会和时代亮点，激起读者的兴奋度和关注度。

二要构建融媒体系。渠道建设是互联网时代掌握主动权的根基。既要充分利用已有的传统媒体的传播平台，有效发挥传播力、影响力、引导力和公信力优势，也要充分利用互联网优势，融合"报、网、刊、微、端、屏"传播，构建立体化、多元化、多层次的传播渠道，搭载新兴媒体的"信息快车"，打破时间和空间的障碍，消解主流媒体与读者用户之间的网络边界，让重大主题报道的传播渠道更加多元化，让重大主题报道的好声音传播的范围更广，传播的层次更高。

三要创新表达方式。实现重大主题报道新闻内容的落地率、到达率以及传播效果的最大化，创新化的表达方式是做好重大主题报道不容忽视的因素。在"网络地盘上"做宣传，要积极探索适合网络、符合自身实际的新型表达方式，学会"入乡随俗"，善用"网言网语"，根据网络受众的个性需求、心理特征和接受特点，创新采编播思维，主动接入网络话语体系，形成重大主题报道在互联网上的"本土化"表达，让百姓爱看、爱转、爱评论，让重大主题报道不再是"空中楼阁"，而是"叫好又叫座"。

嘉兴日报报业集团：

红船精神奏响转型发展乐章

叶志强　郭蚕根　丁越亚

嘉兴自古为繁华富庶之地，素有"鱼米之乡""丝绸之府"美誉，"南湖红船"更让嘉兴成为我国近代史上重要的革命纪念地。近年来，嘉兴日报报业集团（以下简称嘉报集团）始终牢记"努力办好红船旁的党报"的职责和使命，大力弘扬"红船精神"，坚持"创优"与"创收"两手抓，奏响了"内容为王"、融合发展、多元经营的三大乐章，集团各项事业取得了长足发展，在近年来报业整体经营呈断崖式下滑的大环境下，年净利始终保持在3000万元以上，为报业发展奠定了丰厚的物质基础，并在此基础上推动集团向多元发展的文化集团转型。

乐章一：不畏浮云遮望眼

"不畏浮云遮望眼，自缘身在最高层。"只有以发展的眼光、全局的眼光准确看清报业发展大势，才能察形见势，拨云见日。从《2017中国报业发展报告》中我们可以发现，2017年，报业整体经营下滑趋势已经趋缓，广告经营额、广告集中程度等一些关键指标都有着令人鼓舞的触底征兆，也有一些迹象值得乐观与深思：报业传播力影响力通过新媒体渠道扩大、扎根基层的县市报发展状况良好、深耕行业的专业报异军突起……而这些，正是嘉报集团在纷繁复杂的传播新格局中认清形势、找准定位，始终坚持并探索着的发展模式。

一、守牢重大主题报道制高点，全面提升内容生产创新力

纸媒生存，贵在坚守。坚定纸媒不死的信心，关键在于能否坚持"内容为王"，始终保持和发展我们的专业优势，尤其是重大主题报道的创新创优能力。

重大主题报道既是党报舆论宣传的重点，也是党报创新创优的一个难点。由于重大主题报道在某种意义上相当于"命题作文""同题作文"，因而长期以来不同程度地存在着模式化、程式化的现象，成为观点、概念、数字、结论的堆砌，不见人不见事，缺乏感染力、影响力成为通病。党报要引领主流，弘扬正能量、增强传播力，重大主题报道是必须做好的一个课题。

红船驶进新时代　精神永恒红船行

近年来，嘉报集团致力于发挥"红船旁党报"的独特优势，创新理念和手段，将重大主题报道置于全国的大背景下，充分挖掘嘉兴独特的地方元素，着力提升创新能力，从而增强重大主题报道"同题作文"的针对性、实效性、感染力，形成了独具特色的运作模式和广泛深远的报道影响力。从获得浙江新闻奖一等奖、成为浙江省重大主题报道创新范例的"十七大精神点对点"，到纪念建党90周年推出的以13位党的"一大"代表作为独有报道资源的"追寻1921南湖'七一'记忆"大型系列

报道；从新中国成立60周年以"红船精神传递"为特色的"六个十"大型系列报道，到习近平总书记南湖重要讲话后精心策划的跨年度大型新闻行动"红船驶进新时代"三部曲；从连续3年荣获浙江省重大主题报道策划创新奖的全媒体影像报告《抗战原色》《匠心》《双城记》，到屡获中华出版提名奖和浙江省树人奖的政论片《红船》《红船驶进中国梦》……嘉报集团的重大主题报道，始终紧扣党的诞生地独有的红色元素，在内容价值上凸显主流的"气质"和"厚度"，在视角表达上体现亲民好看的"颜值"和"角度"，获得了业界和读者的广泛点赞。

二、紧抓品牌建设关键点，全面提升综合影响力、核心竞争力

参与优质内容生产和传播的竞争，需要不断提升自身能力，并借此形成特色、塑造品牌。嘉报集团坚守传统、坚守"内容为王"的同时，致力于在优质内容的基础上，全面提升报业集团的传播力、引导力、影响力、公信力，推动集团各项事业迅速发展，综合实力不断增强，在全国报业中创下多项第一，打造了有全国知名度、有影响力的报业品牌。十多年来，嘉报集团坚持把品牌建设作为提升地市党报影响力和核心竞争力的重要抓手，打造具有个性特色、完整体系的党报品牌，形成了以视觉表达、新闻评论、经济报道、党报热线、江南周末和人才工程为架构的"5+1"品牌体系，并且不断进行品牌维护与管理，赋予品牌新的适应发展的内容，确保品牌不断丰富，影响力持续放大。

——视觉表达品牌从平面走向立体，从纸媒拓展多媒，精心打造浙江新闻名专栏"视觉1+"，以摄影专题报道的"厚度"和"深度"在读者中保持恒久"温度"。2015年、2016年、2017年精心打造的全媒体影像报告《抗战原色》《匠心》和《双城记——聚焦嘉兴全面接轨上海示范区建设》连续3年获得浙江省重大主题报道创新奖，实现三连冠。

——新闻评论品牌从规模型走向质量型，在党报每天推出"嘉兴时评"的基础上，在党代会、两会等重大会议期间推出像任仲平、之江平这样的重磅述评文章，彰显党报评论的立论高度和思想深度。

《嘉兴日报》2018年7月19日致敬40年专版获集团月度好版面

——经济报道品牌紧扣中心工作,力求实用又好看,在经济发展新常态的报道中挖掘亮点,提振信心,在体验式新闻、故事化表达上出新出彩,叫响"禾商"品牌。

——党报热线品牌注重从舆论监督向服务民生转变,选择百姓关心、有重要意义的典型事件和新鲜话题,用开阔的视野和全新的视角进行深入、生动、立体的报道。

——江南周末品牌注重挖掘地方文化底蕴,反映嘉兴人文精神,相继推出了"名人之后""嘉兴人在海外""嘉兴院士""嘉禾匠人"等文化专栏。与市图书馆、新华书店联合推出的全民阅读活动"好书有约"被评为嘉兴市十大文化品牌。

"5+1"品牌工程,使报业综合竞争能力显著增强。集团已三度荣获中国新闻奖,近5年在浙江新闻奖评选中名列省内地市报前茅;"党报热线""嘉兴时评""财富二人转""视觉1+"等荣获浙江新闻名专栏,5年间嘉报集团共获得市级以上新闻奖项1000余个。这些奖项的取得无疑进一步铸就了嘉报集团的品牌影响力和竞争力。

三、紧抓县市联办着力点,全面提升地域空间拓展力

全媒体时代的到来,使得媒体的格局发生了深刻变化,党报固有的主导地位和主流影响力受到强力冲击,生存和发展空间受到强势挤压。从报业发展来说,如何挖掘县市报业市场的潜力,使之成为地市党报发展的新的增长点,也是在处于发展瓶颈的地市党报必须解决的问题。

地市党报的优势在于其地域的唯一性，立足区域，真正做强、做大、做深、做透、做精本土品牌，并以此来提升党报的传播力和影响力，寻找报业经营新的利润增长点，无疑是当下地市党报实现突围的有效途径。自 2005 年以来，由松散到紧密、由一方推动到合作双赢，嘉报集团跨越十余年的县市联办模式不断丰富完善，总社下设南湖、秀洲、海盐、桐乡四大分社，初步完成了媒体的战略性布局，"一主报带四分社"的联办效应日益显现。在宣传报道上，主报与分社成为各有侧重、互为补充的"双驾马车"，可读性、影响力明显增强；同时，联办也对报社的全面发展带来了叠加效应，一直难有起色的县市广告市场得到有效开发，县市分社的广告经营收入近年来保持 20% 以上的增量，在传统纸媒举步维艰的不利境况下实现逆势发展，成了报业经济发展新引擎。

乐章二：咬定青山不放松

对纸媒来说，有着传统媒体的专业优势，有熟门熟路的运营方式和盈利模式，巩固乃至不遗余力做大做强传统报业经济，依然是当前和今后相当长时间内的明智选择；如果现在就置传统主业于不顾，放弃自己的传统优势而全力去做并不熟悉的新媒体，无疑是自毁长城。近年来，嘉报集团始终坚持把传统报业经营作为发展之基，在此基础上将多元经营作为有所作为的方向和报业经济新的支撑点，不断实践、积极探索，无论是之前全国报业经济持续断崖式下滑还是报业经营下滑趋势放缓的当下，嘉报集团报业经营压力虽然同样巨大，但年净利始终保持在 3000 万元以上。无论是行业内的横向比较，还是近年来集团数据的纵向比较，这样的成绩实属不易，可以说十分亮眼。

一、坚持传统经营模式创新，"老三样"夯实报业经济"压舱石"

发展纸媒，就要扬长避短，不能轻易放弃传统优势，尤其是广告、发行和印刷这报业经济的传统三大支柱，否则，眼前的"吃饭"将成为问题。为此，集团紧紧抓住传统主业，坚持传统模式的不断创新，巩固和提升广告、发行和印刷这"老三样"原有的优势和品牌影响力，为加快多元产业拓展、构建新型报业经济结构夯实经济基础。

集团始终抓住广告不放松，并不断改革和创新经营体制机制，实行精耕细作。整合纸媒、网站、"两微一端"的传播资源，探索构建"创意设计＋广告传播"广告运营产业链，用市场化机制引导和推动全媒体广告整合营销，以大型活动为载体，以权威、主流、大气的优势项目引领传统广告经营，空前释放了广告生产力。以广告活动项目为核心，以广告产品的设计、生产、销售为载体，实现了广告主、广告发布者、消费者的三方有效互动，真正做到了广告传播的精准化、影响力的最大化。

集团的自办发行业务也是精耕细作。近年来，集团实施发行全面优化，做到增量与提质并重，进一步完善了各项规章制度，发行工作质量得以确保，读者满意度不断提高。发行公司克服经济不景气及报纸提价等诸多不利因素，依然超额完成了征订任务，《嘉兴日报》发行量这两年一直保持在6.5万份、《南湖晚报》发行量始终超过9万份，报款总收入连续两年突破4300万元。发行公司还多渠道、多方位拓展经营业务，经营收入稳中有升。公司每年都被评为全国报纸自办发行先进集体。

集团的设计印刷业务可谓独树一帜。印刷厂于2006年实施了彻底的"事改企"体制改革，原为事业单位的印刷厂改制为股份制企业。改革带来新生，改革促进发展。设计与印刷、印报与非印报并重，努力开拓商务印刷业务，在已高度竞争的印刷行业打开一片新天地。2017年，公司实现利润近1000万元，在断崖式的困难面前，稳住了集团的营收盈利能力。

二、坚持"互联网＋""文创＋"引领，大力发展文创及衍生行业

集团以"互联网＋""文创＋"为引领，大力发展文化创意、媒体电商、户外广告等衍生行业，以6家全资公司、1家控股公司、3家参股公司以

及嘉报文化产业园为主体的"一园十公司"报业经营"矩阵",积极整合报业资源,在传统报业广告发展遇到瓶颈之际,另辟出报业经济可持续发展之路,并在激烈的媒体竞争中脱颖而出,版外经济创收领域得到了有效开拓。

集团旗下的吴越电子音像出版有限公司充分挖掘党的诞生地的独特政治优势和红色文化资源,始终坚持文化精品创作,近年来先后精心打造了百余件品质精良、影响深远的作品。2011年、2012年、2013年3件出版物《红船》《嘉兴母亲河——大运河》和《红船驶进中国梦》连获浙江省出版奖,此"三连冠"业绩被浙江省内新闻出版界称奇为"小公司,大作为"。其中《红船》《红船驶进中国梦》双双荣获中华出版奖提名奖,《红船驶进中国梦》还入选 2015 年国家新闻出版广电总局向全国青少年推荐百种优秀音像电子出版物。

以 300 多块遍布嘉兴主城区的电子阅报栏为载体,进行户外广告新模式的探索和尝试,2015 年以来,阅报栏户外广告收入达到 780 万元,版外经济创收领域得到了有效开拓。

通过参股嘉兴银河影业投资有限公司,除嘉兴市本级外,已经开出湖州、平湖、桐乡洲泉、濮院等多厅影院,得益于快速成长的电影市场,嘉报集团投资影业收益显著。近年来累计分红超 1000 万元。

将文创产业与本土优质品牌融合发展,精心打造"嘉报优品"品牌,成功运营"嘉报栖约"电商项目,为反哺报业转型发展打下坚实的经济基础。

《南湖晚报》2017 年 10 月 19 日头版获得浙江新闻奖好版面三等奖

三、坚持外引内拓强强联合，构建报业经济新引擎

集团充分利用国家扶持文化产业发展的一系列相关政策，积极寻求新兴文化产业的拓展平台和发展路径，坚持引进优势品牌，强强联合，努力转变报业发展方式，全力构建报业经济新引擎。

建筑面积5.3万平方米的嘉报文化产业园历时3年，2016年正式投入运作，2017年5月，集团全资子公司嘉兴市文化创意产业研究院有限公司以"房东+股东"的方式，与浙江神洲酷奇科技发展有限公司共同出资成立嘉兴神洲酷豹电商文化发展有限公司，正式签约入驻产业园，预计前3年年净利润达1000万元以上。璟禾艺术馆和嘉兴市龙骏信息科技有限公司两家文化与设计公司入驻产业园，则使嘉报文化产业园成为嘉兴创意文化产业集成孵化的新天地。

依托资金、区位、场地优势，借势借力，寻求合作办学新模式，集团成立教育培训学校，不断探索与专业学校合作开发艺术培训项目的渠道，做大教育培训产业，打响教育培训品牌。2018年上半年，集团下属的嘉兴嘉报艺术培训中心强强联手中国歌剧舞剧院等成立中国歌剧舞剧院嘉兴少年艺术团、展示中心、艺术培训中心嘉兴基地，中国歌剧舞剧院创作采风基地和中国歌剧舞剧院考级委员会嘉兴考区也陆续揭牌。还与嘉兴市文联携手打造"嘉兴市民文艺空间"，为广大文艺工作者搭建服务群众的平台，进一步提升媒体服务社会的影响力，并助推文创产业发展。

乐章三：直挂云帆济沧海

我们正处在风云激荡的"互联网+"时代，媒体融合发展是大势所趋，也是媒体发展的内在要求和必然选择。但不可否认的是，随着新媒体技术迭代周期越来越短，以"两微一端"为技术特征的新媒体平台，未来3到5年或将被人工智能所替代，而对于地市党报而言，目前的财力、物力以及媒体融合发展中最为重要的专业技术人才和研发能力恰恰都是弱项，尚不具备足够的技术引领和资金支撑能力。因此，在融合发展道路上，不是走得越快越好，而是必须走稳走好。既要紧跟技术发展步伐，积极谋划深度融合的布局和实践，更要从实际出发，稳妥慎重地投入，力争走出一条具有地域特色、媒体特点的融合发展之路。

一、以创新为魂，积极布局，壮大新媒体矩阵

对待新媒体，嘉报集团的态度是布局要积极，争取不掉队，但投入要谨慎，因为交不起这个"学费"。作为集团层面，虽在资金上没有较大的投入，但近年来，在政策上出台了一系列扶持、倾斜措施，鼓励集团各媒体、各部门发挥主观能动性，各展所长建设新媒体，鼓励"野蛮生长"。通过这几年的布局发展，从集团到各媒体、各部门的三个层级，已运营了"嘉兴日报""南湖晚报""嘉兴在线"的微博、微信和"掌上嘉兴"客户端，以及涵盖各分社、各广告工作室的微信公众号，最多时达到30多个，新媒体矩阵不断壮大。

嘉兴日报微信公众号的亮眼表现，是嘉报集团在新媒体方面探索的一大收获。开设仅两年多时间，日报微信公众号的粉丝数从2万增长到11万，头条平均阅读量超5000，每年都有几个10万+阅读量的"爆款"。十余万粉丝的日常良好互动，正让纸媒流失的读者回归，巩固了党媒的主流传播阵地，也为及时有效传递党委政府的声音赢得了主动权，架设了党意与民意互动的平台。

二、以融合为要，着力打造"移动优先"传播新体系

在融合传播方兴未艾的时代潮流下，嘉报集团大力推进以"两微一端"为载体的媒体深度融合工作，改革体制机制，创新传播方式，充分利用资源和人才优势，理顺内部管理体制机制，优化和规范运行规则，打造"移动优先"传播新体系，形成报网屏多端齐发的媒体新格局。

"移动优先"传播新体系下的全媒体融合传播，如今已经成为重大主

题报道的常态。嘉兴日报微信公众号在党的十九大召开期间推出的"学十九大报告,最打动我的一句话"互动征集活动,用最及时、最便捷的方式,广泛聚集干部群众学习、热议十九大报告,用接地气、聚人气、显朝气的路径和方法,打响了党的诞生地新媒体关于十九大报告精神宣传的第一战,互动征集活动吸引5000多粉丝发表10000多条留言,嘉兴市网信办还把这个活动作为样本,向各地推介。2017年,嘉兴在线在10月31日新一届中央政治局常委集体瞻仰南湖红船结束后的当天晚上,精心制作推出了H5作品《习总书记重访嘉兴——南湖儿女不忘您的亲切关怀和谆谆教导!》,迅速在两微一端形成传播热点,受到各界的高度好评,点击量突破20万。新媒体活动《新时代红船精神我们这样践行》《这五年,我最想为一件事点赞》等均受到上级的点赞和同行的好评。

三、以改革为本,加快"顶层设计",推进深度融合

从2015年开始,嘉报集团就以南湖晚报为探索"试验田",率先打破原先采编部门结构,启动拥有全新理念和任务的全媒体中心。嘉兴在线打通采编、经营、全媒体等的整体传播链,进一步明确职责、细化分工,探索走出具有自身特色的媒体融合发展之路。

2018年,集团依托"大学习大调研大练兵"活动,大力实施融媒体发展提升行动,推进媒体融合发展的组织架构重组。年初以来,集团主要领导带队,赴杭州、宁波、无锡、苏州等地的报业集团学习考察,开展深入调研,借鉴兄弟报社媒体深度融合的成功经验和做法,结合嘉报实际,大力推进媒体深度融合工作,全面开展组织架构重组、采编流程再造、考核机制完善等重点工作,促进报、网、端、微的融合发展,加快构建现代传播体系。集团专门就媒体深度融合而召开的各个层次的座谈会、研讨会等"头脑风暴"有10多次。目前组织架构已基本确定,嘉兴日报、嘉兴在线深度融合,整合成立嘉兴日报全媒体编辑委员会,下设"四部""四社""四中心",职能定位、流程设置、考核激励等基础

工作正在紧锣密鼓地开展。接下来，通过办公用房改造、硬件设备引进、软件设施开发、机构流程再造，完成"中央厨房"建设，着力构建以党报、党端、党网为主要骨架，以微博、微信集群为补充的形态多样、手段先进、竞争力强的新型主流媒体。

舟山报业传媒集团：

跨界文化产业　建设精神家园

石焕斌　徐宏杰　金春玲

舟山东接东海、北邻上海、西靠杭州湾，是环杭州湾大湾区核心城市、长江流域和"长三角"对外开放的海上门户和通道，还是中国最大的海产品生产、加工、销售基地，素有"东海鱼仓""海鲜之都"之誉。

浙江舟山报业传媒集团（以下简称舟报集团）"靠海兴海"，以探索多元经营和跨界发展的方式，围绕"发挥报社自身优势，把握舟山发展需求"这一宗旨，通过搭建各种平台、整合自身资源，积极探索符合当下媒体环境、具有海洋海岛特色的多元产业跨界实践，从广、深、新三个维度，开拓出一片全新的经营蓝海。

一、立足本地需求，实施产业"广"布局

新的媒体时代，要有新的思想、新的理念。舟山群岛新区通过这几年的发展，国家系列战略项目纷纷落地，如浙江自由贸易试验区、百年波音首个海外完工交付中心、绿色石化基地、江海联运服务中心等，舟山发展进入了全新的阶段，从海岛渔村走到了国家改革开放的前沿。在这一重大历史机遇面前，舟山最缺什么，舟山报业传媒集团能做些什么？

新的时代，提出了新的要求。新的媒体环境下，媒体必须从原来的"为读者办报"向"为用户办事"升级，增加服务功能。结合舟山实际，舟报集团深度参与舟山群岛新区及浙江（舟山）自贸区建设的各个环节，主动与各单位建立全面战略合作关系。

——成立舟山日报地产研究院，助推城市经营品质；

——培育"舟报物流""舟报会展""舟网科技"等一批新兴产业品牌。其中"舟报物流"是在自办发行队伍基础上发展起来的产业，自办发行经过20多年的积累后，拥有良好的客户数据资源、发行服务网络、配送作业系统以及品牌优势，拥有现成的人员、车辆、场地。2014年，纸媒经济初显下滑趋势，报纸发行量下跌，投递人员过剩，在此情况下，开通了天猫超市在舟山地区的

落地配物流，通过加减并举，整合出一批优秀的投递人员转岗到物流岗位，开启向现代物流转型之路。舟山是座群岛城市，岛屿众多，配送成本高、难度大，每逢大促，许多物流公司都会出现爆仓的情况，而舟报物流却能凭借强大的党报发行网络顺利度过一次次"大考"。2017年"舟

报物流"产值达 500 多万元，其中近 200 万元以派费、奖金的形式补贴报纸投递员，稳定了党报发行队伍。

——打造"创智教育"，介入干部培训市场，注册成立创智培训有限公司，成为当地唯一一家专业从事党员干部培训的公司。"创智教育"一改坐堂式教学，转向行动教学、异地办学，深受党员干部喜爱。两年来，先后设计了河南新中国创业线（兰考焦裕禄、林州红旗渠）、改革开放线（深圳、珠海、厦门）、太行红旗线（平型关、八路军总部等）等一批深受学员好评的原创线路，举办各类培训班近 90 班次，学员超过 5000 人次；基地立足舟山，辐射至全国，在江西、河南、江苏、山东、广东、福建、贵州、北京、河北、辽宁、山西、安徽、湖南、湖北、四川、重庆、陕西、广西 18 个省市相继开辟了线路；通过结合不同培训项目的特点，设定系统教学评估标准，助力当地政府提升党员干部党性修养、履职能力和管理水平，助力社会基层组织开展党建工作，受到各级政企部门的欢迎。目前，合作单位从市级单位到社区村，实现了五级覆盖。

二、发挥自身优势，实施产业"深"布局

转型，固然不是转行。贸然进入其他领域参与市场竞争，无论管理水平、专业素养还是资金实力都缺乏核心竞争力。传统媒体长期以来形成的公信力、权威性、美誉度十分宝贵，舟报传媒集团的转型，是围绕自身核心优势拓展而开展的，并在此过程中实现社会效益与经济效益的同步增长。

除"舟报物流"是利用集团原有资源开拓的以外，"行走的课堂"也是利用报业影响力发展起来的教育品牌，经过多年深耕已在白沙岛建立了全国报业首个小记者采访实践基地，已着手在蚂蚁岛建立中国报业小记者海洋研学基地，利用舟山得天独厚的海洋资源，做大做强小记者培训产业。

舟报小记者成立于 1998 年，舟山日报社是浙江省最早成立小记者组织的报社。通过 20 年的深耕，已在全市各大高等院校、中小学校建立了

舟报小记者学生记者站；为了增加粘连和互动，每年推出100多次的线上线下活动，活动涵盖大自然课程、理智生存、军事体验、艺术美学、素质拓展、心理成长及科学实验等十几个大类，舟报小记者"行走的课堂"这一品牌在当地教育界深入人心。一大批舟报小记者活跃在新区的群岛乡村，并成为晚报进入千家万户的有效推手。同时，活动每年还能给报社带来数百万元的经营收入。

舟山城市小人口少，但在舟山的3小时经济圈内，有100多万的中小学生，这为报业提供了极大的发展机遇。2015年报社在白沙岛建立了中国报业首个小记者采访实践基地，今年舟报小记者还将在蚂蚁岛建立中国报业小记者海洋研学基地。报业依托舟山得天独厚的海洋资源，借势造势，拉长传媒产业链，拓展多元经营，搭起了商家和市民之间的桥梁。用互联网思维与政府、企业的资源进行有机整合，把特色转化成优势，抓住机遇敞开怀抱，打造新平台，让价值落地。

三、整合资源升级，实施产业"新"布局

媒体多元战略的核心是资源共享、风险分散。从产业相加到产业相融。过去，报业转型升级大力用"+"号，"报业+旅游""报业+教育培训""报业+物流""报业+会展"，等等。形成了1个集团公司+6个子公司+4个二级公司的产业发展总布局，传统媒体经营稳中有升，新兴产业势头强劲。未来，舟山报业传媒集团的多元战略，将更注重内部资源的相融相助，通过资源整合升级，实施产业的新布局，形成新的媒体优势，迎接新未来。

——教育培训。办好"新区教育"周刊，发展干部教育培训、学历教育、青少年教育培训，在舟报小记者团的基础上，建立小萤星艺术团，依托舟山海洋资源建设中国报业白沙岛、蚂蚁岛两大小记者基地，开发市外基地，从而形成一个完整的报业集团教育培训产业链，使教育培训成为新支柱产业。

——报业物流。积极参与组建全国报业电商联盟，打造本地化品质

电商。加快报业发行向物流产业转型，深化与阿里等企业的合作，将舟报物流建设成为舟山最大的落地配企业，形成报业电商物流产业链，实现电商与物流的相融相长。

——报业文创。抓住新大楼使用契机，推进媒体产业向文创产业转型，在舟山新城的媒体创意中心建设文创产业园，提供优质服务和个性环境，集聚市内外文创企业共成长。

回首近5年来的探索，我们认为这些探索都为报业转型发展积累了宝贵经验，是应对当下报业市场现状的战略选择，也是报业集团市场化发展的重要实践。不忘初心、牢记使命。报业正进入全面深化改革的跋山涉水期，在改革新征程中，新情况、新矛盾将不断涌现，报业改革必须在互联网思维的框架下，完善服务、整合资源、再造优势、开拓蓝海。

雅安日报传媒集团：

"1+4"传播集群的雅安行动

杨建光

雅安位于四川盆地西缘、邛崃山东麓，依山傍水、风光秀美，境内聚居着16个民族，民风淳朴，人文底蕴深厚。素有"川西咽喉""西藏门户""民族走廊"之称。2010年7月，雅安日报传媒集团（以下简称"雅报集团"）成立，在推进媒体融合发展中，他们走出了顶层设计的"六步棋"，打造出由九大平台组成的雅安大数据中心，并以大数据中心为依托，形成传统媒体集群、网络媒体集群、移动媒体集群、户外媒体集群，"1+4"传播集群的雅安行动，犹如在一块美丽富饶的厚土上绽放出的五个花瓣，使融合传播的"四力"倍增，书写了新时代融合传播的新篇章。

一、顶层设计：媒体融合"六步走"

我们按照"管用、实用、好用、不落后"的原则和思路，对媒体融合进行顶层设计，先易后难、有序推进。

1. 组织架构重建。按媒体融合要求，整合现有机构、平台、人力、新闻、行政、经营、设备技术等资源，进行组织架构重建：建立了以协调议事为职能职责的融媒体新闻中心、融媒体编辑中心、技术研发中心、运营中心、行政保障中心五大中心，整合资源、分类实施、交叉任职，2015年12月起运行。

融媒体新闻中心：整合雅安日报社和北纬网采访力量，突出新闻本土化尤其是时政新闻和民生新闻，设时政与政策资讯新闻部、民生新闻部、经济（特刊）新闻部、区县新闻部等四个采访部门，雅安新报社、生态雅安杂志社的采访资源整合共享；

融媒体编辑中心：设雅安日报编辑部、雅安新报编辑部、北纬网网络媒体采编部、北纬网移动媒体采编部、北纬网视频媒体（雅安网络电视台）采编部、生态雅安编辑部、内参编辑部、户外媒体编辑部八个编辑部门；

技术研发中心：整合报社和北纬网的技术力量，统一使用管理；

运营中心：整合经营传统媒体和新媒体的广告业务；

行政保障中心：集团办公室、编务办、人力资源部（党办）、财务部归行政保障中心管理。

2. 融媒平台打造。融媒平台的打造分为两个阶段：

——2015年融合初期，自主开发了一套简易采编一体化平台，对采编系统进行升级改造，建立统一的运行平台，实现自采稿件的互传共享。打通了集团各媒体稿件的传输及报纸编审排发，升级扩容后的采编平台将过去各媒体稿件各自运行变为雅安日报、北纬网、移动新媒体、雅安新报、期刊稿件采、取、审纳入同一系统，各媒体采写的稿件发至同一平台供各媒体共享，生成的稿件实现了文图与视频的同一文件传输，稿件快捷入库检索等，考核流程简化，初步实现了"一次采集、多次加工、多渠道发布、多形式呈现"；

——2017年的融合中期，"中央厨房"雅报融媒一体化采编发平台整体正式投入运行，报纸编辑系统再次升级完善，文图编审、排发、生成数字报都在一个系统内完成；网站、APP、微信、微博等媒体的编审排发也纳入一体化采编发平台运行；平台还整合了新华社稿库、雅安日报成品库、大数据中心（传媒数据库）、直播功能等，打通了传统媒体与新兴媒体的关键技术瓶颈，实现了信息内容、技术应用、平台终端共享融通。

3. 运行机制再造。建立起适应融合需要的工作运行机制，一盘棋布局，统筹调度指挥。

——每天下午的日报编前会，扩展为日报、新报、网络媒体和移动媒体为一体的大编前会，协调各媒体当天的报道重点，沟通安排重点选题；

——每周三下午召开周策划例会，集团编委会成员、各媒体值班负责人及运营中心负责人参加，策划研究一周报道重点；

——每周日召开采编联席会，总结通报当周采编工作情况，沟通选题需要。此外，每月还要专门召开策划例会，总结安排策、采、编、发当月工作，预判策划下月工作。

4. 制度规范跟进。制定实施了适用于融媒体的考核制度。坚持优劳优得、多劳多得、奖优罚劣，绩效挂钩，与评级、创新、评优及相关奖励等联动，公开透明，允许申诉，考核结果接受监督。

5. 功能不断完善。2014年，雅报集团的媒体融合经市委批准具体实施了五个重点项目，分别为"中央厨房"雅报融媒调度指挥中心、北纬网提升及新媒体产品矩阵、雅安传媒数据库（雅安大数据中心）、电商平台、全员转型培训，总投资为1461.2万元。截至2016年，建成了"中央厨房"雅报融媒调度指挥中心一期，北纬网提升及新媒体产品矩阵二期，雅安传媒数据库（雅安大数据中心）项目基本建成。2017年5月起，又抓住市政府部署建设"高清雅安，智慧广电"的机会，启动和升级建设6个项目，进一步深化和提升了雅报集团的媒体融合发展。建成的"中央厨房"雅报融媒调度指挥中心，北纬网提升及新媒体产品矩阵三期，包括融媒体指挥调度平台、融媒体调度指挥中心，已完善指令传输、人员调配、线索收集等功能，调度指挥中心通过大数据实现与调度指挥平台的联动，实时呈现各个渠道新闻报道的传播效果、记者活动报道地理位置、选题策划情况、舆情监控分析情况等。

6. 强化数据库建设。在2010年12月正式上线的雅安传媒数据库的基础上，利用中央财政补助的500万元专项资金建设雅安日报—北纬网融合发展传媒数据库。项目建设内容包括雅安传媒数据库平台、大数据资源中心平台、大数据媒体传播效果分析平台、大数据媒体信息智能挖掘平台、大数据用户资产平台、统一认证平台、应用服务运营平台、大数据舆情分析平台、大数据基础平台（机房建设、基础设备）九大平台，建成投用后极大地方便了数据的抓取和运用、数据的存储和检索、采编人员对线索的获取和资料的运用。2017年2月，又与市统计局合作，在雅安传媒数据库的基础上升级共建雅安大数据中心，大数据中心的建设有力支撑了媒体的融合发展、新的文化业态的培育和对外合作。

二、战略布局：构建"1+4"传播集群

一些地方党报媒体的融合发展，往往只重视内容融合，而忽视技术支撑。这些年，雅报集团下决心快速推进媒体发展和融合，同时夯实新兴技术支持系统，将这些实践和做法总结为着力构建"1+4"媒体传播集群，也可形象地比喻为"五朵花瓣"模式。

"1"——新型主流媒体集团的支撑平台。它的核心结构就是雅安大数据中心（雅安传媒数据库），包括雅安传媒数据库平台、大数据资源中心平台、大数据媒体传播效果分析平台、大数据媒体信息智能挖掘平台、大数据用户资产平台、统一认证平台、应用服务运营平台、大数据舆情分析平台、大数据基础平台（机房建设、基础设备）九大平台。

"4"——基于平台绽放的"四朵花瓣"：

第一朵花瓣：雅安最大的传统主流媒体集群。包括一张党报《雅安日报》，一张市场报《雅安新报》，三份期刊《生态雅安》《蒙顶山茶》《雅商》。

第二朵花瓣：雅安最大的网络主流媒体集群。它是以一类资质新闻网站北纬网为首的北纬网群。包括北纬网、中国熊猫网、华夏茶业网、企业家网、问政雅安、雅安网络电视台、大雅网和《北纬手机报》等。

第三朵花瓣：雅安最有影响的移动媒体集群。包括掌上雅安（APP）、四川雅安、生态雅安、雅安日报—北纬网、雅安看点、雅安印象等"两微一端"产品。

第四朵花瓣：雅安最大的户外媒体集群。包括LED、触摸屏、户外大牌、阅报栏、墙体、车身、路牌、街面灯箱等多种形式的"屏媒体"。

"1+4"媒体传播集群的构建，在重大宣传报道主题上形成了整体策划、全媒互动、立体报道格局。报纸和杂志在深和精上下功夫，网站和新媒体在快和多形态表达上满足用户，媒体融合发展真正实现了"组合拳"效应，也促进了传媒的经营发展。2017年12月，这个传播集群项目被四川省报业协会评为"2016—2017年四川报业发展创新项目"一等奖。

三、战术路径：传播效果立体多样

雅报集团2014年以来全力推进媒体融合发展，在新技术应用、融合创新、"互联网+"等方面都有新举措新成效。重大新闻报道各媒体整体联动，集团策划、分块实施、特色呈现、媒体联动。扬长避短，满足需要，传播效果立体多样。

战术路径一：时效快。对新媒体矩阵产品的功能进行完善和升级改造，提升了传播时效。报纸和网站、新媒体同在一个平台，第一时间采用记者上传的稿件，并根据不同媒体的需要制成相应的新闻产品，满足受众的需要。

战术路径二："悦读"感。进一步打造北纬网、新媒体的重点频道和品牌栏目。北纬网推出了一系列可视化专题报道。《北纬手机报》全新改版上线，由原来的彩信版模式升级为短信版+彩信WAP版模式，同时由原来的每天一刊增加为每天上下午各一刊。时政类报道也不断改进和创新呈现，如2017年市两会报道，编辑记者协同配合，采用Motion Graphic动画（动态图文动画）的表现形式，以《政府工作报告》为基础内容制作原创短视频。在近两万字的《政府工作报告》中选关键词、画重点句，将亮点内容挑出来制作成90秒的动画视频。原本严肃的《政府工作报告》经新媒体的编辑加工，大大增强观赏性、可读性和"悦读"感。

战术路径三：可视化。不断创新传播手段和形式。本地的重大新闻都力争采用视频直播。如《过完春节过藏历新年，硗碛上九节嗨翻天》，这个展现雅安人文风俗的直播，在网易全国平台播出后观看量达到30万+；《飞越大渡河大峡谷，解码现实版黑木崖》的直播正值全国两会召开之际，同全国人大代表、古路村党支部书记骆云莲一同直播汉源县古路村，展示新村新变化，关注度迅速增加，这次直播达到10万+浏览量。继反映雅安灾后恢复重建3年成果的短视频作品《永不止步》获2016年度中国报业短视频微电影大赛"十佳短视频"大奖后，2017年，雅报集团在视频原创方面持续发力，推出了一系列精品短视频作品：如人物类《最美教师》、MV类《遇见你在上里》、时政类《时政脱口秀》、方言类《荥经河长制》、微电影类《创卫暗访短剧》等，不仅拓展了制作空间，也探索出了一条短视频定制开发的盈利路子。此外，还成立了雅安市市民摄影摄像联合会，把摄影摄像"自媒体人"团结起来，在网站新媒体上为他们提供展示作品的平台，也丰富了媒体平台内容。

《探秘宝兴VR全景》

战术路径四：体验性。充分利用VR技术提升新闻报道现场感。对2017雅安两会进行了360度VR全景视频报道，支持全景分享、场景互动等功能，以全景式的展示方式在PC端、移动端同步呈现，让网友身临其境地体验新闻现场。又如《VR全景看文曲新座》，通过最新的VR图片拍摄，立体展示了雅安城投集团首个商品房售楼部，还添加了导航等便捷功能，可直观全面地通过手机或电脑页面浏览，感兴趣的可以直接前往售楼部进一步了解。

雅报集团强化舆论引导，在推进媒体融合发展中立足当前着眼长远，结合实际、夯实基础、先易后难、开拓前行、稳步推进，效果初步显现。2016年以来，在四川新闻奖、四川省新闻摄影年赛奖、四川省新闻奖报纸副刊好作品、中国城市党报新闻奖等评奖活动中，共有18件新闻作品获奖，其中特别奖1件，一等奖2件，二等奖6件，三等奖9件。"四川雅安"微信公众号、"生态雅安"微博在四川省优秀政务新媒体表彰中获"全省市（州）优秀政务新媒体账号"；掌上雅安荣获"2017全国地市网络媒体手机客户端最具影响力十强品牌"称号；雅安看点荣获"2017全国地市网络媒体微信公众号三十强品牌"称号；雅安日报传媒集团荣获"2017年度中国城市党报媒体融合十强"。

遂宁日报报业集团：

地市党报融合转型的进行时

骆常非

在传媒格局发生深刻变化的时代背景下，遂宁日报报业集团（简称遂报集团）始终牢记习近平总书记新闻舆论工作48字方针，抢抓媒体融合发展机遇，积极应对和破解传统报业经营困境，抢占新闻舆论主阵地和网络意识形态阵地。

按照"融为一体、合而为一""你就是我、我就是你"的目标定位，构建以党报、党端、党网为主要骨架，以微博微信集群、手机报集群为补充的形态多样、手段先进、竞争力强的新型主流媒体。新闻融合生产力明显提升，报、网、端、微核心用户达200万，主流媒体的传播力、影响力、引导力和公信力明显增强。

一、媒体深融：打造新型党媒

1. 建设智慧采编管理系统，搭建媒体融合技术支撑平台。预算投入上千万元，于2015年启动了全媒体智慧采编管理系统建设，2017年年初，一期工程基本建成并投入运行。初步建成服务于集团各媒体的"一次采集、多种生成、多元传播、多平台互动"的全媒体策采编审发平台，全媒体内容生产运营服务平台，建成集文字、图片、影像、音频、动漫于一体的数字数据库，建设媒体大数据中心，实现了将报纸、网站、客户端、微博、微信等多种渠道的采编、发布融为一体，图片、音视频、表格的混合排版编辑，实现了报纸、网站、两微一端等通过手机终端快捷完成采编审发业务，为县（区）融媒中心建设提供云平台和技术支撑平台，有力推动了区县融媒中心建设。

2. 建设"遂报融媒小厨"，搭建媒体融合物理空间平台。按照移动优先战略，根据"统""分"结合思路，初步构建了由融媒体指挥调度中心、采编发联动平台、采访、编辑、设计制作、技术各部门等方面组成的新型融媒体策采编审发网络新架构，搭建了媒体融合生产的物理空间平台，建成经济适用型中央厨房——遂报"融媒小厨"。配置了 LED 高清显示屏、记者、编辑、值班负责人内容策划指挥调度会议内容同步显示系统、新闻事件现场采访联动指挥系统和人手一台的移动手机终端，形成了"蜘蛛网"式的采编发大平台，在"融媒小厨"中所有媒体编辑、设计技术制作人员统一编排、一体办公，做到"人人见面"，实现管理扁平化、功能集成化、产品全媒化。

3. 建设新媒体矩阵集群，创新融媒产品生产。坚持移动优先战略，全面开发、全新改版，遂宁客户端上线运行，实现 APP 内容的个性化、定制化、精准化服务。国家一类新闻网站——遂宁新闻网全新改版上线，增加了视频、网络、电视直播等栏目频道。代运维了数十个机关企事业单位微信、微博公众账号，建设全域网络问政服务平台，形成了以遂宁发布、在遂宁、遂宁新闻网、遂宁日报微博微信公众号为主体的"微媒体"矩阵群。依托遂报"融媒小厨"和移动新媒体传播渠道，创新融媒体产品开发，投资采购无人机、手机云直播一体终端机等设施设备，应用流媒体云直播、无人机航拍、AR、VR 等先进技术手段，已成功对市里重大活动进行手机多终端高清全球现场直播，集成创新推出了短视频、H5、图说图解、动漫画等多形式多种类"准、新、微、快"融媒体新闻产品，得到了遂宁市委、市政府和广大读者用户的肯定。

4. 建设融媒体组织架构，提升新闻融合生产力。再造媒体内容生产制作组织架构，调整完善内设机构。打破报、网、端、微各自分割、自成一体的"小而全"体系，统筹设置全媒体采访中心、纸媒编辑中心、新媒体中心和技术保障中心。坚持"内容为王"，整合文图、音视频内容采集资源，全媒体采访中心下设若干专业采访部室，负责报、网、端、微新闻内容采集，全媒体供稿工作；技术保障中心设计制作部负责平面、音视频广告和融媒体产品设计制作；新媒体中心下设遂宁新闻网、遂宁客户端编辑运营部，分别负责网站、新闻类微博微信手机报和客户端编辑制作发布推广工作。

5.重构策采编审发业务流程，再造融媒体绩效考评体系。根据新型融媒体策采编审发网络基本架构各层级职能定位，制定了《融媒体策采编审发业务工作流程运行管理办法》，构建了融媒体统筹选题策划工作流程，融媒体统一的采集生产工作流程，融媒体统分结合的编辑工作流程，融媒体分级负责审签发布工作流程，制定了《融媒体采编生产制作绩效考核管理办法》，本着向媒体深度融合发展倾斜、等量劳动获得等量报酬的原则，推行融媒体"量、质、效"三重叠加考核，严格细化了内容采集生产制作和编辑技术制作两个序列十个类别绩效考评等级划分、评分及加分奖励标准，打通了"采"和"编"两大序列统的考评打分，建立以绩效薪酬分配为核心的融媒体绩效考核体系和好劳多得、多劳多得、优胜劣汰的价值导向体系。依托遂报"融媒小厨"，实现了全媒体智慧采编管理平台、内容生产运营服务平台、人力资源创新创业平台的有机融合，激活存量人才，引进关键增量人才，全面推动传统媒体采编人员、设计技术人员、经营人员到融媒体实战场施展拳脚，开办品牌栏目、频道，培育品牌公号，创新生产制作融媒体产品，营销新媒体品牌，成为传播"正能量"的"网红"，创造新财富的产品"经理人"。

二、创新转型：拓展发展空间

遂报集团充分发挥融媒体整合营销优势，积极应对传统媒体经营断崖式下滑的严峻形势，大力培育新增长点，积极推动报业创新转型发展，为媒体融合发展提供有力经济支撑，集团经营收入在逆势的市场环境中实现了"逆增长"。

1.整合营销服务平台，提升广告传播效应。以为客户创造价值为中心、以需求为导向，整合纸媒、网站、移动互联新媒体广告传播资源，搭建智慧商务、智慧生活、智慧政务三大整合营销服务平台，探索构建"策划咨询＋创意设计＋广告传播＋销售代理"广告运营全产业链，完善各行业类别全媒体广告博宇公司代理运营机制、全媒体广告价格和相关管理办法，用市场化机制引导和推动全媒体广告整合营销，实现了媒体广告止滑回升稳增长。

2. 创新经营机制，拓展非媒体广告经营收入。制定出台了非媒体广告经营管理办法，优化资金、技术、人才等要素资源配置。以项目平台为载体，用市场化机制开发相关创意文化产品，开展创意文化经营活动，拓展新媒体内容技术服务，探索区域电商营销和融媒体产品生产营销服务业务，大力拓展新业态，加快转型发展步伐。2017年非媒体广告经营收入较上年增长43%。2018年继续保持两位数增长。

3. 搭建产业融合平台，试水"传媒＋X"模式。围绕城市特色文化建设和城市品牌营销，落实新发展理念，加快创新驱动、新旧动能互换，产业转型升级。立足报业、跳出报业，探索实施"传媒＋文化展演""传媒＋区域电商""传媒＋教育培训""传媒＋文化旅游地产"等行动计划，探索发展文化创意、数字出版、区域电商、会展演艺、教育培训、健康养老、文化旅游等现代服务业，努力建设城市地域特色文化服务商，大幅提升发展质量效益。积极搭建产业融合发展物理空间平台。利用健坤城广告置换近千平方米物业房产，完成了遂报众创空间建设，积极探索建设传媒文化创新创业孵化器；完成了博创融城创智经济产业园项目（108亩土地，9万平方米房产）规划设计方案审批、备案立项等前期工作，制订了项目策划营销、招商运营方案，正按计划推进招商工作，多方争取项目资金支持，为项目开工建设创造条件。

三、深化改革：激发报业活力

改革永远没有休止符，只有进行时。走进新时代，踏上新征程，遂报集团的改革发展之路，迈得更为稳健有力：

1.推进事企分开，变革事业单位企业化管理体制。坚持"问题导向、先行先试、逐步推进"的原则，按照中央全面深化改革、深化事业单位改革、深化文化体制改革的总体要求，以解放和发展新闻传媒文化生产力，推进报业集团治理体系和治理能力现代化为目标，以报业集团法人治理结构建设试点改革为核心，理顺管理体制，推进事企分开、采编、经营两分开。变革遂宁日报报业集团、遂宁日报社（事业法人单位）、博宇传媒公司（企业法人单位）三块牌子、一套人马、事业单位、企业化管理体制，将博宇传媒公司变为遂宁日报报业集团（遂宁日报社）的全资国有企业，遂宁日报报业集团（遂宁日报社）主要履行新闻舆论宣传、意识形态建设职能职责，负责新闻宣传事业，报社主要履行股东的投资资本管理职责。市政府授权报业集团，对所属报业传媒经营性资产履行出资人职责，报业集团以股东身份加强和规范对博宇传媒公司的监管。

2.推进法人治理结构建设试点改革，激起事业主体活力。报业集团作为公益一类事业单位，建立以报业集团董事会（由外部董事和内部董事构成，内部董事为报社班子成员，外部董事由宣传部、组织部、人社局、财政局、国资委等相关部门负责人组成）及其领导下的管理层（为报社领导班子成员和相关经营管理人员组成）为主要架构的法人治理结构。在干部人事、机构编制、劳动用工、收入分配、社会保障等方面推进配套制度改革，赋予了更多法人自主权。在编制身份问题上，针对事业编制不足的问题，对采编、技术、管理事业人员采取总量控制、内设机构、人员总数报备审批办法，由报社事业法人与事业聘用人员签订聘用合同，打破了事业编制、身份、职称限制，落实了事业编制人员与事业聘用人员同岗同责同权同待遇，解决了"新闻民工"的问题；在用人制度上，建立了工作人员能进能出、职位职级能上能下、工资薪酬能高能低的用人机制；在收入分配上，实行事业绩效薪酬分配制，工资总额控制，财政事业补助经费（含事业编制人员人头经费和事业聘用人员定额补贴）加上媒体广告、发行收入除去广告发行代理经营成本费用、报纸印刷费用后，可用于计发工资总额，通过严格绩效考核，实行浮动绩效，建立现代传媒分配激励机制；在社会保障方面，按相关政策规定办理相关保险事项，从体制机制上保障了法人自主权，激发了自主发展、自主管理、自我约束的内在活力。

3. 推进现代企业制度建设，激发企业主体活力。理顺了报业集团（事业法人股东）与博宇传媒公司（投资所属全资国有企业）的资产产权关系、管理关系和劳动用工关系等，进一步明确了博宇传媒公司的市场主体地位，健全董、监事会，建立现代企业制度，建立市场化劳动用工收入分配制度，实行完全风险经营、浮动绩效分配制，推进了采编、经营两分开，实现了事企分开，管办分离，激发了企业主体内在发展活力，推动产业经营多元扩张发展，促进企业做大做强，向着地域传媒文化旗舰企业集团前行。

4. 构建事业企业利益联结机制，推动两分开、两促进、两加强。报业集团（报社）与博宇传媒公司建立以产权为纽带，以业务代理为基础的利益联系机制。报业集团事业法人履行主业主责，不直接开展经营业务，所属媒体广告、发行、印刷等业务，由博宇公司代理经营，每年合理确定代理费率、印刷费率，除去代理费、税费后，全部用于事业发展（由博宇公司在广告、发行总收入中向报社缴纳资源占用费），报社和博宇公司各自收入都与广告、发行收入紧密相连。博宇公司拓展其他产业，从经营利润中向股东（报社）上交投资收益，反哺新闻宣传事业。在干部人事、劳动用工方面，报社县级领导干部、事业编制人员不得在博宇公司任职，要到博宇公司任职，按相关规定了断事业编制和领导干部身份；其他事业聘用人员和企业聘用人员，根据岗位需求和个人特长，可双向自由流动。

泰安传媒集团：

人才强报的泰安战略

戴 冰

泰安坐拥东岳泰山，诗圣杜甫在《望岳》一诗中留下了"会当凌绝顶，一览众山小"的脍炙人口的诗句。在媒体加速推进融合发展的当下，泰安传媒集团将人才视为事业发展的第一资源，视为强基固本、创新发展的"泰山石"，逐步实现由感情留人向事业留人的转变，实现了引进人才带动产业与注重培养鼓励发展的良性互动，打响了"人才强报"的泰安战略。

人才永远是事业发展的关键，是第一资源。抓住了人才，就等于用"泰山石"夯实了事业发展的基础。当前，面对新媒体的激烈竞争，大批优秀报人为寻求新发展，"下海"创业、转投新媒体等离职潮正一波波掀起。这对深陷危机的传统报业无疑雪上加霜，报业人才流失已成为一个不容小觑的问题。

泰安传媒集团在人才问题上从不敢含糊。面对传统报业日新月异的发展形势，泰报从推进人才机制改革起步，逐步实现了从感情留人向事业留人的转变，实现了引进人才带动产业与注重培养鼓励发展的良性互动，实现了人才专业化和工作专向性的较好结合，在留住人才、吸引人才、培养人才方面取得了理想的成效，在推动报业升级发展上的后发优势逐渐显现。

一、同工同酬：善待每一块"泰山石"

巍巍泰山，是由一块块"泰山石"垒积起来的。就此而言，没有一块

"泰山石"是"没用的石头"。秉持这一理念，我们从2008年开始，围绕体制机制问题，先后进行了四次综合改革，从中层竞争上岗、全员双向选择，到职级分开、深入分配体制改革，再到打通全员晋升通道，最后实现全员集团聘任、同工同酬。通过循序渐进的改革，解决了在编人员与聘用人员身份待遇不一的问题，调动了全员的积极性，更化解了人才与发展的矛盾，激发了干事创业的热情。虽然，每一次改革都会带来阵痛和压力，但是事业发展的需要，员工对进步的期望，让我们始终坚定改革的脚步。

2016年开始，集团本着"结构调整、分灶吃饭、成本控制、利润考核"的原则，推进经营管理体制的改革，各经营性公司按照集团自主经营暂行办法，在薪酬分配上拥有自主权，多劳多得，不劳不得，员工的积极性和创造性再一次被激发。持续深化的改革，帮助我们转变了观念、激活了机制、激励了员工，也真正融入了市场竞争体系。2019年，泰报第五轮综合改革，将再一次拉开。

二、靠事业留人：传承"泰山石"精神

近年来，泰安传媒集团始终坚持深度跨界的发展战略，形成了传媒业、现代会展、文化地产、体育产业、教育培训、系统集成、服务外包承接等多元产业集聚发展的生动局面。庞大的产业基础，为我们留住人才提供了坚实的保障，实现了靠感情留人向靠事业留人的转变。

"泰山石"精神，就是"泰山石敢当"的担当精神。泰山国际会展中心总投资10亿元，经过积极争取，泰安市政府决定将会展中心管理运营权交给集团，这给我们升级发展提供了一个巨大平台。如此庞然大物，如何实现高点起步、快速发展成为集团乃至泰安市政府最为关注的问题。面对千钧重担，我们积极传承"泰山石"精神，集团勇于担当、统筹考虑，充分利用报业经营人才的巨大优势，在征求个人意见的基础上，优中选优，把最优秀的地方版公司老总、采编一线最优秀的部门主任、广告部门最能干的行业老总等一大批骨干抽调到会展中心，全权开展会展业务。实践证明，当初集团的决定是正确的，我们报人是经得起市场竞争考验的。

自 2015 年泰山国际会展中心正式运营以来，3 年时间共举办各类会展活动 330 场次，经过磨炼，会展团队由一个个门外汉成长为具有一流行业水准的专业运营队伍，打响了泰山会展的品牌，形成了成功的泰安模式。现在，泰报会展上升势头强劲，已经成长为集团转型发展的重要支柱。

另外，我们还要求全员树立大经营意识，鼓励内部创业，给有思路、有想法、有办法的职工提供一流的创业成才平台和优惠政策。集团对媒体和经营转型提供必要的资本融资和人才支持，全力向转型一线倾斜，做好服务保障，为人才干事创业营造良好环境。

三、打造"醉心石"：引进一个人才，带动一个产业

"泰山石"是世界上最古老的杂岩之一，"泰山石"是一个广义的概念，它由醉心石、燕子石、冰川石等多种奇石组成，其中"醉心石"是独一无二的奇石构造现象。

对于报业而言，"引进一个人，带动一个产业"，就是打造出"醉心石"。我们通过泰报的社会影响力和泰安传媒集团国企的先天性优势，积极吸纳优秀人才，给予引进人才足够的平台和资金支持，实现引进人才带动产业发展的目的。

在泰安传媒集团，不乏"引进一个人，带动一个优势产业"的案例。泰山网络传媒有限公司就是在我们引进专业的系统集成人才刘继强的基础上，一步步发展壮大的。泰山网络传媒有限公司，拥有计算机系统集成资质、安防资质、双软认证等国家资质。从 2014 年起步，经过短暂的发展，业务范围已经实现了对泰城教育系统信息业务的全覆盖，拿下了超过四分之一的市政府信息化采购合同，并且已经延伸到了莱芜、德州等周边城市。在一个人的带动下，泰报网络传媒已经发展成年营收过千万元的一流系统集成公司。

在传媒产业方面，我们通过引进新浪体育著名足球记者牛志明，重点打造泰山体育品牌，两年时间大获成功。不仅足球报道颇具特色，更

是带动了泰山晚报的品牌建设乃至广告发行。我们还引进了市内最牛的新闻专题片制作人才常华，引进电台人气主播晨曦，全力打造泰报音视频板块，获得了空前成功，目前音视频工作室已经具备了很强的变现能力，开拓了专题宣传片制作新市场。

四、培养高端人才：像"泰山石"一样坚韧

春秋时代齐国名相晏婴第一个赋予"泰山石"以文化内涵。他说，要办好国家的事情，需要许多像"泰山石"一样高尚坚韧的人辅佐。

对于人才，我们既重视使用，更重视培养。在泰报，有一个共识，"称职就是人才，创新就是优秀人才"。因此，我们重视对一切人才的培养，为一切可塑之才提供最大成才、成功的可能。在泰山晚报，除了总编之外，都是80后、90后的年轻人，他们朝气蓬勃，充满创造力，同时对外面的世界也怀有抱负。在集团内部，我们通过周期性的综合改革，为有抱负有作为的年轻人提供上升空间，营造了有作为就有地位的良好氛围；对于个人，集团始终坚持开放的态度，我们不仅不限制而且鼓励优秀人才继续深造、继续提升。一方面，我们与南京大学新闻学院合作，为年轻人提供攻读新闻学硕士研究生的机会；另一方面，我们鼓励年轻人走出去迈向更大的平台。

实践证明，我们的人才培养方略是深得人心的。新闻骨干郑世伟，大学一毕业就进入泰报，是伴随着泰山晚报一步步成长起来的年轻人。2012年，郑世伟以优异的成绩考入新京报，经过两年"深造"，重新回归，目前担任最泰安全媒体发布平台副主任。重视人才培养，我们不仅舍得投入，还会给他们创造足够大的成长空间和岗位待遇，使得人尽其才，让人才有地位更有尊严。

足球新闻是泰报媒体核心竞争力建设的一个重点。实践中，我们不仅重视引进知名体育人，更加重视培养自己的专业记者。短时间内，泰山晚报泰山体育已经成为报道山东鲁能泰山足球最全面、最权威的媒体之一，记者左海涛，快速成长，在圈内声名鹊起。2014年巴西世界杯、

2018年俄罗斯世界杯,我们都派出了最泰安全媒体记者团队,为我们的专业记者提供尽可能好的条件,给他们展示才华的机会。在2017年"JENESYS2.0"第三批中国青年媒体工作者访日交流代表团中,同样也闪现着泰报一线记者的身影。在人才培养上,我们从不吝啬,只要他们够优秀,泰报就会努力创造他们想要的平台。

五、赋能"泰山石":让专业的人干专业的事

越是全民记者时代越应该建设一支更加专业的编辑记者队伍,让专业的人干专业的事,这样才能够让我们的产品更优质,更能够在激烈的竞争中脱颖而出。

在泰报,在年轻的编辑记者当中,已经成长了一批各个专业领域的佼佼者,如我们的经营骨干贾娟、张范荣、史文杰,新闻骨干蒋永琳,体育名记牛志明、左海涛,全国摄影银奖得主陈阳等,80后甚至90后的他们已经成为泰报媒体的中坚力量。

媒体进入深度融合时代,图片设计、视频剪录、H5制作、设备维护、软件开发等,传统报业对人才专业性的要求更加突出,让专业的人干专业的事情,把新闻产品做优、把传播渠道做通、把策划创意做新、把产业拓展做深等,我们需要这些专业人才发挥专长,专心致志做出成绩、做出优势和竞争力。在泰报,对于这些媒体岗位的专业技术人员,我们会利用一切可能的机会提升他们的专业技术能力,让他们专心业务不承担任何广告经营任务,安心把业务做好做强。

传统媒体和新媒体的竞争,归根结底是人才的竞争。我们只有尽己所能,坚持开放的心态,用发展、用事业吸引人、留住人、培养人,才能在竞争中有所作为,才能真正打赢这场报业转型战。

台州日报传媒集团：

遏制人才流失潮的台州方案

黄保才　何亨元

当前，一些报社的人事管理还存在不利于人才成长的弊端，如行政化、机关化现象比较严重，普遍面临人才引不进、留不住的问题。不少报社使用大量编外人员，由于"同岗不同责、同工不同酬"，致使编外人员归属感不强，影响了工作的自觉性和主动性，导致人才流失频仍。台州日报传媒集团（简称台报集团）面对同样存在着的人才流失潮，又有何高招将其遏制住呢？

一、近4年来，台报集团人才流失严重

2014年以来，台报集团因各种原因离职的编外人员共有88人，其中采编人员占90%，且一半是业务骨干。在这些自动离职的人员中，被各级机关事业单位正式录用的约有60人，跳槽至省级媒体、县（市、区）新闻中心的至少有6人。

骨干人才的大量流失，除了给人才原先所在岗位带来强烈的冲击波外，还带来了多米诺骨牌和负面反应：

一方面，造成集团人才队伍结构不合理：集团本级事业在编人员仅占总人数的45%，且多数年龄偏大，30岁以下的为零，31~35岁的仅有5人，5年内将退休的有22人，6至10年内将退休的有28人。

另一方面，部分岗位难以招引新人才：新闻采编、广告经营管理、高层次技术和新媒体等优秀人才的招聘形势严峻，比如集团拟招聘1名技

术人员，学历从全日制本科放宽至全日制专科毕业，还是连续3年招不到合适的人员。

二、台报集团人才流失的原因分析

1. 因体制机制牵绊，留不住高端人才

台报集团作为市级一家实行企业管理的媒体单位，人员实行自主招聘录用，用工性质除了少数编制内，其余都为劳动合同制。由于劳动合同制这一身份，致使许许多多新招录进入单位的人员，"心"安不下来。2010年12月，市机构编制委员会《关于同意建立台州日报报业传媒集团的批复》，核定台报集团事业编制数153人（以后人员编制随自然减员"只减不增"）；2015年1月，又将事业编制数核减至136人，而集团目前总人数近900人。随着编制核减，新的优秀人员无法进入编制内，导致优秀的劳动合同制人员遭遇到了"天花板"，没有上升通道，进而大量流失。到目前，集团已面临管理、采编、技术、经营等高层次人才严重匮乏，优秀骨干持续流失、难以为继的局面。

2. 因待遇不增反降，骨干人才纷纷跳槽转行

从台报的产业发展看，集团现有广告、发行、印务、户外、网络五大公司，基本上都是传统产业、传统考核办法、传统经营模式。集团虽然拥有"两报一网一端"近20万高质量的读者，但难以转化为传媒新产业的核心用户，形成经济效益。近几年集团经营效益不断滑坡，2011年，集团经营总收入达1.71亿元，实现利润1580万元，而从2012年起集团经营收入持续徘徊，实际利润持续下滑；2016年集团实际亏损600多万元，2017年由于各项刚性开支增加亏损1766万元。经营效益下滑带来集团负担沉重，几年来员工收入不增反降，在对传统媒体发展信心不足、前景不看好的情况下，转行跳槽逐年加剧，尤其是骨干人才的流失，给集团未来发展带来更多不确定性。

3. 因影响力下降，对年轻人才吸引力下降

由于各种原因，台报集团的媒体融合工作起步迟、基础差、力度小，

因而见效也慢。随着社会上各类新媒体的兴起，主流舆论场正受到越来越严重的冲击与挤占。为占领新兴舆论场，融合发展势在必行。但构建全天候、全媒体的新闻、资讯采编发体系，需要雄厚的财力支撑才能完成。在当前经营大滑坡的严峻形势下，集团很难从有限的营业收入中挤出太多经费投入媒体融合发展。尤其是媒体融合过程中，设备投入了，却缺少用设备的技术人才，更不用说自主开发。集团几次招聘技术人才，基本无人问津。

4.因激励无力，人才流失成为常态

对采编人员个人而言，不仅注重自身薪酬待遇，而且还重视自身职业发展。采编人员的晋升有管理岗位的晋升和职称晋升两种。首先，管理岗位的晋升。受机制、体制的约束，新闻机构的岗位晋升台阶是有的，但是上升的空间比较小，从台报集团看，从2005年至今，只有两位中层从正科提为副处，5位中层进入党委、编委（仍为正科）。而在这方面来说，外界诱惑更大，很多人才遇到发展瓶颈了就会选择离开，造成人才流失。而这些人才恰恰是公司、企业、行政单位等最欢迎的。其次，职称的晋升。由于各级新闻奖评奖名额的限制，市县两级新闻媒体要评到省级一等奖非常困难，国家级就更渺茫了。导致有些采编人员即使在新闻单位工作了五六年甚至十几年，中级也拿不到，对职称晋升没了积极性。所以，无论哪种晋升通道，都是困难重重，这极大影响了采编人员对事业发展的信心，对个人前途的担忧。跳出这方洼地，寻找希望所在，新闻人才大量流失也就成为常态。

三、提升核心竞争力是稳住人才队伍的基础

传统媒体要重新增强对全媒体人才尤其是全媒体技术人才的吸引力，关键是如何重新提升传统媒体的核心竞争力，针对传统媒体存在的普遍问题，结合台报集团生存发展实际，具体问题具体分析，我们认为要做到以下几方面：

1. 打造区域性新型报业传媒，巩固主流媒体地位，壮大并引领主流舆论

如何巩固主流媒体的地位，唯有加快推动集团破难发展、融合发展、转型发展和创新发展进程，加强顶层设计、总体谋划、整体布局、分步推进，打造区域性新型报业传媒，不断扩大新闻宣传的传播力、引导力、影响力和公信力，努力助推台州建设独具魅力的"山海水城、和合圣地、制造之都"和实现赶超发展。这是我们的立身之本和政治担当、应尽责任。

2. 集团事业发展跻入全省地市报第二方阵，报业经营企稳减亏，走出多元发展新路

重点是优化体制机制，激活经营主体，建立与市场、产业发展相适应的管理和运行新模式，努力谋求产品结构、经营管理体制的创新，走出多元发展的新路子。同时以绍兴、湖州、金华、嘉兴和衢州为赶超目标，努力在新闻报道、产业发展、经济效益、综合实力等方面缩小差距或迎头赶上。这是我们的生存之本和近期目标、发展基础。

3. 打造台州传媒文化产业新引擎，通过"产业＋资本运作"实现新三板挂牌上市

要围绕这一目标，接轨跟上市场，把握住媒体融合、"互联网＋"的产业发展机会，大力创业创新，形成新的产业结构，推出一批有竞争力的传媒新产品、新项目。要大力推进新三板上市进程，倒逼体制机制和运行模式的改革创新，倒逼接轨市场和转型发展，倒逼新兴产业的培育、发展和壮大。这是我们的发展之本和长远目标、前进方向。

四、台报集团提升核心竞争力的对策举措

怎样实现核心竞争力的提升，台报集团经过多方调研论证，从上至下全体员工多次组织头脑风暴的学习讨论，经党委会认同，形成以下共识。

1. 着眼战略谋划，注重顶层设计长远规划

要以党的十九大精神为指导，紧密结合集团实际，深入谋划集团的

发展思路、办法和举措。要着眼长远，加强报业发展顶层设计。以台州文化产业发展战略规划为引领，对标一流、高起点、高水平谋划好报业的发展；要对接"十三五"规划，准确定位布局，推动宣传报道、报业经营、媒体融合错位发展；要借鉴其他兄弟报社的好做法，进一步调整优化管理体制，实现跨部室、跨产业互联互通，不断激发内生活力。要志存高远，脚踏实地，将发展文化产业作为一项长期事业来谋划和推动，借助媒体融合发展的东风，不断完善基础设施，优化发展环境，一个项目一个项目来抓，一个产业一个产业来引进，逐步将台报集团打造成文化产业的聚集地和新引擎。

2.着眼党报定位，牢牢坚持正确政治方向

根据事业单位改革及报业发展的客观形势要求，紧密结合集团的实际，切实加强员工的能力素质培养，不断提高采编、经营人员的政治意识、大局意识、责任意识、阵地意识。要牢牢坚持新闻的党性原则，按照政治家办报的总要求，切实肩负起新闻舆论工作的职责使命，进一步明确新闻工作者的基本遵循，围绕中心、服务大局，认真宣传好传播好党的路线方针政策，唱响主旋律、传播正能量，把中央、省委、市委的要求坚决贯彻到新闻舆论工作的各个方面、每个环节，内化于心，外化于行。要与市委市政府中心工作同频共振，不断加强舆论引导力，发挥主流媒体应有的作用，努力生产高端、权威、好看、有用的地方新闻，为台州裂变发展、赶超跨越营造良好的舆论氛围。要坚持新闻立报，做优做强新闻报道，突出深度报道、系列报道、主题化报道，多出快出精品力作。同时不断拓展传播渠道和提高传播效果，力求全媒体呈现，形成全媒体传播格局，用心办报、尽心服务，让读者、用户满意。

3.着眼凝心聚力，多方努力形成共同愿景

当前，报业发展仍面临严峻挑战，我们无法独善其身。必须努力形成集团上下共同的愿景，才能心无旁骛朝着既定目标奋勇前行。要牢牢把握三大基调，即坚守理想、永不放弃，不忘初心、继续前进；拉高标杆、争先进位，大干实干，再立新功；改革创新、融合发展，凝心聚力、共渡难关。要努力形成三大信条，即信心比黄金更重要，凡事有信心就有希望、就有未来，丧失信心就会丧失勇气、丧失斗志、丧失机遇，就会一事无成；报社好大家才会好，每位台报人要把报社当作家来对待，要把自己作为主人来要求，要有这样的担当，更要有这样的情怀；撸起袖子加油干，困境面前更需要干字当头，唯有实干有才可能走出新路。要积极营造良好的创业工作环境，全方位关心关爱员工的工作、生活，通过建立职工之家、兴趣小组和开展各种活动等举措，营造家的氛围，增强归属感，共同渡过集团难关，走出困境，走出新路。

4. 着眼引领主流，全力推动媒体融合发展

今后3年是台报集团积极推进媒体深度融合发展的关键时期。要根据中央、省市精神和市委全面深化改革工作的部署安排以及集团的实际，把推进媒体深度融合作为集团的头号工程，摆在突出位置，集中力量资源，全力予以推动。要以"用户需求倒逼转型，媒体融合增强优势，深化改革激发活力"为理念，有效整合内外部资源，打造媒体融合平台，重点培育新媒体拳头产品，有效集聚、挖掘和开发用户，实现快速传播、精准传播、有效传播。要切实抓好《台州日报报业传媒集团推进媒体深度融合发展实施方案》的组织实施，围绕三个阶段实现目标的工作步骤及11方面的工作重点，倒排各项工作完成的时间，确保媒体融合发展稳步推进且收到实效。要继续全力打造新媒体矩阵，不断扩大用户数；要用好全媒体指挥中心、全媒体演播中心、直播车等融媒体平台，使其发挥更大的作用；要加大培训培养和招聘力度，加快推进全媒体队伍建设；要全面启动新三板上市工作，做大做强网络传媒公司，倒逼产业发展。要牢固树立"新闻+服务"的理念，牢牢坚持"移动优先"这个战略，把握"用户至上"这个中心，善用"中央厨房"这个机制，用好"资源整合"这个优势，加快推进集团各媒体平台和产业平台实现内容、渠道、经营、团队、资源的深度融合一体发展，努力打造具有强大传播力、引导力、影响力和公信力，富有台州特色的区域性新型主流媒体，打造台州传媒文化产业新引擎。

5. 着眼"内容为王",精心做强传媒核心产品

就新闻媒体而言,内容永远是根本,是决定其生存发展的关键所在。任何时候尤其在媒体融合中,必须牢牢坚持。要持续不断地加强内容建设,以内容优势赢得发展优势;持续不断地完善信息服务,以优质服务赢得用户。为适应移动互联网时代快速发展的形势,更好地推进媒体融合,尤其要把台州新闻APP作为集团新媒体矩阵的核心产品来打造。作为市级重点新闻客户端,台州新闻APP肩负着整合台报集团内外部资源,配合市委市政府做好传播工作的重任。要以服务为先导,把用户需求、党政需求与媒体功能整合起来,共同搭建移动互联网传播平台、舆论引导平台、政务便民服务平台。特别是在重大主题报道、突发事件中,台州新闻APP要第一时间发布权威声音,抢占网络舆论制高点,强化舆论引导作用,努力在新闻的及时性、贴近性,在媒体的传播力、引导力、影响力上取得重大突破。要继续加大资源整合、技术开发、市场推广力度,发展100万用户,发挥本地化服务优势,努力将台州新闻APP建设成为传播快、覆盖广、影响大、服务全、技术优的移动传播终端。

6. 着眼多元发展,想方设法壮大经营实力

当前,以"互联网+"为代表的新一轮技术革命正在全面推动文化产业转型升级,传媒产业始终走在文化产业发展的前沿。台报集团有着党报品牌和资源整合的优势,有着近20万核心纸媒读者和200多万新媒体用户的优势,有着新闻宣传和舆论引导的优势,完全有条件、有能力把握机遇再创辉煌。在未来的发展中,要不等不靠、用心用力、主动作为,积极谋划发展思路,转变经营方式,激发团队活力。要以创业创新为动力,按照"新闻+服务"发展模式整合报、网、端用户资源,围绕内容、用户两大数据平台建设,在巩固传统广告、发行、印刷业务基础上,培育网络直播、短视频、物流配送、电子商务、网络游戏、乡村旅游、教育培训、书刊出版、商贸会展、小记者等产业,不断壮大经营实力,推动传媒产业健康、稳定发展。

7.着眼激发活力,持续不断深化内部改革

改革是报业转型发展的永恒主题和不竭动力,要根据市委、市政府和市委宣传部的部署要求,立足集团自身实际,借鉴各地成功做法,积极稳妥地予以推进,每年都往前推进一步。要紧紧围绕建立健全有文化特色的现代企业制度,打造富有台州特色的区域性新型主流媒体和台州传媒文化产业新引擎的目标,加大改革力度,加快转型发展。要稳步推进一体化融合改革,实现组织重构、流程再造、机制创新,推动集团各媒体平台和产业平台实现内容、渠道、团队、资源的

《H5|"小旺"带你台州喜过年》

深度融合。要进一步完善员工绩效考核激励机制、采编资源配置机制、经营运行管理机制,充分激发内在活力,适应媒体融合新格局。要不断整合区域资源,强化服务功能,推进传媒产业布局和市场化改革,加快构建"产业＋资本"双轮驱动模式,打造资本运作平台,争取集团控股的网络传媒公司挂牌新三板。

8.着眼人才优先,着力锻造一支台报铁军

报业竞争日益激烈,新媒体、新技术、新业态不断出现,需要我们狠抓转型升级来应对,更需要一支优秀的人才队伍来支撑。打造台报铁军,要在学习中提升。集团上下只有进一步加强学习,以各种方式和途径抓紧在学习中转变理念,在学习中提高能力水平和本领;要继续采取走出去与请进来相结合,普遍培训与重点培训相结合,学历教育与短期培训相结合,不断加大培训培养力度。要在倒逼中转型。尤其要进一步调整与制订适应新要求的体制机制与考核办法,倒逼集团上下融合转型;只

有内外夹攻，才能更快适应新技术革命带来的变化，实现集团上下观念、技术、经营和体制、机制等的彻底改变，才能进一步推动媒体融合转型向纵深发展。要在激励中干事。要不断完善人才激励体系，多措并举吸引人才、集聚人才、留住人才。要积极争取保留一定的事业编制，定期补充紧缺稳定的人才；要完善薪酬分配体系，建立纵向晋升与横向考核相结合的多元化薪酬分配机制，物质奖励与精神激励相结合，进一步鼓励员工为集团目标实现做出贡献；要建立人员有序流动的管理机制，搭建中层干部竞聘上岗和员工双向选择的人才交流平台。既要关心关爱，营造良好的人才成长氛围和环境；又要从严要求，强化作风建设和监督约束，努力建设一支懂办报会经营的台报铁军，为集团破难融合转型发展提供坚强保证。

日照报业集团：

推进"三化改革" 报业扭亏为盈

窦更勤 李叶青 丁 波

2017年以来，日照报业集团（日照日报社）把深化内部改革作为转型发展的突破口，紧盯弱项找差距，精准发力补短板，立足强报富报带队伍，以推行"精细管理制度化、组织架构扁平化、宣传服务网格化"为抓手，激发创新创业活力，实现了新闻宣传和经营业绩的"两加强""双提升"。

日照报业集团（日照日报社）推进的"三化"改革，即精细管理制度化、组织架构扁平化、宣传服务网格化。

一、精细管理制度化：向管理要效益

按照"制度管理一切、制度规范一切、制度决定一切"的改革思路，日照报业集团对过去所有的工作制度、流程、环节实行了格式化重构改革。

1.明确工作职责，细化工作流程。根据集团改革需要，对相关部室进行了调整。并结合实际对各个部门的工作职责、工作流程进行了系统梳理和全面优化细化，形成了《责任大纲》，使各个部门的职责更明确、工作标准更具体、工作流程更完善。同时结合集团精简瘦身改革，对各个部门进行定岗定员，实现人员与岗位挂钩，岗位与责任挂钩、与薪酬挂钩的"双挂钩"体系，改变了过去一些部门人浮于事、责任不清、吃大锅饭的局面，有力激发了员工的积极性、创造性。

2. 完善制度机制，强化内部管理。为适应集团化改革需要，集团党委将2017年确定为制度建设年，先后新建、补充、修订、完善了140多项管理制度，内容涵盖采编、经营、管理等各个方面，真正实现了制度全覆盖、管理无盲区。专门编制了《制度大纲》并组织集中学习，使"用制度管人、按规章办事"成为每个人的思想自觉和行动自觉。

3. 加强监督检查，强化制度落实。为保证各项规章制度的执行落到实处，集团党委专门成立考核办公室，对各部门的工作完成和制度执行情况进行监督考核，每月、每季度都把考核情况进行汇总分析，及时向党委汇报、提出相关建议。同时，加强领导力量，实行分线工作制。成立党建、考核、策划、融媒、综治等15个工作领导小组，虚职实务，引领集团各项工作；实行党委成员分工包联法，条块结合，既承担领导管理职责，又与具体任务目标考核挂钩，有力推动了各项工作进度和制度的落实。

二、组织架构扁平化："富报""强报"一起抓

在精减人员的基础上，日照报业集团改革原有集团指挥子公司、子公司安排编采及广告经营部室的服务对象多层级、目标利益多重叠的运行方式，将机构打破、人员重组，按照强报、富报两个板块，实施扁平化改革。

1. 精兵减层。集团（报社）党委冲破重重阻力压力，自2017年8月4日起，依据法规、严格程序，采取民主测评方式，分三批次确定出拟转岗人员共66人。之后又通过市场化改革、鼓励创业等多种形式分流人员，加上主动提出辞职、调离人员，有116人或转岗分流，或自主创业，或停职调离，或到自主经营自负盈亏的非报产业项目工作。其中81人转岗或调离，35人到自收自支单位，一年减支近千万元。合并了5个公司，扁平了层级，细化了网格。减层（扁平化）后基本实现人岗匹配，工作量效倍增，职工信心增强。精简改革让干部职工真正意识到：企业必须面向市场，集团不能坐等市委、市政府给钱吃大锅饭，干部职工也同

样不能吃集团的大锅饭。危机感、压力感大增，干事创业的氛围空前浓厚，对集团未来发展的信心增强。可以说，精简改革做的是人员上的减法，破除积弊的除法，增强动能的乘法。

2. 整合采编队伍。按照融媒体、全媒体的理念，抽出精干力量设立新媒体中心、新闻出版中心、政治要闻部、理论评论部、新闻调查部、黄海晨刊部，并将这些中心、部室按"中央厨房"运行模式，按照"一稿双写、一源多成"的理念，重构采编流程，建立了多元化新闻信息产品生产发布平台。

3. 推行网格化管理。集团按照网格化思路，将面向的部门、行业、区域，划分为22个事业部、5个区县记者站（专题部），每个部、站配备3~5人，实行精准服务、深度服务。各中心、部室、记者站（专题部）实行采编一体、独立运行，直接接受集团管理。其中，新媒体中心、新闻出版中心、政治要闻部、理论评论部、新闻调查部、黄海晨刊部6个部室，主要承担新闻宣传职能，负责报刊、网站、新媒体客户端的新闻采编，完全与经营脱钩；22个事业部、5个区县记者站（专题部）主要承担其网格业务领域的宣传服务和广告经营职能。

通过扁平化改革，一方面，做到了去行政化，减少了管理层级，强化了执行能力，加快了媒体融合推进，提高了工作效率；另一方面，有效解决了长期困扰报社的采编与经营两分离问题。

三、宣传服务网格化：赋能、赋权、赋力

1. 赋能行动。对全市各部门、单位、行业进行了系统梳理，按照网格化思路，划分出22个网格，成立与之对应的事业部和专题部为其提供一对一精准服务。为提高精准服务水平，集团深入开展了"倍增计划·培训工程"，对员工进行赋能，按照"急用先学、实用先学，多学多能、全员全能"的目标，开展了集中培训学习、骨干"传帮带"、业务大比武等活动，进一步提升素质、激发动力、调动活力、凝聚激情，实现了业务能力和服务水平的快速提升。

2. 赋权行动。赋予网格各事业部新闻报道、形象宣传及营销推介活动策划多重服务职能，在集团党委的领导之下，承担责任、享受相应权利，为包联对象提供全方位精致服务。

3. 赋力行动。按照"早迈一步，提前服务；多迈一步，超值服务；再迈一步，深度服务"的工作理念，各事业部、专题部以新闻服务为切入，以形象服务为增值，以活动策划为延伸，充分挖掘经营潜力，通过微跨界、深融合，实现了"产业链相加、价值链相乘、供应链相通，三链重构"，达到类似"新六产"的效果。

实行网格化服务后，各事业部、专题部宣传服务的针对性、专业性更强，经营能力和经营水平不断提升。如健康事业部通过深化网格服务，在了解客户需求的基础上，策划开展了"第一书记"代言"俺村好产品"暨包联成果展活动，在两天活动内，由200多位"第一书记"代言的农产品全部销售一空，实现销售额200多万元，并预签合同价值50万元。展会现场人涌如潮，多位市领导和各部门单位领导同志也以消费者的身份到现场体验购买。大家称赞这是"最接地气""最成功"的一次展会。同时，运用媒体平台和传播手段对活动进行全方位、立体化宣传，也产生了良好的社会效果。网络直播及相关消息点击量超过100万人次，人民网、大众日报、大众网等新闻媒体都第一时间做了报道，三门峡日报社、泰安日报社等兄弟报社看到网上报道主动联系咨询，准备在当地开展类似活动。

通过"三化"改革，集团（报社）创新创业活力不断涌现。新闻宣传工作亮点突出，传播力、引导力、影响力、公信力显著提升，多次得到市委市政府领导批示肯定。报业经营活力迸发，2017年实现大幅减亏（同比减亏988万元），2018年上半年实现扭亏为盈，迎来集团发展新的拐点。

清远日报社：

地市党报融合转型的清远之路

樊沃夫

清远位于广东省中部、北江中下游，是创立较晚的一个地级市，1988年经国务院批准设立，至2018年正值30周年市庆。近年来，清远日报虽处于经济发达省份，但与全国各地党报一样，同样面临着市外媒体包围、新媒体崛起、市场区域性制约、同城媒体竞争、体制机制僵化、人才短缺等问题的挑战，出现了读者严重分流，传统商业广告断崖式下滑等现象。面对困境，清远日报社认真学习贯彻落实习近平新闻舆论思想，解放思想，不等不靠，立足实际，主动创新转型，加快媒体融合发展，努力提升新闻舆论工作的影响力，使党报发声"既清且远"。

一、以服务为抓手，深耕新闻宣传主业

尽管面临着诸多困境，但清远日报社始终没有忘记党的新闻舆论职责使命，始终坚守新闻宣传主业，围绕市委、市政府中心工作，服务好大局，守好意识形态安全主阵地。

1.围绕中心服务大局。为了更好地服务好市委、市政府的中心工作，更好地传播市委、市政府对全市各项工作的决策部署，按照市委关于新闻宣传工作"讲政治、讲规矩、讲服务"的要求，清远日报社全力以赴做好地方党委政府的新闻报道工作，发挥好桥梁纽带作用。一是成立工作专班。成立由社长、总编辑、副总编辑、编委及采访中心、编辑中心负责人组成的领导小组，负责组织策划工作；二是成立宣传报道专班。安排专职记者

负责主要领导的新闻报道工作；三是遇到市委、市政府重大采访，协调团队作战，保障稿件内容质量；四是密切关注市委、市政府工作重点，深入实践找题目，围绕发展做文章，对于具有全局意义和重大影响的会议、活动，按照统一部署开展报道；对会议、活动中的重点、亮点，进一步挖掘采访，提升报道深度、广度。

2. 创新报道方式。市委机关报承担着各类政策措施"喉舌"与"解码器"的功能。清远日报不断创新报道方式，通过评论版、数据版、深读版等做活政务新闻。

——紧扣读者，回应关切。2013年6月，清远日报推出"党报热线"栏目，侧重于反映市民身边的民生问题，涉及公共利益、环境卫生、城市管理等多方面题材，一经推出大受好评，促成多项民生问题的解决。当年8月1日，时任市长江凌对本报此栏目做出批示："《清远日报》的'党报热线'开办以来，积极表达公众关注，有效地发挥了舆论对政府工作的监督作用。请政府各部门认真关注'党报热线'的报道，自觉接受舆论和公众的监督，不断改进政府的工作，提高政府的服务和执法水平。"

——设置议题，精心策划。最大限度地开发新闻资源价值，关切受众利益，发挥党报作为党的喉舌作用。2013年备受关注的旧城用水难报道，报道持续跟进两周时间，话题延续到市委六届五次全会上，时任市委、市政府主要领导对旧城用水难系列报道给予肯定，并表示政府将启动水厂回购计划。

——深度报道，做大影响。2014年，在农村综改系列连续报道中，采访中心、编辑中心、视觉中心三大部门通力合作，综合采用了"深读——人物通讯——视觉"多种报道手法相结合，即以深度报道解剖村落样本、以人物报道讲述村干部故事、以图片报道反映村干部形象等，这一组合报道实现了从宏观到微观、从村落到个体，多层面、多角度地展示了农综改给基层激发出来的活力，取得良好的传播效果。

3. 为市委、市政府决策提供智囊服务。为配合市委、市政府推动的农村综合改革，清远日报社安排精干采访力量，奔赴浙江、湖北、四川等全国各地农业农村改革方面有经验、有亮点的地区深入采访报道，推出"他山之石"系列报道，为农村综合改革提供学习样本。此外还派出记者远赴台湾，对台湾乡村治理和现代农业开发进行深度调研报道，推出共计10个版面的连续报道，为清远农综改决策提供参考。同年，清远在全市推进美丽乡村建设，清远日报专门成立美丽乡村培育工作室，挖掘农村在美丽乡村建设方面的经验，为全市美丽乡村建设开展培训工作，培育一批美丽乡村，达到示范效应。

结合清远创文的要求，创造性成立了创文研究院，提出"蓝丝带"概念，发挥媒体的智慧和力量，推动各种创文行动，打造一批清远市创文品牌，"蓝丝带"品牌及系列活动写入当年《政府工作报告》。如今，"蓝丝带"已成为清远创文的重要抓手，并延伸出许多品牌，如蓝丝带志愿者、蓝丝带助学、我为清远加点蓝。创研、设计文明校园、文明小区、文明街道的标准和样板，制定文明指数测评标准和公告，推动创文工作深入开展，负责制订乡村文明12条及推广工作等。

4. 强化区域新闻服务。中心城区强而区县弱，是地市报在区域新闻服务方面的普遍特征。2014年开始，清远日报先后与阳山、佛冈、清城合作，签订了区域新闻版的合作协议，推出《清远日报·阳山新闻》《清远日报·佛冈新闻》《清远日报·清城新闻》，加强了区域新闻服务。

地方新闻专注于当地政经、民生报道，可读性强、地方特色鲜明。与3个地区的成功合作，为开拓其他地区合作领域起了良好的示范作用。用了一年时间，清远所辖8个县（市、区）都与清远日报建立了版面合作关系。

区县的新闻报道合作，提升了报社的区域服务能力和影响力，为报社经营拓展打下了坚实基础。从2015年下半年开始，报社承接了连山戏水节、稻香节、连南稻田鱼节、盘王节，连州冬季系列活动。活动运营也形成了"品牌形象推广＋报纸封面强势导读＋内版系列报道＋新媒体推广"等相结合的推广运营模式。在打造城市旅游形象的同时，也为当地带来经济效益。

二、以创新为驱动，激发激活内生动力

近年，正处于媒体融合发展期、广告经营萧条期，为了解决媒体发展遇到的瓶颈，谋求清远日报社更大的发展，巩固和提升党报的影响力，清远日报在体制机制和运营模式上进行了改革：

1. 运营机制创新。为贯彻清远市关于建设文化强市和推进事业单位改革的部署，应对媒体竞争，顺应现代传媒发展的规律，2013年6月，清远日报与南方都市报合作运营《清远日报》，共同出资成立了清远传媒有限公司，在全国开创了地方党报与都市类媒体合作运营的先河。合作以来，不断完善运营机制，对决策机制、运营架构、薪酬体系进行多次调整和完善，使其既保持党报的性质，又具备市场化报纸的灵活性。此举不但提升了《清远日报》的市场化水平和运营能力，同时也提升了人才素质和办报质量，提升了清远市在全省、全国的影响力和美誉度，得到了市委市政府领导和省委宣传部领导的高度肯定。

2. 机构设置创新。根据新闻生产的规律及新的运营需要，实现从小部制到垂直中心管理。整个报社架构划分为融媒体编辑委员会（下设编辑中心、采访中心、视觉中心）、经营管理委员会（下设经营中心、用户中心、品牌中心、运营管理中心）、党群工作部、办公室等几大块，将原来涉及新闻内容生产的要闻部、记者部、地方新闻部、副刊部、摄影部、校对部进行整合。通过机构调整，大大提高了生产效率和执行力。

3. 采编理念创新。改革以来，报社以"看得清，行得远"为定位，以"凝聚政经，成就主流"为追求，建立以新闻价值和传播规律为基础的采编报道体系，坚守党报定位，紧扣市委中心工作，做好政经报道，强化政务新闻策划，着力打造政经新闻、高端评论、民生资讯、舆论监督、深度报道五大品牌产品。主动参与"议题竞争"，积极引导话题，紧紧掌握引导舆论的主动权，塑造新的地市党报形象。打破原有的定版定内容的惯性，按照新闻价值安排版面，实现从线性编辑到非线性编辑的转变，提升了传播力，在海量信息中突出党报信息影响力。

4. 传播形态创新。2012年以前，清远日报传播形态相对单一。2012年以后，清远日报创新"策划+执行+传播"的新闻服务方式，转型为"传统媒体+新媒体+自媒体"联动，"线上传播+线下活动"结合，从"传播新闻"到"制造新闻"，从单一传播到多渠道、多方式传播，由官方传播到"官方+自媒体"多主体联合传播形态。清远日报连续3年承担深圳文博会清远馆的策划与执行，发起并组织清远足球文化节、龙舟锦标赛·端午嘉年华、清远书香节、清远诗歌节、为爱出发·新年健行、环中国自行车赛等节庆活动，和"这个冬季我在连州"等一系列地方品牌活动，先后执行举办了连山戏水节、稻香节、连南瑶艺节、稻花鱼节等活动，都体现了传播形态创新的特点。

三、以融合为核心，拓展新闻传播渠道

面对媒体生态的急剧变化，清远日报不等不靠，立足现状，积极推动传统媒体和新兴媒体融合发展。

1. 报业顶层设计：制定《清远日报全媒体发展战略》。根据习近平总书记"8·19"讲话精神和中央《关于加快传统媒体和新兴媒体融合发展的意见》，迅速制定了《清远日报全媒体发展战略》，提出要把清远日报建设成为以内容为核心，以技术为支撑，以移动媒体为重点的传播矩阵。按照规模化、集群化、效益化、现代化要求加快传播平台建设。经过努力，目前已从单一纸媒延伸为涵盖清远日报、清远日报网、清远日报微信微博、清远日报·头条号等清远主流政务、时事新媒体矩阵，聚合平台达25个；2.0版清远新闻APP已经上线；政务代运营集群已成规模，"清远发布"政务双微、清远人大、清远政协、清远组工、清远廉信等17个政务新媒体平台均由本报代运营和管理。

2. 人才战略规划：加强新媒体人才队伍和制度建设。成立了拥有复合型、多元化新媒体编辑人才队伍的新媒体事业部，从无到有，新媒体人员达到15人。加强人才队伍培训和提升工程，选派骨干外出学习新技术、新知识，迅速转化为自有资源。制定了《清远日报新媒体事业部编审及

安全防范制度》，在发挥新媒体传播功能的同时，切实规范新媒体管理。

3. 明确战术路径：从"相加"到"相融"实施三步走。根据受众阅读习惯的转变，受众互动性、参与性，以及多关注民生的特点，明确了从"相加"到"相融"三步走的战术路径：

第一步：用加法打造新媒体矩阵。2014年，清远日报开始接触微信公众平台。虽然相对于北上广深等地主流媒体，本报起步较晚，但经过逐步摸索已奠定了清远日报微信在清远地区乃至全省、全国具有一定影响力的时政新媒体的基础。以微信为起点，清远日报打造了清远最大时政新媒体平台、覆盖面最广、粉丝最多的清远日报融媒体矩阵。

第二步：用融合延伸新媒体触角。2016年，在清远日报微信不断做大做强的品牌影响下，清远日报新媒体团队已成为清远市政府新闻办官方微信微博——清远发布的合作运营团队。清远日报新媒体也开启了从自运营的时政微信、微博、网站等新媒体平台，向政务新媒体平台拓展的新步伐。如今以清远发布为龙头的清远政务新媒体矩阵开始逐渐成形，清远日报新媒体的触角扩展得更远更广。清远新闻APP升级上线，成为清远日报一个新的移动互联平台，是一个真正自主可控的平台，也是清远日报新媒体新的发力点。

第三步：驱动"相加"进入"相融"。2017年，清远日报努力探索媒体深度融合、整体转型新路，迈出从"相加"到"相融"步伐，努力提升新媒体的传播力、引导力、影响力、公信力。据不完全统计，全年清报融媒体平台总阅读量近1.8亿人次，刊发VR及航拍作品6部，活动现场直播7场，制作短视频达34部。在新媒体平台和各项技术不断实践、学习中，清远日报紧紧围绕中央、省、市中心工作，积极探索移动端党媒在重大新闻事件中的宣传效果最大化，取得良好效果。党的十九大召开期间，清远日报新媒体平台，包括南方+、新华社、清远发布、清远日报等13个平台，共发布党的十九大相关文章、宣传图专栏等2531篇，总阅读数达10133969人次，评论数10794次，点赞数为22454次。同时，在创文报道上持续发力。2017年是清远创建全国文明城市的关键年，清远日报新媒体围绕清远创文行动，策划如"画动清城""清远文明十二条""创文十大难""众筹微笑"等活动，并专门开设的"创文日报专栏"受到了各界的广泛好评。

四、以品牌为引擎，引领区域文化发展

2012年，清远日报社就提出《清远日报》与城市品牌共同成长的理念。2015年以后，为适应新的市场环境及传统媒体发展需要，报社加快实现采编和经营转型，积极探索"媒体+服务"，为地方政府提供全案服务，从信息提供者到议程设置者转型。

积极主动参与市县大型文化活动，形成了"做平台、做产品、做文化、做宣传"全案服务模式，收到良好社会效益、经济效益。

清远日报发起的"蓝丝带"助学行动，自2015年7月发起，通过众筹善款帮助刚考上大学的贫困学子。几年来，共募集了近150万元的善款，帮助269名贫困学子圆梦大学。清远日报深度介入清远创文工作，承办了一些创文主题活动，从前期策划、中期执行、后期报道等，体现了报社的群策群力。这种合作模式一直延伸至今，为报社带来收益的同时，也提升了媒体对这座城市的影响力。2016年，清远日报参与了深圳文博会清远馆策展、端午嘉年华暨第12届龙舟赛、清远红色印记党史图片展等活动，并陆续开展连州摄影节、诗歌节、书香节等系列活动。

2017年，清远先后举办了广州、深圳、省属国企3场招商推介会。其中，针对深圳招商会，清远日报社提炼出"深圳清远月——山与海的对话"的概念，活动主题深度的提炼让清远、深圳两市领导出席这一活动。

2018年，清远日报承办清远建市30周年成就展策展工作，报社安排采访、编辑、品牌、用户等部门，完成策展内容搜集、筛选、设计、校对、布场等工作，为这座城市30岁生日呈现了一场文化盛宴。

政务广告及承办政府活动带来的收益超越了商业广告，为政府各部门提供购买服务正成为地市报新的增长点。商业广告尽管失去原有的光辉，但也不故步自封，进一步探索商业平台制服务方式，实现资源变现。

通过众多品牌活动的策划和实施,充分证明,地市报要发展,不仅要依靠党媒的传播力、号召力、公信力、影响力,利用传统媒体的文化核心优势,进行"文化+创意"服务输出,而且更要紧靠党委政府,开拓文化市场,提供全案服务,向文化、会展、广告等文化创意服务产业开拓市场,要做党委政府最大的文化创意供应商。

衡阳日报社：

问题导向创新实干，驱动报业稳健发展

周仲辉

《衡阳日报》于1949年10月16日创刊并建社，是湖南省创刊最早的地市级党报。近年来，衡阳日报社着眼于传媒生态变革的趋势，坚持问题导向，着力打响媒体融合攻坚战、内容生产阵地战、广告经营全媒战、队伍建设保卫战的"四大战役"，取得了令人瞩目的成效。

一、衡阳日报社基本概况

衡阳日报共有干部职工461人，其中在职人员275人，退休人员186人；党委成员7人，在职副高以上职称26人、中级职称68人。

衡阳日报社现辖7大媒体：衡阳日报、衡阳晚报、"掌上衡阳"、衡阳全搜索网、日报官微、晚报官微、豹眼视频；5个经济实体：印刷厂、融一科技公司、万里旅行社、物业公司、小记者俱乐部。

衡阳日报社目前是中国报业协会常务理事单位、中国地市报研究会副会长单位、湖南省报业协会副会长单位。近年来，衡阳日报社在中共衡阳市委、衡阳市人民政府的坚强领导下，在中共衡阳市委宣传部的具体指导下，始终坚持党报"姓党为民"的办报宗旨，敢于担当，认真履职，各项工作有了明显进步。近3年来，先后获评"中国品牌媒体影响力地市级党报10强"、中国报业新媒体影响力"副省级和地市级党报百强榜"前30位、"中国媒体深度融合30强""全国报业版权工作先进单位""中国报业深度融合创新发展十强""全国媒体融合经典案例奖"等荣誉称号。

2016年，衡阳日报社推荐的新闻评论获中国新闻奖一等奖，成为当年湖南省唯一的一个中国新闻奖一等奖，也填补了衡阳市新中国成立以来一直没有中国新闻奖一等奖的空白。

二、创新实干，打响"四大战役"

1. 打响媒体融合"攻坚战"

衡阳日报社以"六个转型"为指导，深化媒体融合，取得了显著成果。现已建成了全国地市报一流的"中央厨房"发稿平台、豹眼视频直播工作室；"掌上衡阳"客户端用户达40多万；两报微信公众号影响力进入湖南省第一方阵，日报微信稳居全省纸媒官微三甲，晚报微信21次荣登湖南省报纸新媒体排行榜周榜首位，两微用户超过80万人；全搜索网转型为官方网站后，影响力扩大，同时在线人数超过35000人次。

"豹眼视频"吸引眼球：2017年年初，衡阳日报社成立了"豹眼视频"直播中心，推出的直播吸引了全市人民的眼球。2017年，中心成功直播了第十一次党代会、"衡东新年音乐会""珠晖区梨花节开幕式""决战湘江——直击城区抗洪抢险主战场"等31场次直播活动，共吸引了超过500万人次的点击量。2018年，中心与新华社合作，在新华社现场云客户端上进行了30余场文、图、视频立体直播报道，其中《喜乐元宵看南岳！双语美女主播带你逛江南最大庙会》《喜乐元宵看南岳！中国龙狮衡山争霸》两场直播均收获了近70万的点击量；对省运会开幕式的直播呈现了一场无与伦比的视听盛宴，覆盖了常德、邵阳、益阳等市的新闻客户端，收获了超130万的点击量。中心还先后拍摄制作了塔山扶贫视频报道《突出穷围》、贯彻落实十九大精神的衡阳故事系列、廉政微纪录片《崭新的太阳》等一大批优秀短视频作品，极大拓展了传统报业媒体的报道方式，增强了报道传播效果。在"中国传媒融合发展年会、2017全球移动互联网青岛峰会"上，"豹眼视频"获中国移动互联网与传媒融合风云榜"年度最具价值品牌"，柳州、金昌、新余、常德、岳阳等10多家兄弟报社慕名前来学习取经。

"掌上衡阳"影响增强：2017年，"掌上衡阳"新闻客户端开通了12个县（市）区频道，开通了南华大学、衡阳师院、衡阳技师学院等5所高校频道，设立了多个高校记者站。2018年，开通了市总工会、市城乡规划、市文联、市科协等32家部门频道。目前，"掌上衡阳"用户达40多万，是衡阳地区下载量最大的移动终端媒体，成功跻身湖南省市州党报客户端第一方阵。

两年来，衡阳日报社荣获"2017年中国报业融合发展创新奖""金长城传媒奖2017中国传媒融合发展十大影响力地市党报""2017—2018年度中国报业深度融合创新发展十强单位""2017年中国传媒大会中国媒体深度融合30强"等荣誉称号。在2018年全国传统媒体融合发展研讨会案例征集活动中，衡阳日报社推荐的视频直播案例被评选为"经典案例"。

2. 打响内容生产"阵地战"

2017年、2018年是衡阳日报社的"策划年"，两报共推出大小策划120多个，其中受省、市新闻阅评员好评的策划报道40多个。两年来，衡阳日报社紧紧围绕市委、市政府振兴实体经济、建设名副其实的省域副中心城市、建设最美地级市等中心工作，大力推出《衡阳新动力——聚焦衡阳实体经济发展》系列报道、《赢在执行力》系列评论、《落实习近平总书记对湖南工作重要指示精神的衡阳行动》系列报道、《援疆20年·衡鄯一家亲》大型采风报道等，赢得了广泛的社会好评。2017年获省以上新闻奖114个，2018年获省以上新闻奖90个（部分奖项尚未评出），其中一等奖21个。

对外宣传接上"天线"。2017年衡阳日报社成功与人民日报社签约，成为首批进驻人民日报社公共平台的地市级党报，接上了对外宣传的"天线"。2018年3月15日衡阳日报社与人民日报客户端正式共同开办"全国党媒"栏目，平均每天推送4篇衡阳本土正能量新闻，目前已发稿近800篇。同时，衡阳日报社的视频直播也搭上新华社的新华云平台，一些有分量的直播新华云也同步转播，无论是传播质量还是传播效果都有了质的飞跃。2018年，衡阳日报社对湖南省第十三届省运会开幕进行直播，新华云同步直播，关注度达130余万人次，收到了良好的传播效果。

衡阳日报社先后被评为"全国报业版权工作先进单位""湖南省十佳报社"。社长肖立建荣获中国报业协会颁发的"改革开放四十年中国城市党报·改革创新突出贡献奖""金长城传媒奖·2017中国传媒融合创新年度杰出人物""2018年中国报业深度融合发展奖·领军人物"。总编林新华被湖南省委宣传部、省新闻工作者协会评为"2017年度湖南优秀新闻工作者"，被中国报业协会评为改革开放40年中国城市党报"新闻传播十大突出贡献人物"。

3. 打响产业经营"全媒战"

广告经营止跌回暖：2014年以来，在全国地市报广告收入连续3年年均下滑38%、衡阳日报社广告收入连续3年年均下滑23%的不利形势下，2017年实现广告收入2753万元，比2016年增长14.13%，刹住了3年来广告经营的下滑势头，并实现逆势上扬。2018年广告收入可望比上年同期增长30%左右。

新媒体经营常态化营运：2017年"掌上衡阳"直播平台创收170多万元，预计2018年将创收近300万元。

印刷产业营收能力增强：除承印《衡阳日报》《衡阳晚报》等报纸外，对外代印《湖南科技报》《中国剪报》《中学生理化报》等区县企业报刊和辅助发行，年生产业务量达10万令纸。对印刷设备进行了提质升级，新配了科雷全自动CTP制版机一台，印刷质量明显改观。2017年印刷厂获得"全省报纸印刷质量一等奖"，这也是衡阳日报社印刷厂首次获得该项殊荣。人民日报社拟在衡阳日报社设立湘南地区分印点。

4. 打响队伍建设"保卫战"

编制问题得到解决：没有身份、没有编制一直是困扰该社发展的一个瓶颈。2017年，在市委、市政府、市委宣传部的高度重视和大力支持下，衡阳日报社增加编制50个，彻底解决了困扰报社近20年的人编分离和超编难以消化的问题，为人员编制遗留问题的处理、人才引进和报社今后的长远发展打下了坚实基础。

人员工资稳步增长：2017年，报社党委敢于担当，处理了"你好衡阳网"遗留问题，返还了职工的集资款，补发了2016年绩效考核奖，发放了文明单位奖。2017年发放工资总额2514.85万元，比上年增加288.3万元，同比增长12.95%；人均工资增加13773.8元，同比增长19.12%。2018年1—9月职工工资较上年同比增长8.9%。2018年职工工会福利较上年提高50%以上。

制度管理规范有序：2017年衡阳日报社完善出台了《衡阳日报社固定资产管理制度》《衡阳日报社员工淘汰制度》《衡阳日报社办公设备（用品）采购管理办法》《衡阳日报社公务（业务）接待管理规定》《衡阳日报社公务出差管理办法》《衡阳日报社请销假制度》《衡阳日报社工作人员考勤办法》等规章制度。2018年出台完善了《衡阳日报社专业技术岗位职称晋级办法》《衡阳日报社固定资产盘点清查方案》《衡阳日报社关于职工节日、生日、结婚、生育、住院、退休慰问及丧葬悼念的办法》《衡阳日报社获奖作品奖励办法》。严格实行上下班打卡，迟到早退、作风散漫等现象有了根本好转。严格遵守中央八项规定，2017年公务接待经费比上年下降68.44%，2018年公务接待经费比上年同期下降91.4%。加强了党风廉政建设，2017年查办案件3起，处理违纪人员3人，诫勉谈话2人。2018年清理了在编不在岗"吃空饷"人员，开除或辞退员工7名。

两年来，衡阳日报社先后被评为衡阳市政务信息工作先进单位、全市目标管理绩效考核良好单位、社会治安综合治理合格单位、市直机关"机关党旗红，建设'五个新衡阳'在行动"主题实践活动先进集体。

三、正视存在问题，寻路新征程

衡阳日报打响的"四大战役"，虽然取得了阶段性成效，但也存在着全国大多报业面临的人才、经费、顶层设计等方面难题，需要在新征程上继续寻路、接续前行。

1.人才问题。目前，全国地市级党报普遍存在2000年后新进人才没有编制问题，导致优秀人才不能提拔、不能交流。形成一些优秀人才宁愿到基层乡镇去考个编，也不愿意在报社当记者的怪现象。近年来，该社外流优秀人才40余人，去年虽然争取了50个编制，但依然不能满足报社发展的需要。建议中国报业协会能为基层报业鼓与呼，解决地市级党报人员编制问题。

2.经费问题。目前，全国仍有大部分地市级党报没有纳入财政预算，有的虽然实现差额拨款，但经费依然不足。衡阳日报社一直以来没有纳入财政预算，实行事业单位企业管理，完全实行自收自支。在报社广告形势好时，能勉强维持报社运转。从2014年以来，传统纸媒行业发展衰落，收入普遍下滑15%~30%，靠报社自己盈利已非常困难，难以将主要精力放在办报上，严重影响办报质量。建议将报社经费列入财政预算。

3.顶层设计。目前，全国机构改革正在进行，涉及媒体改革全国各地不一样，有的报社与广电合并，有的则分开，没有可借鉴的经验和固定的模式，地市级媒体心里没底。建议上层能深入调研，从实际出发，搞好顶层设计，量身打造适合地市级媒体的机构改革模式。

下篇

同心筑梦

2019年1月25日，中共中央政治局在人民日报社就全媒体时代和媒体融合发展举行第十二次集体学习，习近平总书记指出：加快推动媒体融合发展，使主流媒体具有强大传播力、引导力、影响力、公信力，形成网上网下同心圆，使全体人民在理想信念、价值理念、道德观念上紧紧团结在一起，让正能量更强劲、主旋律更高昂。

同心圆，呈现着信仰坚定的牢固定位。在新的历史坐标点上，党办党管的新闻媒体，要始终坚守党性原则，坚持"政治家办新闻"原则，牢固树立"四个意识"，坚定"四个自信"，确保党的新闻媒体的所有工作，都要体现党的意志，反映党的主张，维护中央权威，维护党的团结。

同心圆，凝聚着砥砺前行的磅礴力量。媒体要切实加强舆论阵地建设，充分认识、准确把握主流媒体和社会媒体、传统媒体和新兴媒体的不同属性特征，加强针对指导和分类管理，探索有效管理方式，做到可管可控、管住控住，积极管好阵地、管好导向、管好队伍，牢牢掌控舆论工作的领导权、主动权。

同心圆，承载着不忘初心的逐梦情怀。走进新时代，踏上新征程，要以习近平新时代中国特色社会主义思想为指引，用新思想武装头脑、指导实践、推动工作，展现新气象，实现新作为，创造新功绩，为实现"两个一百年"奋斗目标、实现中华民族伟大复兴的中国梦不断做出新的更大的贡献。

宝安日报社：

基层党报创新的宝安经验

梁修明

宝安是深圳下辖区之一，创建历史可追溯至东晋咸和六年（331）设立的宝安县。宝安是广府文化、南粤文化、客家文化、工业文化、移民文化、海洋文化等多元文化并存的空间，文化繁荣、经济富裕。

宝安日报承担着大宝安地区（宝安区、光明新区、龙华区）机关报职能，兼具社区报特点。在实践工作中，该报确立了"重导向、全覆盖、双丰收"的战略目标，创新统筹推进新闻采编、媒体融合、经营策划、综合管理、基层党建等工作，经营收入取得了"破七""破八""破十"（突破7000万元、8000万元、10000万元大关）的重大突破，发行工作取得了"破六""破七""破八"（突破6万份、7万份、8万份大关）的重大突破，位居中国县市区域报前列。2015年至2017年，荣获广东新闻奖、深圳新闻奖等奖项达130余项，实现了社会效益最强和经济效益最优的有机统一。

一、创新新闻采编

1. 报纸"由薄变厚"

创新新闻采编根本在于内容创新建设。近年来，宝安日报始终将狠抓新闻采编、创新内容建设作为一条核心主线有机贯穿于各项工作之中。科学把握变与不变、阵地和市场、导向和效益的辩证关系，始终坚持导向为先、内容为王、受众为本、采编为宝的哲学思维，围绕大宝安地区改革创新、经济发展、社区治理、民生保障、科教文卫、生态环保等方面的重点工作，精心精准精确把握好新闻立报的着力点和切入点，努力推出有特色、有思想、有温度、有品质的作品，每日本地新闻体量占报纸总体新闻体量的80%以上，位居中国县市区域报前茅，做好了内容、质量、人心、深度、权威、品牌、特色等方面的文章。以权威、主流、负责的态度报道人民群众关心关注的新闻事件，在党言党、在党爱党、在党忧党，倾听民声、反馈民意、解决民忧，切实发挥出党和人民群众之间沟通交流的桥梁纽带作用。

着眼于此，近年来，宝安日报精心组织策划推出了包括"壮阔东方潮　奋进新时代——庆祝改革开放40周年·精彩宝安""十九大时光""十九大进行时""学习贯彻党的十九大精神""扫黑除恶进行时""将改革进行到底""法治中国""新时代　新作为　新宝安""坚决打赢治水提质攻坚战""冲刺60天，决胜669""产业名城""三硬三紧促治水提质""创建全国文明城市　宝安在行动""荣耀宝安""宝安文化茶座""宝马特刊""文化春雨行动""砥砺前行　勇当尖兵——回眸宝安2017""光明新区成立十周年""城市品质提升系列报道""红坳整村搬迁""中大土地整备""新区十周年不忘初心再出发""迎接党代会·喜看新成绩""城中村整治系列报道""好家训·好家风·好家庭""龙华开门红　迈进新时代——聚焦工作亮点"等重点新闻专题报道、专栏策划300多个。

在全国纸媒"由厚变薄"中，宝安日报却"从薄变厚"：2015年日均28个版，2016年日均32个版，2017年日均38个版，版面数量居中国县市区域报之首。

2.亮点"风景这边独好"

党报具有鲜明的政治属性，被誉为"定音锤""压舱石"，发挥着定海神针、中流砥柱的重要作用。近年来，宝安日报紧紧围绕中央、省委、市委、区委中心工作和重点部署，精心组织策划推出了一系列精彩纷呈、广受好评的新闻报道，充分发挥党报的政治属性，切实肩负党报的政治担当。如2018年8月9日，宝安日报推出《政府企业社会攥指成拳　服务坚守拱卫久久为功——宝安实体经济排云而上》新闻报道，解码宝安实体经济发展路径，赢得各级领导干部和广大用户读者一致好评。如 2017 年 7 月 31 日，宝安日报用特辑全文转载大型政论片《将改革进行到底》解说词，结合区域实际，做好落地处理，嵌入宝安内容元素，深受好评。又比如 2017 年 12 月 18 日，组织策划推出《方苞谈改革开放的艰辛与辉煌》等庆祝改革开放特别报道，由于选择了十一届三中全会召开 40 周年前夕这个时间节点，在国内引起广泛关注。为此，深圳市委宣传部《新闻阅评》先后两次分别以《宝安日报"特辑"全文刊载〈将改革进行到底〉效果好》《解码宝安实体经济发展路径——评宝安日报〈政府企业社会攥指成拳　服务坚守拱卫久久为功——宝安实体经济排云而上〉》为题，予以专门刊文，并呈报中宣部、广东省委宣传部、深圳市委宣传部主要领导等推介宝安日报新闻报道特色亮点。

2017 年 7 月 31 日，宝安日报精心组织策划推出 24 个版的大型政论片《将改革进行到底》解说词特辑，全面、系统、深入展现十八大以来我国改革进展与成就，同时对宝安近年来在经济、政治、文化、社会、生态文明建设等领域改革中交出的亮丽答卷予以全景呈现报道。

近年来，《中国记者》《新闻战线》《传媒》《岭南传媒研究》《深圳新闻阅评》《新传播》、求是网、党建网等国家、省、市各级主流媒体多次对宝安日报改革创新发展的实践探索予以报道推介。致力于为基层党报媒体转型发展、创新发展、融合发展提供积极的思考意义和参考价值，以深圳市宝安日报改革创新发展为主线，深入系统总结提炼宝安日报的发展模式，撰写《这边的风景——宝安日报"机关报＋社区报"的

实践和探索》一书,并于2017年年底由商务印书馆国际有限公司出版发行。

二、创新媒体融合

1. 找准媒体融合的痛点

创新媒体融合关键在于增强传播力,重点在于做好传播手段建设和创新。当前,舆论生态、报业发展、传播技术、媒体格局变革日趋深刻,特别是互联网正在媒体领域催发一场前所未有的变革。新闻传播呈现人人传播、多向传播、海量传播的特征,新媒体成为重要新闻舆论阵地。从传统媒体到"两微一端",再到"多微多端",融合了大数据、云计算、物联网等互联网信息技术元素的新媒体,越发塑造了舆论生态新格局。

目前,一方面得益于政策、技术、资金等方面资源优势,国内各个层面的传统媒体不少在内容、渠道、平台、经营、体制、运行、模式等方面已有诸多特色亮点。新技术广泛应用,新传播效果显著。新闻视频化渐成主流趋势。顶层设计,政策引领。立足主业,跨界合作,多元经营。优化流程,资源共享。

另一方面也必须清醒地看到,在媒体融合这一新的使命面前,各地的转型发展呈现不均衡不充分状态。由于存在发展定位不明、缺少资金支持、技术瓶颈限制、人才流失严重、运行体制机制等方面的因素,一些地方媒体融合,有的停留在简单的"相加"阶段,有的停留在机械的"模仿"层面,还有的陷入"空转"的泥淖,这些都成为融合中的痛点。

2. 明晰媒体融合的方向

近日,习近平总书记在全国宣传思想工作会议上指出:"要扎实抓好县级融媒体中心建设,更好引导群众、服务群众。"这为宝安日报下一步融合发展、改革发展、创新发展、转型发展提供了根本遵循和发展方向,振奋人心,鼓舞干劲。宝安日报坚持传统媒体和新兴媒体优势互补、一体发展,形成立体多样、特色精准、融合发展的现代传播体系,从而更深入、更广泛、更有效地为党发声。目前,宝安日报已发展成包括报纸、杂志、微博、微信、电子报、户外阅报栏、新媒体矩阵、APP客户端（正在建设优化升级中）等在内的传播渠道载体，负责大宝安地区各部委办局、街道.20余个官方微信、微博（代）运营工作，覆盖用户300余万人。宝安日报融媒体平台2017年总阅读量超400万次，阅读人数超过400多万人次。宝安日报官方微博粉丝达53万，成为深圳市区级媒体粉丝量最大的微博平台。

据统计，2017年宝安日报微信、微博、新媒体矩阵等累计推送360余期，新闻报道43000条，视频116条，图片2000多幅。在学习宣传贯彻党的十九大精神、广东省龙舟锦标赛、宝安区六届二次党代会、深圳宝安国际马拉松赛、宝安"好家风"活动等重大新闻宣传报道中，把握关键节点，精心组织策划，综合运用文字、图片、短视频、四格漫画、在线问答、H5等形式手段，内容呈现严谨别致而不失生动活泼，颇具吸引力、感染力，多个新媒体报道阅读量突破了10万+，有效地增强了基层党报报道的传播力、引导力、影响力。

3. 做好融合的战略规划

传播力决定影响力。"对媒体来说，没有渠道就没有到达，没有到达就产生不了影响力。"基于这一认识，宝安日报将"移动优先"战略作为媒体融合发展的重中之重。改革不停顿，开放不止步。新时代下，得改革开放风气之先的深圳宝安，在继承"滨海宝安、产业名城、活力之区"发展目标中，创新确立了"全面打造'湾区核心、智创高地、共享家园'，率先建成新时代中国特色社会主义现代化先行区新样板"的目标定位。

为打通传统媒体和新兴媒体"两

2017年1月10日，宝安日报龙华新闻推出大型特刊《跨越》献礼龙华区党代会。

个舆论场"，在充分发挥保持媒体权威、品牌、内容优势的基础上，更好地围绕中心、服务大局，引导舆论、服务民生。对此，宝安区委主要领导高度重视宝安日报融媒体建设发展，对此多次做出批示指示，要求认真研究，推动媒体融合发展。宝安日报积极推进与宝安区信息中心开展战略合作优化升级"宝安通APP"，以先进技术为支撑，以内容建设为根本，进一步对媒体融合发展的组织架构体系、采编流程创新、内容质量建设、先进技术支撑、薪酬考核制度等运行体制机制性关键要素进行深化改革。组建"中央厨房"编辑部，优化采编流程，创新内容建设，增强用户黏性，充分发挥新闻宣传、舆论引导、政务服务等方面的主渠道、主阵地、排头兵作用。目前，"宝安通APP"实施方案已经宝安区委、区政府审批通过，进入落地实施阶段。

具体而言，"宝安通APP"以"新闻、产业、民生"为主体内容架构，以"短视频、文字"为主要形式呈现。"新闻"着眼于"湾区核心、智创高地、共享家园"宏观发展定位，立足宝安、瞄准深圳、关注广东、放眼全国，精采精写精选精编全国各地及宝安深具典型性、意义性、资鉴性的政务新闻，运用新媒体快捷方式，为全区领导干部提供权威、全面、及时的政务新闻信息，以"闻"辅政、以文促政，围绕中心、服务大局、推动工作。

4. 选择融合的战术路径

"产业"与"民生"是宝安日报融合发展的两大战术路径：

"产业"着眼于宝安产业大区现状及"智创高地"这一战略发展定位，全面展示宝安智能制造、智能创新的产业发展格局和目标定位，宣传推介宝安"智创高地"的产业政策、产业环境及优质企业，为宝安打造"智创高地"营造良好舆论氛围，提供有力舆论支撑。

"民生"着眼于生活必需、民生服务，立足科技、教育、文体、医疗、交通、住房等与市民百姓生产生活息息相关的环节、领域。让平台多运动，让数据多跑腿，让群众少跑腿。强化民生服务的便捷性、高效性、粘连性，以优质高效的民生政务服务彰显宝安"共享家园"的发展理念。

三、创新策划经营

创新策划经营重点在于精准深刻把握媒体本质属性。在我国的政治经济社会发展语境下，媒体具有"党和人民的喉舌"的政治属性、大众传播的社会属性、文化生产的产业属性。党报既肩负着政治使命，同时也具有商品生产属性，通过市场为人所消费，进而实现其经济价值。"在马克思主义新闻观中，没有'只算政治账、不算经济账'一类的新闻政策，同时也没有将经济效益凌驾于社会效益之上的政治主张。"这客观上要求基层党报媒体必须实现社会效益最强、经济效益最优的有机统一。

在具体的实践探索中，宝安日报始终坚持社会效益为首，把握新闻规律、市场规律，创新策划经营。经营收入连续3年保持30%以上的增长幅度，先后"破七""破八""破十"，报纸发行连续3年持续攀升，先后"破六""破七""破八"。

1. "购买模式"的变现

宝安日报结合区域实际，创造性地确立了"讲好大宝安故事，发出大宝安声音，展示大宝安风貌，唱响大宝安自信"的办报思路，政务报道深刻遵循"跟党委、抓大事、大处理"的理念，社区报道坚持"正能量、高格调、鲜活趣"的原则，上下有机联通，内外精准发力，将报道置于中央、省、市宏观背景下，紧紧围绕大宝安中心工作，精心提炼大宝安特色地方元素。在实践探索中创新了战略合作方式，以购买公共文化服务的模式，与各街道、各职能局开展战略合作，强化重点新闻策划报道，做到了天天有精彩亮点，期期有专栏开设，周周有选题策划，月月有报道特色，年年有跨越突破，以担当精神做好政务报道，为经济社会发展、改善民生实事、推动工作开展等凝聚了广泛共识，营造了良好氛围。

2. 以活动抓增量

按照"以活动促增量""抓大不放小"的经营方针策略，积极参与政府部门公益活动、社区活动，全年创新策划组织实施了包括"3·15消费日""最美宝安人""中华传统文化社区行""社会主义核心价值观征文大赛""第十三届华联健步行""最美公交人""发现文明发现美随手拍""健康生活方式社区行""金融文明双十佳""乒乓球赛""金蚝节"等在内的活动、专题30余个。这些活动，坚持了以社会效益为首，赢得了各级领导干部和广大读者的充分肯定和广泛赞誉，进而实现了社会效益、经济效益的有机统一。

四、创新综合管理

创新综合管理的核心在于体制机制的完善优化。体制机制是影响生产力发展的重要因素。基于此种考虑，近年来，宝安日报以不断完善优化体制机制为抓手，扎实推进顶层设计、基层党建、精细服务、队伍建设等方面的综合管理工作。

1. 优化顶层设计

着眼于制度化、规范化、人性化的综合管理模式，进一步修订完善了包括《宝安日报社政务新闻报道工作指引》《宝安日报社出版流程管理规定》《宝安日报出版安全制度管理规定》《宝安日报融媒体审稿发布流程管理办法》《宝安日报工商广告政策实施办法》《宝安日报社请休假及考勤管理规定》《宝安日报社加班管理暂行办法》等在内的规章管理制度，并将其汇编为7章46节的《宝安日报社员工手册》，成为宝安日报采编、经营、管理等各项工作的科学性、制度性、规范性文件，使各项工作的开展落实有规可依、有章可循。

2. 狠抓基层党建

顺利完成党委换届选举，增设第八党支部，以及书记、委员补选、改选。每个党支部都是一个战斗堡垒，每位党员都是一面旗帜。深入学习宣传贯彻习近平新时代中国特色社会主义思想和党的十九大精神，党员考学合格率达到100%。认真落实"三会一课"制度。深入开展廉政学习教育活动。建设党员活动中心，强化学习提升。认真开展对口帮扶河源工作，支持河源扶贫资金达66万元，推出新闻版面50余个，报道150

余篇（幅）。

3. 科学精细服务

实现全年安全零事故。对闭路电视监控系统、市民热线、霉旧地毯、大院环境、大楼墙体等进行优化升级改造。提高住房公积金、社保缴存比例，增加员工福利。利用工余组织开展各类文体、公益活动200余场。员工获得感、荣誉感、幸福感又有新的提升。

4. 加强队伍建设

培养造就一支政治坚定、业务精湛、作风优良、党和人民放心的新闻舆论工作队伍。精心组织员工参加省、市、区、集团开展的马克思主义新闻观、习近平新时代中国特色社会主义思想和党的十九大精神学习培训班。邀请深圳新闻界老前辈陈锡添做客宝安日报开展《如何做一位好记者？》讲座。采用"请进来+走出去"的模式开展学习培训，多次组织员工赴北京、上海、浙江、江苏等地开展业务学习培训。

五、创新基层党建

党的基层组织是确保党的理论路线方针政策和决策部署贯彻落实的基础所在。作为基层县域党报的一面旗帜，宝安日报着眼于将基层党组织建设成为宣传党的主张、贯彻党的决定、领导基层治理、团结动员群众、推动改革发展的坚强战斗堡垒。

一直以来，宝安日报自觉提高政治站位，坚持正确政治方向，牢固树立"四个意识"，坚定文化自信，坚持正确舆论导向，全面创新基层党建，认真学习领会马克思列宁主义、毛泽东思想、邓小平理论、"三个代表"重要思想、科学发展观，贯彻落实习近平新时代中国特色社会主义思想和党的十九大精神，特别是习近平总书记关于党的新闻舆论工作的重要论述，以及习近平总书记对广东、深圳工作的重要批示、指示精神，并以此来武装头脑、指导实践、推动工作。

牢固树立守土有责、守土负责、守土尽责的思想意识。全面认真系统学习《习近平谈治国理政》《习近平谈治国理政（第二卷）》《党的十九

大报告》《党章》《党的十九大报告辅导读本》《习近平新闻舆论思想要论》《习近平新闻思想讲义（2018年版）》等。积极参加学习贯彻党的十九大精神报告会、马克思主义新闻观培训班。认真参加"学报告、学党章"党员考学、"学省党代会精神　迎党的十九大召开"党员考学、党规党纪知识测试，合格率达到100%。积极参加"两学一做"学习教育，支部主题党日活动，认真落实"三会一课"等基本制度。组织各支部党员赴延安、井冈山、西柏坡等红色教育基地参加党性学习，接受红色革命教育洗礼，自觉锤炼党性意识和政治品质。自觉增强党性宗旨教育、党规党纪教育、警示和示范教育、党内政治文化教育，组织参观宝安区2017年反腐倡廉案件巡回展览、开展反面典型警示教育、开展勤廉典型示范教育、开展谈心提醒教育、开展廉洁从业教育、加强党员日常行为规范的学习检查等活动，营造风清气正、干事创业的良好氛围，不断增强基层党组织的向心力、凝聚力、战斗力。

瑞安日报社：

报业布局"TOG"端产业

薛琳核

瑞安市隶属温州，位于中国黄金海岸线中段，经济发达。2013年，瑞安日报开始探索产业创新服务体系建设。2015年，更是积极响应国家"大众创新、万众创业"的号召，开始在瑞安一企业闲置厂房里（现浙报传媒瑞安电商文创园）大展拳脚。经过5年多的摸索实践，最终探索出一套集标准化服务体系和众创空间快速复制力为一体的园区盈利模式，并取得良好的社会效益和经济效益，得到专家的赞誉和社会的认可。

在新技术快速发展和传统媒体经营下滑的双重压力下，传媒行业的内容生产和经营模式都在发生巨变，"报纸消亡"的论调不绝于耳，如何进一步发挥自身优势，寻找经营创新转型的新蓝海，成为传媒产业扭转危机的当务之急。

数年前，瑞安日报与众多报业一样，也触及了TOB、TOC这片深水，而在实践中发现，有着国有体制的传统媒体面向市场竞争时，总是束手束脚，难以施展。只有紧紧跟着党走，站在市场的风口，摸准政府部门的需求，寻找挖掘适合报业的ToG端业务，培养专业化程度高的人才，才能找到传媒产业的新蓝海。

一、布局文创产业，是瑞安日报富有前瞻的创新之举

1. 城市魔方——瑞安塘下城市文化综合体

2013年年底，由瑞安日报倾力打造的瑞安首家文化创意主题街区——"城市魔方"青春168文化产业园，正进入如火如荼的建设阶段。这是瑞安日报探索报业转型，触及"TOG"端产业创新服务的开端。该项目也是瑞安市首次尝试政府资助社会化服务的半公益性项目。项目采用瑞安日报有限公司主导，塘下镇政府（塘下新区管委会）支持，镇相关文体社会团体协会等第三方协作的创新模式开发建设。

该产业园占地面积约37960平方米，配套绿地69264平方米，建筑面积15000平方米，总投资约5000万元。为瑞安市首个集儿童教育培训、儿童休闲娱乐、成人健身娱乐、文化汇演、产业会展、时尚餐饮等为一体的综合性文化服务阵地，辐射瑞安及温州部分地区。

2. 创E工场——浙报传媒瑞安电商文创园

2015年7月，由瑞安日报有限公司依托浙报传媒资源优势及政府支撑，投资8000万元，整体策划运营的"产业互联网双创服务基地"项目（创E工场——浙报传媒瑞安电商文创园）正式启动。在整体的大框架和精准定位下，原先闲置的旧厂房，摇身一变成为创新创业电商园区。

在总占地 70 余亩内，规划了创新企业集聚区、众创孵化空间、创业加速器、F2C 直营区、设计师联盟、公共服务中心等核心板块，同时还配备创客咖啡、员工餐厅等配套服务，为创业者们打造了一个完备的创业生态圈。

其中，"创 E 公社"是瑞安首个全免费全要素的众创空间。场地总面积 8845 平方米，公共服务场地面积 3030 平方米，占总面积近 35%。拥有创业工位 173 个，拥有专兼职导师 71 名，与 27 家创投机构签订合作协议。2017 年入驻创业团队和企业数量 65 家，截至 2018 年 5 月累计入驻创业团队和企业数量 176 家。

3. 墨客工场——温州网络文学原创 IP 众创空间

有了前两个园区的成功经验，瑞安日报名声在外，项目不请自来。2017 年 12 月 6 日，受温州市委宣传部委托，由瑞安日报承接打造运营的温州网络文学原创 IP 众创空间——"墨客工场"揭开面纱。它位于浙南·云谷 F 幢三层，整个空间分为展示区、网文书屋、众创工作区、核心创作区以及健身休闲区等，旨在打造网络文学全产业链，成为中国首个网络文学全产业链双创服务平台。此外，它还将和本土时尚轻工产业紧密结合，推动温州轻工产业转型升级。墨客工场也是近年来温州市委、市政府在探索"艺术对接市场""才华转换财富"发展路子的过程中最具代表性的成果之一。

目前，墨客工场已与何常在、苍天白鹤、蒋胜男、青子、善水、圣骑士的传说、锦竹、水湄伊人、那那、解语等大神作家签约；与咪咕、掌阅文化、杭州趣阅、书香云集、爱阅读、温州网易、谷臻工场、福州畅读、视客、正梆影视、繁星中文、我喜欢网络、爆侃网文、十音文学、致青春等 20 余家相关机构达成平台合作。

4. 数智工场——瑞安智造科创服务中心

智造科创服务中心坐落于瑞安特色装备小镇，计划打造八大服务平台，旨在范围内高效组合人才、技术、资本等双创要素，集成专业化众创空间、科技企业孵化器、科技服务机构等载体平台，力争在较短时间内形成瑞安制造双创事业发展的新高地,从而全面促进"互联网+高端装备制造产业"的快速发展。

目前数智工场已经确认入驻的企业、项目有江南供电所分点、温州幻界电子设备有限公司(研发中心)、温州酷博智能科技有限公司(酷玩星球)、快乐发明—阁巷分点等,正在洽谈中的企业有荷兰籍华侨的智能充电桩项目、光伏发电项目以及温州职业技术学院瑞安学院实践点等。数智工场将协助入驻创业项目宣传推广,对接投资机构和投资人,帮助入驻创业项目对接上下游合作伙伴及发展所需其他资源,并承接工商、税务、法务、人事、知识产权代理等工作,代为申报各项奖励及补贴。

瑞安市政府近期还将瑞安科技大市场、机械装备产业创新服务综合体等项目委托瑞安日报运维。

5. 模式输出——产业布局走出温州

除了旗下现有的四大园区,目前瑞安日报已收到瑞安平阳、绍兴柯桥、江苏丹阳、广东佛山等多地政府、媒体的合作意向。2018年8月11日,3.9万方的柯桥文创园正式签约,由此,瑞安日报文创产业走出温州。预计通过两三年的扩张,将达到管理园区6~8个,合计面积20万平方米以上。

二、收获外延业务,是瑞安日报富有创意的探索之策

1. 承接展厅建设工程

依靠打造多处园区空间策展的成功试验,瑞安日报探索推出外延业务服务——展厅建设工程。如2016年承接政府补贴400万元的创E工场形象提升工程,2017年承接投资800万元的瑞安特色装备小镇基础改造工程和投资400万元的中国非公企业党建始源馆装修工程,以及投资200万元的温州墨客工场装修工程,2018年承接总投资330万元的瑞安市档案局城市展厅工程和投资近100万元的温州高新技术开发区党建展厅,以及瑞安非公党建指导服务中心等。

2. 承揽大型活动

以园区为载体,我们还承揽了瑞安市全球科创大会、瑞安市创业创新大赛、温州网络文学全产业融合发展论坛等大型活动。其中,瑞安市创业创新大赛,已成功举办两届,第三届目前在筹备中。两年来,通过创业创新大赛,挖掘扶持了许多创业项目,有潜力的项目还得到国内多家创投机构的支持。其中,把总部从上海迁入浙报传媒电商文创园内的视客VR,获得2017年瑞安市创业创新大赛的二等奖,目前体验店覆盖到了全国40多个城市186家门店,年营业额达2.3亿元,其CEO陈贝尔今年还入选福布斯2018年度中国"30位30岁以下精英"榜单。

此外,还举办政府效能年度比学赶超活动、瑞安市云江科创大会等。结合当下特色小镇、乡村振兴及各级现场会等,从策划、布展到执行提供一条龙服务。目前已基本垄断瑞安本土市场,并应邀参与温州市级活动的承办。

3. G端品牌策划服务

依靠对政策的深度解读及专业化的团队,瑞安日报除了负责为瑞安本土的侨贸小镇、曹村乡村振兴计划等重大项目提供品牌策划外,还应邀为广东佛山玉文化产业园、浙江平阳鸣山非遗古村落、绍兴柯桥集贤

198文创园、浙江文成伯温文创园等提供规划设计支撑。

三、创新举措，是瑞安日报富有特色的理论之基

瑞安日报坚持从观念、思路、机制、技术、资本五大方向入手改革创新，逐步探索构建与互联网融合发展的枢纽型传媒基本框架，逐渐培育出与本土主导产业发展相适应的专家级服务体系以及系统性的园区复制模式。通过充分挖掘政府需求，建设特色不同的产业园区，形成从园区建设到活动运维一体化，从单一空间到连锁化发展，从自己投资到零成本运作模式，并创造出更高价值的产业形态。

一是引入互联网思维。树立起"用户体验为王"的理念，结合政策导向、实际情况、经济水平、创业氛围等多方因素，打造一个真正意义上的现代服务业集聚区。

二是强化增量改革。发挥党报政治优势、本土线下资源经验、客户良好合作关系，依托浙报集团强大的资源脉络和产业背景，将最丰厚的资源转化为最强大的软实力。

三是科学融合发展。以"深耕主业、多元开拓、精准服务"的目标，推进智慧新闻、智慧政务、智慧社区、智慧产业建设，园区项目作为智慧产业入口建设中重要的一部分，只有成功搭建区域城市产业互联网服务平台，我们才有可能在产业互联网这片蓝海抢占先机，创造新的盈利模式。

四是建设三大平台。积极打造大数据信息资源平台、智能生产和传播平台、用户沉淀平台建设，把商业模式从单一广告模式转变为多元服务模式，把媒体运营平台转变为"孵化＋服务＋创投"平台，进而实现商业模式和盈利模式的再造。

五是推进资本转型。充分利用资本市场孵化新项目，通过打造"零成本创业"的众创空间，吸引创新创业青年集聚园区；通过承办活动，积极吸纳优质项目入孵；发挥本报自身品牌和人脉，吸引有资金实力的投资者或机构来组建相应的产业基金，在分散风险的基础上来孵化新项目。

四、人才保障，是瑞安日报富有创新的发展之石

"TOG"端的产业创新服务体系的建设得益于三个团队的建设：

1. 品牌创意部：共7人，包括创意策划、空间设计、品牌设计等人员，主要负责园区规划定位、改造工程设计施工、品牌形象提升等模块。

2. 园区运营组：共15人，设立四个项目组，负责四个园区的招商、活动策划执行、政府补助申报、日常服务管理等。

3. 新媒体部：共27人，分三个项目组，其中"智慧政务项目组"13人、"全媒体整合传播项目组"7人、"影视发展项目组"7人。为各类园区提供技术支撑。

五、主要成效，是瑞安日报富有诗意的得胜之歌

目前，运行比较成熟的创E公社已被认定为浙江省级众创空间，2017年温州市级服务业标准化试点，荣获浙江省创业孵化示范基地、温州市创业孵化示范基地、温州市现代服务业集聚示范区等荣誉。且有瑞安市大学生村官电子商务培训实践基地、瑞安市女性电商创业孵化基地、瑞安市青年创业服务中心、温州商学院大学生创业实践基地、台湾青年创业就业基地等落户空间。

该园区也连续3年被浙江省商务厅列入省级电子商务产业基地名录、温州市十大网络经济发展典型示范园区，荣获2015年度浙江省电子商务公共服务中心考核优秀单位、温州第四批现代服务业集聚示范区、温州市重点文化产业园等30余项荣誉。作为园区运营方的瑞报公司也荣获温州市重点文化企业、温州市文化产业项目建设先进集体、温州市服务业"双百"企业等荣誉。

瑞安日报文化产业方面年营收接近3000万元，且每年保持20%以上的增速，《中国媒体融合发展报告（2015）》称："以《萧山日报》《瑞安日报》为代表的县市报发力媒体融合，打造区域媒体融合发展范式。"

萧山日报社：

分众化、配餐式办报的探索

张剑秋

萧山现为杭州市下辖区之一，位于钱塘江南岸，与杭州西湖区、江干区和海宁市隔江相望。汹涌澎湃的钱江潮，给萧山日报注入了不竭的创新动力。早在2009年，萧山日报就以"分众化、配餐式"办报的创新理念，启动了报业转型发展的积极探索：继萧山日报与临浦镇联合主办《临浦月刊》后，2015年萧山日报与杭州大江东产业集聚区（临江国家高新区）联袂打造的《今日大江东》出刊；2017年萧山日报又接管了《天堂硅谷报》等。"分众化、配餐式"办报探索的一路凯歌，给萧山日报带来了什么？又给报业转型发展带来了哪些启迪？

一、分众化：促进传媒裂变式发展

在新媒体的冲击下，纸媒风光不再。传统纸媒的生存空间在哪里？习近平总书记在"党的新闻舆论工作座谈会"上的讲话给了我们答案——"要适应分众化、差异化传播趋势，加快构建舆论引导新格局。"习总书记的这一重要论断告诉我们，不同媒体在融合发展过程中必须防止"趋同化、同质化"，强化自身特色定位，实现差异化发展。基于这一认识，萧山日报社（萧报传媒）提出了"分众化、配餐式"办报的思路。

"分众化、配餐式"办报，即强化分众意识，积极主动服务地方党委政府，创刊或合作承办各类社群报，为用户量身定制宣传主题、服务及活动，在区域拓展中不缺位、不错位、不失位，巩固主流媒体的公信力、影响力。

单纯的、单一的报纸版面宣传已经远远满足不了客户的需求。"分众化、配餐式"办报，其实质是立体式个性化的一种服务形式，是互联网背景下用户思维的体现。

1. 布局新闻中心：对核心用户提供分众服务

党媒姓党，绝对忠诚。对于传统主流媒体来说，最重要的用户是地方党委政府，地方党委政府就是核心用户。近年来，萧山日报陆续与部门、镇街创刊或合作承办《萧山平安·法制》《今日大江东》《临浦月刊》《今日瓜沥》《渔浦义桥》《湘湖故事》《宁围半月刊》《钱江世纪城报》《天堂硅谷》《新萧商》等分众报、区域报、杂志，以不缺位、不错位、不失位的姿态赢得市场，同时也为报业的生存发展拓展了广阔的空间。

——不缺位，以分众报为依托，打造"一心两翼"格局。"大江东"和"滨江"原是萧山区域下的几个镇街，因行政调整作为独立区域主体升级转变而来，萧山日报借助人相亲、地相近的优势，提出构造"一心两翼"格局："一心"即以萧山为主战场，巩固萧山日报"党报"定位；"两翼"即分别在两地设立大江东新闻中心和滨江新闻中心。

大江东新闻中心依托《今日大江东》报卡位大江东以后，已成为宣传大江东不可或缺的重要宣传平台和窗口，2017年，今东传媒正式以"一报一公司"一体化运作模式，全面覆盖大江东区域教育培训、文化创意、广告设计制作、活动策划等板块，当年实现营收300万元，2018年突破400万元。

2017年10月，滨江新闻中心以《天堂硅谷》报为桥头堡，扎根滨江政府资源，并以此为契机，深入滨江区域，拓展滨江市场。

通过"一心两翼"架构，打破区域报劣势，确保新区域划分后萧山日报的新闻服务不缺位，实现萧山日报模式在大江东区域和滨江区域的有效复制。

——不错位，以分众报为主体，打造萧报下沉式服务平台。萧山日报坚持以党媒定位，深耕政务资源，创建镇街新闻中心，巩固扩大政务合作的覆盖面。

萧山有20余个镇街，每个镇街都有宣传自身形象的需要，在条件成熟的镇街，建立相应的新闻中心服务当地政府。如在省级小城镇临浦设立临浦新闻信息中心后，在《临浦月刊》充分服务到位的基础上，打造成为集信息报送、新闻发布、深度报道、新媒推送、网站维护于一体、多方位立体化运营的镇级全媒融合综合体。

通过记者下沉镇街驻点、总部配合，畅通沟通渠道，创新打造了面上工作和线上活动内容生产的"中央厨房"，以临浦新闻信息中心为试点，打造镇级全媒融合"样板"，这是萧山日报宣传服务的延伸，也是新形势下镇街宣传的新模式。截至目前，萧山日报在瓜沥、宁围、钱江世纪城、蜀山等地都建立起新闻中心，服务当地政府。

——不失位，以分众报为载体，创新办报合作模式。宁围是萧山日报重点合作的几个镇街平台之一，随着拥江发展战略的实施，宁围街道成为萧山城市化建设中的一方热土，党的政策和政府的声音准确传达到千家万户显得尤为重要。2017年，调整为《宁围半月刊》模式后，发行量近2万份，实现了在宁围近2万户家庭的全覆盖。

2. 布局云端传播：为核心用户提供代维服务

面对媒体格局与舆论生态发生的深刻变革，萧山日报在媒体融合发展上实施移动优先战略，打造"新媒+"品牌。"报"不再是一张"纸"，尤其是微信代维坚持优质内容生产为核心竞争力，不但粉丝量稳步增加，运营客户单位覆盖了各镇街平台，扩容至20家单位，政务微信矩阵初显，业务量已突破百万元。

——代维政务微信。成立新媒体中心，为核心用号提供代维业务。如代维"萧山司法"微信公众号，仅用半年时间，实现该微信号全年粉丝增长50%的目标，阅读量始终位于全省司法微信排行榜前五；代维的"萧山城管"从2017年年初代维前的粉丝仅只有5000余增长到现在的14万。各级镇街微信号如临浦、义桥、益农、新街，无论是发布频次还是阅读量都始终处于萧山镇街微信矩阵的第一方阵，成为其他镇街学习模仿的对象，"萧山临浦"更是获得了萧山发布的"2017萧山区十佳微信号"。

——量身定制产品。如为萧山新街开发了新街微网、手绘地图、认花识木等新平台;为"萧山临浦"特制音频题材专题阿默读史,吸引了不少历史爱好者;新街的微党建、花木草堂、新街故事、绿城事等专题栏目都是为新街量身打造的;"萧山司法"微言普法、微问律师等栏目深入人心,阅读量长期在省内名列前茅;"萧山商务"开展"走进萧山优秀电商企业"系列报道;为"萧山城管"在相关节日录制视频专题、制作四格漫画等,专题的阅读量都是平时的三四倍以上。

——策划线下活动。如为区市场监督管理局开展"3·15"活动微信评选、食品安全生产周"这是真的吗"、食品安全知识问答、质量月"首席质量官"挑战赛活动;为区安监局开展猜灯谜、点灯笼赢大奖等活动;为区商务局开展"最美五一劳动者"随手拍、"端午留言送粽"、购物节系列活动;为区城管局开展"最美街景"随手拍、城管先锋评选、垃圾分类小游戏。这些活动的开展,不仅扩大了微信的功能性,也激发了粉丝们的参与度,对微信代维小组而言也提升了微信运营的附加值。

——强化用户黏度。"工欲善其事,必先利其器",微信代维小组加强和技术部门的配合,在传统的活动拓展的基础上,初步涉及政务微信的系统开发,为客户提高微信的使用率,强化用户黏度,更好服务微信运营工作。如区市监局开发了"档案查询预约系统",通过互联网的手段,帮助市监局的档案查询项目从"最多跑一次"做到了"一次都不跑",大大提高了工作效率。区司法局于2017年11月开启"微信塔群"项目的建设，通过政务微信机器人的形式，对全区 500 个各级行政村进行统一的内容发送，将普法知识从区、镇街一级直接下传至村级，扩大了普法的覆盖面。这些专项技术的开发为微信代维小组拓展了业务范围，也加强了和客户间的配合，形成默契，达成合力。

二、配餐式：深耕用户创造价值

服务必须"攻心"。只有紧紧围绕用户需求的内容生产，才是传统媒体真正的核心竞争力。萧山日报紧跟时代脉搏，为当地的发展鼓与呼。

1. 紧盯用户需求"配大餐"

2016 年，萧山日报采编工作紧紧围绕 G20 杭州峰会，讲好萧山故事。从年后第一天上班的誓师大会到 G20 峰会的举办，萧山日报抓住几个时间节点精心策划，先后推出四大系列专题报道，刊发特别报道专版 130 多个，生动反映全区上下抢抓 G20 重大机遇，努力推进三生（生产生态生活）融合美丽萧山建设的新气象、新风貌，赢得各级领导及社会各界的广泛赞誉。

2017 年 11 月 18—19 日，首届萧山人大会召开，在为期两天的大会汇总，从全国各地和世界各国赶回来的萧山乡贤相聚钱塘江畔，共叙家乡情，喜看新变化。萧山日报在围绕活动进行重点报道的同时，还为大会准备了两本册子，分别是《萧山画册》和《我是萧山人手册》，深受与会嘉宾的高度关注和好评。历经 7 个多月制作完成的《萧山画册》，由中国摄影出版社出版发行，萧山区政府之后又加印了 3000 册，用于 2018 年的萧山城市宣传。

2. 实施全案策划"配全餐"

湘湖是萧山的母亲湖，不仅拥有秀丽的风景，还有深厚的历史、文化底蕴值得品味，为了更好地展现湘湖的美与湘湖金融小镇特色，萧山日报承办湘湖新城管理委员会闻堰街道《湘湖故事》月刊，助力推动湘湖创建国家 5A 级景区，全案策划并落地执行湘湖三期整体开园项目。湘湖三期开园，这是萧山有史以来最大的一次工程。从获悉萧山将大规模地宣传后，萧山日报立马介入，启动策划，实施全案策划方案，并顺利承办各界代表畅游湘湖、开园新闻发布会、开园仪式等活动。

3. 深耕媒体资源"配好餐"

民营企业是萧山经济发展的主体，也是萧山稳增长、抢转型的主力军，历经几十年发展，萧山已涌现出一批优秀企业家和龙头企业。在迈向新的征程上，如何服务好众多的民营企业？萧山日报紧紧依靠住区委统战部、团区委、新企联（青商会）三棵大树，利用好政企资源，承办了《新萧商》杂志。2017 年《新萧商》进行了全新改版，围绕新生代企业家的日常所需，内容涵盖了工作、生活、品位等，有国家宏观政策的解读，有政策法规红利的推荐（与财税部门合作推出），有地方重大事件的深度报道，有精英人物的专访，还有电影、旅游、图书的推荐（与新华书店合作推出）和本地作家的作品赏析（与萧山区文联合作推出）。2017 年年底，《新萧商》随着长龙的客机飞上了蓝天，这也是第一本登上长龙航空航班的非航空类杂志。

4. 抢抓时机契机"配快餐"

当前萧山面临"后峰会、前亚运"的历史机遇，建设"大湾区""大花园""大都市区"和杭州"拥江发展"的战略机遇，以及临空经济、钱塘江金融港湾等产业振兴机遇。萧山日报抢抓时机契机，牵手亚运主战场钱江世纪城创刊《钱江世纪城》月刊合作项目，全方位宣传报道各个领域的新风貌、新成就，展现经济建设、社会发展、精神文明建设等方面的成果，努力打造体现世界风貌的现代化国际城区。

　　新闻创造价值，服务聚集客户。萧山日报社近年来走的社群营销之路，探索出了"分众化、配餐式"办报的N种可能。通过做优服务、做精活动、做强项目，创新报纸版面之外的经营载体，在介入政府服务、提升服务品质的同时，赢得了话语权，也赢得了市场。如今，萧山日报和各政府部门、镇街、行政村的合作更为紧密，政务形象合作费用连年快速增长，报纸发行量和广告经营额也连续多年居全省乃至全国县市党报前列。

东南商报：

转型媒体智库建设的宁波思考

唐慧卿　陈旭钦　王　籍

东南商报是宁波日报报业集团旗下的地方都市报，在传播生态发生深刻变革的当下，东南商报首当其冲，受到市场的强烈冲击，几乎陷入生存绝境。2017年，东南商报提出"媒体＋智库"双轮驱动的战略，吹响了向媒体型智库转型的进军号。经过近一年的运作，这一改革模式得到了业界和社会上下的认可，以东南商报、东南财金公众号为核心的融媒体平台建设初见成效；东海分院智库产品"决策参考"有6条得到了市委市政府主要领导的批示。本调研报告以东南商报智库建设作为地方都市类媒体智库化转型的研究课题，具有一定的样本意义。

一、智库、媒体型智库、智库型媒体的关系梳理

我们先把基本概念梳理一下：

智库：是伴随着现代经济社会发展而产生的，从事战略研究和公共政策研究、咨询和传播的专业性机构。引导和塑造舆论是智库的基本功能之一。建设中国特色新型智库是以习近平同志为核心的党中央所做出的重要部署。早在2015年年初，中办、国办就发布了《关于加强中国特色新型智库建设的意见》，掀起了中国特色新型智库建设的浪潮，而媒体型智库发展是其中颇为耀眼，且最具中国特色的一个类型。它在国家政策的推动和媒体转型的大背景下所产生，又扎根于我国国情与政治土壤中，没有现成的经验与模式可遵循，需要在逐步发展中探索。

媒体与智库天然具有许多相近的基因，同样有引导社会舆论，构筑公共空间的"思想工厂"作用。媒体型智库的天然优势是舆论传播力与思想创新能力的有效结合。智库通过媒体扩大思想影响，加快知识成果的市场化转化；媒体需要智库的深度分析和专业研究来提升内容品质，从而进一步提高传播力、引导力、影响力和公信力，成为媒体转型的核心竞争力。媒体与智库的关系有两大类型：

媒体型智库：是指依托于具备一定公信力、传播力和研究能力的大众传媒所设立的公共政策研究机构。

智库型媒体：指承载了这一机构的或具备类似公共政策研究能力的大众媒体。

媒体型智库与智库型媒体的辩证关系——事实上，这一组概念在当前我国一些媒体智库化转型的实际过程中，很难完全区分，往往是一体两面性的，比如知名的新华社旗下的瞭望智库、政经特色的《南风窗》传媒智库，既是传媒同时也是智库。本课题涉及的东南商报及其转型建立的国研经济研究院东海分院（下简称东海分院）也是如此。

二、当前媒体型智库发展的三大方阵

媒体建设智库是媒体融合发展改革中出现的新现象，也是应对媒体自身发展"时代之问"的有力回应与理性选择。如果说，在互联网信息化浪潮下，传播渠道日益多元化、技术手段不断更新迭代，使得传统媒体在流量时代稍显落后的话，但随着流量渠道红利日益饱和，"内容为王""知识赋能"又开始重回市场，受众对于高质量、深度内容的需求日益增长。正是因为看到了这一点，近年来从中央到地方，一些传媒集团一方面在加大技术投入，完善新型媒体建设，补足短板的同时，纷纷把目光投向内在的"头脑"建设，建设媒体型智库，以提高质量与水平，实现以先进技术为支撑、内容建设为根本的融合发展之路。分析当下的媒体型智库，有三大方阵：

第一方阵：中央级媒体智库。

国研经济研究院东海分院承办的论坛活动

包括已建成智库的新华社、人民日报、光明日报等，这类媒体型智库重在依托央媒与国家党政部门的紧密联系、对政策的敏感性和在内容生产上的深厚积累，为国家层面党政部门提供热点舆情研判、重大课题调研和咨政参考，其中有代表性的如新华社旗下的瞭望智库、人民日报旗下的人民智库和光明日报智库研究与发布中心等。

第二方阵：专业性媒体和区域性媒体智库。

依托其在多年深耕专业领域所积累的专家资源和行业数据，以及对某一领域所掌握的第一手资料，为政府部门和企业提供专业的分析报告和行业咨询，其中知名的有《南风窗》传媒智库、第一财经研究院和财新智库。

第三方阵：一些城市媒体正筹办的地方性媒体型智库。

据笔者所了解，如成都传媒集团、深圳报业集团等都有意向，但目前在国内已建成的地方都市类的媒体型智库数量仍极少，其中就包括东海分院。这类智库则主要提供地方性的政策咨询和课题调研等知识服务。

上述三个层次的媒体型智库在共性上都是利用媒体自身的社会资源和权威主流的信息渠道，挖掘提升调查分析能力和问题研究能力，出思想、提对策、影响公共政策制定、引导社会意识形态形成。区别主要在于服务层次、专业领域、问题研究方向等方面。

三、东南商报智库建设的阶段性成效及短板

作为地方都市类媒体,东南商报建设媒体型智库,既是商报新一轮融合发展改革的战略选择,也是围绕中心服务大局,提升创新服务和舆论引导能力的机遇。

2017年9月东南商报向市委、市政府提出了"媒体+智库"的战略设想,得到了时任市委书记唐一军、市长裘东耀的支持;同年11月25日,国务院发展研究中心党组成员、办公厅主任余斌亲临宁波为国务院发展研究中心国研经济研究院与宁波报业集团联姻,成立东海分院揭牌;同年12月,邀请新加坡国立大学东亚研究所所长、著名中国问题专家郑永年出任东海分院名誉院长;依托国研中心的巨大影响力,东海分院先后邀请到了著名经济学家郑永年、林毅夫、张军扩、魏建国、余斌等前来宁波做主题报告会;2018年宁波市财政专门拨款600万元扶持商报转型和智库建设,并将这一扶持政策连续3年;浙江省委书记、宁波市委书记多次在东海分院"决策参考"上批示;就在不久前,东海分院智库团队通过了宁波市"泛3315人才创新团队"的评审,获得了300万元的扶持资金。

东南商报的这一轮融合改革,从媒体层面看是从以往的都市类媒体向区域经济类媒体转变;而从专业性上看,则是以兴办智库为龙头,整编团队,提升质量,打造知识经济时代的传媒资讯新平台。之所以能这样做,商报主要的优势在以下方面:

(一)传播优势。引导公共舆论,提供决策参考,是智库的重要目的。10多年的品牌积累,东南商报拥有广泛的社会资源,公信力强,传播到达广。目前商报纸端发行量约在6万份左右(从2017年的日报转到2018年的周报),主要对象是地方党委、政府的经济决策、管理者,经济研究人士,企业中高层管理者,创业创新群体,职场人士,都市白领等。以商报内容为核心的公众号"东南财金"发展迅猛,建设不到半年的时间里,粉丝数已达到万人以上,地区新媒体影响力排名已进入前十强。形态多样的媒体矩阵式发布,大大提升了智库研究成果传播影响力和成果转

化率。

（二）渠道优势。专业的采编内容生产团队，与宁波各部门和决策机构、企事业单位有着良好的沟通联系，对于宁波的城市风格、经济脉动"知根知底"。部分记者深耕某一行业，既可以通过采访获取第一手调研材料，了解政府部门的权威信息和政策导向，又可以通过智库报告"决策参考"建立与政府部门的下情上达，甚至部分还能通过国研中心国研经济研究院进入国家决策部门的信息报送渠道。可谓下知民意，上知趋势。

（三）地位优势。独立性是智库能够客观、公平、科学决策的重要前提。东南商报作为大众媒体，客观、公正是媒体的自然属性，这也是东海分院的优势所在。这既可以避免决策系统内智库因直接或间接的隶属关系而导致的独立自主性不足，又能够解决民间智库唯利润最大化的弊端。

（四）品牌优势。东南商报的智库化转型，背靠的是国务院发展研究中心国研经济研究院的大树。东海分院目前是国研经济研究院合作的两家地方分院之一（另外一家是贵州贵安新区的西南分院），承担着国研中心国研经济研究院在国家宏观政策对接区域性发展方面的系列研究，特别是对"中国制造2025"、大湾区建设、甬舟一体化、"一带一路"自由贸易区等课题的调研重任。而国研中心近两百位研究员是东海分院的"最强大脑"。

当然也毋庸讳言，在媒体的智库化转型上，对于东南商报这一地方媒体而言，没有现成的样板，开疆拓土，仍是一个巨大的挑战，绝非一路坦途。目前存在的主要短板有：

1. 原有的媒体体制机制，与智库研究不合拍

媒体型智库的最大特点是把传统新闻理念所追求的一般新闻信息的"快"，转变为深度研究为抓手，以专业成果为独家的"深"。这就要求不断地调研论证打磨，是个相对"慢工出细活"的过程，因此原先媒体的管理体系和考核机制与之难以匹配。目前商报运营智库的管理、考核、

保障机制尚在摸索，特别是评价激励机制、经费安排等都有待规范完善。

2. 内生性人才或领军人才远远不够

一些由记者转型而来的智库研究人员，往往有抓取现象、及时分析的敏锐度，但在核心观点的提炼升华、未来趋势的研判上，缺少学术规范和训练，深度挖掘不足。目前东海分院能承担大型课题的人才屈指可数，团队尚未建立。与"外脑"国研中心经济研究院的借力联动还没有系统地展开，而与宁波本土政研机构、高校专家的黏性不高。

3. 商业运营模式尚未建立

虽然东南商报承担着主流媒体的功能，但也要接受市场化的考验。智库化是媒体市场化的重要途径，国外如英国的《经济学人》商业情报中心、路透社的金融数据服务等，都是通过营利性的咨询服务，盘活和变现媒体资源，这样的商业模式东海分院还在探索之中，相应的运营团队缺位。

4. 数据库平台建设、信息化技术应用仍是短板

媒体习惯性的采集式调查，对于后续的材料沉淀积累缺少认识，对于建立在数据挖掘和统计基础上的分析研判缺少手段。新媒体视频、直播等还在布局之中。

四、地方都市类媒体建设媒体型智库的思路

东南商报在智库化转型上已经破局，但未来发展如何实现优化升级？为此，笔者先后对于广州《南风窗》传媒智库、新华社瞭望智库进行了考察，力求从他们的创新经验模式中获得一些启示和借鉴。如前所述，这两家在智库建设的服务层面和研究领域方向上，与东南商报正在进行的地方性媒体型智库建设有很大差别，但通过调研，结合东南商报的实践，笔者认为，地方性媒体型智库建设有以下五点思路：

1. 做好顶层设计，促进融合发展

媒体向智库化转型，并不是媒体和智库简单地"1+1"叠加，而是多方面的解构和重组。因此必须进入媒体的战略顶层设计，科学认识"媒

体功能""智库功能"的协调和联系,确保智库建设与媒体内容生产的融合发展、相互托举,避免智库功能与媒体核心业务"两张皮"。《南风窗》总编辑李桂文介绍,南风窗传媒智库的成立,是基于对《南风窗》特质与价值深刻认知所做出的战略转型改革。因此,《南风窗》集全社之力,力推智库建设,在人力、技术等资源上集中扶持。南风窗多年品牌积累,与国内外政经专家学者有着广泛的联系,又有一批擅长政经分析的专家型记者,智库基于《南风窗》的采编班底和专家库资源,以项目制的形式承接课题调研、专题论坛和咨政研究服务,相应的管理、评价等体系也都以项目制形式一体化考核,智库与传媒的融合度极高。

2. 明确服务导向,挖掘核心需求

媒体转型办智库的核心问题是找准客户群体,满足客户需求,生产出产品,并实现价值转化。因此,首先需要定位服务对象是谁。南风窗传媒智库的目标定位客户很明确,以服务好广东省、广州市的党政部门和华南地区的大型国企为己任。瞭望智库的目标定位最重要的服务就是中南海。两家都认为,在未来相当长的一段时间,政府和大型央企国企购买服务必将成为媒体型智库的主要经济支持。因此,地方都市媒体转型办智库,首先应梳理思路,准确定位,做好当地市委、市政府及国企决策的"智囊团",满足地方在经济、招商、产业发展和服务民生等方面的调研咨询需求。

议题设置能力衡量是智库研究的第一能力。下阶段,东海分院应着重瞄准"出大主意""出真主意",提前谋划、预判选择宁波发展"十四五"规划前瞻性问题,紧密围绕宁波"一带一路"综合试验区、制造业、外向型经济、港口经济、如何打造新一轮的城市竞争力、宁波本土产业链如何参与国际分工等方面选题,为宁波市委市政府做决策参考建议。

3. 坚持"内容为王",加强产品建设

媒体智库化,重在以深度研究成果代替浅层信息呈现,从传递信息到传递价值。前瞻性、战略性、指导性的咨询报告、调研报告、对策建议等智库产品是智库的核心竞争力。在瞭望智库,一个普通的调研报告就包括智库研究员在调研基础上明确论题架构、研究助理和记者配合查找资料分段撰写基础报告、研究员打磨三到四次成稿、决策班子把控后出课题报告等一整套明晰的内容把控流程，以确保智库产品的总体质量。

媒体型智库还应注重信息化新技术对产品的转化。要把智库生产的高度凝练的看法与分析，转化为易于被受众和客户理解接受、便于决策参考的好看、好读、好用的智库产品，充分利用媒体运用先进的传播技术和多元化的传播渠道进行转化。视频、音频、直播、VR、AR等新媒体手段是未来智库应用中不可或缺的传播手段。此外，要重视大数据的采集与开发，有条件的媒体要建设大数据平台，云计算工具，以大数据的抓取，提纯专家深度分析，实现研究报告的精准性与前瞻性。

4. 突出聚才引智，强调内外兼修

无论是国家级央媒还是地方都市类媒体，要办媒体型智库，前提得聚集一批专业人才，或通过内部培养，或通过外部引进的方式，"内外兼修"培育出一支既懂传媒又懂智库的专业化团队，适应新时代智库发展需要。这一人才队伍可由内外两大圈层构建。外圈层，媒体型智库可以借助"外脑"力量，吸收熟悉政府决策运作、了解地方和行业形势的精英专家，组建专家委员会和专家人才库，充实研究队伍。内圈层可以瞄准媒体内部的资深记者、资深编辑、资深主持人，逐渐吸收、转型为研究人员，构建起内部研究员团队。东海分院今后将逐步建立起本地的各类特聘研究员机制，并加强与市政府发展研究中心、市社科院的联动合作；对内不光是在报业内部，建议也可在报业集团内部各媒体中发掘一批资深采编人员入驻东海分院。

5. 构建商业模式，反哺媒体发展

目前媒体型智库的主要运营商业模式：第一是信息产品服务，这个主要是指各类课题报告等；第二是承办各类圆桌会、闭门会、高端对话峰会等，通过设置议题，集聚各类专家学者建言献策。像瞭望智库与国家部委合作主办系列"30人国策论坛""新国情新路径高端闭门会"等，就是此类；第三是建立起自身的调研分析团队，把数据资料的"简单积累"向"智能化"转化，通过获得的第一手数据，根据特定的项目，发布行业数据排名、趋势预测等重大报告，打造自有的知识品牌。在这方面，《南风窗》传媒智库多年积累打造的城市综合竞争力排行榜、"调研中国"田野报告系列就是其中的榜样。

从现状看，各家智库的盈利数据尚不清楚，但总体上有一个基本的判断：媒体型智库将是以内容生产为主的媒体实现内容变现的一个重要途径，未来有望进入一个质效并重的扩张期。瞭望智库总裁吴亮认为，对于媒体来说，把握住这一战略机遇，以市场化、品牌化为导向，把智库打造成一个适度实体化的知识生产部门，提高自我造血功能，拓展发展空间，是实现传统媒体涅槃重生的可行方案。

盐阜大众报报业集团：

互联网下半场的势道术与超限战

姜 琰 徐向林

《盐阜大众报》创刊于1943年，刘少奇同志题写报名，75年栉风沐雨，传承红色基因，着力改革创新。在互联网上半场，独创"双+"模式："传媒+演艺""党报+Wi-Fi"，报业经营主要以"二次售卖"进行规模化的横向"圈地"。

当下，互联网进入下半场，一个全新的AI时代，裹挟着大数据和物联网，呼啸而来，将在5G即将到来的黎明中爆发，传统报业，你准备好了吗？

在互联网上半场，报业经历了"信息互联网""社区互联网"两个阶段，"规模、跨界、连接"是其作战方法。

这一阶段，盐阜大众报独创的"双+"模式，主要以对外合作为主，以规模经济和范围经济取胜，几年来跨界做了40多场演唱会，并在中国报业协会的领导下，牵头成立了中国报业文化产业联盟。

打造的"I"系列智慧盐城，已在市区、东台、大丰、泗洪等地布设热点1万多个，运营多个APP，与用户建立了新的连接，荣获了中国杰出营销奖等多个奖项。

时间跨过了2018年，互联网下半场的哨声业已吹响。这是"数据互联网"和"AI互联网"的时代，价值引领、场景应用、融合营销成为这一时期报业的作战方法，这就给"双+"模式提出了新的要求。

盐阜大众报报业集团与南阳日报社2013年共同举办了南阳有史以来最大规模的演唱会。8位巨星，26首歌曲，4万名观众，让古城南阳成为万众瞩目的焦点。

马云说过：如果银行不改变，我们就改变银行。同样，在互联网下半场，如果报业自己不改变，就会被改变。报业在这一时代，需要超越之前的瓶颈、惯性，以及路径依赖，用超限战的思维进行战略突破，抢占舆论引导的制高点。

长江商学院的校训是取势、明道、优术，取势即顺应大势、明确方向；明道即掌握规律、明晰逻辑；优术即升级打法、优化战法。

一、取势的下半场：价值提升引领报业经营

势是大势、方向，顺势而为，万事不难，互联网有句名言：站在风口，猪都会飞起来。报业转型首先要取势，以习近平新闻舆论思想武装头脑，盐阜大众报积极践行报业经营也要讲政治，要为舆论导向开辟主阵地，只有拓展一个与主业相耦合的产业发展空间，才能在价值引领上不断提升传播力、引导力、影响力、公信力。这是一个"阳光普照、水碧天蓝、姹紫嫣红"的刷新过程。

1. 取势的"阳光普照"

在互联网下半场,文化产业战略、媒体融合发展、智慧城市建设,都是党和国家在产业指导上释放出的红利与"阳光",需要我们在战略布局上列为首选。

"传媒+文产+公益"是"传媒+演艺"的一次升级,这一模式体现和落实了习近平总书记文艺座谈会讲话精神,"优秀的文艺作品,既能在思想上、艺术上取得成功,又能在市场上受到欢迎。"同时,也顺应了十九大报告提出的"发展文化产业要创新生产经营机制,培育新型文化业态"。

为此,盐阜大众报通过传媒+电影、+旗袍、+摄影、+旅游等,吸粉无数,不但提高了垂直细分社群的内容触达率,还催生了产业的长尾效应。以新锐的经营理念、强大的营销体系、高效的流程管理、崭新的盈利模式,在文产和传媒的叠加中提升价值。

(例一)盐阜大众报举办的2018儿童舞台剧盐城站巡演

儿童舞台剧《山羊不吃天堂草》改编自盐城籍著名儿童文学作家曹文轩的同名小说,原作曾获全国儿童文学大奖,由中国儿童艺术剧院精心打造,唱响了主旋律。我们将"N"演变为"党报+儿童剧+文学旅游+签售会+文学讲座",演出前,海选少儿艺术之星参与演出,与专业演员同台亮相;并将"固定舞台"变为"流动舞台",组织小记者参观"油麻地""草房子",举办签售会、文学讲座等,满足儿童的好奇心、增强儿童的体验度、增强儿童的获得感,进而将一个演艺活动演变为小记者的"成长之旅"。

儿童舞台剧《山羊不吃天堂草》

2. 取势的"水碧天蓝"

智慧城市范围很大,非一报之力

可以托举。报业需要在宏大的战略布局中，找到适合自身发展的一处"水源"与一方"蓝天"。

"党报+Wi-Fi+APP"可视作党报传播党的声音的一大创举。盐阜大众报深度介入智慧城市建设，在全市建设公共区域 AP 热点，向市民免费提供 Wi-Fi 网络，以党报 APP 作为免费上网的入口，推动党报 APP 的下载安装，将手机用户自动导流到党报 APP 或党报微信进行互动，将主流舆论宣传渗透到每个用户的智能手机上。

盐阜大众报研发"我的城市"APP，这是一个面向县市区的客户端，也是一个区域化的云平台，集"资讯+政务+服务"于一体。

——资讯：由报社扎口提供，实施舆情掌控，传播主流声音，传递正能量，彰显主流媒体的公信力、权威性；

——政务：打通数据接口，畅通和拓宽政府部门的传播渠道和服务平台；

——服务：集便民缴费、吃喝玩乐游购娱于一体。

"党报+Wi-Fi+N"模式构建了"1+3+4"的智慧框架，建成了一张遍布全城的免费 Wi-Fi 网，打造了硬件设备、集成软件、应用场景 3 个平台，集聚了资讯导流、网络围栏、舆情分析、后项运行 4 大功能，成为智慧城市建设的标配网络。

3. 取势的"姹紫嫣红"

十九大报告指出，我国社会主要矛盾已经转化为人民日益增长的美好生活需要和不平衡不充分的发展之间的矛盾。互联网下半场，人民群众向往的美好生活无疑是"姹紫嫣红、多姿多彩"的。这是一个旺盛的需求侧，需要报社发力供给。

比如盐阜报业旗袍会的创建和运营，就搭建了一个让爱美女士追求美好生活的平台。旗袍，是展现东方女性美的民族服饰。我们将"传媒+演艺"演变为"传媒+旗袍+美丽经济"，传递"美丽一个女人，幸福一个家庭，和谐一个社会"的清音。

（例二）盐阜大众报运作的寻找盐城最美旗袍形象大使活动

一是利用融媒体平台宣传现代女性、展示现代女性风采，举办旗袍形象大使的选拔;二是组建旗袍团队,如组建省级机关旗袍会盐城分会,在各类演艺活动中,让旗袍佳丽频频亮相;三是通过商业策划,为景区、产品助演或代言,为营销注入美丽元素。

同时,还邀请有"小邓丽君"之称的青年演员王静来盐举办"邓丽君金曲演唱会",嵌入旗袍佳丽表演,弘扬优秀传统文化,打低运作成本,票务营销亲民。高水准、小成本、轻制作,引来社会各界的广泛点赞。

《邓丽君金曲演唱会》

取势还要占据互联网的技术风口,当下正风生水起的"AI互联网",视频、直播、抖音……新玩法也是"姹紫嫣红",需要报业牵住技术迭代的"牛鼻子"。比如,盐阜大众报对"演艺+直播"的精心编导和粉丝引流,犹如一枝红杏,绽放在IP的新土壤上。

二、明道的下半场:场景应用下的商业模式

道是规律、模式。明道,就是要了解纸媒商业模式为什么会崩溃,如何进行重构。

在互联网上半场,传统媒体完成内容生产(生产模式)后,通过一次售卖(将新闻卖给读者和观众),二次售卖(将读者的注意力卖给广告商),将内容变现。在这一阶段,大多数传统媒体仅解决了内容生产和内容分发,没有盈利模式,有的靠体制输血,有的靠多年的积累补贴。资

金投下后，在赢得了大量用户的同时，也体会到血本无归的痛楚。

到了互联网下半场，我们要分析，什么是报业的关键资源，如何获取关键资源能力，关键资源能力如何转化为盈利能力？这就需要重构报业的采编经营系统。

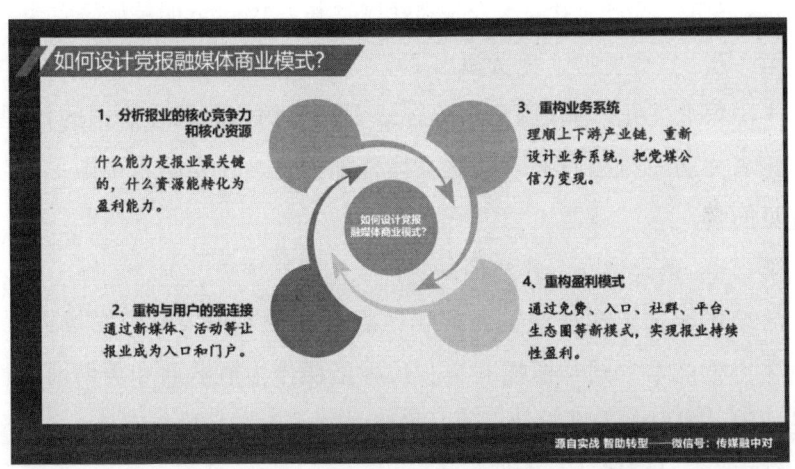

重构报业的采编经营系统，除了与用户建立垂直细分的强连接外，更要重视场景，以"双+"模式为例，在相应的场景下，形成了内容变现型、平台型、"前项免费　后项收费""入口＋后项"等多种商业模式，本报告以后两种为例进行分析：

1．"前项免费　后项收费"商业模式

互联网下半场，传播变成双向一对一的交互式，"泛大众营销"变成"社群的交互网状营销"，社群因共同的爱好走到一起，共享信息、分享体验，节点与节点之间彼此相连、彼此打通，织成一种新型的交互网状的关系模式。这一阶段，广而告之的营销方式已不复存在，窄而交互的场景营销是主要手段。

（例三）Wassup 歌迷见面会

Wassup 女团是韩国超人气嘻哈天团，在三线城市粉丝还不多的情况下，如何设计粉丝与明星互动的场景，并采用"前项免费　后项收费"商业模式打开局面？

盐阜大众报将商业模式众多要素中的客户价值、资源和能力、盈利方式，进行三个维度的综合应用：客户价值——以女团见面会为磁场，使粉丝（观众）与商家成为"阴阳相吸"的黏性客户；资源和能力——将融媒传播力转化为消融成本的"消化器"；盈利方式——以"剃刀与刀片"的搭售方式，实现盈利变现。为此，盐阜大众报在盐城举办了Wassup明星见面会。

第一步：宣传置换，免费演出。

中国报业文化产业联盟与Wassup女团签约，获取在中国的代理权，以"记者专访+视频直播"的融媒体传播方式，让女团来中国免费参加歌迷见面会。

第二步：落地商场，搭售商品。

活动场地选定在盐城宝龙广场，观众免费参加，给商场带去人流，化解主办方成本。同时招揽酒企、品牌蛋糕作为冠名商和赞助商，现场产品展销，演出中安排互动，通过网络直播，对产品进行宣传。

第三步：对接活动，连带收益。

现场嵌入"韩流商品展"，销售分成。同场举办"盐城市十大诚信眼镜店"评选颁奖仪式，对获奖单位收取入场费（含评选阶段的形象展示费），女团参与颁奖，并合影留念。

第四步：后项商演，持续收入。

通过歌迷见面会，Wassup女团在盐城扩大了影响力，不久，盐城亭湖区举办春季房博会,被邀请参加开幕式的商演。后续几个楼盘的开盘,也请到女团参加,女团获得出场费,盐阜报获得了代理及制作费收入。

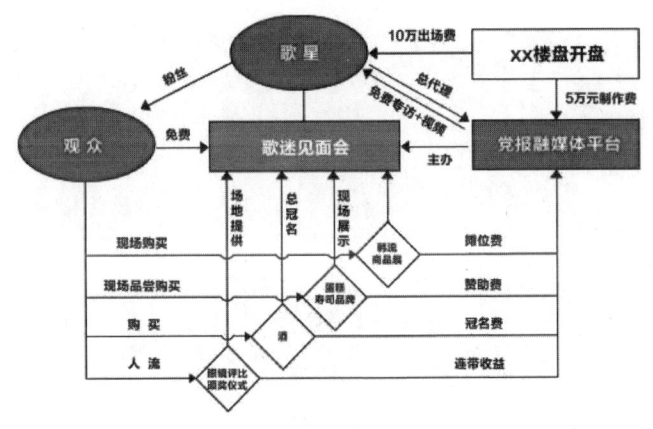

歌迷见面会"前项免费,后项运营"模式

小结:运用这一模式,活动的硬件支出成本几乎为零,获取赞助70万元。形成如上图的商业模式。

2."入口+后项"商业模式

互联网上半场的商业模式是先做"点",再做"线",所谓的"点",就是"坐地分赃",即进货、加工、议价、卖出、挣得利润。所谓的"线"就是"拦路抢劫",即造桥、修路、设卡、收税。

互联网下半场,商业模式是先连"线",再做"点",先造互联网的桥和路,抢占一个基于移动互联网连接的新入口,再做"点",通过后项运营收费。

盐阜大众报抢占的是城市免费 Wi-Fi 入口,把住了这一入口,就把握了对移动用户进行新闻宣传、信息服务和广告推送的主动权。报社承接政府 PPP 无线城市项目,抢占舆论引导的制高点,构建一个无线城市和物联网的底层架构。

这一模式在营销运作上是高场景应用,因为 Wi-Fi 是市民消费"最后一公里"的接入,可以很好地感知市民的需求,并及时推送给他们相关信息和应用。比如在汽车站,推送平安保险的广告;在妇保院,推送奶粉资讯。在这些场景下,以党报 APP 引流、首页广告推送、舆情分析、大数据收集、智慧景区、智慧医疗、平安城市等N个项目，延伸商业价值，自我造血。最终通过资本运作，实现循环发展。形成如下图的商业模式：

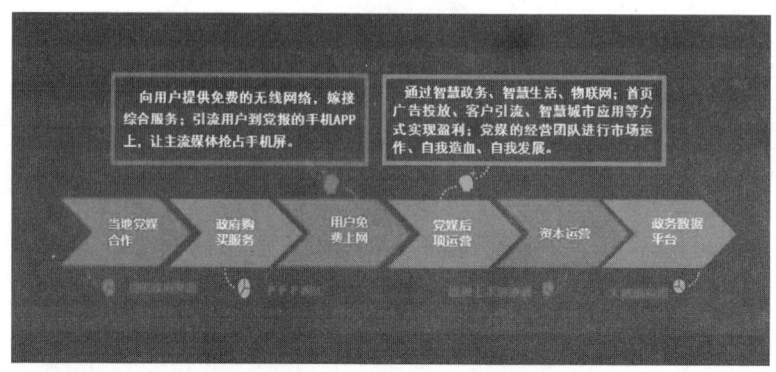

（例四）无线泗洪"1+2+3"模式

2016年2月，盐城报业科技有限公司中标宿迁市泗洪县超千万元的"无线城市"项目，通过技术创新，独创了"1+2+3"模式，即"一个APP、二网合一、三个平台"。

一个APP：掌上泗洪APP，设计出"APP+无线城市"的运营方式，增强APP的场景化应用。

二网合一：即Wi-Fi网+警用电子围栏网，实现智慧城市的物联网和平安城市的落地应用，在这张网上，除了实现市民的免费上网外，还可以主动检索周围路过人群的手机MAC，收集大数据。将MAC和数据库的虚拟身份（QQ、淘宝、微信等）提供给警方，推动平安泗洪建设。

三个平台：舆论引导平台+电子政务平台+生活服务平台，实现新闻推送，把控网上舆论；实现网络问政；同时APP上的后项服务平台为泗洪市民提供电子商务和生活服务。

三、优术的下半场：融合营销的必杀技

术即打法、战法。在顺应报业转型的大势，明了报业盈利内在逻辑后，选择战术方法，便成为重要的路径选择。

融合营销就是以内容为依托，与一切营销手段、传播渠道、全媒体相融合、线上线下相结合，能较好地把公信力变现的报业整合营销。它有三个必杀技。

必杀技一：多端融合——纸媒端、手机端、活动端、社交端

报业通过融合发展，形成了纸媒、网站、APP、两微等多个传播端口。"双+"模式的互联网下半场，就是从供给侧出发，充分利用这些端口，通过活动进行圈层营销，将传播端口融入社交端口，实现各端口的"双锥体"横联贯通。

（例五）2018年盐阜大众报"芦笋美食节暨某楼盘开盘"融合营销

本案例中，芦笋产业与楼盘系同一开发商，客户要求在同一时间举办两个活动，如何将两行业串联起来，经过策划，在楼盘开业的前夕和当天，以多端融合的方式走出了"五步棋"：

第一步：首层锥面广传播。活动开始前，通过纸媒端、网站、APP端等多个端口，进行全方位的宣传推广，圈引"大众粉"，也是一个吸粉的过程。

第二步：次层锥面加活动。策划一系列活动进行圈粉，在某楼盘营销中心举行首届芦笋美食文化节暨木器博物馆开幕仪式，举办芦笋烹饪厨王争霸赛，通过直播端发力。同时，邀请旗袍佳丽前来助阵写真，旗袍+木器+美食，相得益彰。"活动粉"转化成各自朋友圈的转发分享和传播，充分释放了社交媒体的强大功能。

第三步：三层锥面再深入。邀请中国芦笋学会首席专家，走进盐阜大众报新闻客户端直播间，举办健康养生论坛直播。以专家直播的方式进入更精准的生态健康圈层，直播活动吸引近5万网友在线观看。

第四步：锥尖激发购买力。活动当晚，将形成购买意向的优质客户群组织起来，走进大剧院，观看大地禾·琥珀湾之夜嘻哈包袱铺专场演出。

第五步：双锥体循环传播。活动结束后，参与活动的人群通过自媒体再次分享，形成更大范围和效果的口碑传播。

必杀技二：多策划融合——主题策划、活动策划、营销策划、执行策划

融合营销最重要的特征是从需求侧出发，策划先行、创意引领，"变

无为有""变痛为通",实行全案策划与执行,并确保成效。

(例六)"沿海湿地(盐城)国际摄影展"

2017年4月,盐阜大众报接手市委交办的承办"沿海湿地(盐城)国际摄影展"。这个活动,2016年有关单位就准备承办,但因经费等原因一直无法启动,成了一盘死棋。交给盐阜大众报承办后,距启动仅有一个月的时间,如何通过融合营销,以"传媒+摄影+活动"的方法,把这盘死棋下活?

在为期一年的活动中,近两百名摄影家从海内外赶来,在花海采风,在湿地流连,用镜头定格精彩,用艺术呈现视界。分春夏秋冬四个章节、起承转合四大活动,在摄影界和报界产生了较大的影响。

一是主题策划。如何让有"东方湿地之都"美誉的盐城走向全国、走向世界,"湿地之眼、视界盐城"成为策划的主题。邀请中国报业协会、中国摄影家协会、中共盐城市委宣传部作为联合主办单位,从而将一个地方性的活动上升为"国字号活动"。

二是活动策划。按照"贯穿全年、呈现四季"的思路,衍生出别开生面的开幕式、十大摄影名家拍盐城、全国百名社长总编沿海湿地(盐城)

采风、京盐两地影展四大活动，极大地丰富了活动内容。

三是营销策划。营销策划首先要有平台和亮点，摄影展除了总冠名单位外，还设计了春夏秋冬四站，以及启动仪式、颁奖仪式，共6个招商平台，每个平台都有一个分冠名。

这些活动依托盐城得天独厚的资源禀赋，用巨大的视觉冲击力、强大的艺术感染力、深刻的精神震撼力，创作了一批摄影艺术精品，海内外58个报纸整版宣传盐城。"东方湿地之都、仙鹤神鹿世界"，成为盐城享誉四方的一张亮丽名片。

必杀技三：多流程融合——市场调研、方案制定、战术制定、落地执行

"双+"模式，最终实现的是"党报+N"的升级，"党报"通过主流媒体的公信力、影响力、整合力，发挥舆论引导作用，凸显广告吸附能力；"N"是通过若干个跨媒体、跨行业、跨领域的营销活动，实现一条龙整合传播。跨媒体即为客户实施全媒体营销；跨行业即在产业链上实现多元发展；跨领域即通过活动策划、危机公关、舆情检测、事件行销、评比营销等多种方式，实现强势运作。

（例七）盐阜大众报"传媒+演艺+公益"的标准流程

演唱会是一个系统工程，需要严密组织，健全体系，明确责任，措施到位，各部门同舟共济，才能让庞大的系统工程尽善尽美。每场演唱会盐阜大众报报业集团都会成立10个工作组，包括演出、制作、营销、宣传、安保、场地、票务、财务等各个方面，涵盖9大模块，细分10项培训，签订50份合同，精耕400份方案，做实2000个细节，发扬团结协作、不畏艰难、连续作战、争先创优的精神，才能万无一失。

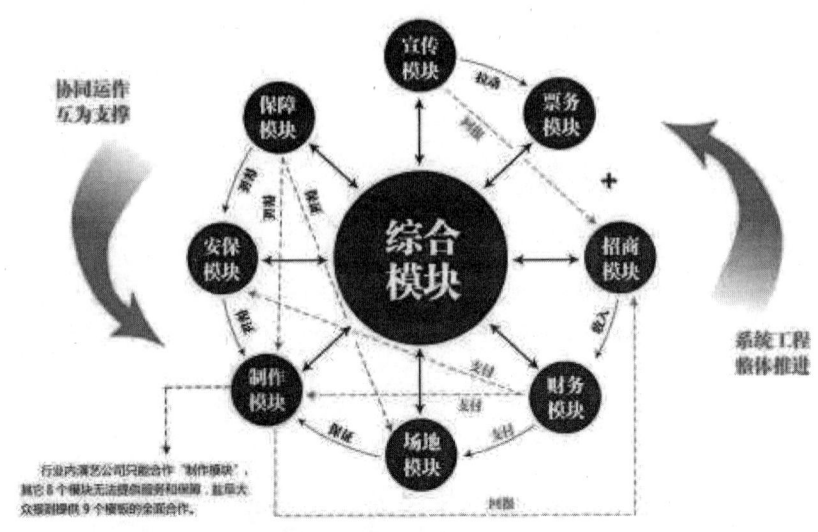

"传媒＋演艺＋公益" 9大模块系统图

在执行过程中，流程的标准化极为重要，"传媒＋演艺＋公益"细化了118项工作，每项均有标准，并以文案形式固化下来，包括策划文案、应急预案、规章制度、操作手册等，让演唱会的每一个环节、每一项内容和细节，都有章可循、有人可控，细节无懈可击。

四、如何应对互联网下半场：超限战思维

《超限战》一书，是空军少将、央视百家讲坛主讲人乔良所著，是指颠覆既有的战争规则，超越所有限制，不分前线后方，使用尽可能的手段达到战争目的。

互联网下半场，从"连接"逻辑转变为"智能"逻辑，大数据技术、无限云基础设施、物联网智能硬件、5G视频化应用……正在构建一个全新的智能生态。马云说过：如果银行不改变，我们就改变银行。同样，在互联网下半场，如果报业自己不改变，就会被改变。报业在这一时代，需要超越之前的瓶颈、惯性，以及路径依赖，通过错位竞争进行战略突破，使用尽可能的手段，抢占舆论引导的制高点。

1. 组织超限战。"双＋"模式在互联网下半场采取了阿米巴经营模式，

以项目牵头，变组织管理团队为项目管理团队。弱化等级、目标导向、平行激励，超越组织架构、人力配置、财务核算、市场等一切界限，实施团队自由组合，实行项目总监负责制，以利润为考核的"纵贯线"，包括平行授权、垂直敏捷管控、快速决策反馈，最大限度地解放创造力，增加执行力。

2. 技术超限战。互联网巨头正在用技术改变这个世界，互联网上半场BAT时代，技术核心是用户获取和流量增值；互联网下半场，是"潮流引导"，比如抖音、头条、火山等。技术对新闻分发权的控制和引导，已经突破了长期以来发布终审权的底线，技术是我们的短板，也是党报超越的机会。按照超限战的思维，如果技术上我们不是互联网巨头的对手，就应该考虑其他方式。打组合拳，或者错位竞争，你打我的软肋，我打你的心脏。比如"双+"模式升级为"+N"，就加进了无限种可能。

3. 用户超限战。用户永远是报业的痛点，在互联网下半场，报业没有真正的用户，我们有的只是受众。尽管不少报社声称有多少用户，但我们能否回答出，我们的用户后台在哪里？我们的用户行为分析系统在哪里？我们有没有用户的家庭住址和手机？这些用户是在哪个平台上注册并接入的？这些用户是怎么贡献他们的实名信息的？他们有没有绑定银行卡为我们推送的新闻付费？……如果这些都没有，只能说我们需要打一场用户的超限战了，我们的最终目标是吸引用户、黏住用户、劝服用户，让用户跟着我们走，抢占舆论引导的制高点。

4. 内容生产和分发超限战。互联网上半场，新闻的分发是"内容+渠道"，内容一家独大，一对多单向传输；互联网下半场，新闻的分发是依托平台，进行互动式的双向传输，渠道演变成了平台，用户成了新闻的生产者。从社交媒体发展到精准推送媒体，再到现在自我展示类的短视频，需要我们剑走偏锋，融合PGC和UGC，以全新的AI内容生产和分发，占领主阵地。

互联网下半场，一个全新的AI时代，裹挟着大数据和物联网，呼啸而来，将在5G即将到来的黎明中爆发，传统报业，你准备好了吗？

黔东南日报社：

发力"六抓六放"的内容生产

高俊华

《黔东南日报》系黔东南苗族侗族自治州州委机关报，该州历史悠久，在秦代即建城设郡，境内沟壑纵横，山峦延绵，重崖叠峰，原始生态保存完好，是游客心中最理想的"诗和远方"。近年来，黔东南日报按照"保持定力、精耕内容、深化融合、拓展多元、打造品牌"的发展思路，加快媒体深度融合发展。特别是在内容建设的改革和创新上，通过"六抓六做"取得了明显成效。

一、抓主题宣传做大内容

黔东南日报撬动重大主题报道的支点，着眼全国深耕地方元素，找准地方特色，与全国性的重大主题实现精准对接。近年来，紧紧围绕中央、省委和州委的中心工作，突出"大扶贫""大数据""大健康""大旅游""大文化"等战略行动，先后策划实施了《十九大时光》《美好生活——晒晒我的获得感》《点睛实体经济》《脱贫攻坚——来自一线的报道》《传承非遗技艺 助力脱贫攻坚——献礼改革开放四十周年》《弘扬新时代奋

斗精神》等 50 余个主题专栏。启动了"全员记者"应急预案，实行一天一调度和双总值班制度；由社长、总编辑及班子成员亲自带队，"既挂帅，又出征"，统筹协调、靠前指挥，既当"指挥员"又当"战斗员"，与群众同吃同住同劳动，确保了重大主题报道的正确方向和整体效果。

采编人员大到一个立意、一个选题，小到一个句子、一个字词，不出高度不放过，不现分量不放过，不出感情不放过，不出金句不放过，努力提炼"高光点"，采写刊发了《鏖战脱贫摘帽》《脱贫攻坚号角响遍苗乡侗寨》《指尖上的传承》等 500 多篇有高度、有深度、有温度的主题通讯和成就性综述报道。跳出了"老套路"，引起了新关注。

二、抓舆论引导做深内容

黔东南日报紧紧围绕中央、省、州重大决策部署，以专栏评论、系列评论、社论等方式，不断强化党媒的舆论引导。2017 年以来，先后推出了《打造千军万马大招商格局系列评论》等本报评论员文章 36 篇；开设《东南时评》专栏，发稿评论 40 篇；采写记者手记等短评 26 篇；刊发《灯下漫笔》言论 200 余篇。评论稿件数量和质量均创同时期历史新高。

同时，先后策划采写推出了《凯里血荒调查》《停车费翻一倍 你说贵不贵》《"春节式涨价"市民有话说》等 30 多个社会民生专题报道。以正面宣传为主，配以适度的舆论监督，使地方党报既能紧紧跟上时代步伐、牢牢把握时代脉搏，又能让群众有正确的方向感和满满的获得感。

三、抓品牌栏目做特内容

做好内容建设，要有自己的看家本领，必须打造品牌栏目这个核心竞争力。黔东南日报聚力打造了一批有影响力的品牌栏目。

《东南时评》专栏：作者署名统一为"山江石"，准确解读党委政府重大决策部署意图，精准策划选题和撰稿，使之成为受众领悟和把握我州经济社会发展重大走向的风向标。

《灯下漫笔》《周末茶座》专栏：这两个栏目系传统言论栏目，着力围绕地方经济社会发展、社会治理、社会风尚、民生实事等，适时发表意见、建言献策、针砭时弊、引导时风、伸张正义、传递正能量。

《黔东南故事》《黔东南人文地理》专栏：以苗侗非遗及旅游产业发展典型为主，着重介绍全州独特的人文风情。

《一周关注》栏目：专题报道州内外经济、政治、社会等方面的重大发展变化。

《非常道》专栏：以言论形式，给家庭家教家风培育成长开辟了一片沃土。

《事大民捕》专栏：关注社会民生，回应百姓关切，首创"图文+视频"的形式进行传播，受到市民一致好评。

《大扶贫》《大健康》《民族文化》《大旅游》周刊：全年共出版180多期，刊发《刻在枫木上的歌谣》等专栏稿件800多篇。

此外，该报还打造经营品牌，为80多个部门、100多个乡镇量身定做品牌推广，全年推出200多个专版专刊。新媒体平台也聚力打造了一批初具影响力的品牌栏目：网站主打《图客》频道；手机报力推《时评新观点》；微信公众号亮出《头条新闻》；官方微博紧握《权威发布》……

通过打造品牌栏目，不断增强了阅读性、互动性和吸引力，拉近了党报党媒与读者的距离，获得了良好的社会效应。

四、抓版面改革做新内容

黔东南日报全面实施了新一轮报纸版面改革。首先对报纸各版价值定位、风格特点及目标要求做了新的完善和优化，新增一批点睛栏目。如《基层新观察》《身边事》《凡人善举》《苗侗非遗》《百姓信箱》《新闻现场》《乡愁记忆》等。目前，版面改革已基本完成。

集中力量攻关新媒体平台改版,进一步优化页面、栏目设计,改进写作、创作、制作方式。其中,黔东南新闻网致力于打造"最具公信力的网络互动新闻媒体",凸显新闻宣传的权威性、媒体传播的多样性、便民服务的能动性、文化娱乐的综合性,被评为"贵州十大最具影响力新闻网站";手机报全面精简栏目和内容,共设有今日看头条等9个栏目,凸显"用户至上"的服务体验,目前总发行量为3.5万户;官方微信微博平台增强了用户体验和互动功能,重磅制作推出一批视频节目,仅全州两会期间就获得超过20万阅读量,视频传播量州级新媒体第一;微信订阅用户从1万增至5万,微博粉丝也由10万增至12万。

五、抓队伍培训做强内容

黔东南日报以实施"全员培训"战略为目标,狠抓队伍培训做强内容,实现了"四步走":

走上去。每年适时安排社长、总编辑及班子成员到国家新闻出版广电总局参加学习轮训,进一步提高"政治家办报"意识、依法出版意识和综合素质。

走进去。坚持每两周开展一次集中学习和新闻阅评,对标对表,重点学习习近平新时代中国特色社会主义思想和新闻思想、党的十九大精神,把中央、省州要求贯彻到报业发展各领域、各方面、各环节;对两周内的报纸及各媒体平台进行总结，评优析劣，不断提高采编质量，力求入脑入心。

走出去。2017年以来，组织20批60余人次分赴北京、杭州、深圳、温州、金华、信阳、武汉、遂宁等地参加采编业务培训和考察学习；派出两名同志前往贵州日报社、省大数据产业发展应用研究院挂职学习；组织干部参加州内业务培训30余人次。

走下去。采取室内授课和现场采访相结合的方式，每年落实两县市承办两次全州性的新闻通讯员培训，参训500余人次；应邀派出采编骨干深入各级各部门开展新闻宣传业务培训10余次，不断夯实全州新闻宣传基础。采取社领导班子成员和部室负责人带队，组织记者深入全州100多个村寨采访，采写了一批极具生活气息的消息、特写和通讯稿件。

通过努力，已经和正在建立起一支政治强、懂业务、善管理、作风正的干部队伍，激发了内容建设的生机与活力。

六、抓媒体融合做精内容

2017年，黔东南日报投入370万元实施全媒体融合体系项目建设，全媒体报道指挥中心、新闻采编中心、数据存储中心等相继建立，为融媒体建设提供了技术和平台支撑，将传统的新闻策划会、采前会、定稿会、编前会、阅评会、互联网大数据内容信息，整合于一套业务系统中进行综合管控。

打破部室局限，实行"1+×"采编模式，实现内容信息的统一采集、加工、编辑，综合运用图文、图表、动漫、音视频等形式，可衔接纸媒、网站、微信、户外大屏、APP、H5等多种终端，初步实现内容产品从可读到可视、从一维到多维的升级融合。

同时，与贵州省大数据研究院深度合作，重点打造以大数据应用为核心的新闻客户端平台，该平台产品于2018年年底上线。"两报一网两微一端"全媒体宣传格局初步形成。

2017年以来，重点打造视频板块。共开展大型活动视频直播11场，场均观看人数35万,最高单场观看人数突破了100万;开展视频专题拍摄30余个、微电影1部。媒体融合催生出魅力中国城、央视春晚黔东南分会场、中国传统村落黔东南峰会宣传报道等精品内容。

通过狠抓内容建设,近两年来,黔东南日报社各项工作获得大丰收,一批重点工作实现了历史性突破。

南充日报社：

融合服务驱动党报转型发展

杨雨龙

南充生态环境优越，系中国优秀旅游城市、国家园林城市；南充经济发达繁荣，既是久负盛名的"中国绸都"，也是国家区域中心城市。南充日报社在媒体融合发展取得阶段性突破后，基于媒体转型发展的新诉求，提出了"融合服务"的新理念，并付诸实践。使"融合服务"与"融合传播""融合营销"一起成为"融合+"的三驾马车之一。"融合服务"到底能给媒体带来什么？

一、融合服务的重要性和紧迫性认识

什么是"融合服务"？简单地说，就是在融合中提升服务水平，在服务中争取融合支持，通过融合服务的互动互促，增强传统媒体的影响力、传播力、生存力和生产力。

习近平总书记指出："现在，媒体格局、舆论生态、受众对象、传播技术都在发生深刻变化，特别是互联网正在媒体领域催发一场前所未有的变革。读者在哪里，受众在哪里，宣传报道的触角就要伸向哪里，宣传思想工作的着力点和落脚点就要放在哪里。"

总书记的重要论述，既是对传媒业生态的深刻洞察，也是站在党和国家的高度，对传媒业的使命和任务提出更新更高的要求，同时也是对媒体转型融合的极其重要的启示。

服务党政、服务受众、服务社会，永远是媒体的天职。当前，随着互联网技术特别是移动互联网技术的高速发展，受众已经不能满足于过去单一的、陈旧的报道方式，必须采取立体化、全方位、多形式的报道予以满足。

"融合服务"，就是在互联网技术支撑下，媒体基于整个社会对新闻报道和宣传工作的新要求，围绕党委、政府中心工作，有效整合媒体资源，在融合中实现新闻传播的"化学反应"和"聚变反应"，在融合中实现转型，在融合中提升服务，通过融合转型，提升媒体的传播影响力、舆论引导力。融合服务，融合是前提、是手段，服务是目的、是根本。反过来，服务能够有效地促进融合、加快融合。

无论从社会对媒体的要求看，还是从媒体自身发展看，"融合服务"在当前都是十分重要、十分紧迫的。一方面，社会发展呼唤媒体"融合服务"，特别是在信息爆炸、"人人都有麦克风"的大背景下，社会特别需要主流媒体权威的声音，需要强大的正能量。另一方面，媒体的发展也离不开党政和社会的支持参与，否则，媒体只能跳"独脚舞"，媒体"融合服务"，就是一句空话。

二、融合服务的可行性和操作性探索

目前，传统媒体转型发展主要靠内部挖潜、自我循环，自我转型与社会转型结合度还不高。融合服务，实质上就是由"两眼向内"向"两眼向外"转变，由单纯的"融合"向"服务"转变，以融合服务的方式提升服务水平，以全新服务赢得对融合的支持。融合与服务的关系，是相互依存、相互促进的辩证关系。为此，南充日报社进行了以下探索：

——全新服务党政中心大局。过去，媒体结构单一，媒体的影响力自然很强；媒体只管主观传播，接受被动可以忽视受众感受。在网络时代，媒体、传播、接受都面临着重新匹配。宣传功能的体现不仅是顺向传播，还要关注舆情的逆向传播。要牢牢占据舆论主阵地，既需要传统纸媒的权威性，又需要新媒体"接地气"。不仅要进一步做强传统纸媒，而且融合运用新媒体。2016年10月，市第六次党代会召开期间，为了宣传好市委"155发展战略",南充日报精心策划、精心设计、精心组织,用了大量特刊和增刊宣传报道党代会精神,让党委的决策通俗、全面、及时地传达给民众,同时利用新闻网、微博、微信、客户端,立体传播,取得了上下同心、众志成城的社会效果,市委主要领导将党代会期间的《南充日报》作为藏品收藏、作为礼品赠送客人。市委办专门给报社写了感谢信,指出"南充日报社始终站在讲政治、讲大局、讲责任的高度,精心组织、密切协同、倾力支持,弘扬了敢于负责、敢于担当的工作作风,树立了无私奉献、可信可靠的干部形象,为会议的胜利召开付出了艰苦努力、做出了重要贡献。"

南充日报社还精心组织撰写了《抓大产业支撑成渝第二城》《抓大建设筑就南充新未来》《抓大开放促进南充大发展》3篇评论,出色完成了市委书记宋朝华安排的任务,受到市委主要领导的高度肯定并做出批示:"南充日报社围绕建设'成渝第二城'组织撰写的三篇评论,是用心用情用力的鸿篇力作。特别是近段时间以来,围绕中心、服务大局,唱响主旋律,必将为进一步统一全市思想认识产生巨大的推动和引领作用,值得充分肯定和大力发扬。衷心感谢南充日报社的同志们,大家辛苦了!"

2017年1月,我们根据市委书记宋朝华的指示开展了"感动南充2016"十大新闻事件、十大新闻人物、十大新闻项目评选活动,充分运用南充日报、南充晚报"三微一端",在各个环节展开立体宣传、融合宣传。投票期间,3天时间南充新闻网、南充日报微信公众号总票数超过180万张。新媒体参与的兴奋度创造了历史纪录。到2018年1月,开展"感动南充2017"活动时,同样是3天时间,这一数据却飙升至380万张。

——全新服务部门行业工作。部门工作、行业工作是中心工作的重要组成部分,在传统房产和汽车广告逐渐消失的背景下,南充日报社紧盯为部门和行业的服务,和市级部门在宣传上达成战略合作。部门和地方的网站、客户端、微信托管渐成势头,报社与部门、地方的合作达到历史最好水平,部门和地方由过去单一垂青传统报纸转变为垂青新老媒体的融合平台,宣传效果事半功倍,一举多得。

——全新服务市场经济发展。从市场广告投放分析，企业特别是民营企业的广告投放目标，已经从传统媒体转移到了新兴媒体，自媒体也成为他们的着眼点之一。南充日报社成立了全媒体公司，用互联网思维和全媒体思维，服务、对接市场主体，他们需要什么，报社提供什么，让他们在传统媒体和新媒体之间找到适应感、找到归属感。创办于2007年的南充新闻网通过改版，已进入全国城市新闻网36强。当前正在通过全媒体思维、融合服务的思维赢得市场和客户的拥抱。

——全新树立融合服务理念。融合服务，媒体自身首先要树立起融合宣传的理念，一方面媒体自身和从业人员开展的一切业务要具有融合思维，另一方面为客户提供的服务也要有融合的方式。每一个媒体从业人员都要解放思想，打破传统惯性思维，顺应互联网时代的需要，在策划、组织、采访、编辑、播发各个环节，都要树立起融合宣传的理念。同时，要采取各种有效办法，把融合宣传的理念向社会各方面传播，在全社会形成支持融合宣传的良好氛围。

——全新建设融合服务平台。媒体融合、融合服务，基础在平台，没有平台的融合，谈不上融合，也谈不上融合服务。我们牢记习近平总书记的要求，按照从"你中有我、我中有你"到"你就是我、我就是你"的融合路径进行探索和实践。近年来，南充日报社以传统媒体为母体，打造了以一网、一手机报、两客户端、三微博、八微公号为主的新媒体矩阵。尝试着与大媒体、大平台合作，与新华社合作开发运用"现场云"，与四川广播电视台达成合作意向，共同开发IPTV网络电视，一旦合作成功，我们的视频用户数将达到100万乃至1000万。

——全新打造融合服务队伍。为了适应全新的传播载体和全新的生产组织形式，南充日报社按照全媒体理念打造全媒平台，实行全媒编采，建立全媒队伍，收获全媒效果。将报、网、微、端编采力量进行整合，工作平台进行机制整合，打造一支立体、综合的现代采编队伍，既能编报，也能编网；既能编微，也能编端；既能文字，也能图片；既能音频，也能视频。

——全新设计融合转型战略。在互联网时代，新媒体传播范围无边界可言，为传统媒体融合发展提供了广阔的空间和希望，在这个千帆竞发的初始阶段，南充日报社提出了全媒体、大媒体的理念和战略，从业内向业外、从域内向域外、从小媒到大媒、从当前向长远，加速转变和转型，为党的长期执政、为党委政府中心工作、为经济社会健康发展提供更强大的舆论保障。

三、融合服务的艰巨性和复杂性分析

目前，媒体融合转型在全世界也在摸索之中。传统媒体融合具有艰巨性和复杂性，从地市级党报转型中面临的困难分析，具有如下特点：

——传统惯性太强，融合认识不足。中国地市级媒体很多都具有多年办报史、发展史，在采编、经营、思维等各个方面形成了一套固有的模式，具有很强的惯性，社会对媒体转型融合知之甚少，媒体融合对社会而言宛若"山那边的人"。就全国普遍而言，媒体融合既缺乏项目支持，也缺乏资金支持。

——经济支撑太弱，融合速度不快。作为地市级媒体，普遍家底不厚，面对新媒体的强力冲击，抵御、应对的能力显得较为单薄。地市级传统纸媒广告断崖式下滑，经营发展举步维艰，有人认为，转型是"烧钱"的，"快转型快消亡、不转型等消亡"。的确，绝大多数地市级媒体目前处于保生存的基本线上，转型发展的经济支撑太弱。

——探索路径太多，融合模式不明。地市级传统媒体融合太慢，新兴媒体数量多、体量小，虽然两者都在你争我夺、拼搏奋进，探索媒体融合转型路径成千上万，但是，无论是国内还是国外，融合转型都没有一种普遍推崇的成功模式。

——新媒人才太少，融合支撑不够。媒体融合，人才是支撑。特别是新技术人才、新媒体人才、复合型人才，是媒体转型融合的关键。但是，地市级传统媒体人才难求、人才难引、人才难留。就我们报社而言，只有两名网络技术人员，最近公开招聘新技术人才结果落空。

四、融合转型的前瞻性和预期性展望

地市级媒体融合转型、融合服务、融合发展,是大势所趋。虽然面临很多困难和问题,但是,这条路我们必须勇往直前、坚定不移走下去。近年来,经过艰苦努力、不懈探索,已经看到了曙光和希望。

一是党政越来越重视。综观全国各地,党报作为主流媒体得到各地党委政府的高度重视,给了媒体融合转型的窗口期,让人对媒体融合的前景可期。党报党刊发行逆势上扬。南充市委、市政府高度重视《南充日报》发行,市委主要领导对南充日报发行做出了两年内增加 5 万份发行量的批示,同时,报社申报的 5000 万元全媒南充大数据工程已纳入"155 发展战略"。中央、省委重视办党报、读党报、用党报。《人民日报》开办了"读报用报干部谈"专栏,为媒体融合转型、融合服务提供了有力支撑。

二是社会越来越支持。随着宣传的深入和融合服务的推广,社会对媒体融合服务的认识在逐步加深、在逐步接受、在逐步靠拢。以《南充日报》为例,市级相关部门加大支持力度,在购买服务方面纷纷予以支持。部分机关、单位将微信托管给报社,市财政、发改、城管、人社、科技等部门和各县(市、区)也对报社的发展给予支持。

三是媒体越来越自信。面对生存压力和发展形势,地市

《@全体南充人:你的民生大!红!包!已经送出》

级传统媒体逐步形成了融合转型自觉,紧紧抓住窗口期,在平台、宣传、管理、经营、发展等方面加快融合转型,在增强传播力、影响力中提升生存力和生产力。目前,南充日报社成立的全媒体有限公司已初步完成融合型经营布局。"全媒南充"大数据工程,包括南充日报社"中央厨房"式采编系统、南充日报社视频演播中心、南充日报客户端、南充日报社舆情监测平台、南充日报社屏媒体,一旦完成,媒体融合和融合服务将进入崭新境界。下一步,还将向会展经济、办幼儿园、发展旅游、商业演出等方向拓展,进一步优化报社产业结构,实现多种经营。制定了"建设现代传媒集团、打造现代传媒产业"的目标,建成全媒体、大媒体品牌。将进一步深化干部人事制度改革,坚持竞争上岗、凡进必考,实行管理和业务"双通道"晋升制度,做到干部能上能下、待遇能高能低、人员能进能出、岗位能左能右,充分调动每一个员工干事创业的积极性。

余姚日报社：

县级媒体深度融合的余姚动车

黄桂树

余姚历史悠久，境内的河姆渡遗址是国家级文物保护单位；余姚人杰地灵，是姚江学派的发祥地。余姚日报作为一家县（市）级报社，在内容生产、技术支撑、资金投入、渠道运营等方面，较上级传统媒体而言都较为薄弱，抵御风险的能力也相应较差。如何适应移动互联网时代的舆论格局，探寻融合发展的发展路径？余姚日报抓住融合发展的关键环节，踏上了行政推动、财政撬动、项目驱动的"余姚动车"，获得了融合发展的加速度。

一、动力之源：深度融合发展

当前，互联网正加速重构媒体格局和舆论生态，主流媒体面临的竞争更为激烈，融合发展的任务更为紧迫。同时要清醒地看到，推进媒体深度融合，还面临着一些突出问题：

——动力不足的问题，有的缺乏居安思危、求新图变的紧迫感，工作积极性主动性不够；

——思路不清的问题，有的深入研究不够、总体设计缺乏，路线图、施工图不明晰；

——工作偏差的问题，有的传统业务与新媒体业务还是"两张皮"，互不相融；有的新媒体名号与母体相分离，削弱了主流媒体的品牌影响力。

对这些问题，必须高度重视，切实加以解决。将深度融合视为驱动县（级）主流媒体转型发展的动力之源：

（一）深度融合有利于主流媒体占据舆论制高点

传播形态持续演变，信息载体、传播渠道更新迭代越来越快，移动应用、社交媒体已成为主要信息入口，聚合类平台、自媒体公号不断涌现，网络直播、问答社区等成为舆论生成传播的重要源头。面对传播形态的深刻变化，只有推进媒体深度融合，重点在准、新、微、快上下功夫打造与主流媒体品格和气质相一致的移动新闻精品，才能巩固壮大主流舆论阵地，牢牢掌握舆论主导权。

（二）深度融合有利于传统媒体增创发展新优势

电视受众日渐分流，纸媒发行维持现状，媒体广告收入暴跌。市广播电视台因数字网络建设贷款进入还本付息期，经营与收支困境重重；余姚日报社在严峻形势下，经营联动压力传导到全员，一些媒体人心生忧虑，拓展的多元产业尚未能支撑整个报社运营。两家新闻单位都存在人浮于事苦乐不均、素养技能相对滞后、编制内外同岗不同酬、市场竞争行政体制束缚、财政支持力度比较弱等问题。面对这些情况，只有推进深度融合，传统主流媒体才能走出一条持续发展的新路。

（三）深度融合有利于新闻单位转型提升竞争力

融合发展是大势所趋，只有推进媒体深度融合，才能勇立潮头、加快发展。必须顺应时代潮流、顺应科技进步、顺应互联网发展趋势，聚焦传播手段、方法、技术、形式、平台、载体不断改革创新，在市场竞争中增强实力、扩大影响。一手抓融媒体中心建设，推进内容、渠道、平台、经营与管理深度融合，切实履行好媒体的职责使命；另一手抓融媒体人才队伍建设，推进现有人员融合转型，完善人才激励机制，吸聚全媒体内容生产、技术研发、经营管理等方面急需的人才，实现新闻事业与传媒产业同步发展，从而提升从业人员的事业心归属感，切实提高党的新闻舆论传播力、引导力、影响力、公信力。

二、核心动力：战略规划设计

本市主流媒体包括余姚日报社和余姚广播电视台两家新闻机构。余姚日报社由宁波日报报业集团控股管理，余姚广播电视台归地方管理。两家新闻媒体是新闻事业发展的基础部分，承担着将党和政府声音传递到千家万户的重要职责，在传播主流价值观，引导社会舆论和推动地方经济社会发展中具有不可替代的重要作用。两家新闻媒体特征不同、各自为政、功能重复、内容交叉、力量分散、市场瓜分、效益参差、动能不一等问题比较突出。推进两家主流媒体深度融合，其核心动力来自战略规划设计：

（一）明确发展定位

报台网深度融合发展的目标指向是着力打造县域新闻资讯、权威发布、舆情监测、生活服务的"综合体"，立足本地资源，深耕本土优势，探索推进"新闻+服务"模式创新，既服务地方党委政府中心工作，又满足当地群众精神文化生活需求。

1.内容定位——新闻内容生产是安身立命之本。新闻媒体内容永远是根本，好的内容、真正的新闻永远是受众刚需。要发挥传统媒体专业采编优势、信息资源优势、媒体品牌优势，提供及时、专业、权威的报道，以内容优势赢得发展优势。生产最真、最新、最亲的内容。

2.服务定位——新闻服务供给是转型升级之需。新闻传媒文化集团既是新闻单位，也是文产企业，在做好"新闻+服务"文章上，巧借优势、动足脑筋、独树一帜。服务领域由单纯宣传向多元文创拓展，服务运营由单向协助型向双向套餐化转轨，服务模式由单兵作战型记者报道向团队合作型传媒品牌创新。

3.经营定位——新闻产品营销是逆势上扬之策。以促相融为抓手，深化整合营销手段，采取"新闻+N服务"等途径，发挥主流媒体品牌优势，拓展传统经营，发展多元产业，延伸产业链。以全媒体为抓手，发挥线上线下交互优势，创造全新服务效应。抓传统读者观众群体增量，抓新媒体用户矩阵建设，抓融媒体客户商圈发展。在媒体融合业态下，积极拥抱读者观众用户客户群体，瞄准大文创、大健康两大产业，致力于经营融合的商业模式构建。积极探索信息服务、版权合作、广告传媒、文创产业、多元经营等多种盈利渠道，找到适合自己的可持续发展模式。

（二）整合组织架构

整合资产和人员，组建余姚新闻传媒文化集团公司，设党委，董事长为法定代表人，下设若干家全资、控股或参股公司，保留余姚日报社和余姚广播电视台牌子，书记、社长、台长一肩挑，单设总编辑及总经理，新闻与经营两套班子相对分离，事业与企业分离、办台与建网分离（网络建设组建公司以求更专业更优化）、基层站剥离（承担原有部分职能及报纸物流等新职能），原有事业编制身份均进入人事档案。建立买断退出、事业分流、精简裁员、竞争上岗、双向选择、同岗同责、同工同酬、多劳多得的人事与薪酬制度。

（三）统一运营机制

优化机制，实行多媒体统一运营管理。按照"报纸电视台广播电台新闻网客户端融合、全媒体运作"机制，打破原先条块分割模式为统合集中模式。明确报台网各具特征的新闻产品，主打一款新闻客户端，整合官方微信微博，改革分层级新型采编发网络和内部组织结构，由总编辑领导下的指挥调度中心全权负责，采编发联动平台、采访编辑技术部门、多媒体内容集成编辑室紧密配合，统一策划选题内容、统一采编发布新闻、统一组织协调力量，形成"一次采集、多种产品、多媒体传播"的工作格局。

（四）创新融合方式

打造一个适合自己的融媒体中心是深度融合的龙头工程，必须达到集中指挥、采编调度、高效协调、信息沟通的功能。融媒体中心需要以下"标配"：

1. 要有一个工作平台。保障采访、编辑、技术各部门代表集中办公，开展常态化工作。有条件的还可以采取"蜘蛛网"式的采编发大平台架构，做到人员混合编排、一体办公。

2. 要有一个技术支撑体系。打好底层技术基础，配好硬件设施，为采编发网络稳定运行提供可靠技术保障。

3. 要有一个全媒体内容管理系统。加强稿库、资料库建设，汇集各种稿件、节目素材、新闻背景资料，集成各种编辑软件工具，为记者编辑获取新闻线索、查阅背景资料、创作多媒体稿件提供支撑。

4. 要有一个传播效果监测反馈系统。及时对本媒体稿件、节目传播力影响力做出评估，及时发现舆情热点和参考选题，从而有针对性地调整传播内容和传播策略。

还可与上级两大集团建立媒体技术合作共享机制，在此基础上打通两个平台，实现互联互通互享互用。如条件允许可以通过技术采购合作，建设智能媒体平台，抢占媒体融合制高点。

三、动力快车：优化战术路径

推进媒体资源整合与深度融合是一项重要的战略任务和系统性的改革工程。理念更新与认识到位是媒体融合发展的重要保障。进入移动互联时代，"终端随人走、信息围人转"成为信息传播的新态势，必须顺应移动化大趋势，强化移动优先意识，实施移动优先战略。树立以"互联网+"思维为主导，"开放共享、用户至上"的理念，集聚用户，再创新优势，获得新发展。为了顺利推进此项工作，要加强统筹协调，优化战术路径：

（一）科学顶层设计，加强行政推动

市委市政府要把推进媒体深度融合作为加强意识形态工作，增强执政能力的一项重要任务纳入全面深化改革重大项目，摆上重要议事日程，进一步落实主体责任。要建立相应领导小组和联席会议制度，市委宣传部总牵头、总负责，加强调查研究、综合协调、科学谋划、精心指导，制定媒体深度融合的任务书、时间表和路线图。两家新闻单位一把手要主动负责、出谋划策、细化责任、有序推进。

（二）优化部门协同，加强财政撬动

推进媒体深度融合是一项系统工程，需要各相关部门的大力支持。在公司清算、重组、设立，机构设置、编制管理、人才引进、办公场所、设施建设、资源配置等方面给予充分保障；在公共财政安排、国有资本投入、全面预算管理、税费政策扶持、薪酬绩效考核等方面给予优先支持；探索建立传媒投资基金、创新投融资政策，激活媒体内生动能。

（三）坚持导向管理，加强项目驱动

在舆论生态日趋复杂多元的大背景下，媒体融合不能偏离正确舆论导向这一根本要求，必须恪守党管媒体与舆论导向，推送优质内容、壮大主流舆论，传递主流价值。在媒体切实履行社会责任的同时，市委市政府要优先支持媒体介入智慧城市建设、数据信息服务、文化创意领域，优选一批符合媒体发展趋势和自身发展战略，具有可行性、实效性、前瞻性的重点项目，驱动媒体深度融合发展。

推进媒体深度融合是事关传媒行业前途命运的重大课题，要以习近平中国特色社会主义思想为指导，立足余姚区域和媒体自身发展实际，深入调查研究，积极主动作为，推进深度融合，真正打造成主业强、产业兴、富有竞争力的新闻传媒文化集团。

曲靖日报社：

基于平台战略的曲靖实践

毛克宽

曲靖地处云贵高原中部的乌蒙山脉，地理位置险要，也是千里珠江的发源地，素有"滇黔锁钥""云南咽喉"之称。近年来，曲靖日报社锐意进取，改革创新，着力做强传统媒体平台、做实新兴媒体平台、做亮活动创意平台，在珠源大地上掀起了一轮又一轮改革冲击波，使曲靖日报迅速发展成云南地市党报的排头兵。

一、坚持"内容为王"，做强传统媒体平台

曲靖日报社不被唱衰报纸的声音所蒙蔽，围绕新形势新变化，积极尝试，打好创新转型这张牌，依托党报无可比拟的政治优势、公信力优势、新闻资源优势和专业能力优势，以"本土、深度、个性"为着力点，强化对本土信息的绝对掌控，坚持"内容为王"理念，强化对本土新闻的深度挖掘，强化在本土的影响力，强化为本土读者服务。

1. 让版面"靓"起来

2016年9月《曲靖日报》成功改版，一份份瘦中显丰，精而有神、简洁大气、清新"靓"丽、大方气派的《曲靖日报》犹如一股清风呈现在读者面前，精心设计的每个板块都具有独特气质和个性的版式风格，充分体现了本土主流大报的风范，让人耳目一新、眼前一亮，赢得了读者的普遍赞誉。当各种报纸弱化文艺副刊，甚至取消文艺副刊的时候，曲靖日报社与移居曲靖的中国著名作家、文学史上号称先锋小说"五虎

上将"的洪峰合作，举办了洪峰文学奖评选活动，吸引了国内很多知名作家踊跃参赛。

2. 让内容"强"起来

曲靖日报倡导开放式办报观念，"跳出曲靖看曲靖，走出曲靖看世界"，以大视野做大策划写大新闻，把曲靖日报及其所属媒体作为新闻界的一个品牌来打造。2017年，社领导了解到同为西部欠发达地区的贵州省的发展领先全国，很多方面可圈可点，"他山之石，可以攻玉"，于是比照曲靖的短板，寻找贵州的长项，派出三路人马，分批深入贵州采访报道，对标找差，写出了高质量的系列报道，让广大干部群众看到了差距、找到了经验、领略了贵州干部群众干事创业的精气神。

3. 让融媒"活"起来

2018年曲靖"两会"召开期间，曲靖日报"掌上曲靖"客户端开通"我给两会捎个话"线上互动栏目向广大市民和网友发出邀请，短短6天时间收到留言几千条，引起了市委市政府和市委宣传部领导的高度关注和重视。2月27日，曲靖市政府办专门发文，针对曲靖日报"掌上曲靖"客户端"两会"期间"我给两会捎个话"市民留言反映问题，明确了负责牵头解决问题的责任单位，要求各责任单位对涉及本单位的问题进行研究部署，提出工作方案，排出时间表，采取有力措施尽快解决，并通过曲靖日报"掌上曲靖"客户端向社会和市民公布。市政府督查室对落实情况进行督促检查、跟踪问效，对落实不力的严格追究责任。此举较好地实现了党报的舆论监督作用。

内容做活了，版面好看了，喜欢看报纸的人也多了。在纸媒订阅量普遍下降的今天，2018 年，《曲靖日报》的订阅量实现了新的突破，取得了历史最好成绩。在全国绝大部分平面媒体广告断崖式下滑的情况下，曲靖日报的广告业务逆势大幅增长，实现历史新高。

二、坚持"移动优先"，做实新兴媒体平台

曲靖日报认真思考和探索地方党报的新媒体发展路径，按照"有所为有所不为"的原则，结合现有的人力、技术条件，自 2016 年，在纸质媒体《曲靖日报》《珠江源晚刊》的基础上，植入"移动优先"理念，相继推出和升级改版新闻网站、手机报、微博、微信、手机客户端、多媒体阅报屏等近 10 种媒体平台，新闻产品形成了全媒体、全天候、全覆盖的发展格局，牢牢把控了曲靖舆论的主流导向。重点打造"一网一端一群"：

"一网"，即打造曲靖第一新闻门户网站——曲靖新闻网；"一端"即打造曲靖手机第一媒体——"掌上曲靖"客户端；"一群"即打造自媒体社交网络集群。

2016 年 8 月，掌上曲靖客户端 4.0 上线，曲靖日报社投资 300 多万元建设了全媒体采编系统，通过整合各类资源，打造互通互融的全媒体平台。经过两年的发展，根据腾讯官网企鹅号统计，根据阅读数、评论数、收藏数、订阅数、发文数等指标，从覆盖度、互动数、活跃度三个维度，对全国新闻客户端的传播力和影响力进行综合评价，腾讯官网发布全国最具影响力的区域媒体类周榜 50 强，2017 年，掌上曲靖新闻客户端两次闯入全国 50 强，分别排名 46 位和 43 位。

2017 年 7 月，曲靖日报社与昆明铁路局合作，将每天往返于昆明和曲靖之间的 24 趟城际列车冠名为"曲靖日报掌上曲靖"专列，让党报新媒体在云南省第一家"上火车"，产生了强烈的社会反响。

2018 年 7 月，中共曲靖市委办公室、曲靖市人民政府办公室联合印发《关于进一步推动传统媒体和新兴媒体融合发展的实施意见》的通知，要求曲靖日报社要通过整合、完善资源配置，全力抓好"掌上曲靖"客

户端服务平台建设，围绕拥有自主知识产权技术服务平台建设目标，实现从"引进型"向"自主型"转化。顺应全国党报系统组建"党报融媒体"的发展趋势，在民生服务方面，借助"掌上曲靖"拥有的用户群和影响力，通过统筹和整合资源，将曲靖的公共服务资源嫁接在"掌上曲靖"移动端口上，打破"利益孤岛"和"数据孤岛"，实现便民服务的"在线化""移动化"，为智慧城市建设、信息化建设提供服务平台，实现"掌上曲靖"再升级再改版，让内容更加丰富精彩，功能更加强大多样，提供新闻、读报、论坛、生活资讯、本地服务、电商服务。目前曲靖日报社正积极与各部门对接，确保政策真正落地。

三、坚持"策划引领"，做亮活动创意平台

报业带有强烈的文化产业属性。为真正让《曲靖日报》走进千家万户，成为广大市民真正喜爱的报纸，曲靖日报坚持"策划引领"，以举办文化创意活动为突破点，千方百计拓展党报舆论宣传阵地，不断提升曲靖日报的知名度和影响力。

——2017年11月，通过精心策划和组织，由中共曲靖市委主办，曲靖市委宣传部和曲靖日报社承办的"全国百家党报社长总编看曲靖"活动在曲靖举行，全国28省（市、自治区）105家党报的社长总编聚集曲靖，220多人来自祖国各地的媒体人齐聚曲靖，3天时间里，开展了探源头、看爨碑、访场馆、进工厂、在珠江源头共植党报林等采风活动，对曲靖的印象从无到有、从少到多，脑海里已然形成了全新的"曲靖印象"。各家报社回去后不惜版面，新旧媒体齐上阵，70多个报纸版面和30多万字的新媒体体量集中发力宣传曲靖，提高了曲靖的知名度和美誉度。这个活动办得非常成功，得到了全国各地党报的充分肯定和赞扬，取得了曲靖外宣工作非常重要的成果，受到曲靖市委市政府主要领导的表扬。

——2017年春节前夕，曲靖日报举办"送万福进万家"现场写春联活动，活动由曲靖日报掌上曲靖携手云南14名书法名家为广大市民现场书写春联，云南省书法家协会7位副主席、著名书法大咖悉数到位。同时，

曲靖日报社每年举办的曲靖日报国际汽车品牌文化展，已成为除昆明之外全省最大的汽车品牌文化展，去年销售额达3.02亿元，有力地带动了全市的汽车消费。

——今年以来，曲靖日报大力开展曲靖日报进机关、进学校、进企业、进社区"四进"大型主题宣传活动，充分发挥《曲靖日报》、"掌上曲靖"新闻客户端、曲靖新闻网和微博、微信公众号等主流权威新闻媒体矩阵的强大优势，为机关单位、学校、企业、社区搭建宣传推广平台，策划形式多样、丰富多彩的系列活动，充分宣传报道机关单位、学校、企业和社区的精彩亮点，弘扬主旋律、传递正能量。首站选择了有近万人的曲靖农业学校，通过开展活动启动仪式、新闻写作培训、视频访谈、争优评比等丰富多彩的系列活动，受到了老师学生的广泛欢迎，参与热情高涨，吸引了1万多粉丝下载掌上曲靖。第二站走进曲靖医学高等专科学校，盛况空前，当日粉丝下载量超过8000人次。

阿坝日报社：

强化舆论引导的阿坝法则

何 君

阿坝藏族羌族自治州是四川省第二大藏区和中国羌族的主要聚居区，幅员广阔，全州总人口92万，其中农牧民就达70多万。由于山高路远、语种不同、人烟稀少、电力不稳等因素，长期以来存在着报纸三五天才能送达、广播电视无法及时收看收听、农牧民接收信息难等现象，主流声音没有完全做到有效覆盖，出现了宣传盲点。对此，阿坝日报社全力在移动端排兵布阵，加速在互联网领域开疆拓土，紧紧围绕"喜欢看""愿意看""看得懂"，打通了舆论引导"最后一公里"，使新闻舆论工作呈现出新气象，迸发出强大活力，主流媒体的传播力、引导力、影响力、公信力显著提升，吸引力、感染力、亲和力、说服力不断增强，以听得懂、说得明、传得开、用得上的特点，受到广大农牧民的欢迎，成功走出了一条少数民族地区主流媒体的创新之路。

一、做法：因地制宜　全方位构建新型主流媒体

近年来，阿坝日报社把找准农牧民、吸引农牧民、激励农牧民作为新型主流媒体建设突出的主题、贯穿的主线，创新舆论引导格局，在"做增量"基础上整体推进"改存量"，通过技术平台、传播内容、传播形式、全域覆盖等创新驱动，以规模化和矩阵化的传播，让舆论宣传串起来、动起来、立起来，营造无处不在、无时不有的新闻磁场，为农牧民提供清晰的价值坐标、精准的价值导航，不断以丰硕的文化成果服务农牧民，

形成亮点纷呈的全媒体方阵。目前,阿坝日报社在拥有《四川民族教育报》《阿坝日报》(汉文)、《阿坝日报》(藏文)3张报纸的基础上,运用传播手段创新,维护和运营"阿坝新闻网"(汉、藏文)两个网站,《四川阿坝手机报》《阿坝藏文语音手机报》两个手机报,"微阿坝""阿坝时政""阿坝鼓声"(藏文)3个微信公众号及新浪"阿坝微博",全方位构建起包括新老媒体在内共11个平台的"32231"全媒体矩阵,同时运营"人民日报客户端阿坝州发布""微阿坝企鹅号""流云拭水"拍客等临时发布平台,承接部门、县市区网站、微信公众号,形成了横向到边、纵向到底的宣传格局。

1. 用好创新引擎——优势向互联网拓展,资源向移动端汇聚

为适应网络和手机移动端的发展,阿坝日报社在深耕纸媒、做深做精传统媒体的基础上,积极在新媒体上提前布阵,并努力做大做强,8年多来,新媒体布阵新招迭出、捷报频传:

——2009年,在四川省地市州中率先推出《阿坝手机报》;

——2010年,组建新媒体中心,开通"阿坝新闻网""四川新闻网阿坝频道";

——2011年,在全国藏区率先研发上线《阿坝藏文语音手机报》,用图文和语音同步刊播,让不懂汉文、藏文的农牧民群众通过收听藏文语音播报收受宣传和服务,做出了全国少数民族地区宣传模式创新的"阿坝贡献";

——2017年,新版"阿坝新闻网"(汉藏文)正式改版上线,集合了大量栏目和内容,实现了图文视和直播功能,现正全力朝着一类新闻门户网站目标迈进。

找准结合点,把握共振点。以贴近性亲近农牧民,以多平台服务农牧民,以图文视、汉藏双语吸引农牧民,阿坝日报社汉(藏)新媒体,不但实现了全州8.42万平方公里上农牧民舆论引导的全覆盖,而且在省内、国内也有一定影响,州外微信、微博粉丝分别达到10万、11万;《阿坝藏文语音手机报》用户达到12万之多,实现了安多藏语地区全覆盖、

藏传佛教寺庙全覆盖、村级以上干部全覆盖、有网络的地方全覆盖"四个全覆盖",受到中宣部、省委宣传部的高度评价,多家媒体同行前来学习借鉴。

互联网搭桥,新媒体连线,拉近了感情,联通了心灵。从纪念长征胜利80周年到纪念"5·12"汶川特大地震10周年;从立足阿坝"我的脱贫故事"到面向全国的"他山之石",从景色宜人的九寨沟到风光旖旎的黄龙……各个媒体平台亮绝活、出奇招,无人机航拍、VR/AR技术、人工智能、H5等"十八般兵器"一齐上阵、竞相发力,创新传播、融合传播、全媒传播呈现出前所未有的良好态势。

站在高起点,抢占制高点,达到新水平。报社还以"共建·共享·共赢"为主旨,牵头整合全州所有政务"两微"平台组建"阿坝微政联盟",把阿坝州"两微"平台由"单兵作战"蝶变为"集团军推进",使全州传媒事业在创新新闻生产、再造生产流程、引导舆论导向、延伸传播触角、提升覆盖效率上有了一个全新的起点,促成了统一发声的强大内外宣声势和影响。

2. 守好舆论阵地——求取最大公约数,画出最大同心圆

舆论反映人心,舆论导向反映人心所向。阿坝日报社面对不同思想文化的交锋、不同价值取向的较量、不同道德观念的碰撞,着力在多元中立主导、在多样中谋共识、在多变中把方向,在用好各种阵地的同时,重点打造了《阿坝藏文语音手机报》"阿坝鼓声""阿坝藏文新闻网"3个藏文新媒体平台,做到议题设置有技巧、话题引导有艺术、主题把握有定力,使其成为公约数的凝聚者、正能量的激发者、主旋律的歌唱者。

——重"落点",打造发声的教育阵地。《阿坝藏文语音手机报》不断扩容升级,推陈出新开设针对性强的栏目,如"双语入门"专栏,以藏汉双语对照图文加双语音频方式播发藏语字母、藏汉日常用语、短句拼读,成为各级领导干部和群众同频共振、共同提高的宽广平台;"校园文苑"专栏刊播全州藏文小学、中学和高中生(包括"9+3"学生)的优秀作文,成为中小学生展示才能的优势平台。

"5·12"汶川大地震期间，阿坝日报社原副总编辑泽尔登利用钢绳穿过河流前往一线采访

——守"质点"，打造发掘的教育阵地。"阿坝鼓声"微信公众号以"反映呼声、传递心声"为宗旨，所有栏目设置都围绕与人民群众利益密切相关的现实问题，找准思想认识的共同点、情感交流的共鸣点、利益关系的交汇点、化解矛盾的切入点，既回答"怎么看"，又回答"怎么办"。

——聚"热点"，打造发力的维稳阵地。"阿坝藏文新闻网"在维护社会稳定的工作中把"以文促稳"作为主旨，以政治性为主导，占好阵地，全面助力维护社会稳定工作。以"故事化、通俗化、人文化"的宣传方式，组织实施大V看阿坝、藏区新变化等系列行游策划，利用牵头组织的"阿坝微政联盟"统一集体发声，达到正视听的效果。

3. 讲好阿坝故事——提高阿坝声音"分贝"，刷新阿坝形象"颜值"

变"自上而下"宣传为"自下而上"宣传，阿坝日报社确定并实施了"内容为王、用户为王"的区域媒体发展思路，以农牧民的视角和需求，推出了汉藏双语种、图文音视多形式的全方位、多角度系列报道，进一步贴近、进一步服务，让媒体产品得到农牧民认可和喜爱，进而提升宣传的高度和效益，仅微信平台就有多条突破10万+。一大批凸显阿坝精神、阿坝风格、阿坝口味，内容较为精致、艺术较为精湛、制作较为精良的力作精彩亮相，满足了最广大农牧民的精神文化需求。

——发扬"工匠"精神,以精湛作品扩大影响力。在党的十九大和省第十一次党代会召开前,报社结合全州实际,积极主动做好主题宣传策划,从报道选题、版面安排、专题集纳、报道推送等方面做出符合农牧民需求的阿坝特色。精心推出了"我的这五年——喜迎十九大""十九大代表风采""阿坝向您报告""履职故事""盛世逢盛会""庆盛会说心愿""我为党旗添光彩""街头巷尾热议盛会""广角镜""聚焦"等栏目,无论是内容上还是形式上都突出阿坝特色。一方面,从内容上注重用农牧民视角解读报告,重点报道《报告》在阿坝群众中的反响;另一方面,从形式上注重阿坝时尚,适应阿坝农牧民的接受习惯和"口味",让他们喜闻乐见。单条微信《震撼你的眼球——阿坝一张图,一口气看完算你赢》,以横屏长图的方式,全面反映近年来阿坝州发展变化的成就,获得四川省委宣传部领导点赞表扬。

——发扬"草根"精神,以贴近性提高吸引力。今年是"5·12"汶川特大地震10周年。为了把有意义做得有意思,阿坝日报社加大融合创新力度,促进优质内容和先进技术有机结合、宏大主题与流行元素巧妙结合、议题设置与关切高度结合,推出了一批领风气之先、可互动、可分享、可体验的创新报道力作,打造出一批农牧民读有所用、阅有所值的作品。

——发挥"猎豹"速度,以时效性赢得传播力。2017年"6·24"阿坝州茂县叠溪山体高位垮塌后,阿坝日报社开展了连续多天的多平台、全方位报道,从第一时间公布受灾情况到播报现场救援场景,从呼吁"请新磨村外出村民报个平安"到倡议"社会志愿者有序撤离救援现场",从点赞沿途司机"救灾专用通道畅通无阻,没有一辆社会车辆进入救灾专用通道"到化解各种谣传,新媒体中心各平台发布的信息在网络上形成传播热潮,不包括国内外媒体转载,报社平台报道点击量就突破1000万,不仅向外界传递了第一手权威信息,掌握了话语权,有力、正面地引导了网络舆论,更带动了其他媒体积极发声,为党委政府开展抢险救援工作提供了舆论保障。

二、心法：多管齐下　全覆盖形成融合引导合力

迈进群众的门槛容易，走进群众的心坎不易。总结这些年的实践，我们深刻认识到，做好新形势下的打通农牧民舆论引导"最后一公里"工作，是站稳群众立场的基本功、掌握社情民意的直通车、转变作风文风的必修课、创新新闻宣传的金钥匙。笔触伸进土地，精神才有养分、文字才有温度。必须坚持以人民为中心的工作导向，必须和群众手相牵、心相连、情相融。之所以能行之长、行之深、行之远、行之稳，得益于以下四大心法：

1. 从办报宗旨看，只有坚持党管媒体不动摇，才能有力地唱响主旋律，传播正能量

藏区舆论有自身的特点和规律，正面的声音弱了，杂音噪声就会甚嚣尘上；正面宣传搞得越生动、越丰富，负面信息就越少、越没有空间。只有把自己定位于"党报"，始终坚持政治家办报方针不动摇，始终坚持把正确政治方向摆在第一位，牢牢坚持党性原则这一根本原则，绝对服从党的领导，强化"四个意识"，衷心服务全州工作大局，唱响主旋律，打好主动仗，既在数量上占优，又在质量上取胜，真正成为州委、州政府的发声渠道和传播窗口，架起党委政府与群众间的"连心桥"，才能得到支持、重视、关心、厚爱，才能具备发展根基，才能以传播力扩大影响力，以权威性赢得公信力。

2. 从新闻本身讲，只有对农牧民有价值有帮助的新闻，才是好新闻，才有传播价值

人民群众是我们党的立党之本、执政之基、力量之源。作为党的新闻工作者，只有走进基层、贴近群众，才能防止信念的错位，做好自己的本位，找准职责的方位。只有坚持百姓情怀、人民本色，察民情、听民声、知民意，才能推出有思想、有温度、有品质的新闻作品。让采编有底气，让报道接地气；让采编下力气，让报道聚人气；让采编长灵气，让报道冒热气。只有在选题中关注民生，尚于品、匠于心、践于行，用

精品"地方菜"留住"原住民",更加突出新闻的有效供给,为受众提供更加贴心周到的服务,让舆论成为民声的代言者、民意的体现者,才能持续不断增强亲和力。

3.从传播方式看,只有创新,才能抢占发展先机,有效占领媒体传播制高点

读者在哪里,受众在哪里,新闻舆论工作的触角就要伸向哪里。当今时代,舆论环境、媒体格局、传播方式都在发生深刻变化,舆论引导工作也必须创新方法手段。只有创新,才能做亮民生新闻报道;只有创新,才能做好版式美观悦读;只有创新,才能提升全阿坝的共同理想、共同目标、共同价值观。

4.从队伍成长看,只有转作风改文风,俯下身、沉下心,才具有核心竞争力

媒体的竞争,归根结底还是人才的竞争。之所以得到越来越多的农牧民认可,在于有一支业务精、水平高的采编队伍。只有致力于为人才成长打造做梦、追梦、圆梦的平台与机制,致力于为人才涌现创造快出人才、多出人才的平台与机制,致力于为人才发挥提供多研业务、多出成果的平台与机制,苦练学习功、深入功、观察功、提问功、倾听功、写作功,激励人人奋勇争先,让新闻人成为新的价值创造者,才能为《阿坝日报》的创新发展提供坚强的人才保障。

三、想法:补齐短板　进一步赢得舆论引导优势

尽管阿坝日报社运用传播手段创新,在打通农牧民舆论引导"最后一公里"方面进行了一些尝试、取得了一点成绩,但囿于各方面的原因,还需进一步努力,补齐短板,以进一步赢得舆论引导优势。

1.加大投入力度,进一步解决宣传工作与技术应用不相融问题

——加快基础设施建设。新媒体产品中,网站、微信公众号、微博等平台具有很大开放性,而其开放性,既是我们的媒体产品吸引农牧民的优势,也存在传播的局限性,特别是在我州边远农牧区,由于基础条

件差、网络信号弱等原因，严重影响到了广大农牧民群众对我们媒体产品的阅读和关注，造成了"最后一公里"通而不畅的现状。为此，就媒体而言，要尽最大努力在条件相对成熟的边远地区进一步加大媒体产品的发行、推广力度，实现宣传覆盖率提升。同时，各级党委政府要高度重视，加快包括交通、通信等在内的基础设施建设步伐，厚实舆论引导"最后一公里"的物质基础。没有"通"就没有"达"，没有通达就不可能发展变化。

——加大党报党刊特别是《手机报》的发行力度。众所周知，像阿坝州这样的"老少边穷病灾"地区，由于广大农牧民群众的文化水平相对较低，对网站、微信公众号、微博、H5等新鲜事物接受程度慢，对网站、微信公众号等新媒体推送的海量信息产品存在"消化障碍"。而《手机报》凭借其简单、推送的信息集中、"点对点"刚性送达等优势，反而更受广大农牧民喜爱。只要能收到手机号码，即可实现信息的无缝传递，从而实现党和政府声音、惠民政策、服务信息及时送达目标。

2. 加大政策资金倾斜力度，进一步解决宣传工作与政策资金人才要素不相融问题

边远少数民族地区地市级党报的发展由于受人口基数、基础建设等各种条件制约，基础差、底子薄、战线长、发展空间不大，不能与内地发达地区同日而语，更应因地制宜地在政策、资金上给予支持。《阿坝藏文语音手机》开通时属免费订阅，州内3家通信运营商无经济利益，一定程度上会影响到工作积极性，加之受推广不力、断网、新购手机未实现自动绑定、直接订阅渠道不畅和手机容量不够等因素影响，正式刊播之时全覆盖开通的用户锐减，使这一全新宣传模式的作用未充分发挥。媒体产品的生产，要以创新为突破，要对边远地区媒体从资金上给予支持，加快各种现代新型编采设备、数据库等的建设，通过应用新技术，以创造出更多更好内容丰富、形式多样的媒体产品。

媒体产品的生产，关键在人。要结合边远民族地区实际，因地制宜地尽快出台落实人才引进、培训特殊政策，实现网络技术人才、专业音

视频人才等的引和留；要通过组织、宣传、党报行业协会等主管部门，加大对现有人员的挂职锻炼、外出培训等，不断培养党报的管理经营人才和业务骨干。

新余日报社：

提升新闻舆论四力　释放主流媒体动能

胡春俊

新余历史悠久，早在 5000 年前的新石器时代，就有先人在此活动；新余生态优良，是全国 22 个国家森林城市之一，全国唯一的国家新能源科技城坐落其中；新余工业发达，是江西省新兴工业城市，工业化率达51.2%。近年来，新余日报社在媒体融合发展中，通过搭建移动新媒体平台和"中央厨房"采编指挥系统，改革新闻生产工作流程、组织架构和考核机制，加快推进融媒体改革创新，在不增加人事编制，不增加财政负担的情况下，打造出"报、网、微、端"七大媒体平台，形成齐唱主旋律，共奏大合唱的立体化宣传格局，有力提升了党报的引导力、传播力、影响力和公信力。新余日报融媒体改革获得中国报业融合创新奖 30 强，新余发布"两微一端"获得全国政务新媒体最具影响力品牌 50 强，被评为"江西省报业先进单位"。

战略规划：确立改革发展思路

思路决定出路。面对媒体格局、传播方式、舆论生态的深刻变化，报社党组在深入调研考察的基础上，提出"一二三四五"改革发展战略。

"一"：坚定一个理念，即传统媒体必须与新媒体融合发展。

"二"：狠抓两条主线，即媒体融合发展，经营转型升级，通过媒体融合发展提升党报"四力"，通过经营转型升级提高创收能力。

"三"：坚持三个并重，即坚持融合发展理念与互联网思维并重、内容生产与技术革新并重、社会效益与经济效益并重。

"四"：突出"四个融合"，即突出内容、渠道、经营、管理的深度融合。

"五"：实现"五大目标"，即实现提高新闻时效、拓展传播范围、加强互动体验、扩大传播效果、增强营收能力。

战术路径：打造平台+优化流程

一方面，坚定移动优先，打造融合平台。

1.建立融媒体中心。按照移动优先发展战略，在市委宣传部的大力支持下，新余发布"两微一端"（新余发布微信、微博、手机客户端）于2016年4月21日正式上线，2018年4月13日，新余市融媒体中心（中央厨房采编指挥系统）建成投入使用，"中央厨房"采用江西日报赣鄱云平台技术，实现了本地新闻与省级党报自动融合抓取。

2.升级改造新闻客户端。将市县乡村（社区）"四级"政务媒体融合在一起，通过新余发布新闻客户端实现了手机读报、看广播电视新闻、浏览全市主要新闻网站及政务微信公众号、微博等功能，成为名副其实的融媒体产品。按照"新闻+服务"理念，新余发布新闻客户端还具有"公交线路查询""汽车违章查询""电影在线购票""家政""列车查询"等便民查询和商品展示、在线购物、大型活动线上移动直播等功能，增强了客户端的用户黏性。

3.打造融媒体传播平台。依托"中央厨房"打造融媒体平台。记者随时将采访稿件传至"中央厨房"，实现新闻资源汇集，"中央厨房"各媒体编辑经过分类加工，提供给不同媒体共享使用。报社旗下的新余日报、新余发布"两微一端"、新余新闻网、新余手机报和余视频七大媒体发布终端，通过"中央厨房"可以实现新闻策划、采编、审核、发布、传播效果评价等一体化，形成滚动式、多样性、全天候、立体化传播格局，达到了"新闻梯次发布、报道循环传播、多维关注世界、立体宣传新余"

的良好效果。

截至目前,新余发布"两微一端"聚集粉丝近200万,超过全市总人口数,其中,新余发布新闻移动客户端下载用户数达25万,微信粉丝超过11万,微博粉丝161万,新余发布微信、微博在全国政务新媒体指数周榜、月榜排名居前50名,在全省11个设区市移动政务新媒体指数排名前二位,新余发布微博入围全国百强"两位一端"候选,居全省政务类微博前二位。

改革管理机制,优化工作流程

1.实行机构融合。新余日报社原有的机构是按照媒体平台设置,日报、晚报、新媒体各有自己的采访部、编辑部,各自为各自的媒体平台从事新闻采编业务,相对分散独立,组织架构不利于融合发展。为整合资源,凝聚合力,我们制定出台《新余日报社推进媒体融合发展实施方案》,将没有公开刊号的晚报撤并到日报,同时,将原有日报、晚报、新媒体相对分散的组织架构,整合组建融媒体采访中心、融媒体发布中心、

融媒体视觉中心、融媒体经营中心和融媒体管理中心"五大中心",明确采访中心和视觉中心的所有记者为全媒体记者,负责为全媒体采集提供文字、图片、音视频新闻内容,发布中心负责全媒体平台的新闻内容遴选、编辑和发布,经营中心负责全媒体广告经营,管理中心负责党务政务财务考核等后勤管理。通过机构整合和重新明确职能,引导大家树立全媒体记者编辑理念。

2. 实行新闻采编审发融合。制定出台《融媒体采编审发工作流程》,要求记者外出采访必须第一时间向发布中心新媒体传送短文章、短视频和现场图片,新媒体编辑根据微信、微博、网站和手机客户端的传播特点,进行再加工编辑制作,经新媒体编辑部负责人及分管领导审定后实时在新媒体推送,采访结束后,记者再根据采访掌握的新闻素材写成比较全面整体的深度文章,经采访中心负责人及分管领导审核交发布中心的报纸编辑选用,按程序审核后排版第二天见报,做到一次采集,多样生成,多元发布。并充分利用微博、微信、客户端和网站等实时追踪,及时与用户互动引导,汇成新闻流。

3. 实行绩效考核机制融合。改革人事薪酬制度,不以职级、职称取酬,实行"以岗定薪"、基本工资+绩效工资、以绩效工资为主的薪酬制度,充分体现多劳多得,调动员工工作积极性。打破身份界限,实行在编人员与聘用人员"同工同酬"。出台《新余日报社融媒体采编绩效考核办法》,对报纸编辑、新媒体编辑、纸媒用稿、新媒用稿分别实行等级打分制,按工分绩效取酬,建立激励机制,同时提高每位编辑、记者核定完成工分基数,倒逼记者必须积极向新媒体供稿。对新媒体稿件,根据其时效性、新闻价值、文章质量和阅读转化率,综合评定基本分数。建立新闻质量和编辑质量奖惩机制,在每月评选报纸好新闻、好版面的基础上,对新余发布在全国政务新媒体指数排行(周榜)和全省政务新媒体活跃指数排行(月榜)情况进行奖惩,对新余发布单条阅读量、平均点击量和新余新闻网访问量情况进行奖惩。

4. 实行广告经营融合。坚持办好媒体与经营创收两手抓、两手硬,按照"事业的归事业，市场的归市场"原则，组建新报文化传媒有限公司，代理运营报社全媒体广告经营及报纸发行等市场经营业务，实行公司化运作、总经理负责制，报社对公司实行目标考核，向报社上缴利润。改革以后，公司充分发挥市场主体作用，积极探索经营转型升级路子，在全国报纸广告收入普遍断崖式下滑的形势下，公司经营收入保持了稳中有升、逆势上扬，为报社融媒体建设和新闻事业发展提供了坚强的经济保障。

效果检阅：切实履行党报职责

战略规划的确立、战术路径的选择，最终的落点是在效果的呈现上，在媒体融合发展中，建立良好的效果检阅评估机制，是战略规划、战术路径保持科学性、先进性和旺盛战斗力的基础反哺。对此，新余日报社建立了"三服务"的效果检阅机制：

一是服务大局，当好党的声音传播者。全力以赴宣传好党的路线方针政策和省委、市委的重大决策部署，选派优秀记者、编辑做好市委市政府重大活动、会议报道，创新传播手段和方法，在报纸和新媒体重要位置开设专题专栏，高举旗帜，引领导向，在重大问题上不失声、不缺位。

二是服务群众，当好体察民意的沟通者。坚持以人民为中心的工作导向，以报道人民群众的伟大实践为主线，以反映老百姓的愿望呼声为己任，深入开展"走转改""锐青年记者走基层"活动，俯下身、沉下心、察实情，推出了一批有思想、有温度、有品质的作品，近两年50件作品获省级以上新闻奖，连续两年作品参加中国新闻奖评选。通过策划"新闻扶贫""扶贫攻坚记者行"活动，利用党报的影响力公信力，先后帮助贫困村、贫困户线上线下销售葡萄、杨梅、玉米、毛豆等农产品，一次性销售葡萄两万多斤、玉米10多万斤。在新余发布新闻移动客户端开设"掌上问政"栏目，搭建起"网上群众路线"新渠道，老百姓借助智能手机就可以便捷反映自己的诉求，并上传文字图片视频资料，问政栏目记者采访核实后及时转交有关部门处理，两年来先后为群众协调解决诉求2000多件，实现了网上倾听民意、疏解民忧、服务民生的效果，深受群众喜爱，并作为典型经验在全国媒体同行推广。

三是服务发展，当好凝心聚力的推动者。紧紧围绕市委、市政府中心工作，持续不断推出了一批工业经济、项目建设、环境保护、乡村振兴、脱贫攻坚等重大主题宣传，深挖典型经验、讲好新余故事，为经济社会发展凝聚磅礴力量。先后在《人民日报》《经济日报》《光明日报》等中央主流媒体刊发外宣稿件120余篇，完成新华网、人民网等网络外宣200余篇，比两年前翻了一番，为新余建设"三区两典范"，再铸新时代"工小美"新辉煌营造了良好舆论氛围。

报纸版权保护调研：

打赢榆林保护战

呼东荣　王振荣　王　婷　马孟欣

榆林系国家历史文化名城，位于陕西省的最北部，既是黄土高原与内蒙古高原的过渡区，也是陕、甘、宁、蒙、晋五省区交界地，优越的地理位置，使其自古就成为兵家必争之地。

新闻作品是新闻媒体的核心资源和宝贵资产，也是众多媒体的"兵家必争之地"。近年来，受信息浪潮的冲击，新闻作品版权保护面临严峻挑战，如何守住这个"兵家必争之地"？榆林日报从认识和厘清新闻作品版权保护概念入手，敢于自亮"家丑"，意在推动建立新闻作品生产传播及版权保护机制，促进新闻作品健康传播，实现新闻媒体资产权益的最大化，打响一场新闻作品版权保护的榆林保卫战。

一、厘清新闻作品版权界限

关于新闻作品版权保护，应从法律法规的视角来认识判断：

1. 现行版权保护的有关法律法规：版权包括人身权利和财产权利。人身权利包括发表权、署名权、修改权；财产权中权重最大的和关联度最高的是复制权和传播权。在我国目前的新媒体环境下，除WTO规则涉及知识产权保护的《与贸易有关的知识产权协议》外，涉及知识产权及版权保护的法律法规主要有六个方面：

（1）2010年修正的《中华人民共和国著作权法》（下称《著作权法》）及其实施条例；（2）2002年最高人民法院通过的《关于审理著作权纠纷

案件适用法律若干问题的解释》；（3）2005年由国家版权局与信息产业部联合发布实施的《互联网著作权行政保护办法》；（4）2012年最高人民法院通过的《关于审理侵害信息网络传播权民事纠纷案件适用法律若干问题的规定》；（5）2013年修订的《计算机软件保护条例》《信息网络传播权保护条例》；（6）2017年国家互联网信息办公室新修订的《互联网新闻信息服务管理规定》等。

2.关于新闻作品版权的相关规定：从现行的国际公约与各国立法看，大多并未对作品的概念进行定义，更没有对"新闻作品"进行过具体定义与划界，我国的《著作权法》上也没有明确的"新闻作品"的概念。

应当明确的是，所受著作权保护的"新闻作品"，与新闻媒体所说的"新闻作品"是有所不同的。《著作权法》规定不受该法保护的作品有三种类型：

（1）法律、法规，国家机关的决议、决定、命令和其他具有立法、行政、司法性质的文件，及其官方正式译文；（2）时事新闻；（3）历法、通用数表、通用表格和公式。

《著作权法》所列举的这3条不受保护是缘于体现立法初衷，利用传播，推进知晓，并有效贯彻实施。其中的"时事新闻"，在《著作权法实施条例》中，特别强调为"是指通过报纸、期刊、广播电台、电视台等媒体报道的单纯事实消息"。也就是说，《著作权法》中的"时事新闻"，所指的是通过大众传播的单纯事实，其不具备独创性或独创性很低，报道事实新闻是让公众尽快了解这些消息，所以没有必要进行保护。还有，《著作权法》中，对"时事性文章"版权保护有着这样的规定：报纸、期刊、广播电台、电视台等媒体刊登或者播放其他报纸、期刊、广播电台、电视台等媒体已经发表的关于政治、经济、宗教问题的时事性文章，可以不经著作权人许可，不向其支付报酬，但应当指明作者，另外作者声明不许刊登、播放的除外。

3.厘清新闻作品版权保护的界限：榆林日报属于地方党报媒体，除日报外，在媒体融合中，办起了榆林日报网（榆林网）、榆林日报官方微博、榆林日报微信公众账号、榆林日报客户端和榆林发布等新型媒体平台。应当说，榆林日报现在的媒体平台，基本涵盖了现有的新媒体种类。榆林日报所属的这些平台，平均每天发稿量百余篇（件），同时每天也有近半数的稿件被市内外媒体转载传播。

对照《著作权法》等版权法规，除"时事新闻"和"时事性文章"外，那些被市内外媒体转载的"新闻作品"，应该是受版权保护的。作为地方党媒，长期以来，在生产传播"有益精神文明、物质文明建设的作品"中，对自身新闻作品的保护有了初步的理解，在平衡媒体责任、新闻传播与版权保护中，认识到维护自身利益和积极履行党媒责任的重要性。当然，在新闻作品版权保护中，也毋庸置疑地存在着不少问题。在融合改革中我们应进一步意识到新闻作品版权保护的重要性，进一步厘清新闻作品界限，规范新闻作品生产传播，切实保护新闻作品版权。

二、新闻作品侵权现象种种

互联网生活给著作权领域和知识产权保护领域提供了愈加便利的"侵权"条件。传统媒体、内容提供商、内容提供者和移动客户端与互联网服务提供者之间，不同程度地存在着新闻作品侵权行为。

从榆林日报看，存在的新闻作品版权侵权现象大致有如下情况：

1. 新闻"拿来就用"

根据《著作权法》等有关规定，报刊单位与互联网媒体之间相互转载已经发表的作品，必须经过著作权人许可并支付报酬，同时强调转载作品时，不得对作品内容进行实质性修改；对标题和内容做文字性修改和删节的，不得歪曲篡改标题和作品的原意。从现实看许多媒体很难依照这种"先授权、先付费、后使用"去做。从对2018年5月一个月的数据统计看，榆林日报所属的榆林网、微博、微信公众号、客户端等平台，日均发稿179篇（件），其中本报原创稿件114篇（件），转载外媒体的为83篇（件）。原创稿件中，除"时政类作品"外，有50%为原创新闻作品，转载作品中有的是经授权的新闻作品（如新华社购买服务稿件），有的是国内媒体刊载的新闻作品。长期以来，作为欠发达地区的榆林日报，自身采编条件有限，自采自制新闻作品难以满足内部各形态媒体需求，所以编辑制作人员，不得不对境内媒体的新闻稿件（包括新闻作品）"拿来就用"，多少年来，习以为常，养成习惯。好在是地方党媒，总体影响较小，转载新闻作品选择的多是"正面性的"，加上编辑环节的把关，没有出什么大的问题，侵权官司较少。应该说，对于这种"拿来就用"的新闻稿件，特别一些是受著作权法保护的新闻作品，是直接侵犯媒体与作者的"信息传播权"的。

2. 新闻作品"挂名"

从榆林日报所属媒体登载的新闻作品看，署名既有记者，又有通讯员，既有普通记者，又有领导，等等。从一个月的每日7个新闻版面统计看，榆林日报日均刊出署名记者的稿件（包括图片）18篇（件）、署名通讯员稿件17篇（件）、记者通讯员合作署名稿件1.5篇（件），另转载外媒稿件5篇（件）。从包括榆林日报所属媒体登载的新闻作品署名看，有合作署名的稿件属于"挂名"。有仅为二三百字的作品，署了多人名字。稍细心读一下这些五花八门的署名作品，读者用户会质疑，难道真正是领导写的稿件还需加上记者的名字吗？真正是记者采写的稿件非要加上通讯员的名字吗？除非一些真正需要合作的稿件。凡是那些"挂名"稿件，里面必定有假，对此只能意会了。曾发生过一起"作者为作品署名讨说法"的案例：某公司职工，认为报纸刊登的由他原创的一篇"形象宣传稿件"没有署他的名字系侵权，多次来报社"找说法"。还有一次，榆林日报编辑依据市某局发来的简报信息在报纸上刊发了一则消息，该局认为编辑"署名侵权"，"盗用了稿件"。后经查，编辑属于正常"采用信息"。上述如此"署名权"上出现问题，实属是一种侵权行为，是采编与媒体侵犯了作者的"署名权"。

3. 作品"名誉侵权"

榆林日报曾有疑似"新闻作品侵犯名誉权"情况。

案例一：副刊作品引发诉讼。《榆林日报·周末版》刊登了某作者的文艺作品，一读者认为作品中的"人物原型"影射了自己，榆林日报作为"作品内容把关与刊载媒体",侵犯了他的名誉权。这起官司虽然做了调解,但引人深思。副刊类作品也是新闻作品的一部分,"防止侵权"一样重要。

案例二:"正面报道"中的侵权。有时候看似"正面"的新闻报道,会引起"负效应"或"名誉侵权"。某局退休领导认为记者在报道该单位的新闻作品中"一改过去'暗箱操作'"的表述,褒扬现任领导的同时贬低了自己,侵犯了他的"名誉权"。

案例三:新闻作品中的局部侵权。《榆林日报·法制版》曾刊登了一通讯员、某公安局职工采写的一件盗窃案消息。被盗公司认为盗窃者并非他们公司员工,只是之前在公司干过零活,新闻报道失实。虽说是通讯员来稿,但榆林日报具有"核实把关"责任。由于消息未造成不良影响,经报社与该公司沟通,问题得到妥善解决。凡此种种,无疑是新闻作品中的"作品侵权"问题。调查中,不少读者用户建议,新媒体环境下写稿投稿方式更加便捷,媒体对新闻事实的"核实把关"应更加严格科学。

4. 有悖"传播许可"

"媒体许可"是我国出版传播特有的一项制度。根据著作权法规,报刊需要有出版许可;按照新修订的《互联网新闻信息服务管理规定》,网络媒体也必须具有资质,不再是新闻"自由王国"。对照《著作权法》和《互联网新闻信息服务管理规定》等,榆林日报当然是合法媒体了。而榆林日报所属的网络媒体,在未取得"互联网新闻信息服务许可"的情况下,利用新媒体建立的新闻信息服务平台,开展新闻信息服务,属不合法规行为,得不到著作权法的保护。作为地方党委机关报的榆林日报,应该对此高度重视。

5. 滥用"职务作品"

新闻作品一般属于职务作品,记者与所服务的媒体是种"契约关系",记者为所服务的媒体提供新闻作品,属于职务履责,是无可厚非的。传统媒体在厘清职务作品的同时要建立相应的采编出版传播管理制度,以避免引发纠纷和侵权。2014年2月27日,一名为"猫眼看人"网民在"凯迪社区"发布了一则"反映某单位负责人'火箭'升迁"的网帖。3月6日榆林日报某领导就此"授权"某记者以"榆林日报名义"在这位记者个人微博上发布了"网帖反映某单位负责人任职等有关问题与事实不符"的微博,引发网民的强烈反响与"围攻",网民甚至将矛头指向发微博的记者。此次"网络事件",在市委免去该单位负责人职务后才渐渐平息。这起网络事件,问题在于"职务作品"在"个人微博"上刊登,实则违反了《著作权法》《互联网新闻信息服务管理规定》《网络出版服务管理规定》中关于新闻信息的传播规定,导致一个平常的网帖转化为一起"网络事件"并持续发酵。此次教训值得汲取。有编辑记者建议,保护"职务作品版权",除了对记者、编辑给予薪酬福利等的保障外,媒体单位应正确使用"新闻作品",还可借鉴国外做法,建立"记者个人数据库",将"职务作品及拍摄或制作的素材资料"确认、保存与利用。

在传统媒体和新媒体各平台之间,不同媒体之间相互侵犯著作权,在某种程度上说与对相关法律的理解不同而钻法律法规的空子或"打擦边球"不无关系。其中有这几种情况:

——扩大"合理使用":《信息网络传播权保护条例》规定通过信息网络提供他人作品的八种"合理使用"的情形,其中规定"报道时事新闻,在向公众提供的作品中不可避免地再现或者引用已经发表的作品;向公众提供在信息网络上已经发表的关于政治、经济问题的时事性文章",这两种情形可以不经著作权人许可,不向其支付报酬。但是实践中,"合理使用"的界限常常是模糊的,媒体与网站一般自行理解与扩大"合理使用"范围,以致出现侵权现象。

——利用"避风港"原则:"避风港"条款来自美国1998年制定的《数字千年版权法案》,最早适用于著作权领域。后来"避风港"条款也被应用在搜索引擎、网络存储、在线图书馆等方面。"避风港"原则包括两部分,"通知+移除"。即ISP(网络服务提供商)在收到版权人发出的侵权通知后,在法律规定的期限内删除侵权作品,可以免除承担侵权责任。

以榆林日报为例，国内权威媒体如新浪网、澎湃新闻、腾讯新闻、凤凰网等以及本地自媒体经常转载榆林日报新媒体稿件，通常情况下会注明来源。对于转载注明来源的，通常都默认为不侵犯版权。未注明来源的，对于微信公众号自媒体，榆林日报新媒体中心有时发现后会在微信平台投诉。侵犯榆林日报新媒体平台版权的媒体，最严重的是省内某客户端。在其他城市，该客户端通常采取与当地地方媒体签约的方式，转载其新闻稿件。但是在榆林，目前未与榆林日报签订任何协议，除不注明来源转稿外，还常将原稿件署名改为"该客户端记者"采写，并习以为常。

——利用"红旗原则"：最早规定在1998年美国版权法修正案中，是对"避风港"原则的限定。即如果网站的内容明显是侵权的，就像一面红旗竖立在网络服务提供商面前，此时即使版权人没有发出通知，网络服务提供商也有义务主动删除相关侵权内容。

从榆林日报新媒体看，也出现过类似的"侵权纠纷"：2017年"五一"小长假前，榆林日报微信公众号发布一条综合整理稿件，内容有"五一"小长假市内天气、交通情况和景点线路介绍。稿件在景点介绍部分引用了本市某自媒体微信公众号发布的文字介绍与编辑格式。该微信公众号认为榆林日报为"编排格式抄袭"。该"侵权纠纷"最后在榆林市网信办介入下得到妥善处理，该微信公众号运营者删除了曾发布的指责榆林日报微信公众号抄袭的文章。榆林日报方面编辑在部门内部做了检讨，并强调新媒体各平台编发整理稿件均要按规定署明作者与来源，特别是需删除的稿件要及时删除。

此外，榆林日报新媒体采编平台上的过半数稿件是没有配图的，但新媒体发稿要求每篇稿件都必须配图。在这种情况下，榆林日报APP、榆林发布APP的封面图只能从大型搜索引擎中获得，因为属于地方媒体，没有引起广泛关注和投诉。榆林日报微信公众号和榆林发布公众微信号发布的网络图片均会注明图片来源，也没有发生被投诉情况。

三、新闻作品版权保护对策

从榆林日报看，对照著作权法等版权法规，除"时事新闻"和"时事性文章"外，那些被市内外媒体转载的"新闻作品"，应该是受版权保护的。但怎么保护，确实存在着很大的困惑与矛盾，有必要从以下方面认识并提出建议和应对策略，更有效地保护新闻作品。

1.新闻作品版权保护的"源"与"专"

新闻产品版权保护要有"源"可寻：新修订的《互联网新闻信息服务管理规定》，强化了对新闻信息及用户信息的管理，在按规定转载新闻信息时，明确规定要"注明新闻信息来源、原作者、原标题、编辑真实姓名等，不得歪曲、篡改标题原意和新闻信息内容，并保证新闻信息来源可追溯"。从调查看，作为专业新闻单位的榆林日报，其专业采编人员均具有较好的新闻职业素养，良好的职业道德、技能训练和社会责任感。在杜绝"标题党""虚假信息""新闻过度虚拟化"以及"对用户身份信息日志信息负有保密的义务，不得泄露、篡改、损毁，不得出售和非法向他人提供"等方面，较之社会网站、自媒体有着更严格的行业监管。但也存在着一些问题与漏洞，比如某篇监督稿件，记者数次采访，稿件已经进入了编辑出版流程，但在出版环节"泄密"，相关单位"公关"，监督稿件最终未能见报。这种情况，就是新闻产品在生产制作的"源头"出了问题，所以版权的保护应从"源头"抓起。

新闻作品版权保护要唯"专"是举：《互联网新闻信息服务管理规定》明确由"专业人做专业事"，即新媒体总编辑要对互联网新闻信息内容负总责，并报国家、省、自治区、直辖市互联网信息办公室备案；互联网信息服务从业人员须"持证上岗"；微博、微信传播平台需要承担审核平台账号的开设信息、服务范围的主体责任。调研中，对这种把互联网新闻信息采编这个职责还给专业新闻采编人员的要求，采编人员一致赞同和拥护，并表示，采访权是有出版许可证的媒体独有的权利，这一权利要归于媒体并由媒体安排给记者执行，未取得采编资质的人员占去采编岗位，实质上侵犯着媒体的著作权权益。因此，新闻作品的版权保护还要唯"专"是举。

2. 新闻作品版权保护的"痛"与"治"

新闻作品版权保护长期困扰着传统媒体。传统媒体花费时间精力弄出来的"新闻产品"，瞬间就可能被那些"有资质"或"无资质"的新媒体"拿去使用"，甚至被"改头换面"，成为媒体的心头之痛。但反过来看，一些地方媒体为了新闻作品的高传播力、影响力，非但顾不得作品被转载问题，而且还希冀着网络媒体的垂青，绞尽脑汁，千方百计地借由"网络放大器"扩大点击量，以换来广告收益。常用的办法是"与网络运营商合作推广""媒体互相链接推广""发红包赠流量推广"，等等。对此种现象，有资深媒体人分析，创新是媒体最核心的"版权"。要从根本上提高新媒体点击量与影响力，除了创新新闻作品和制作"独家并有影响力"的产品外，应用"草根思维"，大量开发音视频、小程序与游戏类产品，增强与用户"互动内容"，否则，新媒体只会成为"传播形式"或"+互联网形式"。

对于新闻作品"版权市场的乱象"，要着手于"治"。许多媒体从业人员建议，媒体内部可先建立新闻产品生产制作传播保护机制，传统媒体所属的新媒体应借鉴商业网络开发有声读物市场等成功的盈利模式创新经验，绝不可死守着传统版权"盾牌"来实现，同时还应推进国家层面上的版权治理，以实现"内外同治"。

3. 新闻作品版权保护的"知"与"行"

"知者行之始，行者知之成。"此话用在新闻作品版权保护上也较为合适。即新闻作品版权保护要知道应该保护哪些新闻作品，然后有一套新闻作品版权保护机制，使新闻作品保护变为具体行动。

事实表明，保护新闻作品版权仅凭借刊登"依法使用新闻产品"的公告，是没有什么明显效果的，同时忽视版权保护造成维权上的被动局面。如2006年，榆林日报与某文化公司处进行了一场诉讼。起因是该公司在一宣传物上使用了《榆林日报》报头中"榆林"两个字，榆林日报状告该公司侵权。《榆林日报》于1949年6月5日创刊,创刊至今,《榆林日报》报头经过了15次变换。1981年9月1日开始使用的报头中的"榆林报"3个字,是由著名书法家方去疾先生题写的。读者普遍认为,方去疾先生题写"榆林报"报头题字,纵横奇斯,欹斜自然,俊俏和谐,尤其是"榆林"两字很受读者赞赏。榆林(时至今日)许多窗口单位和对外宣传书刊资料都喜用方先生题写的"榆林"这两个报头题字。2005年某文化公司在制作一纸质宣传品上用了这两个字。榆林日报以"侵犯著作权"起诉这家公司。此案经一审市中级人民法院裁定后上诉至陕西省高级人民法院,最后调解结案。从结果看,这起诉讼基本是在"胜负不分彼此"中收场的。

反省此案,主要涉及《榆林日报》著作权中的财产权中的复制权,也涉及榆林日报方面在对方先生题给"榆林报"三个题字的保护问题。应该说,方先生给榆林日报题写的报头字,是属于《榆林日报》著作权(版权)中的财产权,具有作为报纸(商品)标识作用。假如榆林日报对"榆林报"题字的墨迹原件妥善保存和进行注册保护,一旦遇到此类案件,维权就会变得简单得多。

四、新闻作品保护的"理"与"法"

新闻作品版权保护实际上是个明"理"守"法"过程。

要加强宣传,增强公众知识产权保护意识,通过对一些重点版权侵权案件监督曝光,提升业界对新闻作品版权的认知、理解、尊重,营造良好的新闻作品版权保护环境。

要强化新闻媒体行业自律,积极开发数字化技术版权保护手段,提升保护新闻作品版权领域的话语权和议价能力。

要进一步发挥行业组织作用在制定标准、团结维护、化解纠纷和争议调解机制的作用。

要紧紧依靠国家版权行政主管部门和司法机关的法治力量和法治作用。

要研究解决传媒技术课题,从国家层面上,建立"新闻作品传播标志技术识别系统",应对新媒体时代新闻作品版权保护中的新挑战新问题。

要在坚持新闻产品"先授权,再使用"原则的同时,对那些尚未取得网络出版服务许可的媒体在版权方面"划定红线","只要触法,坚决关闭,绝不迁就"。

党报发行扩量调研：

31家省级党报发行痛点及对策

郭利民

每到年末岁首的订报时期，"订报大战"硝烟再起，在阅读转场的形势下，党报发行如何冲关？本期调研报告聚焦省级党报的发行转型，对痛点问题进行剖析，规划转型路径，对全国报业有相当大的借鉴意义。

一、全国省级党报发行情况调查

过去的一年，全国省级党报发行行业在各党报集团的领导下，认真贯彻落实习近平新时代中国特色社会主义思想和十九大精神，围绕中心，服务大局，取得可喜成绩。

1. 发行价格提高

天津、重庆等10家报纸成功提价，提价幅度都在100元以上。目前全国31家党报平均全年报价为456.68元，平均每报每天出11.21版，全年每版平均价格折合40.74元。31家省级党报中，年发行价格500元以上的9家，480~500元以上的8家。一些未调价的报纸通过争取财政补贴方式，增加了报纸收益。如湖北日报每年从财政拿回4800万元，党报价格未来几年仍将保持上升趋势，十八大以来，党的新闻舆论"四力"（传播力、影响力、引导力、公信力）建设要求进一步提高，报业集团所属都市类媒体效益断崖式下滑对集团经营影响巨大，新闻纸涨价不止，人力成本上升，这些因素都使报价上涨成为必然，无论是沿用传统的征订方式，还是以政府财政购买公共文化产品，实行以赠代订方式，这个趋势短时间内不会改变。分析党报价格的构成，除了纸印成本、采编成本，往往忽视了其中的版权因素，将来即使新旧媒体融合到达"你就是我、我就是你"的阶段，党报新媒体无论是由财政供养，还是由用户付费订阅，内容生产成本和版权溢价也将会不断上涨。

2.发行量普遍保持稳中有升

党报的特殊属性决定了量价关系受市场影响较小，很多报纸如《云南日报》《贵州日报》等，都出现量价齐升的局面。比较典型的像《四川日报》，在提价100元的情况下，两年增长了10万份。为了上量，各报发行部门采取了一系列措施。具体有以下三种方式：

（1）扎口征订，定向赠送。如广西日报社争取自治区党委组织部继续拨出党费订阅了8480份《广西日报》，向全区扶贫工作队员和驻村"第一书记"赠阅；自治区财政厅拨出专项资金订阅《广西日报》6734份，向有关群体定向赠阅；自治区总工会订阅1371份《广西日报》，向珠三角广西籍民工群体赠阅。

（2）划区征订，发力猛攻。如自办发行的南方日报围绕深圳、佛山、江门、汕头等重点区域发力猛攻，深圳地区发行量同比增长21.42%，佛山地区同比增长4.2%；江门地区同比增长5.96%，汕头地区同比增长26.01%。

（3）叩门征订，主动走进。如海南日报通过组织开展"党报进自然村""党员读党报""三进高校""文化扶贫""进司法系统"等"叩门征订"方式，超计划发行1.17万份。北京日报不断扩大发行范围，在中南海、北京会议中心、京西宾馆每天各发行《北京日报》千份；在高铁多次列车和飞机上每天配有几千份《北京日报》供乘客阅读；北京市旅游委所属多家星级宾馆饭店订阅《北京日报》近万份。

3.发行质量和发行时效有所提高

黑龙江日报协调邮局投入近千万元用飞机运输，解决了两个地市17个县区第二天看省报的问题，目前除大兴安岭两个偏远县外，全省当日省报都能到达。为加强发行质量监督,湖北日报发行公司建立夜班值守制度,建立107个时效监督点反馈,根据地方宣传部门意见,对财政在基层乡村赠阅的报刊由村委会调整投递到村卫生所等公共场所后,进行了严格监督和动态管理;为更好地方便农村读报用报,与邮局合作,建立1037个农村阅报栏。大众日报调整新增枣庄、东营印点,解决了两个地市的发行时效问题。

4. 对发行成本控制进行有益探索

探索一:减员增效瘦身强体。如湖南日报发行部门先后开展了市州和总部两轮改革重组,第一批裁掉526人,第二批裁掉123人。原先包袱沉重的发行物流有限公司停止运行,筹建新的只有17人的湖南日报发行中心,发展新的电商物流。改革使历年亏损的发行板块一举扭亏为盈,当年实现2000余万元利润。

探索二:降低发行推广费用。如大众日报从2014年起取消了对宣传部和记者站的一切发行奖励,每年节约奖金700多万元;湖北日报在2016度取消武汉市党报推广费的基础上,2017年度又取消了市州地区党报推广费。

探索三:降低邮政发行费率。如新华日报通过与邮政部门谈判,通过降低费率,发行成本下降700多万元。

5. 发行工作内涵得到有效拓展

媒体融合大背景下,发行的内涵正在发生深刻变化,由单纯的纸媒发行向全媒体推广转变。新华报业成立全媒体运营部,在报纸发行业务之外增加了手机新闻客户端交汇点的推广和运营。湖南日报发行中心利用传统发行渠道,推广新湖南客户端,使湖南日报客户端用户达到1800多万。

二、省级党报发行转型和非报业务开展情况调查

在媒体融合过程中,受新媒体冲击严重的都市报发行量下滑,面临严峻考验,党报集团自办发行队伍陷入生存困境,单纯的报纸发行业务

和过去小的多种经营已经不足以支撑现有队伍规模。一些党报采取缩减或撤销自办发行队伍的措施，更多的自办发行队伍则是积极探索，加快发行转型和扩大非报业务，主要围绕发挥报刊投递队伍人力资源优势、社区资源优势和党报集团线上线下资源整合能力优势，开展物流配送、社区服务和电商业务。

发行转型的典型案例：

广西日报发行中心于2016年4月启动网购商品物流配送新业务。2017年在社委的领导和相关部门的支持下，发行中心全体员工积极参与，注重效率，创新工作方法，成功将以专门投递报刊为主的发行网络提升为集报刊投递和物流配送为一体的"落地配"物流配送网络，配送网点基本覆盖了全区各市县，对发行队伍的稳定和收入增加做出了应有的贡献。

南方传媒发行物流有限公司近年来借助遍布全省的完整网络，开展电商落地配业务，物流日均配送票数约5万票。2017年8月通过AAAA级物流企业认证。公司还获得广州市物流与供应链协会颁发的"广州十佳物流企业"、中国（广州）国际物流装备与技术展组委会颁发的"中国物流行业金蚂蚁奖"及客户颁发的"精诚合作奖"等多项业内殊荣。

青海报业发行物流有限公司近年物流业务发展较快，2018年3月配送量超过10万单，并在全省建立起五级党报发行物流网络，建成县级自营网点43个、乡级网点37个、村级网点48个。

重庆报业发行公司在2017年做到"以物流为支撑，努力实现高速增长；以生鲜为突破，全力打造转型支撑；以电商为载体，积极发展多元业务；以平台为依托，创新驱动传统项目"等多元发展，完成"一网八平台"媒体融合产业布局，生鲜直配项目于2017年9月1日正式启动以来，获利颇丰。并在江津双福建成了5000平方米的生鲜仓储分拣中心和溯源检测中心，以及覆盖全重庆主城的冷链运输和物流配送网络。

河南日报发行中心建立豫报商城便民商品展示和交易网络平台，以现代信息技术为手段，开创"实体+网络""手机+云端"的电子商务

新模式。充分利用党报的政治优势和品牌优势，以河南日报发行为主业，以党报覆盖网络为依托，以中国报业电商物流联盟为平台，以河南各地名优特产为资源，打造河南最大、互通全国的"发行+电商+物流"的产业经济链条。

三、省级党报发行痛点及对策

痛点一：党报发行效果问题

党报兼具意识形态属性和商品属性，党报发行本质上是大众传播，也是市场营销，既要追求传播的社会效益，又要追求销售的经营效益，理想状态是两个效益追求相互统一，至少是相互平衡。理论上讲，发行量越大，传播面就越广，在价格合理的情况下，社会效益和经济效益也就越高。但党报发行的共同痛点和现实困境，是公费订阅为主的现行发行体制下，发行量不等于送达量，更不等于阅读量，很多报纸到了订户手中根本不看不读，造成纸张印刷和投递资源的巨大浪费。媒体融合形势下，各报投入人力物力和技术力量，建设两微一端，形成媒体矩阵，丰富了传播手段，很多报社的发行部门也涉足新媒体的推广工作，但新媒体产品也往往点击量有限。尽管在中央和各级地方党委高度重视新闻舆论工作的大环境下，党报前程无忧，但不解决好读报用报问题和增加新媒体的阅读量这一新时代党报发行的深层次问题，党报的传播力、影响力、引导力、公信力就会大打折扣。

对策：增强报纸与读者的互动。

20世纪90年代在发行困难时期，很多报纸有"发行头条"之说，一度加强了报纸与读者之间的关系，扩大了报纸的发行量。新时代如何解决发行效果问题？解决的办法除了做强内容，发行环节能够做的工作应该是加强读者服务，多做活动，增强与读者的互动。大众报业集团结合新媒体发展，正探索强化党媒公共服务平台功能和运营，加强对省直部门和地方党委政府的服务和互动，如发行公司参与省纪委开展的党员知识竞赛在线答题活动，增强与党员读者的黏性，收到不错的效果。

痛点二：现行发行体制改革问题

目前的省级党报发行主要是邮发和自办两种方式。全自办发行链条长，成本高，适合发行区域较为集中的党报，除广东、广西、宁夏等省区外，一些做过自办尝试的省报目前在收缩战线或全部交邮发。通过邮局发行的大部分报社采取"集订分送"模式，其好处是报社和发行部门责任小，出了问题找邮局就行，而且看似成本低，发行用不了几个人。但由于报社发行市场主体地位不明确，弊端也很大：

（1）报社不能准确掌握发行数据，不利于与读者互动和媒体融合。

（2）发行投递质量难以考核落实。对于发行投递不到位、缺版、缺报情况，尽管报社与邮政签订的邮发合同中对投递质量有明确要求，但报款不掌握在报社手中，考核兑现很难，对于读者投诉，发行部门也只能与邮政沟通协调，短期有效，但时间稍长又回到从前，周而复始。

（3）邮政占用报款，影响报社现金流。一般都是报款收到邮政公司，再由邮政公司分几次与报社结算。另外，按25%费率与邮局结算，是全国大部分省报的惯例，近几年各报提价，对新增价部分仍按25%结算各报社普遍有怨言，但鲜有改变。

对策：实施"订投分开"新模式。发行体制改革的方向和趋势是建立由报社订报收款，由邮局或其他第三方物流配送企业做好投递的"订投分开"新模式，实现发行市场主体归位。目前，甘肃日报、解放日报已经取得突破，甘肃日报订报运输和投递都是采取第三方，解放日报通过和邮局谈判，年初将报款一次收到报社，加速资金回笼，不仅解决了报款被邮局长期占用问题，提高了资金周转率，降低财务成本，长期困扰报社的对邮局发行质量无法监督考核、对客户信息数据不能全面掌握等问题也迎刃而解。

痛点三：发行产业化问题

党的十九大做出了"我国经济已经由高速增长阶段转向高质量发展阶段"的重要判断。报纸发行也正经历这样的转变。过去报纸发行经营是大水漫灌式，发行量很大，报纸价格不高，发行收益不高，职工收入不高，发行公司的经营一直徘徊在亏损的边缘。发行部门的职能，在集团的大盘子里也一直被定位为服务保障。随着媒体融合的发展，纸质媒体特别是集团所属的都市类报纸的发行量严重下滑，发行成本不断升高。

对策：推进发行产业化增强新动能。

一方面要提高发行经营质量，精打细算，追求每一份报纸的单位产出，另一方面要拓宽视野，开辟更多非报业务，转换发展动能，形成公司系列化产品和系列化服务。发行产业化成为发行行业面临的新课题。

所谓发行产业化，就是要破除依附思想和等靠心态，主动出击，以读者需求为导向，以实现效益为目标，依靠专业服务和质量管理，建立系列化品牌化的服务体系和产品体系。

发行产业化的概念中有这么几个关键词：

（1）"读者需求导向"。发行公司要做的就是满足读者需求，读者需求除了对内容的需求，还有日常生活需求、情感需求等多方面多层次的需求，这些需求蕴含着巨大的市场潜力，这些需求，我们可以通过社区服务平台的搭建予以满足。

（2）"以效益为目标"。围绕满足读者的各类需求，开发和提供多种产品和服务，通过这些产品和服务的交换，产生效益，实现盈利。

（3）"专业服务"。读者需求的我们不可能方方面面都是专业的，但我们搭建起平台，可以引进各类专业的服务商进驻；健康医疗我们不专业，但我们可以引进专业的医疗机构；卖菜我们不专业，但可以引进专业的菜商。

（4）"质量管理"。要建立自己的质量管控体系，对进驻的商家进行严格的筛选和管控。

（5）"系列化品牌化"。自建平台要提供的是系列化的而不是单一的服务或产品，最终形成一个在社会上有较大影响力的响亮的品牌，从而形成可持续的发展能力。

附表：

2018年山东省党报年定价及出版期数（山东省报业协会统计）

报纸名称	开数	每周出版期数	期均版数	全年定价（元）
《青岛日报》	对开	7	12版	480
《烟台日报》	对开	7	12版	180
《临沂日报》	对开	6	8版	330
《威海日报》	对开	6	2天12版，3天8版，1天4版	348
《潍坊日报》	对开	7	6版	388
《淄博日报》	对开	6	4版（其中一天为8版）	480
《泰安日报》	对开	8	5+2形式出版	378
《日照日报》	对开	7	8版	486
《枣庄日报》	对开	6	周一、周六出4版；周二、三、四、五每期8版	399
《济宁日报》	对开	7	周一至周五8版，周六4版	480
《菏泽日报》	对开	6	6版（3天8版；3天4版）	300
《莱芜日报》	对开	6	周一至周五8版，周六4版	578（含晨刊）
《聊城日报》	对开	5	8版	399
《德州日报》	对开	6	每周40版（周一、周六每天4版，周二至周五每天8版）	458
《滨州日报》	对开	5	8版	312
《东营日报》	对开	6	周一至周五8版，周六4版	420（含晨刊）
《寿光日报》	四开	5~6	期均20版	378
《滕州日报》	四开	6	周一至周五16版，周六8版	349

报人生存情况调研：

以春晚传媒为例

张光旭　于树恩　申国莉

一、传统媒体经营状况调查

1. 传统媒体经营危机加剧

据中国新闻事业发展报告显示，市场化媒体的经营正遭遇困境，多项指标同比严重下降，平面媒体无论是印刷量、发行量、刊物种类还是营业收入等都呈现出持续下滑的现状。

据《2016年新闻出版产业分析报告》显示，2016年，全国共出版报纸1894种，较2015年降低0.6%；总印数390.1亿份，降低9.3%；总印张1267.3亿印张，降低18.5%；定价总金额408.2亿元，降低6.0%。报纸出版实现营业收入578.5亿元，降低7.6%；利润总额30.1亿元，降低15.7%。

新闻出版产业结构	单位：亿元，%			
产业类别	营业收入			
	金额	增长速度	比重	比重变化
图书出版	832.31	1.19	3.53	-0.27
期刊出版	193.70	-3.63	0.82	-0.11
报纸出版	578.50	-7.61	2.45	-0.44
影像制品出版	27.51	4.80	0.12	0.00
电子出版物出版	13.20	6.37	0.06	0.00

续表

新闻出版产业结构	单位：亿元，%			
产业类别	营业收入			
	金额	增长速度	比重	比重变化
数字出版	5720.80	29.91	24.24	3.90
印刷复制	12711.59	3.81	53.87	−2.66
出版物发行	3426.61	5.96	14.52	−0.41
出版物出口	91.52	8.69	0.39	0.00

根据 CTR 市场监测数据，2017 年中国整体广告市场增长 4.3%，其中传统广告市场增长 0.2%。具体为，电视广告刊例收入增加 1.7%，广告时长减少 4.5%；电台广告刊例收入增加 6.9%，广告时长减少 3.0%；报纸和杂志的广告刊例收入分别下降 32.5%、18.9%；传统户外广告刊例收入减少 1.0%，广告面积减少 15.3%；交通类视频广告刊例收入减少 1.0%；电梯电视广告刊例收入增加 20.4%；电梯海报广告刊例收入增加 18.8%；影院视频广告刊例收入增加 25.5%；互联网广告刊例收入增加 12.4%。

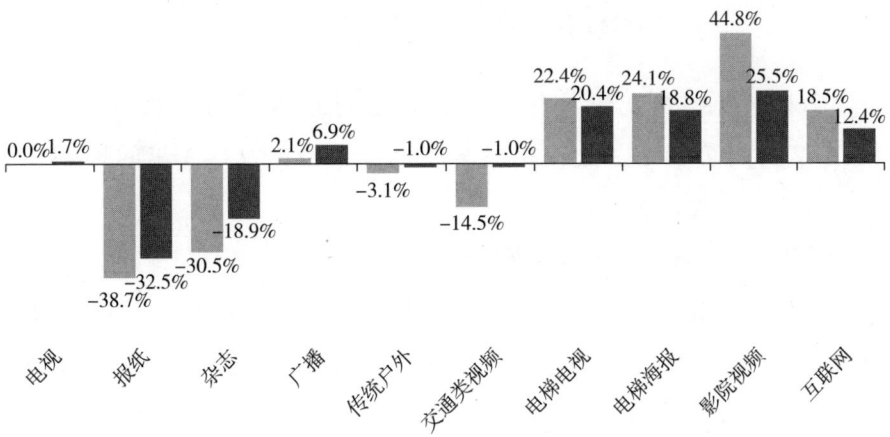

2. 春晚传媒经营的断崖式下滑

随着互联网和移动互联巨头对网络技术和网络入口的把控、对新闻信息领域的渗透，随着"自媒体"的无序"崛起"，曾经的"主流媒体"从传播力、影响力及经营效益都受到了极大的影响。同全国其他市场化媒体一样，春晚传媒的经营也出现较大下滑。

二、传统媒体从业人员现状调查

1. 媒体记者从业数据

据新华网 2017 年记者节期间发布的最新数据显示，全国共有 228327 名记者持有有效的新闻记者证，仅 2017 年一年，平媒记者就从 84130 人缩减至 83884 人。近 4 年，平媒流失记者近万人。

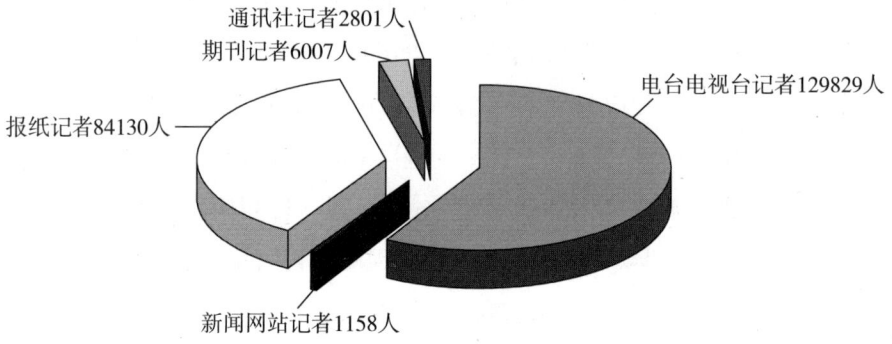

全国新闻记者数据

从春城晚报情况看，2017 年核验通过记者证的人数为 180 人，2016 年的人数为 173 人，2015 年的人数为 192 人，3 年间因调岗、离职等原因流失记者 62 人。

2. 传统媒体人员年龄结构偏大

根据中国新闻出版研究院走访和调研了辽宁、北京、广西、上海、重庆 5 个省（自治区、直辖市）广播电台、电视台 18 家，报业集团 28 家，期刊单位 98 家，共计 144 家单位，得出的数据显示，传统媒体员工的整体年龄结构为：

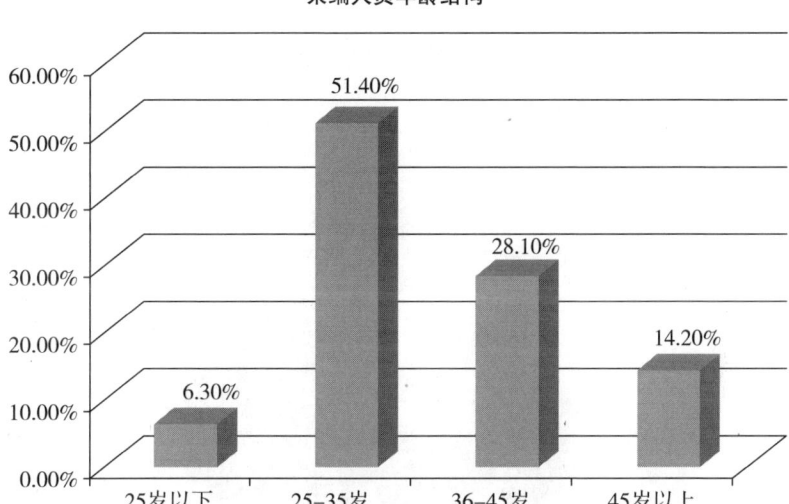

采编人员年龄结构

根据不同媒体类型,年龄结构也呈现出不同特点。例如,在一些专业化程度高、事业体制管理严格的期刊社,45 岁以上人员占比高达 50% 以上,60 多岁还坚守岗位的人员也不在少数。而 25 岁以下的人员占比却少得可怜,只有 3.7%。而广播电视台的年龄结构却呈现出年轻化的特点,媒体员工平均年龄基本在 35 岁以下。从春城晚报的员工年龄结构来看,与全国其他纸媒的情况基本符合,25 岁以下 0 人,25~35 岁占 30.2%,36~45 岁占 48.4%,45 岁以上的占 21.4%。年龄结构偏大,25 岁以下的完全没有,而 36 岁以上的占到了总人数的近 70%,反映出人才队伍新生力量严重不足的倾向,极不利于媒体的转型升级。

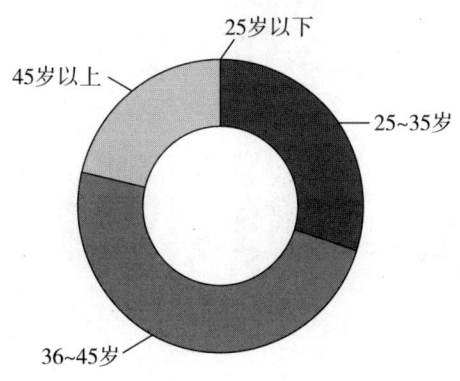

春晚传媒年龄结构图

3. 传统媒体人员学历和职称调查

学历情况：传统媒体员工整体素质较高。据有关调查，87.81%的媒体员工均为大学本科以上学历，其中，有10%左右人员为博士生或研究生。

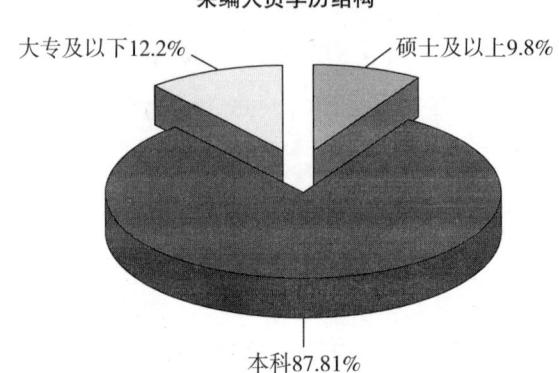

采编人员学历结构

春晚传媒员工的整体素质也较高，目前员工队伍中最高学历为研究生，有10人，占员工总数的4.3%，本科学历164人，占比70%，大专及以下学历61人，占比26%。这种整体素质不仅体现在学历上，还体现在专业化程度上。因此春晚传媒员工成为其他媒体甚至非传媒单位竞相"挖猎"的对象。

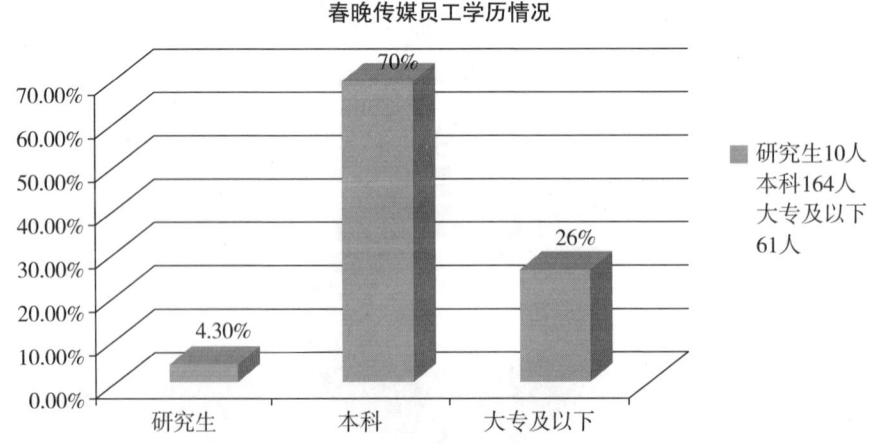

春晚传媒员工学历情况

职称情况：传统媒体职称整体情况较好，约 67.2% 的媒体员工都具有中级或中级以上职称，其中，副高以上职称占比为 22.7%。

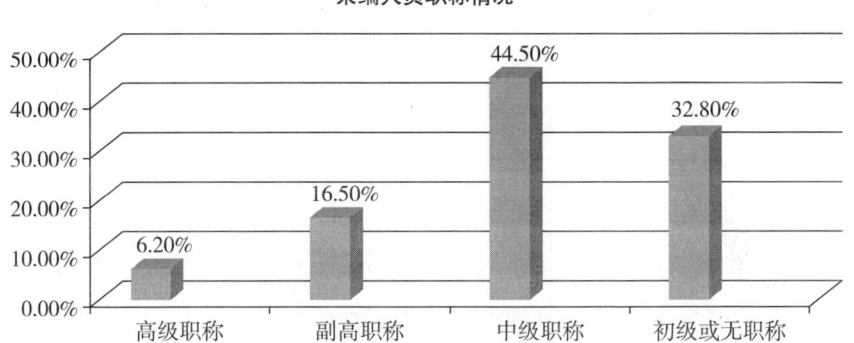

采编人员职称情况

春晚传媒员工队伍中，有约 54% 的人员具有职称，其中高级职称 13 人，占比 5.5%，中级职称 24 人，占比 10.2%，初级职称 90 人，占比 38.3%。

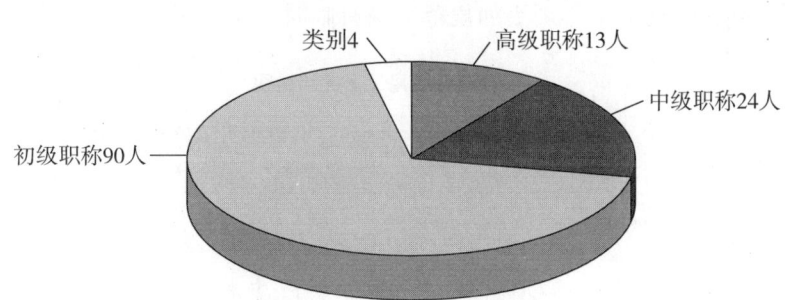

春晚传媒员工职称情况

近年来，由于体制机制的问题及用工形式的改变，如合同聘用员工的大量增加，以及报社机构调整力度的加大，使得春晚传媒晋升通道减少，加之公司对职称重视程度也不够，导致员工在职称评定方面积极性不高。

4.传统媒体人员劳动关系情况

传统媒体绝大部分性质为事业单位，其从业人员为事业编制。部分转企改制后自主招聘，其从业人员为合同聘用。据有关单位对全国 144

家传统媒体的调查显示：事业编制占比30%，企业编制占比10.5%，合同聘用制占比37.5%，劳务派遣占比21.3%，临时用工占比0.3%。

随着用工形式的不断转变，有事业编制的人员越来越少，而合同聘用形式的人员却越来越多。

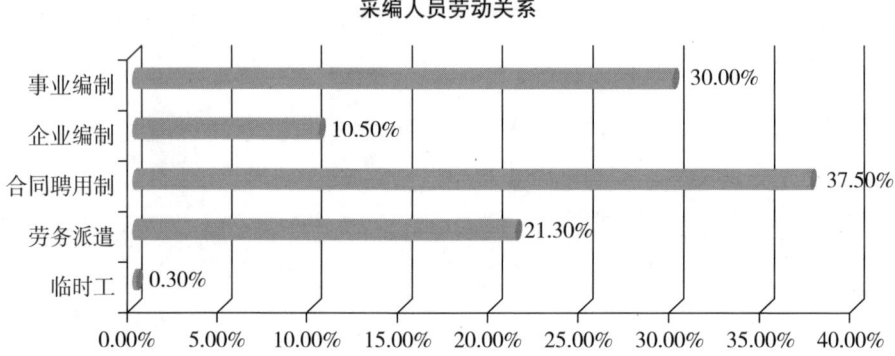

春晚传媒现有集团在职在编人员32人，占全员总数的13.5%，合同聘用制员工205人，占全员总数的86.5%。近年来，公司人事管理制度不断完善，劳动关系管理更加规范，没有临时用工情况。

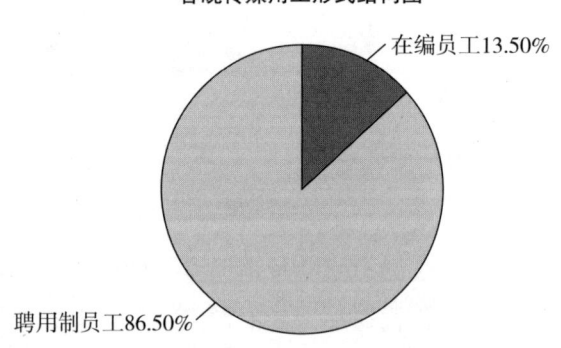

5.传统媒体人员收入情况

据有关单位的调查显示，全国媒体员工的月收入水平总体偏低，且相互之间的收入差距并不大。月收入3000元以下和15000元以上的都没有，其他基本都集中在3000~5000元和5000~10000元两档。收入档次与单位所在地社会经济的发展程度密切相关，如北京、上海、重庆等经济发达地区，编辑人员月收入基本集中在 5000~10000 元之间，而东北和西部地区整体经济情况不佳，待遇也相对较低，集中在 3000~5000 元这一档中。

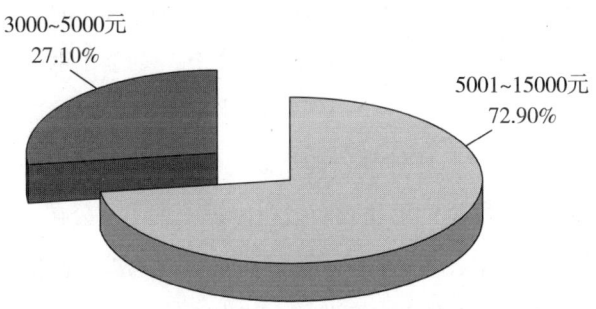

采编人员收入

2018 年 1 月起，春晚传媒为建立与现代企业管理制度相适应的薪酬体系，以云南日报报业（集团）有限责任公司薪酬管理办法为依据，新修订了薪酬管理办法，明确了以岗定薪、按劳分配、全员全额浮动的薪酬分配形式。

从春城晚报全员定岗薪酬情况看：

——4500~5000 元 149 人，该段人员占比 76.8%；

——6000~8000 元 31 人，占比 16%；

——8000 元以上 14 人，占比 7.2%。

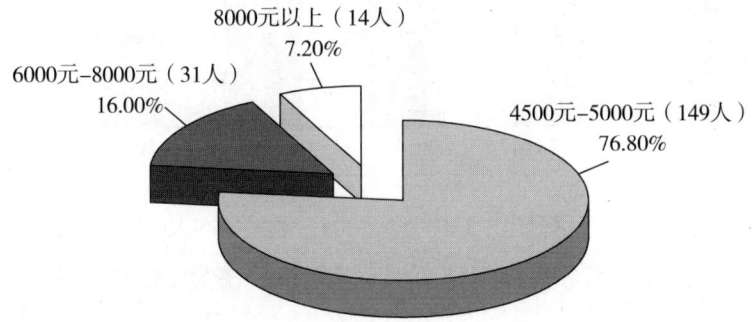

春晚传媒薪酬分布图

6.传统媒体人员流动情况

近些年,随着媒体行业变革及格局的改变,传统媒体员工流动性加剧。据有关单位对144家传统媒体单位的调查显示,2012—2016年间媒体员工离职人数为1934人,且很少是单位辞退的,基本为主动辞职。其中,工作3年以下人员不稳定,离职人员较多,占总离职人数的37.1%左右。一个严重的问题是,在近5年的所有离职人员中,工作5年以上的媒体员工有1200多人,甚至有工作15年以上的媒体员工也离职,这些人员基本为媒体的中坚或骨干力量,这种现象的出现,值得深刻反思。

根据对云南日报报业集团和云南报业传媒(集团)公司的走访调研,据不完全统计,近两年来,仅云南日报、云南网、春城晚报3家媒体就有150多名编辑记者和经营管理骨干离职跳槽,其中正处级(中层干部)就有4人,副处级(中层副职)干部5人。

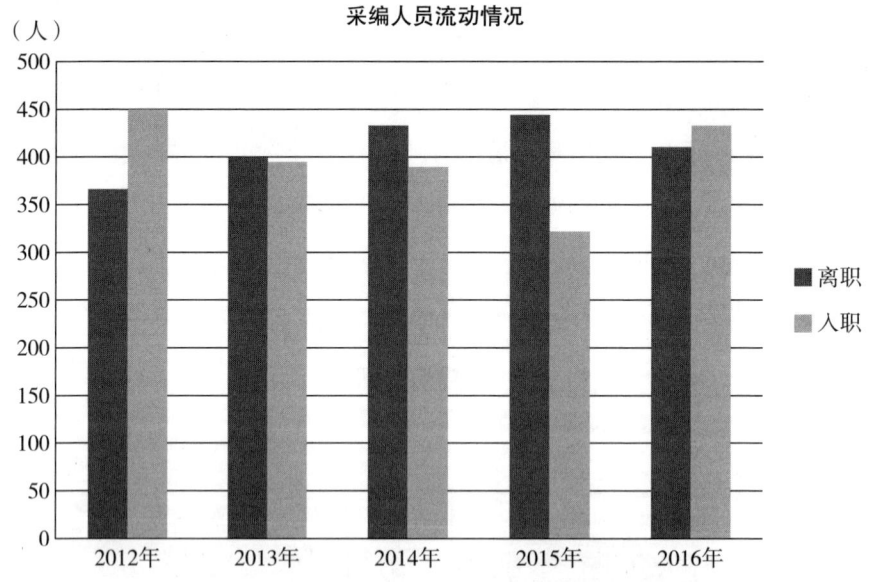

春晚传媒2013年有员工330余人,2015年为285人,2017年为245人。2013年至2017年营收规模下降79%,人员减少率为25.7%。

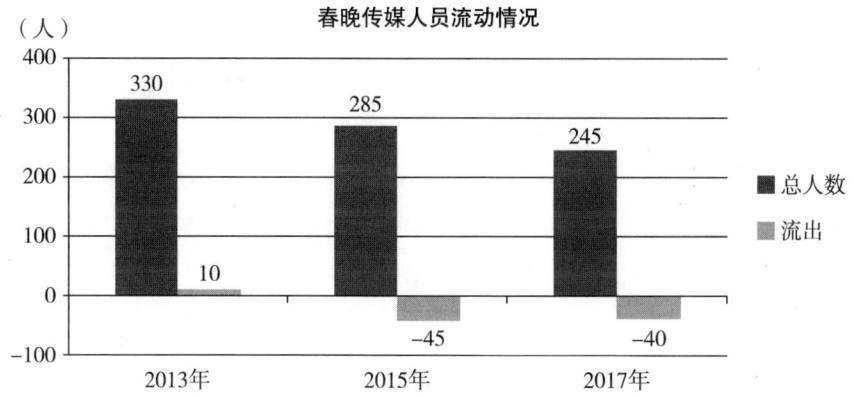

春晚传媒人员流动情况

7. 传统媒体人员离职后的主要去向

离职原因涉及多种，按主要原因排序为以下几种：有更好的工作机会、自主创业、目前薪资水平低、工作压力大、晋升机会小，等等。而对离职后的去向调查中发现，有29%的媒体员工选择去新媒体单位工作，约20%的媒体员工选择自主创业，而有33%却直接转行离开媒体行业了。

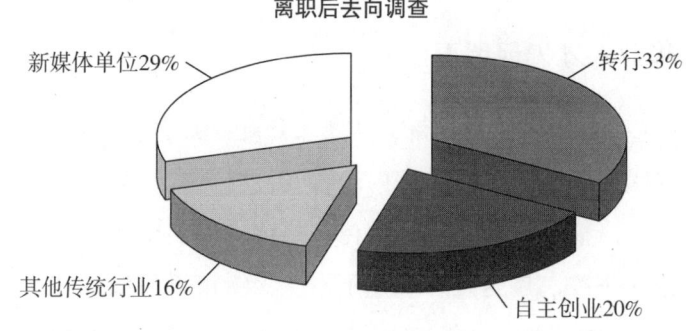

离职后去向调查

春晚传媒现有人员237人，其中春城晚报及新媒体214人，鹏云地铁2人，吉的堡春晚教育3人，文摘周刊16人，车与人2人。近年来传统媒体式微，从业人员对行业前景的信心缺乏，人员流动频繁的问题突出。其间，春晚传媒在应对和防止人员特别是公司骨干流失方面做了大量工作，经对部分离职员工进行去向了解，大致有以下几个主要去向：

——跳槽到省委主管主办的机关刊物

——跳槽到网络媒体公司

——跳槽到全国性大型集团公司

——跳槽到其他省属国有企业

——自主创业

除上述主要去向而外，还有一些流动到云南日报报业集团的其他媒体或综合管理岗位。

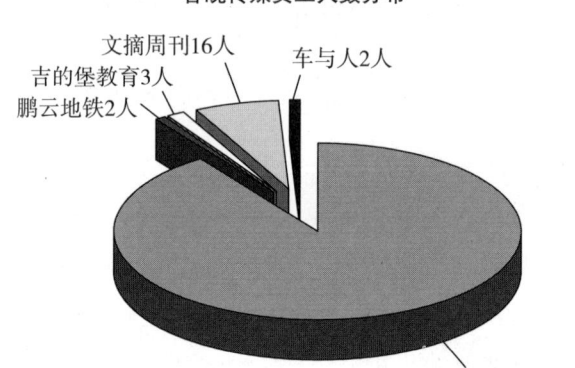

春晚传媒员工人数分布

三、报业人才为何留不住？

1. 行业整体性经营状况下滑，从业人员对行业前景普遍信心不足

随着互联网和移动智能终端广泛普及，社会获得资讯的渠道极大增多，以电视、广播和报纸为代表的传统媒体在发展中遭受重创，特别是报纸收入连年下跌、广告发行加速下滑，报纸市场份额被不断挤压，生存的红利空间大幅萎缩；近年来为应对行业性和趋势性的变化，各大报业集团开始走转型升级、融合发展的路径，以谋求拓宽生存发展空间，从现状看已成功获得转型动力和新发展活力、实现脱困突围的并不多；面对巨大生存压力，全国多家报纸纷纷裁员。

报纸从业者在报业寒冬之际的生存状况不乐观，从业人员对行业发展缺乏信心；媒体对于一线院校新闻传播专业的一流人才吸引力明显降低。2012年以前春晚传媒还可以招录到985、211等院校的毕业生，如今毕业生选择到传统媒体的越来越少，传媒行业对人才的吸引力大大下降，人才招聘困难。近年来，由于发展内生力量不足，吸引力下降，加之外界多元平台选择、丰厚的薪酬待遇及发展前景导致跳槽、自主创业等成为普遍现象，员工队伍出现较大的流动性。

2. 薪酬待遇偏低，留人困难

近年来，春城晚报发行全面下滑、读者大幅减少，收入持续下降，2015年至2017年3个财务年度经营连续亏损。以2017年为例，全年营收6000余万元，人力成本支出占总营收的比例已达到46%，人员成本支出占比较高。但从春城晚报全员定岗薪酬情况看，4500~5000元的人员占比76.8%；6000~8000元的占比16%；8000元以上占比7.2%。

与同类型报纸和媒体单位比较收入相对偏低，与互联网等行业比更是难以望其项背，难以吸引到优秀人才，连现有的专业技术人才和骨干型人才都难以稳定。几乎每个现有的可用人才都不止一次地口头或书面提出过辞职。人才稳定的难度极大。

3. 体制机制问题导致留不住高端人才

在传统媒体高速发展和快速扩张的黄金时期，春晚传媒这样的传统媒体规模出现成倍增长，从业人员数量快速扩张。由于媒体所能获取的事业编制数量难以跟上高速发展的实际需要，加之转企改制的要求，出现在编人员、合同制人员并存的用工形式。因不同用工形式的人事关系管理不一，部分在编人员还有进入"保险箱"的思想，综合素质提升主动性不够，不能很好适应发展要求，导致工作效率低；尽管目前已经改革和改进考核方式，不同身份的员工在薪酬待遇上已经没有差别，且实行同工同酬，但没有身份的保障，晋升通道上较难进入高级领导层，心理上仍会出现没有归属感的问题。

4. 绩效考核方式不合理，缺乏有效的激励机制

近年来，为有效应对传媒格局变化给传统媒体生存环境带来的问题和困难，春晚传媒全力推进业务优化和重组，经营模式发生较大变化。建立科学合理的薪酬分配和绩效考核每一轮优化调整的主要内容，但考核分配在具体执行过程中，因主客观因素影响，仍有与效率优先、多劳

多得、标准统一、导向明确的要求有一定差距的情况存在，主要表现为：绩效考核方式和考核内容相对单一，考核标准量化不够细致，对综合部门部分人员的工作情况无法进行有效量化和细化考核，激励措施不够完善，很难调动员工的工作积极性和热情。

四、如何吸引及留住人才？

为了吸引和留住人才，春晚传媒做了大量的工作，有些工作已完成，有些工作尚在实施之中：

1.加强顶层设计，提升春晚传媒核心竞争力

2015年以来，春晚传媒在探索和推进融合转型的道路上，相继实施了三轮改革：2015年5月，启动了转型融合的首轮改革；2016年3月，以春城晚报改版为契机，推动了又一轮融合转型改革；2018年1月，《云南春晚传媒有限公司综合改革大纲》及十余项配套制度的全面落地执行，再次将春晚传媒转型融合改革向纵深推进，向广度拓展。此次综合改革部署，明确了建设新传播平台和新经营平台，建立与"两新平台"建设相适应的领导体制和管理体制的改革任务，对媒体内容、领导管理体制、人力资源管理体制、工作流程体系、薪酬分配体系、考核评价体系等全方位的改革改进要求进行了细化。

根据发展规划，春晚传媒将紧紧围绕《综合改革大纲》的布局，全力提速"两新平台"建设，加快转型融合，提质增效，有效提升春晚传媒在传播主业和多元产业方面的核心竞争力，实现脱困突围。

2.优化员工队伍结构，提高人力资源利用率

在经济下行和行业不断萎缩的情况下，传统媒体营收能力不断下降，春晚传媒目前经营收入要负担冗余人员的成本支出十分困难，减员增效已十分迫切。为此，春晚传媒正加快以下内容为核心的人力资源管理改革：

以加快"两新平台"建设为中心，推进人力资源、薪酬分配、考核评价体系的改革提高人力资源利用率，有效提高员工队伍活力；

结合春晚传媒目前采编、经营业务发展和综合管理实际需要，合理规划和设置内部机构，调整和优化工作岗位设置，按照任务与目标、分工和协作相统一的原则进行岗位定员，并实行全员岗位管理；

按照《云南春晚传媒有限公司薪酬分配制度（试行）》和《云南春晚传媒有限公司绩效考核办法》进行定档考核；

制定《云南春晚传媒有限公司2018年人力资源改革方案》和《云南春晚传媒有限公司员工队伍结构调整工作方案》，以双向选择的形式鼓励择优上岗，并在合规合法、维护稳定的前提下完成员工队伍精简优化工作。

3. 合理规划使用人才，加强引进、培训、培养和储备

建立人才培养、人才储备和人才竞争机制，加强招聘和引进、培训和培养、管理和使用。

制订人力资源引进和培训培养年度计划，帮助员工提高业务技能和自身综合素质；

通过与高校联动、项目合作推荐、"互联网+"等多种方式拓展人才引进渠道；

扩展重要岗位的业务和技术人员的专业晋升通道，将骨干人员纳入中层进行管理，其收入可以超过管理岗位同职级人员；中层人员的选拔和管理要坚持精简管理岗位、突出业务导向、淡化行政色彩；

建立淘汰挤出机制，根据效率优先、多劳多得的原则对全体人员严格考核，充分发挥考核激励功能、导向功能、调控功能以调动员工积极性，对不能胜任岗位工作的人员进行淘汰，对不能很好履行工作职

能的中层干部进行动态调整。

以此打造起一支政治坚定、业务精湛、作风优良的高素质全媒体采访队伍、全媒体编辑队伍和全媒体经营队伍、关联产业经营队伍，为推进转型融合发展形成智力支撑。

4.增强人员归属感，提升队伍聚合力

用共同的愿景鼓舞员工队伍。在传媒行业变化、传统媒体式微，员工信心有所动摇之时，公司内部更要统一改革思想、坚定改革信心，通过宣传改革思想、改革举措和改革成效，引导员工把思想和行动统一到集团党委、集团公司、公司董事会、编委会和总经办的各项决策部署上，在凝聚共识中打牢融合转型改革发展的思想基础。

用典型示范带动员工队伍。一个典型就是一面旗帜，通过树典型、立标杆、扬正气的形式，宣传和表彰推进转型融合改革过程中做出积极贡献的员工、部门，或者具有典型引领效应的亮点活动，激发员工对改革成效和改革前景的"认同感"，发挥员工的"正能量"效应，努力在公司内部积极营造学习典型、争当典型的良好风气；

用帮扶解忧凝聚员工队伍。员工心理变化会间接反映到工作效率和团队稳定中，因此要将员工工作做细做实，做到员工眼前、做到员工心里。公司领导班子和中层管理人员要做到形势任务到一线、政策解释到一线、表彰奖励到一线、典型宣传到一线、文化活动到一线、困难慰问到一线，真正做到用心用情主动关心和帮助员工，让员工感受到公司人文关怀浓厚的企业文化，增强员工向心力和归属感。

县级融媒体中心调研：

打造县域治理的现代化平台

郭乐天

2018年8月21日，在全国宣传思想工作会议上，习近平总书记指出，要扎实抓好县级融媒体中心建设，更好引导群众、服务群众。

2019年1月25日，习近平总书记把中央政治局第十二次学习会搬到了人民日报大楼举行，围绕全媒体时代和媒体融合发展，总书记主持了这次学习会并发表了重要讲话。总书记强调："要运用信息革命成果，推动媒体融合向纵深发展，做大做强主流舆论。"

深刻学习和领会总书记的讲话精神，可以得出这么一个结论：媒体融合已进入全国一盘棋。推动县级融媒体中心建设必须上下连成片，一以贯之。

一、县级融媒体中心需突出的四个功能

经过2003年的报刊整顿，新闻出版类的报纸在县一级基本上已不独立存在。据统计，全国续存下来的县一级的报纸共有48家。这48家报纸属省市级报业集团的子报，已不属于当地党委的机关报。从严格意义上来说，现今县一级的媒体单位具有传播资质的只有广播电视台。尽管在各地县一级均有各种类型的新闻报纸的存在。基本上是或与地市级报刊合作的"今日系"，或以外宣刊号存在的侨报侨刊。因此县级的融媒体中心的定位和功能设置与典型意义上的中央、省（市）、地级的传媒集团所承担的媒体融合有很多不同。他们之间的关系，既要有所传承，又要有所区别。从行政级别来划分，县域最接地气，如果县级融媒体中心运

作得好,就能真正实现"最后一公里"的接入和输出。

传承是就媒体自身的传播功能而言的。县级融媒体中心的职责、使命和省市级媒体融合所要达到的功能是一样的,简单地说就是提高"四力",即传播力、引导力、影响力、公信力。这就需要传承。但如果仅仅把县级融媒体中心建设按照单一的媒体功能来规划,就很容易造成资源的浪费。研究县级融媒体中心的建设,既要把握好县级融媒体中心与中央、省(市)、地方媒体的共性;又要把县级融媒体中心与中央、省(市)、地方媒体的差异性作为研究的出发点和落脚点。所谓的差异性就是县级融媒体中心不仅仅是一个媒体的概念,它需要将县域内的所有公共信息资源整合到融媒体中心的平台上。只有这样才能打造具有新的价值的组合模式,从而实现"更好引导群众、服务群众"。

今天的形势,与当时设立县级传媒机构的时候相比,已经发生了巨大变化。县域是地方治理的核心。县域地方治理的水平和现代化程度,决定了党的执政能力的基础,决定了当地经济社会发展的水平。而县域治理现代化,必须有与之匹配的意识形态管理工具,必须有实施地方治理的互联网运营机制。

2018年9月20日,中宣部在浙江长兴召开的县级融媒体中心建设现场推进会

因此县级融媒体中心建设要突出以下四个功能:

（1）党的新闻宣传舆论阵地的终端；

（2）社会舆情监测、管控、引导的平台；

（3）县委、县政府实施县域治理、推动治理能力现代化的抓手；

（4）党委政府服务百姓生活的窗口。

县级融媒体中心建设要围绕县域治理体系与治理能力现代化这个中心，突出四个功能，以实用性、实效性、服务性、便捷性为评价体系，避免出现新一轮低水平的重复建设。

二、县级融媒体中心的身份转换与转型升级

2018年11月14日，中央全面深化改革委员会第五次会议审议通过了《关于加强县级融媒体中心建设的意见》。会议提出县级融媒体中心建设要深化机构、人事、财政、薪酬等方面改革，调整优化媒体布局，推进融合发展，不断提高县级媒体传播力、引导力、影响力。按照《意见》精神，县级融媒体中心在建设与运用过程中，要及时转换身份和转型升级。

一方面，身份要从"内容供应商"向"公共服务运营商"转换。近些年，县级的媒体运营是通过以县"新闻中心"为载体，这个新闻中心基本上整合了广播电视、县委报道组（或通讯站、外宣办）、今日系的纸媒的组织架构和人力资源，但他们是以内容供应商的形象出现的。从目前和未来的发展需求来看，如果仅仅是作为一个内容供应商，显然无法满足上文所讲的功能定位。所以县级融媒体中心在建设过程中，要实现自我身份的转换，也就是从单一的内容供应商向公共服务运营商转换。

另一方面，要实现从互联网"最大变量"到"最大增量"的转型升级。媒体融合的核心是传统媒体互联网化的过程。因此不管是哪个层面的融合都必须互联网化。县级融媒体中心不能再走21世纪初省市级新闻媒体办网的老路，必须时时刻刻依托互联网，要以用户为中心，尽快提高计算能级，提高算力，并且把这种算力服务于地方党委政府的工作。对于一个县域，工作千头万绪，系统庞杂，但党委政府尚未有一个有效的基于互联网的公共治理平台，这件事情就是要融媒体中心来完成。这就需

要融媒体中心具备很强的数据运营能力，具备与之匹配的算力基础，才能对接顶层设计。正如习近平总书记在全国宣传思想工作会议上指出的，我们要使互联网这个最大变量变成事业发展的最大增量。具体到县级融媒体中心的工作，就是要厘清策略，不能乱来，尤其是不能再去简单模仿传统商业互联网的流量模式，每天沉迷于点击数、计算流量的商业变现，而忽视自己的核心使命。

2019年1月27日，"一带一路"葡萄牙语媒体联盟考察青田融媒体中心

三、县级融媒体中心的体制机制重构

在县级融媒体中心建设中，现在大家比较关心的问题有两个：一、谁是融媒体中心的投资主体；如何保证融媒体中心未来运营的可持续？二、县级融媒体中心上级管理部门应该是谁？

这就涉及我们通常所说的体制和机制问题。

现在地市级以上的媒体单位基本上属于自收自支或差额拨款的事业单位。从当前各地成立的融媒体中心的架构来看，基本上是以原有的广电为主体，再整合其他的媒体单位。而原有不管是广电还是其他的媒体单位基本上都有一定的营收任务，且人员的结构也是多种体制混合：有全额拨款、差额拨款事业编制，也有自收自支或完全企业化的编制。如果这种体制不做改变对融媒体中心的建设会带来成长的烦恼，发展的滞后。在此情况下，如何进行体制机制重构，有两点建议：

（1）县级融媒体中心建设应确定其为成本核算单位，也就是全额拨款的事业单位。因为县级融媒体中心的主要功能是公益性的。但仅采用公益性的收支两条线的事业单位的标准还是不够的。要在薪酬分配上进行必要的改革，就还应该留有一条产业线，否则很难留住人才。最有效的方式是在保证前期的建设投入，人员经费由财政全兜底的前提下，再帮助其提升自我的造血功能。将事业和产业两个板块进行有效的区分，事业板块全额拨款，产业板块按绩效考核。在原有事业板块的基础上做产业效益的加法，提高其创新创业的积极性。再通过有效的财政转移支付的方式，保证其可持续和高位发展。

（2）在融媒体中心建设的顶层设置上，要强化党委宣传部对县域文化产业资源的调配。当前的媒体单位均归口地方党委宣传部管理。党委宣传部是党的意识形态管理部门，舆论导向的把控党委宣传部责无旁贷。但在县域有效的资源整合过程中，党委宣传部缺乏这方面的调配功能。因此在融媒体中心建设的顶层设置上，要强化党委宣传部对县域文化产业资源的调配。有条件的地方党委宣传部门应设置县级文化资产管理委员会。不设县级文化产业管理委员会的地方由党委政府授权党委宣传部编制、规划、统筹县域涉文旅领域的产业，通过资源重新配置和倾斜，保证融媒体中心的建设、人才引进和优化、薪酬体制的改革有效运行，确保融媒体中心的可持续，促进融媒体中心建设的健康发展。

四、"青田模式"的"三步走"战略

2018年9月28日，青田县传媒集团举行了"融媒体中心"启动仪式，这是全国宣传思想工作会议之后浙江省第一个正式开通的县级"融媒体中心"。

浙江省融媒体中心建设已走在全国前列。据统计，截至2018年年底，全省89个县（市、区）已有53个县成立了融媒体中心。

青田是个侨乡，属丽水市下辖的一个县。青田县本地人口30多万，海外的青田人也有30多万。这种人口结构使得青田的媒体产业一直处于比较发达的阶段。在融媒体中心建设之前，青田就有一份发行和营收效益都比较好的《青田侨报》，另有一家规模效益在浙江县级均比较成形和发展良好的青田广播电视台。这些年青田在外宣方面成绩斐然，"两微一端"的影响力在本地与海外的青田人中有较好的口碑。2018年2月，青田县将两家媒体合并成立了青田传媒集团。

我们在协助青田传媒集团做融媒体中心建设规划时，就建议事业和产业之间要厘清，分成两个板块进行治理。事业板块就是公共服务运营商，县委县政府保证充足的预算，按照公共服务运营商的模块去考核。做新闻的要有做新闻的样子，要有做新闻的专业，做新闻的尊严；做互联网运营，做数据营销的，要有互联网的专业，这些都需要职业化专业化的支撑，这一部分的预算，由县委保证供应。

在整体规划过程中，青田县委下了很大的决心，根据专家组的意见，青田县委、县政府于是启动了融媒体中心建设的"三步走"战略：

第一步：创新思路，出台政策。

该县2018年11月下发了《关于扶持推进青田传媒集团改革发展的若干意见》。按照《意见》，县委要求把全县的互联网核心数据和链路全部接入青田传媒集团的融媒体中心，融媒体中心为县域公共服务和公共信息的交换枢纽，融媒体中心成为县域公共服务运营商。率先在全省实验公共服务标准化，公共服务互联网化，率先在全省推行公民、法人数据携带模式。同时把融媒体中心作为乡镇、县直属部门对外发布信息、便民服务的入口。并为传媒集团提供政府管辖的公共资源，这也就为传媒集团产业板块提供了机会和创新的出路。

第二步：财政支持，资金保障。

青田县委、县政府对原青田侨报和青田县广播电视台，原享有的财政拨款额度不变的前提下，再次明确了融媒体中心所有的建设、运行、维护所需经费纳入县财政年度预算。目前全年给予资金达4000多万元。并规定全县党政部门、乡镇（街道）在同等价格的前提下优先采购青田传媒集团提供的各类文化、信息等产品的有偿服务，也就是服务外包。为保证薪酬改革到位，青田县委宣传部牵头制定了《青田县融媒体中心（青田传媒集团）年度工作目标考核办法》，按照总量控制、自主分配、多劳多得、优绩优酬的原则，激发员工干事创业活力。允许集团干部职工绩效工资总量上浮50%。

第三步：资产重组，统一运营。

为确保融媒体中心的可持续发展，青田提出了坚持事业发展与产业发展并举的方针。支持传媒集团设立青田文化产业投资公司，为文化产业发展提供投融资平台。同时支持传媒集团进行资产重组，积极尝试资本运营。鼓励县属国资公司参与青田文投项目的合作。建立利益共享机制，并将全县公共宣传点位统一归集到融媒体中心管理和运营，使青田融媒体中心成为公共文化传播、新闻信息发布、旅游文化展示、公共数据采集、应急管理、互联网舆情监测等多功能平台，实现产业的壮大反哺事业的发展。

五、县级融媒体中心的评估体系建设

中宣部、国家广电总局发布了《县级融媒体中心建设规范》，并将这一《规范》作为行业标准。这对指导县级融媒体建设提供了标准体系。为保证县级融媒体中心的有效运行，还应在《规范》的基础上，制定综合性的价值评估体系。

建立县级融媒体中心建设的价值评估体系，不是简单地对建与不建作为衡量的指标。其核心是"更好地引导群众和服务群众"。要以实用性、实效性、服务性、便捷性为评价体系，

（1）实用性。就是以符合地方治理水平和治理现代化为标准，可以参照近些年政府部门推行的"放管服"改革，"最多跑一次"的运作模式。

（2）实效性。就是信息发布、整合的实际效果。这包含两个指标体系，

一是对外发声,二是舆情收集、舆情管控和舆情引导。

(3)服务性。就是面对基层面对群众。只要是群众需要的,在融媒体平台上都可以找到接口。

(4)便捷性。就是贯彻移动优先战略,顺应技术革命的发展,加强传播手段的建设与创新,发展网站、微博、微信、电子阅报栏、手机报、网络电视等各类新媒体,积极发展各种互动式、服务式、体验式新闻信息服务,实现新闻传播的全方位覆盖、全天候延伸、多领域拓展,推动党的声音直接进入各类用户终端,努力占领新的舆论场。

发展趋势的 9 个研判：

跨越 3 道分水岭，报业能否"王者融归"

周 劲

如果说 2018 年之前，是融合转型的上半场，那么 2019 年之后就是报业发展的下半场，曾经的"无冕之王"感到了竞争加剧、流量萎缩、利润减少、人才流失的红海困局，要想赢得明天，不能只留在已知空间，在充满血腥竞争的红海中厮杀；而是要通过自身转型和守正创新，对当前的形势和机遇做出正确研判，建成新型主流媒体的航空母舰，占领更大范围的影响力版图，实现"王者融归"。

当前，中国报业面临 3 道分水岭：

1. 媒体融合的分水岭，从浅融到深融，发展面临更好机遇

2019 年 1 月 25 日，中共中央政治局把"课堂"放在了人民日报社，举行了别开生面的第十二次集体学习，主题是全媒体时代和媒体融合发展。

从加强顶层设计到采编发流程再造，从县级融媒体中心建设到"四全"媒体的提出，从加强新兴媒体管理到要求各级党委政府从政策、资金、人才等方面加大支持力度……习近平总书记为媒体深度融合发展绘就了路线图，党报迎来了利空出尽是利好的良好机遇。

2019 年 2 月 25 日，媒体深度融合工作推进会在京召开。中共中央政治局委员、中宣部部长黄坤明在会上强调：媒体融合是一场不容回避的自我革命，要积极适应全媒体时代发展大势，加快推进媒体深度融合。

2019 年将是媒体从浅融到深融的分水岭，报业发展迎来更好的机遇，

也面临更大的挑战。从正本清源到守正创新，随着中央及省市机构改革基本到位，宣传系统职责使命将进一步强化。"四力"教育实践已经开展，宣传工作科学化、规范化、制度化的相关法规即将出台。时间紧迫，中国报业要抓住机遇，做好顶层设计，打造新型传播平台，建成新型主流媒体，让党的声音传得更开、传得更广、传得更深入。

2. 人工智能的分水岭，从全媒体到智媒体，生态面临更深变革

2019是5G的商用元年，大数据、人工智能、云计算、人机交互等新技术呼啸而来，构成了未来传媒智能化、移动化、数据化的新生态。

如果说2018年之前是移动互联网的上半场，属于"信息互联网"和"社交互联网"的时代。那么，2019年之后，迎来了移动互联网的下半场，那是"数据互联网"和"AI互联网"的时代。

万物智联、万物皆媒，可穿戴设备、无人汽车、智能家居、人工智能、云计算、算法、大数据技术、无限云基础设施、物联网、5G视频化应用……正在构建一个全新的智能生态。

人工智能在海量信息与海量用户之间建立了精确、高效、一对一的连接关系，将彻底颠覆旧有的传媒生态，创造媒体的新未来。在这个新生态中，以大数据、智能化为特征的头部媒体在拥有巨大流量后，急于线下落地变现，低频度、高场景体验式正成为这一时期的长尾市场和利基市场，各地报业是头部媒体最好的合作伙伴。

马云说过：如果银行不改变，我们就改变银行。同样，从全媒体到智媒体，报业生态面临更深变革，如果报业自己不改变，就会被改变。

3. 生存环境的分水岭，从红海困局到蓝海战略，变现成为最大的痛

2019新年伊始，马云在演讲中说：2019年的好消息是所有人都不容易，坏消息是不容易的时代才刚刚开始。中欧商学院教授许小年也认为，2019年中国经济和中国企业正面临40年以来最艰巨的挑战，没有之一，巨大的灰犀牛就蹲在那里，随时有可能冲过来。宏观经济是传媒经营的蓄水池，经济形势下行给传媒生存环境带来重大挑战。

2019年迎来的是网络媒体的寒冬，商业新媒体的倒闭、裁员、撤资成为常态，天量新闻的产出，让人不知所措，甚至产生"新闻疲劳"，用户注意力持续的时间越来越短，流量也越来越难以持续，流量变现更成为报业最大的痛。对一部分报社而言，如果未来几年找不到赚钱的商业模式，经营不能反哺主业，摆脱单纯靠财政补贴进行融合的输血模式，新型主流媒体的蓝图无法实现，一旦停掉落后媒体的"强心针"，未来将何去何从？

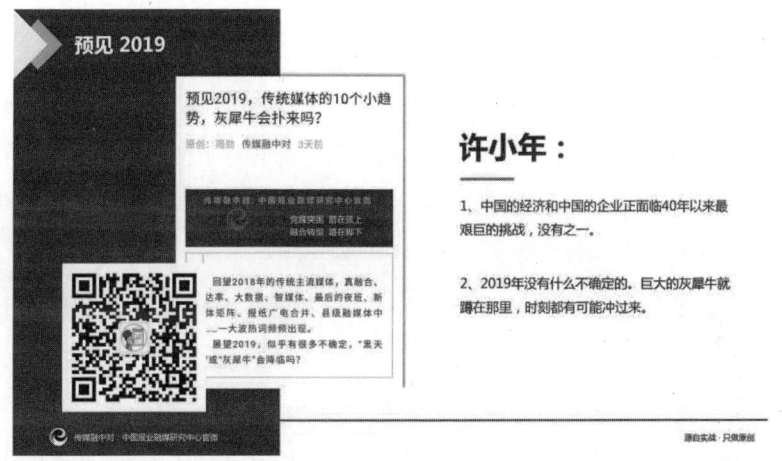

摆脱红海困局，需要开创蓝海战略，对未来做出正确的研判。

研判一：报业将迎来自上而下和自下而上的双重变革，顶层设计和全面深化改革成为两大关键词。

2019年，宏观经济艰难，大河里没水，小河就会断流。广告继续下降、用户增长乏力、财务状况恶化……困境或将延续，新的一年，既要高度警惕"黑天鹅"，也要紧密防范"灰犀牛"。

1. 报业改革进入深水区

风险危机将倒逼报业改革，其中，既有自上而下的顶层设计，比如事业单位分类改革、经营性文化事业单位转制改革、县级融媒体中心建设，等等；又有自下而上的自我创新，比如融合和转型中出于单位利益考虑，单个媒体进行的诱致性制度变迁；还有自内而外的使命担当，构建网

上网下两个"同心圆",驱动报业尽快占领网上舆论场,让新型主流媒体唱出时代最强音。

与以往的增量改革不同,2019年之后,报业面临的是系统性创伤,这是一场存量改革,矛盾和问题交织、错综复杂,涉及各方面利益的调整,进入了深水区,不能头痛医头,脚痛医脚,如果无法做到顶层设计和全面深化改革,脚踩西瓜皮滑到哪里是哪里,"灰犀牛"肯定会扑面而至。

2. 全面深化改革"三步走"

在中共中央政治局第十二次集体学习上,习近平指出:推动媒体融合发展,要坚持一体化发展方向,实现各种媒介资源、生产要素有效整合,实现信息内容、技术应用、平台终端、管理手段共融互通,催化融合质变,放大一体效能,打造一批具有强大影响力、竞争力的新型主流媒体。

建设新型主流媒体是一项系统工程,需要进行整体性的总体设计和政策安排,这是一场接着一场的攻坚战,只有通过全面深化改革,才能洗尽铅华、破茧成蝶。在方法论上可分为三步走:

第一步顶层设计,是从屋顶开始,全面规划报业供给侧改革、报业治理体系,制订报业战略规划,正如盖房先要有设计图纸,顶层设计是确定做正确的事。

第二步媒体融合,是党媒的优先战略,正如盖房有了图纸后,先是打根基,万丈高楼平地起,打牢了地基,大厦才能稳固。

第三步转型路径,正如盖房的四梁八柱,明确组织变革、人力资源、资本运营、商业模式、产业布局等战术路径,每根柱子都不是短腿,才能转型成为真正的新型主流媒体。

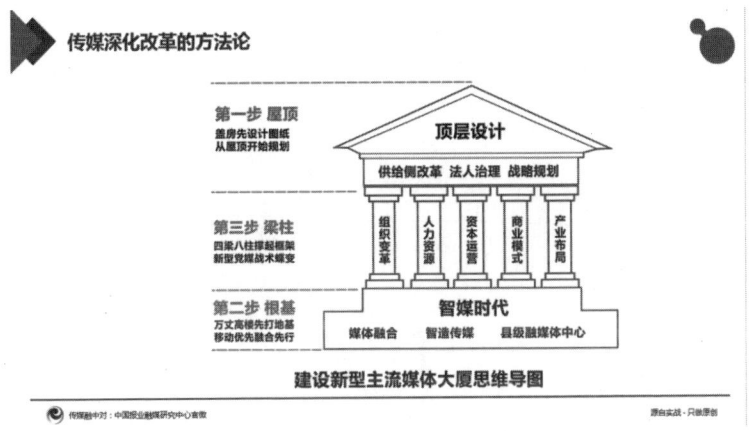

研判二：从正本清源到守正创新，"四全"媒体要从发布型过渡到交互型，最终发展到平台型，即媒体平台化、平台媒体化。

2019年，媒体融合推进到第5个年头，不少报社加大投入，与商业新媒在"红海"拼杀，虽然获得了受众（流量）天量级增长，但也体会到流量红利释尽、投资血本无归的痛楚。

1. 融合不能像玻璃缸里的金鱼

融合不能像玻璃缸里的金鱼，前途光明，出路没有，只有领导的表扬，没有市场的认可。客户端非但没有带来收益，反而成为压在主流媒体身上的累赘；"中央厨房"前景光明，可投入巨大，在体制机制流程没有理顺的前提下，难免成为面子工程。当财政补贴和往年积累的投入弥补不了连续亏空时，"灰犀牛"的风险必将来临。

从正本清源到守正创新，主流媒体打造新型传播平台的任务越来越紧迫，意识形态领域的复杂性，新闻舆论格局的多样性，更加需要强化政治家办报意识，自觉保持政治上的清醒和坚定，树牢"四个意识"，坚定"四个自信"，做到"两个维护"，传播好党的声音，牢牢占领传播制高点。

2. "四全"媒体发展路径"三步走"

全程媒体、全息媒体、全员媒体、全效媒体，"四全"媒体需要从组织生态、技术体系、平台建设、运营方式、盈利模式等进行全方位规划，实现各种媒介资源、生产要素有效整合，实现信息内容、技术应用、平台终端、管理手段共融互通。其发展路径是尽快从1.0发布型，过渡到2.0交互型，最终成为3.0平台型。

如下图所示：

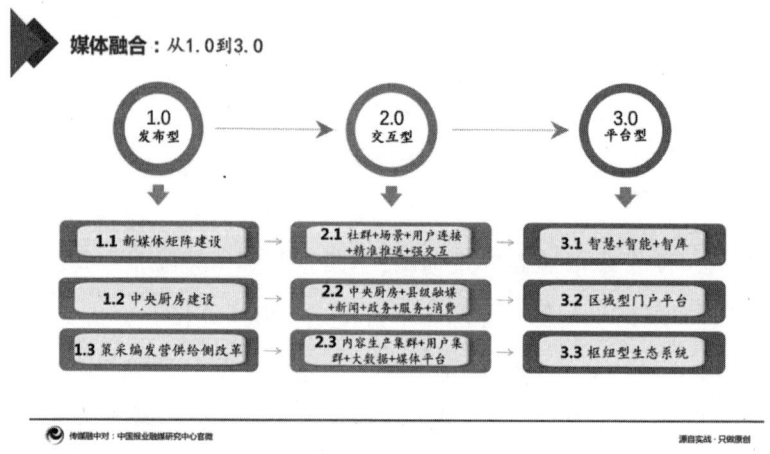

1.0发布型的媒体融合，尽管取得了不俗的成绩，但很多处于"覆盖多影响小，有爆款无用户"的境地，覆盖率不等于传播力，现象级传播能带来一时的流量，却不能沉淀下忠实的用户，需要向2.0交互型升级，通过理念、内容、形式、技术、方法、手段等创新，进行社群营销、场景推送、沉浸式服务，形成与用户的强交互。

3.0平台型是媒体融合的终级形态，媒体平台化、平台媒体化成为一个趋势。所谓平台，就是整合了用户、内容、渠道、运营及其他生产要素的一种生产机制和聚合体，内容生产者集群和用户集群在平台上共同生成内容、消费内容，形成互动。

对于大多数报社而言，本身无法成为平台，就要通过入驻互联网平台，通过不同平台和渠道传播原创内容；同时立足区域化服务，打造服务型平台，成为2.2型和3.2型的区域型平台。

而中央级的媒体，如人民日报社通过"全国党媒公共平台"，正式开启向3.3型媒体平台化迈进步伐；今日头条、抖音、微信等商业平台，凭借规模庞大的用户群和人工智能技术，依靠算法凸显分发优势，也将成为平台媒体化的巨头。

研判三：人工智能呼啸而来，报业迎来智媒体元年，我们还没有真正理解新媒体时，全媒体来了，我们还没搞懂全媒体时，智媒体又来了。

2019年之后，更多的主流媒体将生产更多的现象级全媒体产品，现象级传播带来了天量的受众，但天量的受众却沉淀不下用户。我们一方面不知道如何与用户连接，与他们形成碎片化付费的闭环；另一方面也没能掌握用户各方面数据，通过大数据为其精准画像。

1. 停掉落后媒体的"强心针"

为占领网上舆论主阵地，更多主流媒体渐进式地放弃纸质载体，主力军投身主战场，去解决主要矛盾。而当前报业的主要矛盾依然是人民群众对资讯服务日益增长的需求与主流媒体失去用户连接，传播难以触达用户、劝服用户之间的矛盾。

渐进式地放弃纸质载体，并非立即停刊，而是把资源、人力、资金逐步投向移动端，着力解决主要矛盾，对于失去受众的媒体，不论是传统报纸媒体，还是新媒体，都没必要再打"强心针"，只有优胜劣汰，才能迈向智媒时代。

2. 报业开启智媒体元年

媒体走向深度融合的过程中，物联网、大数据、人工智能已经越来越多地介入报业运行中，一些报社开始尝试机器写作、人机协作、沉浸式新闻、纸媒有"声"化、新闻内容可视化等新技术，对大多数报社而言，还没有真正理解新媒体时，全媒体来了，还没搞懂全媒体时，智媒体又来了。

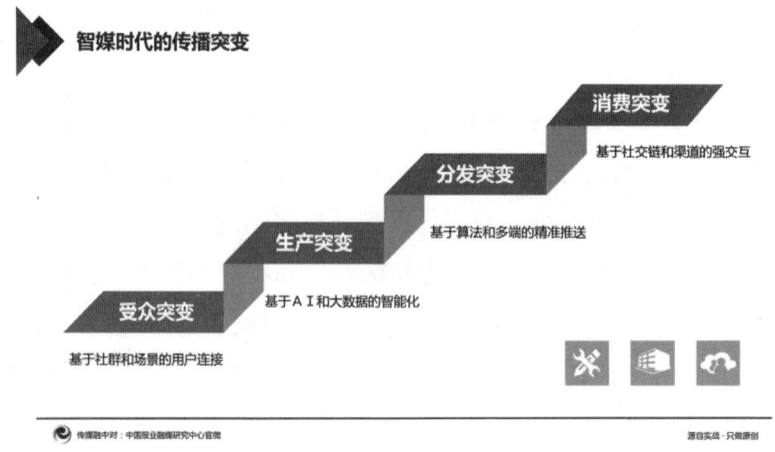

所谓智媒体,即以人工智能技术为基础,万物智联、万物皆媒,机器能够实现自我学习、自我完成内容生产、分发、交互、消费,并实现人机协同的媒体形态。

在生产端,人工智能重新赋予媒体技术基因,改造媒体生产流程,机器辅助采访,并完成写稿,优质内容进行个性化供给,并形成强大的议题设置能力和舆论引导能力;

在分发端,传播更自动、更精准、更高效,党媒算法完成个性需求与主流价值的平衡,通过价值主导,实现海量内容与海量用户的智能化匹配和分发;

在接收端,占领可穿戴设备、无人汽车、智能家居的传播主阵地,与用户形成交互式传播,完成"强信心、聚民心、暖人心、筑同心"的政治任务;

在平台端,成为平台型媒体,拥有大数据和人工智能的先进技术,形成多元盈利的可持续发展。

研判四:融合转型的"三驾马车"是内容、技术和资本。内容以及内容产生的数据,将成为报业的核心资产;而技术研发和资本运营也变得越来越重要。

如果说拉动 GDP 增长的"三驾马车"是投资、消费和出口，那报业转型升级的"三驾马车"就是内容、技术和资本。

1. 内容是报业的核心竞争力

报业的核心竞争力是内容，内容以及内容在生产、传播、消费过程中所产生的数据，将成为传统媒体的核心资产，媒体会围绕内容和数据打造公共服务平台，媒体的产业链将围绕这两者展开。

在报业深融阶段，"四全"媒体产生的是影响力经济和注意力经济，而内容正是汇聚注意力资源的关键，内容是媒体的安身立命之本；同时，随着监管力度的加大，全媒体的竞争最终比拼的还是内容，报业需要更加专注于内容建设，并最终主导全媒体格局下的内容生态建设。

同时，内容的生产、传播、消费产生了极大的变化，视频新闻、机器人写作、新闻场景化、传感器新闻、AI 看新闻、虚拟现实新闻等，颠覆了媒体传播，为报业带来了崭新的机会。

2. 技术为融合转型赋能

融合转型是一次以技术创新为引领的媒体变革。深度学习的算法、大数据和云计算被认为是人工智能浪潮的三大技术基础，技术除了在内容生产分发上起决定性作用，在报业经营上也是核心要素，有了大数据技术，流量的价值才能体现，精准投放更是建立在大数据和算法之上。

但技术几乎是所有报业的短板，由于缺乏人工智能和大数据方面的技术人才，报业的技术大多是第三方提供，难以实现主导和迭代，加之经费紧张，投入了也无法即刻得到回报，制约了报业在技术上的发展。

一方面，技术已经成为开放的工具，使用门槛越来越低；另一方面，技术壁垒和技术成本也越来越高，成为报业与平台媒体拉开差距的主要门槛。

从技术的层面看，同城媒体的合并、重组，不再互为竞争对手，或许是报业和广电合并能起到的最大作用，因为技术研发需要不断投入，小平台的技术研发成本不比大平台少；此外，加入技术联盟也是单个报业集团获得技术的新路径。

3. 资本让转型驶上快车道

资本运营能够以少量的自有资金撬动更多的社会资金和国有资金，让报业驶上转型的快车道，但由于专业人才的缺乏、体制机制的制约，资本运营也一直是报业的短板。

报业资本运营是一项复杂艰巨的系统工程，需利用自身独特的资源，融钱、融人、融资源、融产业链，实现报业的生存和发展。

由于报业的主营业务乏力，没有盈利性、持续性、增长性的业务，使资本运作成为难题。同时，以往曲线的借壳途径，当下也失去了操作的可行性，原因在于报业经营已呈现行业性的整体下滑，缺乏合格的可注入资产。

2019年，资本市场迎来寒冬，加上报业的内容属性和政策监管要求，报业企业IPO的可能性已越来越小，但融资或募集管理基金的操作空间还是很大的，包括债权融资、股权融资、并购重组、资产管理、私募股权、私募证券、创业投资等，报业资本运营要有以下四个基础：

一是要有战略基础，要制订正确的资本战略规划，涉及大量资产剥离、人员身份转换、专业业务知识，要有优秀的专业团队按步骤实施；

二是要有制度基础，要改革体制机制，完善传媒集团法人治理结构和现代企业制度，以适应资本市场；比如将运营良好、有盈利模式的经营项目剥离出来，成立子公司运营，报业集团投入资本金，股权适度向创始团队开放；

三是要有产业基础，需要扎实的产业经营和明晰的商业模式，种下梧桐树，才能吸引金凤凰；

四是要有政策基础，需要政府的大力支持，有政策的红利。比如在政府的支持下，报业集团发起成立产业基金，向国有资本、社会资本开放，产业基金的投入模式能够平衡早期投资风险。

研判五：县级融媒体中心是最后的红利，智慧城市建设是最大的金矿。在两者的驱动下，报业的产业经营也进入一个新的阶段。

1. 报业发展的"红利"和"金矿"

2018年拼多多、趣头条的火爆，得益于智能手机的大规模下沉，四线、五线及乡村级的用户成为移动互联网的增量红利，这部分用户不但是主流媒体需要连接的对象，更是未来媒体盈利的主要人群。

谁能乘上县级融媒体中心建设的快车，谁就能赢得未来5年的发展机遇，这不但是打通舆论引导"最后一公里"的积极应对，更是投身信息服务主阵地的下沉式布局。

2018年11月14日，中央全面深化改革委员会第五次会议审议通过了《关于加强县级融媒体中心建设的意见》，中宣部也发布了《县级融媒体中心建设规范》，按照这些要求，县级融媒体中心至少要在平台、信源、产品、渠道、技术、人才、数据、媒资、管理、流程等10多个方面进行深度改革。

如果说县级融媒体中心是2019年主流媒体能争取的最后红利，那么智慧城市建设就是未来5年最大的金矿。无论是将新闻客户端升级为智慧城市应用平台，还是参与大数据中心、智慧政务、智慧交通、智慧民生的项目，主流媒体都有极大的优势。

2. 报业需强化产业经营

从行业整体情况看，报业的经济体量小，与基于互联网和算法的新媒体企业已经不处于同一量级。国家新闻出版署发布的《2017年新闻出版产业分析报告》显示，全国报纸出版行业2017年实现营业收入578亿元，利润总额37.5亿元，2018年最多维持2017年水准；而今日头条（北京字节跳动公司）一家公司2018年营收约为500亿至550亿元，与报业全行业的营收相当。大多数报业基本没有产业经营，也不敢产业跨界。

当前大多数报社已无法通过广告经营维持报业生存，新媒体创收还处在探索期，多元化经营、产业跨界已成为报业的战略抉择。

产业跨界风险极大，俗话说：隔行如隔山，稍有不慎，头破血流。判断一个产业能不能做，有四个对照标准：

1. 能延长产业链。与报业的壁垒可以打通，能延长内容产业链，且是轻资产、见效快的行业。

2. 能把公信力变现。能较好地利用报业的公信力，并与广告客户的项目高度关联，实现公信力变现。

3. 能用足资源。能争取到政府政策红利，整合报业的各种资源，有风险防控的措施。

4. 能通过市场化运作。商业模式明晰，项目定位、用户关系、变现手段、盈利方式清楚，具有核心竞争力。

由此，像文化产业、教育培训、老年产业、户外广告、美丽产业、房产代理、旅游代理、报业电商等，其中好的项目都可以成为报业跨界的方向。

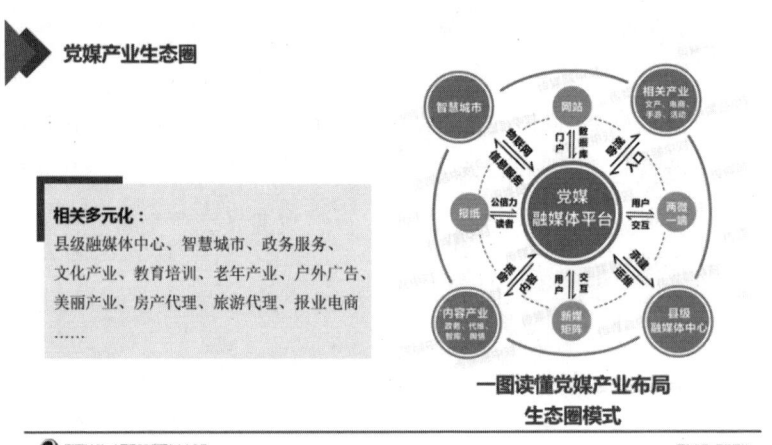

研判六：流量红利已经消失，版面创收、新媒营收、O2O公信力变现、B2G2C、B2C2B、交互式营销成为报业的六大盈利模式。

2019年之后，移动互联网的流量红利已经消失，当报业新媒体还在为提升流量困惑时，争夺流量存量的大战已经开始，流量变现将是主流媒体的最大难题，微信公号积攒了千万粉丝，APP日均下载已经过万……但如果换不来真金白银，一切终归是镜中花水中月。

1. 报业盈利模式亟待重构

盈利模式即媒体赚钱的方法，互联网下半场盈利模式即如何将受众注意力转变为流量，再将流量变现。主流媒体不能再在"新闻传播"这条路上走到黑，组织新的用户关系、建立新的媒体平台，发起新的生活方式、搭建新的流量门户，观念一变，奇迹就会出现。

报业经营需要寻找自己新的成长空间，重构新的盈利模式成为当下重中之重。

盈利模式重构，一是要分析报业的核心竞争力和核心资源，明确什么能力是报业最关键的，什么资源能转化为盈利能力；二是要重构与用户的强连接，通过新媒体、活动等让报业全媒体成为新的入口和门户；三是重构业务系统，理顺上下游产业链，重新设计采编和经营系统，把报业公信力变现；四是重构创收模式，通过免费、入口、社群、平台、生态圈等新模式，实现报业的持续性盈利。

2. 六大盈利模式重磅来袭

（1）版面创收

尽管版面广告退出了主阵地，但"白纸黑字"至少有较强的公信力，在报业经营体系中，有佐证和赋能的作用。

在版面创收上可采取晚报整版创意广告、党报专版形象宣传、版权收费等方式。晚报整版创意广告通过话题策划，以全媒体二次传播的方式，产生广泛的受众关注度。党报专版则按照国务院公布的《关于政府向社会力量购买服务的指导意见》，政府通过单一来源采购方式购买宣传服务，实现了版面的创收。

（2）新媒营收

通过新媒体矩阵推广、公号代维、舆情服务、技术服务、排行榜、视频直播等方式，进行营收。尤其是政务新媒体的代维和第三方服务，让党报新媒体部门来搭建、运营、维护乃至涨粉，能够实现双赢。此外，信息流的内容分发和交易，依托内容，接入各类渠道流量进行变现，成为新的营收方式。

（3）O2O公信力变现

O2O包括基于社区的传播活动和配合线上的线下活动，通过评选、选秀、诵读、讲座、培训、电商、舆情等多种方式让公信力变现。

（4）B2G2C

即在县级融媒中心、政府活动、论坛、宣传片、智慧城市建设等发力，先2G，拿到政府的第一单收入；再2C，争取用户的第二单收入。

（5）B2C2B

即让媒体的用户成为客户的用户，通过前项免费，先2C吸引用户，再2B后项做点，让客户有收益后，取得客户的收入。同时，转型为客户自媒体领域的广告服务商，通过投入原生广告、代理客户自媒体流量购买等，取得收入。

（6）交互式营销

这是整合营销的一种方式，把精准营销、线下活动、效果广告、公信力变现相结合，集文图、影像、音视频、VR、小程序等于一身，构建全媒体传播圈；通过版面宣传＋矩阵推广＋线下活动＋圈层交互＋场景营销，让用户成为传播者、消费者、参与者，通过社交链传播，小圈层影响大受众，形成较强的场景体验，取得营业收入。

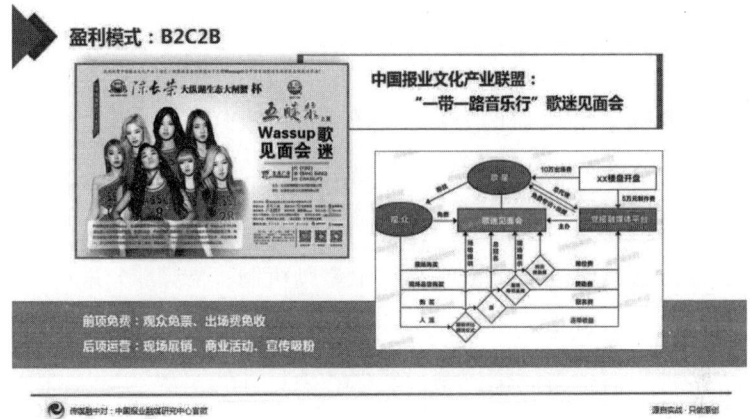

研判七：报业亟待重塑"事业和企业双重主体"地位，如果仍无法完善法人治理结构和现代企业制度，经营的风险必将到来。

1. "党政事企"四不靠的困境

报业作为"事业单位，企业化管理"，看似能享受到两方面红利，实则"党政事企"四不靠，特别是事业单位做产业、事业性质人员搞经营，如同戴着镣铐跳舞。

长期以来，报业存在着"四个严归口"：一是在宣传、党建、扶贫上归口党委序列，同等严要求；二是在巡察、审计、考核上归口政府部门，同等严标准；三是在工资职称、人员招聘、争议处理上归口事业单位，同等严管理；四是在财务、税收、贷款上归口企业，同等严监控，却没有企业的经营自主权。

道路千万条，生存第一条，报业既要作为市场主体，用市场的方法生存，又要受到"四个严归口"的约束，这其中的底线较难把握，亟须建立防火墙，明确事业和企业的责权利，对宣传、经营、管理、绩效进行监督和控制，真正实现采编经营的两分开，又能让经营反哺采编主业，并解决主流媒体经营人员混杂、考核不合理、人无积极性的难题。否则，达摩克利斯之剑终将斩下。

2. 完善报业双重法人治理结构

2019年之后，需要重塑报业"事业和企业双重主体"地位，解放和发展报业生产力,让报业较好地承担起引导舆论的职责,实现公共利益;同时沿着产权明晰化的道路,行使出资人权力,履行出资人职责,实现所有权、采编权、经营权的分离,确保国有资产保值增值,从而促进新闻出版事业和产业的双发展。

这就需要构建主流媒体双重法人治理结构,即采编部分实行事业法人治理,建立起科学的决策机制和约束激励机制;经营部分采取以资产为纽带的母子公司企业法人治理,完善现代企业制度,通过股东会、董事会、监事会、经理层的权力制衡机制,确保各项目标的实现。

最终达到三个"有利于",即有利于加强党对新闻工作的领导,举旗帜、聚民心,更好地发挥其党和人民喉舌的作用;有利于调动报业干部职工的积极性,兴文化、育新人,培养和吸引人才;有利于增强报业事业和产业的发展,保证媒体的经营安全及长期稳定发展,展示新型主流媒体新形象。

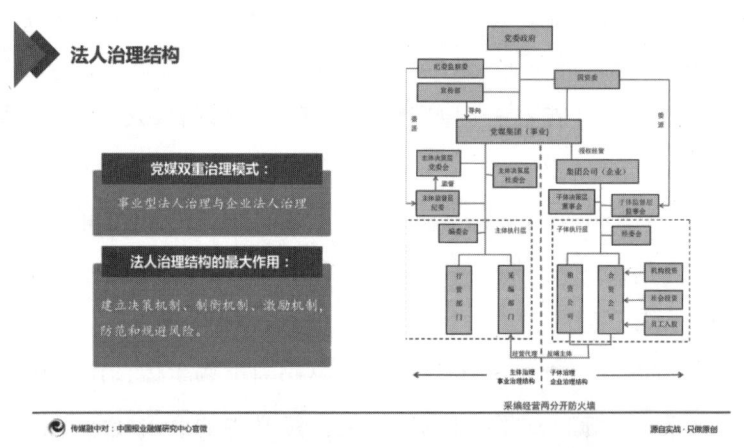

研判八:组织构架不断调整,"科层制+扁平化事业部"逐渐成熟,采编栏目制和经营项目制会融合到一个事业部主体。

2018年年底,BAT、JMD等互联网巨头密集通过组织架构调整的方式和2018说再见,一些报业进行的采编栏目制和经营项目制改革,更是带来了黎明前的曙光。

1. 报业组织架构需要重构

报业长期以来采取科层制的组织结构，以"直线职能制"为代表的金字塔式架构，在纵向构建管理层级，在横向设置职能部门。这种组织形式已不适应移动互联的要求，移动互联网带来的去中心化、开放和分享，要求以用户为中心，构建内外部互联互通、资源协调共享的平台型组织，能够快速协同，同时又能划小核算单位，培养全员经营意识，从而构建更多的利润中心。

报业集团作为一个全媒体平台，内部组织应转化为一个个垂直细分、满足用户场景需求的事业部或项目部，在这个事业部或项目部中实现内容生产、渠道分发、产品运营、技术赋能、消费体验。

2."科层制+扁平化事业部"的新模式

2019年之后，报业组织构架调整可采取"科层制+扁平化事业部"的新模式。

上层架构上，为保证内容生产的规范化管理和发布安全，保证舆论导向，仍旧采取科层制的结构，传媒集团按事业单位法人治理结构的要求，设立党政办、纪检监察室、人力资源部等行管部门；集团公司按照现代企业制度的要求，设立总经理办公室、策划部、财务部等行管部门，这些还是原科层制的组织构架。

中下层架构上，取消原有的内部割裂的科层制，不再限定哪个部室做报纸，哪个部室做移动端，哪个部室做经营，打破行政上条块分割的边界，将文字、视频、图片、产品、运营、创意、经营等人员组合成一体。

前线以灵活、敏锐的事业部来协同作战，被赋予更多的资源调动权和协调权；后端由报业集团提供云端支撑、技术支持、发布体系、资源配给、品牌助力、文化感召，并实现有效的管控。

同时，进一步将采编栏目制和经营项目制融合到一个事业部主体中，在主体内部实行采编经营两分开，采编人员薪酬由事业部考核发放，同时形成内部创业的泛合伙人生态。事业部被赋予更多的资源调动权和协调权，成为网络化的动态联合体。各事业部之间形成双边联系或多边群体关联，合作共赢，形成一个平台生态圈。

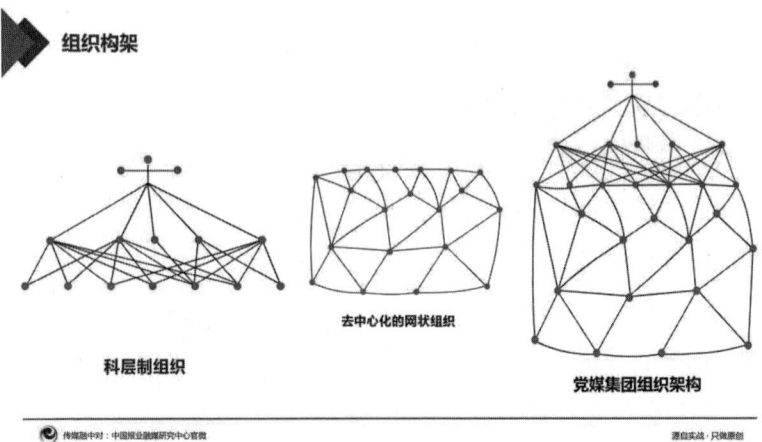

研判九：眼前的困局，正是奋斗者和创新者的机会。学习和迭代变得极为重要，留住人才、培养人才、珍惜人才成为战略抉择。

移动互联网时代，5年以前叫古代，6个月以后叫未来，在这个变化多端的时代，不断学习和迭代变得极为重要。

1. 做哪种青蛙：井底之蛙、温水煮青蛙、青蛙王子

长期生活在体制之内，报人已经失去了洞察力和危机感，或似井底之蛙、或似温水煮青蛙，感觉不到巨大的灰犀牛正蹲在哪里。

2019年，由于新媒体监管的加强，商业平台加大了在传统媒体挖人的节奏，既懂新媒体又富有采编经验的"把关人"成为抢手货。报业人才流失的现象还会加剧，留下来的则会苟且维持、观望守成、悲观抱怨，导致工作面前推三阻四、稍有不满说三道四、时而妄自尊大、时而妄自菲薄……看不到眼前的困局，正是奋斗者和创新者的机会。

每家报社都急需有着政治定力、职业能力、报人情怀的"青蛙王子"，人才战略会引起各家报社的高度重视，留住人才、培养人才、尊重人才、珍惜人才已不再是句口号，而成为实实在在的行动。

2. 学习和迭代从未像今天这样重要

2019年之后，报业需要以跨界的业态配置人力资源，学习和迭代从

未像今天这样重要。

首先,要通过战略规划,明确使命和愿景;通过报业文化,增加凝聚力和幸福感。只有统一全体员工的思想,才能众志成城,否则各吹各的号、各唱各的调,必然失败。

其次,从"一支队伍"发展为"三支队伍",即内容、技术、运营"三支队伍"共同打天下。

干部员工要逐步转型,社长转型为董事长、首席战略官;总编辑、总经理转型为首席内容运营官、首席执行官;领导者既是战略家,又是行动家,更要成为教育家,向全员传递人格风范、业务技巧以及对未来的洞察。

技术总监、财务总监或进入党委会或进入董事会或成为公司高管;员工如割韭菜般一茬茬快速淘汰和再生长成为常态……其中,迫于生存压力,有越来越多的采编人员转型做经营,这就要设计好两分开防火墙,同时又能让经营反哺主业。

第三,要解决员工"本领恐慌",加大培训力度,创造紧张而又生机勃勃的职场氛围,在内部创业、员工持股、合伙人制、内部管控等方面破冰前行,让薪酬市场化、组织活性化、职场生态化,既要留住更多的报业采编经营和管理人才,还要招揽更多的大数据分析、战略规划、智库服务、人工智能技术的高尖端人才。

肯取势者可为人先,能谋势者必有所成。习近平总书记在全国宣传思想工作会议上明确指出,宣传思想工作要做到因势而谋、应势而动、顺势而为。

新时代带来了新机遇,只有站得更高,对未来做出正确研判,才能找到关键的破局点,实现报业的王者归来。

(作者系中国报业融媒研究中心执行主任)

后记

走进全媒新时代

胡怀福

一

报纸与广电会合并吗？

"事业单位+集团公司"理得顺吗？

报社能让财政供养吗？

"中央厨房"是标配吗？

新媒体有盈利模式吗？

我们还在拉广告吗？

纸在困境人要走吗？

……

2018年4月26日，北京的春天乍暖还寒，京西宾馆内热气腾腾。

"中国报业协会成立30周年纪念大会暨中国报业发展大会"在北京京西宾馆隆重召开，19：30，中国报业协会组织30多位社长、总编，召开了"融中对·直击痛点：报业调研座谈会"，围绕报业当下遭遇的难题，各陈己见，直抒胸臆，梳理出23个痛点问题。

座谈会之后，2018年5月8日，协会按照中宣部关于宣传思想战线大调研的工作部署，颁发26号文，在行业内开展"抓痛点、谋实策"的大调研活动，针对23个报业痛点问题，发动全国报社破解难题。

中国报业协会明确中国报业融媒研究中心和协会政策研究室具体负

责此项活动，引领报业工作者行成于思、思践于行，更加坚定地用习近平新闻舆论思想武装头脑、指导工作、推动实践。

大调研如风乍起，吹皱一池春水，吸引了全国几百家报社积极参与。百余篇调研报告汇集上来，经过精心筛选、编辑、推送，沉甸甸的报告在全国报业系统中产生了较大的影响。首份调研报告即获中宣部蒋建国副部长批示。中国报业协会张建星理事长就贯彻落实该批示精神明确了要求，做出了部署。

一份份调研报告，让我们看到了在这个传媒激荡的岁月里，一众报人，心怀理想、满腔热血、不忘初心、奋力前行。

二

"备豫不虞，为国常道。"习近平总书记指出，"调查研究是谋事之基、成事之道。"调查研究没有捷径可走，唯有"沉下去"这一条路径。

在大调研活动中，全国报业工作者迈开腿、扑下身、沉下心，以身入、脑入、心入的方式，沉到基层单位、沉到基层一线去抓"活鱼"。在调研的广度上覆盖了各级报社，深度上垂直到报社采编、经营、发行、新媒体、行管等各个层面，很多报社成立了调研工作小组，组织力量深入调研。

坚持问题导向，是本次大调研活动的总基调。既带着23个痛点问题沉下去，也把更多的现实问题拎上来。调研中，一些报社敢于自亮家丑，与问题正面交锋，比如负债过重、人才严重流失、采编人员年龄老化、收不抵支等，拎上来的"干果"既有个性问题，也有共性存在。

调查研究是谋事之道，成果转化则是成事之要。大调研的成效，归根结底要落到大改进大落实上。为此，本次大调研从三个方面推进成果的转化：

一是"研谋并举"。采取各报"自研自谋"、组织专家学者"助研助谋"，敞开大门"开研开谋"等方式，"研"透问题症状，"谋"出化解药方。比如，发现新闻纸供应紧张价格攀升后，协会迅速启动响应机制，配合相关部委，组织并参加了近10场座谈会、对话磋商会，及时向有关部门汇报情况，提交解决方案报告。经过共同努力，供应的紧张局面得到缓解，报纸出版安全问题基本解决。

二是"共享导航"。通过中国报业协会微信公众号，中国报业融媒研究中心的"传媒融中对"微信公众号，推出50多篇大调研文章，全网总阅读量近千万，为报业发展提供"共享导航"，吹响了传统媒体"守正创新"的冲锋号。

三是"总结推动"。2018年9月18日，协会与中共柳州市委宣传部联合主办、柳州日报承办的全国报业大调研成果高峰论坛在柳州召开，全国100多家报社负责人参会，会议系统地总结推介调研中发现的好做法、好经验、好方案，拓宽调研成果转化应用的新渠道、新途径、新路程，加快促进媒体融合发展在新时代打开新局面。

三

2019年1月25日，中共中央政治局来到人民日报社新媒体大厦，举行第十二次集体学习，这是次别开生面的集体学习，把"课堂"放在了新闻采编一线，主题是全媒体时代和媒体融合发展。

习近平总书记强调，要推动党的声音直接进入各类用户终端，努力占领新的舆论场。

占领新的舆论场，首先是要解决"本领恐慌"，如何让大调研常态化，让调研成果大落实，成为下一步协会的重要工作。

为此，协会将着力打造"点线面"式的调研大落实新格局。

一是针对"痛点"精准发力，对症开方。聚焦调研中发现的问题，组织业界专家、高校学者联合下功、精准发力，对各个痛点问题逐一巡诊、叩脉问诊、对症开方，尽快治好痛点，推动报业发展的高质量。

二是布好"条线"持续深入，升华成果。以点连线，进一步求深、求实、梳理出各个条线存在的共性问题，实行统筹应对，形成新经验、新思路、新做法，对调研成果进行评比表彰，形成辐射效应，在更广阔的层面上进行示范引导。本书就是调研成果的一次推广升华。

三是立足"层面"转化，成果共享。以线带面，协会将着力于调研成果的转化应用，生成"层面"上的成果共享机制，在全国分区域举办成果转化讲座，并组织专家上门解决问题，拓宽调研成果转化应用的渠道和途径，以共研带动共享，以共享带动共用，让更多报社共享大调研的红利。

本书在编辑过程中，得到各省（市、区）报协和相关报社的大力支持，在此表示衷心感谢：感谢本书的所有作者，天下报社是一家，感谢你们的无私分享；更要感谢在大调研中提供了报告，但由于各种原因未收录进书里的作者，你们的情怀、责任和坚守，让我们凝心聚力，不断进取。

本书的各篇调查报告系按内容编排，排序不分先后。由于时间紧迫，疏忽和差错在所难免，恳请各位报业同行和读者海涵，并不吝指正。

新时代要有新担当，新使命要有新作为。中国报业协会将不忘初心，牢记使命，以大调研活动为契机，携手全国报社，走进全媒新时代。让曾经的"无冕之王"报业，重新占领新的舆论场。

王者荣归，让党的声音传得更开、传得更广、传得更深入。

（作者系中国报业协会秘书长）

2019年2月28日